国外俄苏研究丛书

冷战后英国的俄苏研究

封帅◎著

上海人民出版社

丛 书 总 序

    国外的俄罗斯与苏联研究作为一个学科门类,既年轻又有着丰厚的历史渊源。很多年以来,这个学科门类在整个人文社会科学的发展历程中具有特殊的影响,同时,对于和俄罗斯与苏联有关的国际、国内事务都曾经产生过广泛的影响。随着当代俄罗斯问题日益受人关注,冷战终结后的俄罗斯研究也越来越成为一门比较热门的学问。因此,从学术史角度梳理一下这一知识和学科领域的演进过程,以及当下所受到的各类挑战和发展机遇,展望一下这门学科的未来前景,不仅将有益于从事俄罗斯研究这个领域的专门工作者,而且也有益于各个领域的有关研究者和有兴趣的学习者。

一、为什么要关注国外的俄苏研究

    从公元 10 世纪俄国在基辅罗斯的立国奠基,一直到苏联解体前后所发起的近 30 年艰难转型的那一阶段为止,国际学术界对于沙俄帝国、苏联和俄罗斯的研究早就形成了涉猎广泛的丰富内容。这一研究领域包括了俄罗斯从居于一隅的公国成长为帝国的复杂经历,涵盖了帝国时期的扩张称霸、内部国家与社会构建的独特进程。在 20 世纪人文社会科学的各个学科领域迅速发展的前提下,苏联社会主义时期也自然成为各门学科研究的热门。苏联解体之后政治经济社会的艰难转型,以及对外关系的重大变化,不仅涉及各个学科,而且促使不少新研究领域、新研究范式的形成。国外俄苏研究不仅涉及政治、经济、社会、历史、文化、安全、媒体、心理等各个门类,由于与国际政治实际进程关系密切,无疑也受到意识形态较量和地缘政治博弈的深刻影响。

1

在一个多元文明时代，能否全面而准确地把握犹如俄罗斯这样既有自己独特历史路径，同时又对总体世界历史进程产生深刻影响的国家和文明的演进进程，乃是决定这个多元文明时代的各个国家、各大文明主体能否和谐相处、合作发展的一个重要前提。回顾自维也纳体系建立以来的每一次重要国际秩序的构建，都有俄罗斯以欧洲大国乃至世界大国身份的参与。俄罗斯与西方关系的潮起潮落，决定着维也纳、凡尔赛、雅尔塔乃至冷战终结以后的历次国际社会重构的命运。而这样一种俄罗斯与西方关系的演进，完全离不开对于俄罗斯这个大国独特进程的理解与把握。从世界历史的内部进程来看，无论是作为一个地区的公国，还是帝国、社会主义大国乃至今天的民族国家，俄罗斯都提供了丰富而独到的治理样式。无论这些治理经验成功还是失败，一个不争的事实，乃是俄罗斯作为一个大国历尽艰险而存活至今，并且依然自强不息、活力四散，发挥着远超出国力的巨大影响力。对于这样一个国家演进历程的叙事，显然既不能脱离人类社会发展的基本逻辑，又不能忽视其非常特立独行的个性。所以，无论从外部还是从内部的视角来看，对于俄罗斯作为一个大国历程的叙事构建，还远未终结，有待人们站在历史的新高度，对以往有关俄罗斯的浩如烟海的记载和评说，来作一番系统的考察和总结。

本丛书的内容，侧重于将苏联解体之后的国外俄苏研究作为对象，希望通过对这样一个重要历史阶段的海外对俄研究状况的观察分析，对当前的研究状态与趋势作出概括性描述，总结出有用的学科机理、客观的观点和方法、值得借鉴的学术规范，以期推动本领域研究深入发展。当然，也包含着总结得失成败，从其他国家特别是西方大国俄罗斯研究领域的进展和走过的弯路中取得借鉴。这并不是一件轻而易举、信手拈来的事情。曾经有值得称道的准确认知和把握，超越了意识形态的芥蒂，不仅促进了学术的发展，而且极大地作用于社会进步和国家力量的增长。如，根据列文森奖得主罗伯特·斯基德斯基的记载，当年凯恩斯有关国家宏观调控理论的形成，明显地受到了苏联早期计划经济思想的启发和影响。包括20世纪三四十年代，美苏两国来自媒体和民间的客观友善的相互认知，成为推动两国在第二次世界大战中形成盟友关系的有力纽带。遗憾的是，俄罗斯与西方的相互认知中也有着太多从误解、疑虑开始,一直发展到敌视、仇恨的不幸故事。无论是冷战的起源,还是对于苏联解体问题的一系列错误判断,都导致了大国间关系的一次又一次的严重对立,甚至抗衡。因此,站在一个客观和自主的立场上,去反思国外俄苏研究中的得失成败,显然有助于形成一种相对而言比较成熟的认知。

自21世纪以来,国际变化中的一个重要方面乃是俄罗斯的内政外交。对于俄罗斯问题的认知,越来越成为牵动全局的关键问题。近年来笔者在对美国和西欧国家的学术访问中,深感国外的俄苏研究领域以及关于俄苏问题的舆论环境已经发生了非常大的变化,而且东方与西方已经不由自主地出现了如此巨大的反差——正当普京以前所未有的支持率迎来第四个总统任期之时,一个相当鲜明的对比是,西方舆论对俄罗斯的批判和敌视达到空前高度。面对这样高度分化的学术评价和舆论状况,中国学术界理当去伪存真、去雾廓清,经过严肃认真的研究,对于俄苏的无论是当前、还是历史问题,拿出我们自己的见解。因此,在作出自己的判断之前,充分了解和把握国外学术界对于俄罗斯问题的立场和看法,探究其来龙去脉,就显得十分必要了。

这不仅是因为目前对于俄苏问题存在着尖锐的立场分歧,需要去研究国外俄苏研究的基本态势,还因为俄罗斯本身是一个曾经花了几百年的时间、殚精竭虑地学习西方的一个欧亚国家。西方是其几百年来模仿与学习的对象。西方的学问和知识成为俄罗斯现代化的主要理论渊源。有一位北欧的学者曾经这样来总结苏联的失败,他认为,从俄国到苏联,一直有一个情结缠绕着这个国家,即这个国家过于关注从其他国家搬用和模仿意识形态,以此来代替自己的意识形态。这一批评虽然未必概全,但是却非常精到地指出了问题之所在。既然,从俄国到苏联,整个现代化发展中的灵魂所在曾是对于西方的学习,那么从外部的角度,从被俄苏模仿和学习的主体角度来观察俄罗斯与苏联问题,可能成为一个有效的观察视角。

鉴于国外俄苏研究不仅仅局限于政治、经济、历史等单一专业门类,而且往往是以多学科的方式进行,因此,不仅在国际研究的领域,人们正在普遍地思考如何改进传统的地区研究领域的状况,使之适应高度动态中的国别与地区事务的变化;而且,人文社会科学领域正在严肃思考如何进行学科的构建与配置、分化与组合，在这一重要时刻，通过一个相当热门的俄罗斯研究的学科成长案例，探讨现代人文社会科学的发展逻辑，还是一件具有相当普遍意义的事情。当然，这里还涉及各国都已出现的非常紧迫的国际研究、地区研究的人才培养问题，对俄研究，就如同其他地区研究，不仅要求掌握多学科知识，不仅要求跨文化的研究、交往能力，而且，这项研究对语言的要求也非常高，要求学者们必须掌握不止一门外语，而是两种、甚至是多种语言才能有效地从事研究。因此，通过对海外俄苏研究这一领域的历史和现状的全面分析，探讨真正成熟健全的地区研究学科门类的形成路径，包括重新审视这一门类专业人才培养的方式，显然也是当务之急。

因此，通过对国外俄苏研究领域状况的系统整理与分析，对这一研究领域的知识体系，包括结论、观点、方法、流派、人员、机构等各个方面的全面审视，借他山之石，在相互比较中提升对于俄苏问题本身的认知水平。同时，通过对国外俄苏研究下一番功夫，为构建成熟的国际研究和地区国别研究的学科体系捕获灵感与启示。

二、一段往事：中国改革起步以来的俄苏研究

俄苏现象，与任何以经典欧美方式实现现代化的国家相比较，它有一个很大的特点，即俄罗斯走的是一条通过建立苏联式社会主义模式来推进现代化的非常独特的道路。这曾经是对后发现代化国家有着极大激励意义的一种探索。在相当长时期中，对于苏联模式的模仿与学习，迄今还在俄罗斯留下深重的烙印。因此，如何在这样的历史背景之下，寻求发展和改革这种传统模式的路径，自然而然地成为国外俄苏研究的一个重要领域。对中国这样一个曾与苏联有着千丝万缕联系的国家，要进一步推进改革开放，苏联地区的实验和挫折有着重要的参照意义。

同时，中国改革起步时，苏联依然是世界事务中的重要角色，尤其对于中国对内、对外事务都有着举足轻重的影响。于是，就造成了中国改革开放初期的一个重要历史性现象。当时，推动我国各个领域思想解放进程的，不仅是对于西方市场和民主法治体制的研究和引进，而且包括大量的对于苏联和东欧国家的研究。虽然，在冷战已经接近尾声

的那一个阶段,在正式场合下,苏联和东欧国家在我们出版物中还不能被公开地称为"社会主义国家",但是实际上,出于改革开放的需要,中国学术界和决策研究部门已经在内部非常急切而系统地研究"社会主义的改革经验"。因为改革的实践,实际上在当时的苏联和东欧国家已经有了几十年的经验积累和教训。

当时,我们研究苏联和东欧国家改革,不仅是探讨对象国本身的问题,听取对象国学者专家的意见,翻译、介绍大量有关苏联和东欧国家改革研究的学术和政论作品,而且广泛地汲取了来自美国、欧洲、日本以及其他国家学术界、决策界对于这一课题的意见和观点。比如,在研究俄罗斯和苏联改革的时候,当时我们耳熟能详的不仅是阿巴尔金、阿甘别吉扬、米格拉尼扬、阿法那西耶夫这样一些经济学家、政治学家和历史学家,而且还有科尔奈、布鲁斯、奥塔·希克、青木昌彦等这样一些世界著名、但是来自西方的研究专家。我们把来自本土的和来自第三方、主要是来自西方的观点与方法加以综合,希望得出对于苏联模式这一复杂现象的客观公允的评价。

从 20 世纪 70 年代末开始一直延续到 90 年代,我国对于俄苏问题的研究始终是以"两条腿走路"的方式。一方面,直接深入观察俄苏包括东欧国家的政治经济过程本身,直接与俄苏和东欧国家的专家学者交往,以取得对当地历史和当代进程的第一手资料;另一方面,我们密切关注西方学界对于俄苏问题的研究成果,力争从比较中获取真谛。

世纪之交,一个新的变化出现了。随着普京执政,对于苏联解体以来在这一地区体制转型过程的全面反思开始了。"华盛顿共识"和新自由主义路线的体制转型模式受到了严重质疑。以市场和民主法治建设为主要内容的传统体制转型过程,应该如何与本土历史文明特征相结合?应该如何确保国家主权的实现?应该如何与有效管理和有序推进的现代化模式相匹配?这一系列问题逐渐成为热议的话题。对于 20 世纪 80—90 年代以来一度流行的转型范式本身的拷问开始了。

在这样一个新的局面之下,是否还有必要继续关注国外俄苏研究的进展,继续研究特别是西方国家有关俄苏问题的一系列学术观点,包括其一整套方法?大概可以从以下几个角度来作一番思考和回答。第一,2003 年弗朗西斯·福山发表了他的新作《国家重构》,在这本著作中,他提出,传统国家能否顺利转型的关键,在于能否建立一个强劲而有效的政府。显然,福山的立场与20世纪80年代晚期和90年代初写作《历史的终结》时已经有了很大的不同。他总结了俄罗斯从苏联解体到90年代转型的衰败过程,尤其是比较了中国改革的成功,才得出转型过程必须伴之以强大而有效的政府的结论,显然已经与新自由主义的立场有了原则性的区别。第二,正是在世纪之交,在俄罗斯一度执政的自由主义阵营内部出现了对于90年代转型过程的反思,其中既有来自知识分子以及曾经担任高官的一批政治精英,又包括杰弗里·萨克斯这样一些曾经力主以自由主义立场推进改革的来自美国的知名学者的自我批判。于是,对于转型范式问题的全面探讨开始了。第三,大约在2003年至2004年前后,俄罗斯在普京治下,主张以加强国家权力、体现国家主体性,实际上就是以后所说的"保守主义政治路线"开始正式形成。与此同时,西方学界开始发生明显分化。一方面,出现了大量的对于普京政治模式的尖锐批评;另一方面,虽然数量远不及上述"主流"阵营,但是,相当有深度的、主张客观对待俄罗斯"路标转换"的西方学者同时应运而生。理查德·萨科瓦堪称其中一位有代表性的英国学者。这样一些对当代西方"主流"学术立场本身有着强劲批判性的俄苏研究作品,也逐渐被翻译和介绍到国内。上述事实说明,西方的俄苏研究远非铁板一块,而是一个充满争议、也始终保持活力的研究领域,依然有不少重要的见解和成果,值得我们去探讨和研究。

所以,回顾改革开放以来中国的俄苏研究可以看到,我们运用的是"两条腿走路"的方式,即既关注俄罗斯本身的演进,又关注西方关于俄苏问题研究的广泛争论。以这种方式对西方俄苏研究的探讨,不仅有必要延续,而且需要有更多的发掘和深化。

三、冷战后国外俄苏研究中值得关注的几个方面

这套丛书的研究和写作过程中,曾经把这样几个问题置于我们思考的中心:首先,国外对俄苏问题研究的大体进展和问题;其次,国外对俄苏的学术研究和决策资政之间的相互关系;最后,我们也力图考察各国的俄苏研究与本国国情、思想文化背景与学术传统之间的相互关系。

大体上,我们将学术史研究、资政与学术研究之间的关系,以及学科门类发展的国别背景这样一些问题贯穿起来进行考察。这些内容有不少相互交叉,但是大体上又相互独立,形成国外俄苏研究的斑驳杂离、五光十色的现状。

(一) 学术史式的鸟瞰

从学术史的角度来看,国外俄苏研究大体上是伴随着整个 19 世纪末以来的现代学术思潮的兴起和成熟而展示开来的一个知识领域。这里所指的学术当然是指在历史学、文学、政治学、经济学、社会学、人类学等多学科的背景之下对于俄苏现象的观察与研究。上述的每一个学科不仅从各自自身的概念范畴体系出发对俄苏现象进行系统剖析与评判,而且可以发现从冷战终结时刻一直到时隔 27 年之后的一些重要变化。历史学视角下对于俄苏问题的研究,包括后冷战的俄苏历史问题研究,历来是这一领域的基础性部分。很值得一提的是,1990 年美国哈佛大学教授理查德·派普斯(Richard Pipus)的《俄国革命史》这部著作的出版,是海外俄苏研究的一件大事。这部作品的发行在苏联和国外都激起很大反响,一版再版。此书虽然对苏联革命历史也有不少重要的发现和认知,但是总的来说,正当苏联的存在危在旦夕的时刻,派普斯基于自由主义立场对于俄国革命历史系统性的批判,对当时风雨飘摇中的苏联政权给予了沉重打击。但时隔二十多年之后,不仅西方的俄国史学研究出现了"重评学派"这样的旨在超越意识形态立场的主张客观中立的学派,而且,俄罗斯本国史学界在官方推动之下,也出现了主张将本国历史研究置于专业、公正、客观的基础之上的新的史学趋向。在这一背景下的对于十月革命一百周年历史纪念问题的处理就是一个鲜明的例证。经济问题研究在 20 世纪 80—90 年代以后的转型研究中占有重要地位。国外俄苏研究不仅着眼于批判苏联的高度集权模式,而且对于从传统模式如何向市场体制的转换作了大量的研究。先是科尔奈、后是萨克斯等人为代表的"转型经济研究",对于当时打破旧体制和推进私有化过程产生了很大影响。但是,二十多年后一个相当大的转变,乃是 90 年代的"休克疗法"至少在俄罗斯几乎变成了一个消极的术悟,而当马·萨克斯等曾经主张激进改革的经济学家,则已经对当时过了激进的转型方式作出了各自的反思。政治学研究领域历来处于俄苏研究的前沿。对于从高度集权的苏联模式向民主法治体制的历史转型,美国塞缪尔·亨廷顿将此视为20世纪70年代以来"第三波"转型,而英国阿奇·布朗将其视为"第四波"转型。多年来,这样一类研究模式几乎覆盖了所有有关政治转型的叙事。但是自2008年之后,无论是在俄罗斯,还是在欧美国家,有关政治威权主义的研究逐渐地演化成这一领域的研究主题之一。有关政治威权主义的辩论十分激烈,影响十分广泛。一种倾向几乎把威权主义类比于极权主义,甚至等同于法西斯主义。而另一种倾向则把威权主义视为政治现代化过程中的一个阶段,或者是多元现代性的一种实现方式。来自保加利亚,但是在维也纳人文研究所工作的学者伊万·特拉采夫质问道:为什么对威权主义进行了那么多的批判和打压,但是被称为威权主义的政权却经久不衰,威权主义的影响不见缩小,反而扩大呢?关于威权主义的激烈辩论依然在持续进行之中。

经历了自20世纪80年代晚期到1991年底的苏联解体,经历了20世纪90年代直至21世纪初的痛苦转型,尤其是目睹了俄罗斯又站在"新兴国家"行列中跃跃欲试的再次崛起,冷战结束之后西方的俄苏研究其自身的确发生了巨大变化。该领域的学者们开始诘问:为什么冷战时期海外苏联学的大量研究,并未能够对苏联解体这样的重大历史事件作出预见?为什么对于冷战终结之后的深刻社会转型最初是出现"华盛顿共识"这样的改革模式?为什么无法预见到冷战结束后包括俄罗斯等新兴经济体崛起这样的重大政治经济变化?为什么没有能预见到进入了21世纪以后整个国际体系本身所面临的巨大改变?虽然,这样的总结和反思还不是冷战后国外俄苏研究的全部,但是,毕竟这是一个阶段性变化的重大标志。

(二) 学术与资政之间的相互关系

探讨国外俄苏研究与资政和决策过程之间的相互关系,以判断学术思想对于各国决策过程的影响力,这是一项重要但又艰难的工作。

国际研究的一个重要特点乃是与各国决策进程之间的不同程度的

紧密关联性。俄苏研究尤其具有这样的特点,因为苏联曾是超级大国,今日俄罗斯依然是国际竞争中的枭雄。因此,各国对于俄罗斯、包括对于苏联曾经有过的态度与决策,都与其各自对于俄罗斯的学术研究不可分割。总的说来,这里可以分出不同层次。

处于最高层次的,乃是对决策带有综合性的直接的学术影响力。比如,美国学界权威人物如基辛格和布热津斯基,两位智者从来就是身兼二任的学者和重要决策的参与者。基辛格不仅是权力均衡的专家,著名历史学家尼尔·弗格森为他新写的传记中,称基辛格是一位伟大的理想主义者。因为他从来就是把道义准则视为国际政治的基础。基辛格在他的《大外交》中反复阐述的是遵从道义底线,而不是权力竞争的思想。众所周知,美国总统特朗普已经多次向他咨询关于处理中俄事务的建议。布热津斯基是一个对于结束冷战局面起过与基辛格一样重要作用的战略家。布热津斯基在20世纪70年代末的大国纵横中主张与中国,而不是与苏联合作,因为他敏锐察觉出中国战略文化的特点与苏联战略文化特点不一样,他坚信中国并没有苏联所拥有的那种进攻性的对外意图和非常具有扩张性的意识形态。布热津斯基在乌克兰危机以来的对俄决策中,曾经提出过不少重要的建议。虽然其中很多还未被采纳,但可预见:他关于这场危机的一系列判断,将可为后来的决策提供重要基础。

在西方"旋转门"制度下学者和外交官员身份的互换,乃是经常可见的事。被奥巴马任命为美国驻俄罗斯大使的学者迈克尔·麦克福尔,就是这样一个具有代表性的人物。值得关注的是,与麦克福尔上任之初大家对他的热切期待相比较,他的卸任要显得令人失望得多。出现这一状况的原因之一,在于奥巴马任期之初重启的美俄关系和奥巴马任期之末已经处于危机状态的美俄关系大相径庭。原因之二,一位俄罗斯资深专家曾经告诉笔者,他认为:作为专家型大使的麦克福尔"知道得非常多",但很遗憾"他又什么都不懂"。可见,学术研究不仅要知然,而且还要知其所以然,才能真正对资政和决策发挥作用。

(三) 国外俄苏研究的思想文化背景

将国外的俄苏研究放到相关的学术与思想文化语境之下加以考

察，以求把握俄苏研究与特定学科体系以及思潮文化发展之间的相互关系，这是本项研究的目标之一。

美国国会图书馆馆长、历史学家詹姆斯·比灵顿对于俄罗斯文化史的研究可算是一个范例。总体上说，比灵顿对于俄罗斯文化的总结并没有超出白银时代的俄罗斯文化学家对于自身文化的认知水平。但是，在20世纪60年代这样的历史条件之下，也即在冷战还远未结束的背景之下，他首先揭示了俄罗斯文化在十月革命之前的世纪之交曾经有过如此灿烂辉煌的发展，不仅表达了对于俄国白银时代文化的尊重之意，而且，比灵顿关注的是作为十月革命的超越意识形态的重要思想文化背景。俄罗斯前总统梅德韦杰夫还专门授予比灵顿勋章，褒奖他在沟通两国人民的文化交往当中所发挥的卓越贡献。同样是这位学者还曾提出这样的见解，即在国际研究中，人文研究较之社会科学类的知识，可能更加具有分析透辟性。他的解释是，人文研究虽然没有像可以计算的学科那样有那么多的统计资料，但是，人文研究直接指向人们的心灵。这就为对于俄罗斯的人文与民族特性的研究作了重要的铺垫。

考察国外俄苏研究是在怎样的语境之下诞生问世的，这对于检验和判断各种研究的可靠性问题具有直接意义。迄今为止，很多西方学者对于俄苏问题的见解依然还不能摆脱浓重的意识形态因素，这也是西方与俄罗斯之间的关系迟迟难以得到真正修复的深层次背景之一。被认为是西方俄国史研究大家的理查德·派普斯，无论是在其《俄国革命史》还是《关于俄国历史的三个为什么?》中都非常鲜明地提出了俄国历史发展进程中的先天缺失问题，即俄罗斯并不具备传统的市民社会的发展经历，也没有民主和法治建设的传统基础的条件。但是，这位历史学家始终把民主化的要求置于评判俄罗斯社会进步的主要标准的首位。这样就使人们看到了一个巨大的反差：一方面，俄罗斯并不具备实现民主制度的先天条件；另一方面，作为自由主义历史学家的派普斯又坚决地对俄罗斯提出了推进自由主义体制改革的政治要求，实际上这样一类自我矛盾的想法可以在许多俄罗斯问题研究专家的作品中被发现。

总之，无论是探讨西方俄罗斯研究的知识系统问题，还是研究国外俄苏研究中的决策与学术之间的关系，抑或是去寻求更为深层的思想语义环境对于研究成果的影响，都是可能将俄罗斯研究推向纵深的途径。

四、为什么首先选择美、英、日和北欧
的俄苏研究作为主攻对象

本丛书选择了在国际俄苏研究领域基础比较丰厚的几个国家和地区——美国、英国、北欧和日本——的俄苏问题研究。国外的俄苏研究中,有着较为丰厚的学术基础作支撑,有着较为长远的学术历史作借鉴,以及有着较为成熟的规范制度和研究体制作为依托的国家,首先是英国和美国。英国作为老牌帝国,有着深厚的对俄外交的丰富积累,也有着数百年交往中对于俄苏问题的深刻观察。即使是在英国国力衰退的情况之下,作为软实力重要体现的国际研究,特别是对于俄苏问题的研究,始终是在国际同行中受人推崇。美国同行曾经这样对笔者说,就国际研究而言,英国学者经常是美国同行学习和模仿的对象。举例来说,作为国际关系理论大家的爱德华·卡尔,自身又是一名非常优秀的俄国历史学家,他所撰写的《布尔什维克革命》在很多年中曾经是我国苏俄史教学中最重要的参考教材之一。

美国对于俄苏研究的重视程度更是备受国际学界的关注。一向以注重对敌人的研究而著称的美国学界,在冷战开始之后自然将苏俄研究置于至高无上的地位。美国对于俄苏问题研究的发达程度不仅在于其参与人数之多、学科门类之齐全,尤其在于国家对于俄苏研究的长远规划,使得哥伦比亚大学、哈佛大学、斯坦福大学这样一些高等学府成为系统性的培养高级研究人才的基地;冷战结束之后,美国还选择了16所大学作为俄苏研究的国家信息基地。自由开放的学术环境和氛围使得美国出现了一大批从事俄苏研究的学术领军人物,他们不仅在学术研究中自成体系,比如,本丛书中重点介绍的布热津斯基、塔克、比灵顿、麦克福尔等历代俄罗斯研究的权威人物都是在理论上有所独创,并且是在交往和战略决策的实践中起过重大作用的官学两栖的精英。特别值得一提的是,在冷战结束之后,美国的俄苏学界展开了一个非常广泛的反思运动,对于美国学术界为何无法在更早的时候预测苏联解体和冷战终结的现象进行了一场尖锐的自我批评。本丛书中所描述的"美国苏维埃学的衰落"就是指的这一历史性现象。

本丛书所介绍的日本学界对于俄苏研究的状况与历史,与美国和英国同类研究相比,呈现出强烈的反差。如果说,英美学界比较注重的是学者个人创造性学术能力的发挥,那么,在日本,我们看到更多的是日本学者以集体力量构建学术机构的独特风貌。与个性鲜明的西方学人相比,日本学者之所以能够在短短的百年之中实现相当程度的赶超,无疑是作为机构和学术集体的团队力量发挥了作用。日本学界虽然也有着对于问题的不同看法和立场,但是并没有那么多独创的学派,却有着对于研究课题进行分门别类深入分析的能力;日本学者细致入微的研究风格也大大有利于对问题的解析,作为这一现象的基础性前提,那就是对于统计资料的非常苛求的使用。多年以来日本学界给人的印象是善于模仿而不善于创造;但是,日本俄苏学界的风格则正好相反,他们非常注重学术思想的独立,但是又不失东方的稳健和周全。本丛书所介绍的日本北海道斯拉夫研究中心乃是东亚地区俄苏研究的一个典范:大量别出心裁的研究课题;一大批能够使用六七种外语来研究问题的斯拉夫学者;雄厚的资金支持使得其始终保持着人才的高度聚集。剔除其他因素而言,文化上的接近,使得我们看到北海道斯拉夫研究中心有很多值得国人借鉴之处。

结　　语

国外俄苏研究作为一个新兴的研究领域,还只是刚刚开始的一项工作,无论是材料的汇集,还是观点的形成都还有很长的一段路要走。本丛书目前涉及的还只是国外俄苏研究中比较重要的几个板块,但是,内容远未概全。比如有关大陆欧洲国家的俄苏研究也是非常有意思的一部分,这将在以后的研究中逐渐地加以充实;包括理论上的深化,特别是这些研究在国外的资政和学科建设中所起的作用还需要进一步加以细化,有关理论问题的思考也大有进一步推敲的余地。本序言仅是从目前的工作进程中提供的初步认识与感想,以为抛砖引玉。

冯绍雷

2018 年 6 月

序　言

　　本书的目标是为英国的俄罗斯研究撰写一部学术史,这既是一项有价值的工作,又是一项略显艰难的任务。

　　毫无疑问,英国的俄罗斯研究堪称是世界俄罗斯研究王冠上的一颗明珠,从第一本介绍俄罗斯的小册子在伦敦出版算起,英国开展俄罗斯研究的历史已经超过了 400 年。在几个世纪的时光里,英国学术界在俄罗斯研究领域积累了丰富的研究经验,涌现出无数著名学者和优秀的研究成果。在冷战结束之后,俄罗斯研究进入了新的转型时期,新一代英国学者围绕着俄罗斯研究中的核心议题,依然刻苦钻研,笔耕不辍,在诸多前沿学术问题上都提出了自己卓越的见解,为国际斯拉夫研究的发展与进步作出了巨大贡献。其高水平的研究在协助英国政府制定外交政策方面发挥了重要作用,也对当代英国社会对俄罗斯的认知产生了微妙的影响。近百年来,英国的俄罗斯研究就如同一座耸立于地区研究领域的高峰,等待着后来者的攀登和挖掘。

　　然而,也正是其体系的宏大与内容的庞杂,往往让后来的探索者既倍感憧憬,又难以找到最合理的探索路径,难免会有面对宝山却无从下手的慨叹。于是,在此种情况下,学术史研究便承载了更重要的价值。因为英国俄罗斯研究的历史实在太过久远,我们只能选择距离当前最为接近的历史时段,也就是冷战结束后 20 多年时间作为本书的主要研究对象。在这种情况下,我们想要达到的直接目标有二:其一,对于英国俄罗斯研究的研究状况给出总体的认识;其二,厘清冷战后英国俄罗斯研究的发展思路和演进脉络。前者类似于通过航拍的方式将整个山景拍摄下来,并以照片的方式呈现给攀登者以作参考。后者则更像是在地图上标明几条可供选择的登山路径,为攀登者和学习者指路,也能为希望在这座大山上挖掘宝石的研究者大体上标记一下各种矿产的类型和位置。

在这种宏观目标的引领下，本书的研究将依据以下逻辑线索依次展开。

在第一部分，我们将对英国俄罗斯研究概况进行总体介绍。在历史线索方面，我们将回顾英国俄罗斯研究400多年的发展历史，以及不同时期具有代表性的学者和著作。在当代现状方面，我们对于当代英国俄罗斯研究的主要研究机构、主流学者、主要学术刊物进行了详细介绍，并且通过科学方法对冷战后英国学术界的研究领域和研究议题的变化情况进行了剖析，希望在研究伊始就能够给读者提供英国对俄研究清晰的整体印象。

在第二部分，我们将根据不同学科门类，对冷战后英国俄罗斯研究中较有代表性的思想理论进行阐释。内容涵盖冷战后俄罗斯的政治转型研究、经济转型研究、历史研究，以及外交研究。这一部分的研究内容紧紧抓住"转型"这个冷战后俄罗斯社会发展的核心议题，根据各学科各自的特点，选取各自领域最有代表性的学者和最有影响力的学术成果，介绍其核心观点与现实影响，并且对该领域整体思想脉络的发展演变进行梳理。这一部分将构成全书的主要内容。

第三部分中，在分类研究的基础上，我们将以"情感倾向"和"研究路径"这两个关键要素作为基本维度，对当前英国俄罗斯研究中的代表性观点进行二维空间象限落点排布，展示出当前英国俄罗斯研究领域中存在的五种典型思想，并勾勒出英国对俄研究的总体思想谱系。我们将结合英国的哲学传统和民族文化特征，将俄罗斯研究的具体内容与英国的民族叙事结合起来，归纳其主要的优点和缺陷，最终形成较为完善的整体认知。

因为英国的俄罗斯研究这座高峰如此庞大，以至于我们的研究无论如何延展，都不可能涵盖其所有的内容。即便是仅仅将研究集中于后冷战时段，也难免挂一漏万。从这个意义上说，从研究启动的那一刻起，这就已经注定是一项缺憾的艺术，但作为海外俄苏研究这项宏大的学术史研究的重要组成部分，我们希望自己的工作能够为中国的研究者提供一扇关注和欣赏英国俄罗斯研究的窗，推动中国俄罗斯研究领域的国际化进程，并且为中国与其他国家在俄罗斯研究前沿开展思想和理论层面的对话起到抛砖引玉的作用。

是为序。

目 录

第一章
绪　论

任何伟大而又充满魅力的事物,都会唤醒人们内心深处的探索精神。作为当今世界独一无二的欧亚大国,俄罗斯凭借其久远而神秘的历史传说、举世无双的地理疆域、涵义隽永的人文宗教、仪态万千的风俗建筑、内蕴悠远的文化艺术、与众不同的政治模式和大起大落的发展轨迹,在几百年中不断吸引着全世界的目光。多年以来,来自世界各地的研究者对于俄罗斯帝国和苏联问题的研究都投入了极大的热情。冷战结束之后,新生的俄罗斯联邦仍然保持了历经百年的传统与活力;各国学者越来越深入而广泛地参与到俄罗斯问题的研究中来,在政治、经济、外交、文化等诸多领域对冷战后的俄罗斯进行了深刻的剖析,并取得了丰硕的研究成果。作为其中的佼佼者,英国学者取得了斐然的成绩,他们在思想理念上别具一格,在研究路径上自成一派,通过多年的积累,取得了在国际学术界首屈一指的成就。

英国具有和俄罗斯一样悠久的历史和历久弥新的帝国精神,从1553年开始,英俄两国就开始了长达几个世纪之久的命运纠葛。它们曾经成为过战略伙伴,一时间亲密无间;它们也曾经变为生死仇敌,在克里米亚的海岸兵戎相见。从黑海之滨到太平洋沿岸,庞大的欧亚大陆曾经是两大帝国争霸的竞技场;从东普鲁士到勃兰登堡,狭小的欧洲半岛也曾经是英俄同盟共抗强敌的舞台。它们都曾经无比傲慢,对于对方渴望的眼神不屑一顾;它们也都曾经谦卑,努力向对方展示自己的热情与期盼。英伦三岛曾是俄罗斯贵族和知识精英梦想中的天堂,至今仍是俄罗斯流亡者的乐土;东方的千里沃野曾是英国人眼中的神秘之地,圣瓦西里大教堂的彩色圆顶与克里姆林宫的金色五角星相映生辉。漫长历史纠葛和复杂的双边关系都促使一代又一代的英国学者冷静而又认真地审视俄罗斯这个庞大却陌生的伙伴和对手,通过多年不懈努力将思想的精华代代相传。历经 400 多年的风雨坎坷,英国学术界逐渐形成了稳定的高水平学术团队,并且在俄罗斯研究的众多领域积累了丰富的经验,在诸多前沿问题上都提出了自己卓越的见解,为国际斯拉夫研究的发展作出了巨大贡献。多年以来,英国学术界因其高水平的研究在协助英国政府制定外交政策方面发挥了重要作用,甚至对于当代国际格局的演变也产生了微妙的影响。一言以蔽之,英国的俄罗斯研究具有悠久的学术传统,在研究内容、研究方法、思想观念等诸多方面都具有鲜明的特色。开放的心态和广阔的视野使得英国的学术研究兼容并蓄、海纳百川,为来自世界各地的学者提供了展示其才华与智慧的舞台。无论从理论层面的创新与突破、实践层面的影响力,还是从学科建设的完整性等诸多方面来看,英国的俄罗斯研究都堪称当代世界俄罗斯研究领域的标杆,值得世界各国的学者给予更多的重视。

第一节　问题的源起

苏联解体使得曾经盛极一时的苏联学研究以一种令人意想不到的方式"寿终正寝",也标志着俄罗斯研究的新时代拉开了序幕。冷战的结束,使得国际俄罗斯研究领域发生了巨大而深刻的变化:从研究机构的角度来看,世界各地的苏联研究机构经历了时代大潮的洗礼,或改弦更张、一蹶不振,或重整旗鼓、卷土重来;从研究议题的角度来看,俄罗斯转型问题迅速取代苏联体制研究成为备受学术界瞩目的核心议题,并且逐渐开枝散叶,建立起新的理论和新的研究范式;从研究者的学术发展来看,冷战的结束使研究者在很大程度上摆脱了意识形态因素的束缚,可以更加自由、更加深入地思考苏联与俄罗斯的历史命运,并且能够与俄罗斯学者和民众进行更加广泛的直接交流,为研究提供了更为优越的条件。总的来说,冷战的结束开启了俄罗斯研究新的历史阶段,这一时期世界各国对俄罗斯问题的关注和研究在很多方面都体现出明显的新特征和新趋势,对冷战后国外俄罗斯研究进行系统的梳理和总结,对于中国的俄罗斯研究发展具有非常重要的价值,对于中国外交决策的制定也具有一定的参考价值。

本书的主要研究对象是冷战后英国学术界对于俄罗斯与苏联问题的研究状况，是一项对于特定历史时期、特定领域基本研究状况的学术史研究。本书的主旨是在了解英国俄罗斯研究的发展历史和当代研究概况的基础上，通过考察英国学术界在冷战结束后20多年来在俄罗斯与苏联的政治转型、经济转型、历史和外交等领域的主要研究成果，分析英国俄罗斯研究界的基本思想倾向、理论观点、研究方法和分析路径。通过多种研究方法，对相关的学术成果进行解读和概括，并最终形成对冷战后英国俄罗斯研究状况的整体认知与综合评价。

从某种意义上说，对于后冷战时代的俄罗斯研究进行学术史视角的研究和梳理也就兼具理论与现实的双重价值。本书的研究既注意了英国俄罗斯研究的历史传承，又重点研究其当代研究的基本状况和学术进展。而这些知识和信息的获取，无论对于中国的外交实践，还是相关领域的学科建设都具有非常重要的意义。

首先，从理论意义上看，作为西方世界自由主义思想和经验主义哲学的源头之一，英国学者在西方学术界历来占有非常特殊的地位。因为语言和文化的接近，英国学者无论从思想传统还是研究议题上都受到以美国为代表的西方主流学术思想的重要影响，其研究成果也是当代西方俄罗斯研究的重要内容。但如果更深入地观察，我们会发现，英国学术界既不同于美国，也不同于欧洲大陆。为了维护世界体系和霸权地位，美国永远会将俄罗斯看作本国外交战略中不得不考虑的重要对手，致使学者的观点无法摆脱外交政策的干扰。而欧洲大陆则在能源贸易方面过于依赖俄罗斯，因此难免在研究中有所倾向。但对英国来说，这些因素都不存在。当前，由于国家实力的限制，英国不可能成为俄罗斯在欧亚地区的主要竞争对手。也由于在能源方面没有依存关系，它也无需留意俄罗斯的脸色，这种特殊的地位赋予了英国学者更加独立的地位和更加宽松的研究空间。所以英国学者的研究能够最大限度地避免政治因素的干扰和限制，做到相对独立和客观。因此，分析冷战后英国学者对苏联、俄罗斯的研究成果，可以更加准确地理解西方知识界眼中的俄罗斯形象，也可以更加深入地分析俄罗斯与西方世界在思想理念和价值观方面的异同。研究冷战后英国的俄罗斯研究状况有利于进一步理解俄罗斯与苏联研究中的很多重要议题，可以为中国俄罗斯研究的深入发展提供重要的参考和借鉴,并有助于当代中国俄罗斯研究的全面发展。

其次,从实践意义上看,英国学术界长久以来保持着与政府决策机构之间的良性互动关系,很多英国学者的研究成果都能够通过各种方式对英国外交政策产生一定的影响。因此研究冷战后英国的俄罗斯研究状况,可以更好地把握英国政府在政策制定和执行中的程序和规律,也能够更加深刻地理解英国学术界与政府部门之间特殊的互动关系。这些研究成果可以为中国对英、俄外交政策的制定和执行提供参考依据。同时,英国学术界已经形成了较为完整的学术研究体系,在政府、智库和教育机构之间形成了良好的多边互动关系,学者的研究成果可以对英国的社会舆论场阈中的某些要素产生影响。所以,深入了解冷战后英国的俄罗斯研究状况,也可以从一个侧面学习英国学术界的研究体制,对于中国国际问题研究相关领域的建设和完善提供重要借鉴,也可以为中国高校国际问题领域的教学工作和人才培养提供帮助。

最后,从国际学术交流的意义上看,加强对英国学术界的研究有利于进一步拓宽中国俄罗斯研究领域的国际视野,扩大学术交往的深度与广度。长期以来,中国俄罗斯研究领域的国际交往主要集中在美俄两国。作为研究对象国的俄罗斯和作为西方学术核心国家的美国确实在国际斯拉夫研究领域处于最重要的位置,它们的研究成果对于国际学术界的观点也产生了深远的影响。但实际上,在很多情况下,处于"第三方"地位的观点也具有相当重要的价值,其中英国学者的研究成果尤其重要。美国学者曾经谈及,就学术研究的思想深度而言,英国学者经常是美国同行学习和模仿的对象。[1]而且从俄罗斯自身的发展历程来讲,英国和欧洲也一直是俄罗斯的榜样。从彼得大帝开始,俄罗斯用了几百年的时间模仿和学习欧洲文明,英国和欧洲大陆的思想文化至今仍然可以被看作是俄罗斯现代化的理论渊源。因此,重视英国和欧洲的俄罗斯研究,学习和吸收英国学术界的理论观点和研究方法,积极开展与英国学界的交流与合作,对于当代中国俄罗斯研究乃至整个国际问题研究领域都有非常重要的意义。笔者也希望通过本书的研究,能够有更多的英国学者及其观点获得中国学术界的关注和了解,并以此为契机,进一步扩大与英国学术界之间的沟通和交流,促进相互之间在多个研究领域的深入合作。从而提升中国在苏东研究领域的国际化程度,拓展研究的全球视野,在更广阔的学术空间中推进中国俄罗斯研究的持续进步。

第二节 研 究 现 状

在海外俄苏研究丛书相关课题的研究开展以前,国内外学术界基本上没有出现直接以冷战后英国的俄罗斯研究为主要研究对象的系统性研究成果,对于该议题的相关研究多散见于多年以来各国学者在不同时期的各项专题性成果之中。通过较长时间的搜集和整理,我们可以从国际和国内两个方面,对涉及此课题的零散研究成果进行分类总结,从而为研究工作的进一步开展奠定基础。

一、国外研究现状

在长达 400 多年的学科发展过程中,英国学者对于本国在不同时期的俄罗斯研究的发展状况曾经有过零星的总结,尽管内容比较分散,重点各不相同,但收集起来,仍不失为回顾和展望英国俄罗斯研究的重要历史资料,可以成为本书研究的思想渊源和背景知识。而在冷战结束后,很多英国学者在参与国际交流的过程中,也通过各种方式对当代英国俄罗斯研究的状况进行过较为具体的介绍,所有这些信息都为本书的研究提供了条件。

1922 年,在英国学术史上享有盛名的《斯拉夫评论》(The Slavonic Review)[2]在伦敦正式创刊。作为一本以俄罗斯和斯拉夫问题研究为核心的学术刊物,在该刊的创刊号上,杂志的创始人——20 世纪初著名的俄罗斯问题专家伯纳德·佩尔斯爵士(Sir Bernard Pares)——发表了一篇名为《英国俄罗斯研究的目标》(The Objectives of Russian Study in Britain)的文章,对 1922 年以前英国的俄罗斯研究的发展历程进行了详细的回顾,对于此前在俄罗斯研究历史上作出重大贡献的英国学者进行了简要介绍,并且对未来几十年内苏联的发展前景和英国俄罗斯及斯拉夫研究的总体趋势进行展望。[3]这篇文章为当代的研究者提供了非常丰富的资料信息，为后来者按图索骥追踪英国俄罗斯研究历史提供了重要的线索。此外，在《斯拉夫评论》创刊号上的其他一些文章也为本书的研究提供了部分有益的信息，[4]通过深入系统的阅读整理，这些文章可以为英国早期俄罗斯研究的历史梳理提供重要线索。

1964年，在两位美国学者的组织下，来自美国和欧洲的十余位学者对于当时欧美地区的苏联研究状况以国别的方式进行了总结。其中，英国学者维克多·弗兰克（Victor Frank）根据自己所掌握的信息，将20世纪40—60年代的英国俄罗斯研究状况向读者进行了介绍。[5]他从当时英国俄罗斯研究的现状和问题出发，重点介绍了《海特报告》（Hayter Report）对于英国俄罗斯研究所产生的巨大影响，并且详细分析了当时英国俄罗斯研究所面临的主要困难和发展前景。他的叙述非常细致，对于问题和困难的描述也很有根据，对于后来者了解冷战期间英国斯拉夫研究的状况具有重要的参考价值。

冷战结束后，英国的俄罗斯研究领域出现了很多全新的特点和发展趋势，同样引起了国际学术界的广泛关注。2005年，时任国际中东欧研究理事会（ICCEES）会长的英国学者约翰·埃尔斯沃斯（John Elsworth）应日本北海道大学斯拉夫研究中心之约，为其撰写了名为《英国斯拉夫研究现状》（The Current Situation in Slavic Studies in the UK）的介绍文章，主要介绍了冷战之后英国斯拉夫和东欧研究协会（BASEES）的发展，以及20世纪90年代至21世纪初英国俄罗斯研究的主要内容、研究状况和主要困难等方面的情况。[6]埃尔斯沃斯教授对英国俄罗斯研究的内情非常熟悉，研究态度坦率真诚。在这篇文章中，他将英国当代俄语研究萎缩等影响俄罗斯研究发展的不利因素和盘托出，并且明确提出，目前英国的俄罗斯研究并没有达到其应有的水准。这对于研究者分析和评价当代英国的俄罗斯研究状况非常重要。

2008年，英国斯拉夫和东欧研究协会（BASEES）前会长斯蒂芬·哈钦斯（Stephen Hutchings）为相关机构撰写了名为《英国大学中的俄罗斯研究》（Russian Studies in UK Universities）的文章。[7]在此文中，哈钦斯教授简要回顾了19世纪以来英国俄罗斯研究的发展历程，重点叙述了冷战结束后英国主要高等院校在俄罗斯研究领域的发展情况，对当代英国俄罗斯研究的主要研究机构及其提供的本科和研究生课程进行了细致而全面的介绍。该文能够为希望赴英国高校学习俄罗斯研究方面课程的学生提供信息参考,也可以从一个侧面展示出当代英国俄罗斯研究领域在人才培养和课程教学方面的现实状况,为本书的研究提供了必要的补充。

近年来,很多英国学者在其他各种学术交流过程中也都以各自不同的方式对当代英国的俄罗斯研究状况进行过相应的介绍。例如,2009 年 9 月 29 日,在上海举行的俄罗斯问题研讨会上,皇家国际问题研究所的前任研究员波波·罗(Bobo Lo)教授就曾发表名为《西方俄罗斯研究方法论》(Approach to Russian studies in the West)的主题演讲,[8]在演讲中重点介绍了当代西方学术界对于俄罗斯的多种不同认知态度,其中很多内容都涉及英国学者之间的观点差异问题,对于本书的研究非常具有启发意义。除此之外,来自日本、欧洲和美国的研究者在不同的学术文章和演讲中对冷战后英国的俄罗斯研究状况也有过不同程度的涉猎,为本书的研究提供了不同程度的参考。但总体来说,即便在世界范围内来看,直接指涉冷战后英国的俄罗斯研究这一问题的研究成果也比较少见,可见本书的研究具有明显的创新意义。

二、国内研究现状

学术史研究是中国学术自古以来的优良传统,在当代社会科学研究中仍然备受重视。由于受到时代因素的限制,中国的俄苏研究在很长一段时间内都处于学习和追赶的状态,特别重视在理论和方法上向国际同行认真学习。因此,从 20 世纪 80 年代至今,翻译与介绍国际学术研究的先进成果一直都是中国社会科学研究的重要组成部分。在译介的过程中,中国学者渐渐熟悉了冷战后英国俄罗斯研究领域的一些优秀成果,并且对于英国的俄罗斯研究状况也有了一定程度的认识和了解。

80 年代初,十一届三中全会之后,中国社会科学研究迎来了新的春天。在苏联研究领域,老一辈翻译家和资深学者开始翻译和介绍当时西方学术界对东欧和苏联问题的相关研究成果,并且以内部文献的形式出版发行,这些做法很好地推动了我国苏联研究的进步。在这批作品中,就包括了英国著名历史学家爱德华·卡尔(Edward Hallett Carr)的多卷本《苏俄史》(*A History of Soviet Russia*)。以此为起点,中国学术界逐渐开始认识到英国学者在苏联和俄罗斯研究领域的重要地位。

1982年,时任中国社科院苏联东欧研究所副所长的徐葵先生以访问学者的身份赴美国哥伦比亚大学俄国研究所工作,徐葵先生利用在美工作的宝贵时机,访问了美国各地的斯拉夫研究中心,对美国苏联研究的历史和现状进行了详细的考察,获得了大量的第一手资料。回国之后,徐葵先生将这些资料整理成文,连载于社科院主办的《苏联东欧问题》(即现在《俄罗斯中亚东欧研究》的前身)杂志上。[9]这是我国学者最早的以国外苏联俄罗斯研究状况为主要内容的学术研究成果,无论在研究路径还是在研究方法上,都对本书的研究产生了重要的影响。同时在《美国的苏联问题研究发展概况》一文中,徐葵先生在考察美国苏联研究的历史过程中,也对英国和欧洲早期的俄罗斯研究历史进行了适当的介绍,为后来者提供了重要的研究资料和研究线索,对于本书的研究具有非常重要的借鉴意义。

冷战结束之后,中国学者与国际学术界的联系更为紧密,通过广泛的学术交流,很多中国学者与英国学术界也建立了直接的联系,对于英国学者的研究进展和重要观点的了解更加深入。部分英国学者的优秀研究著作被译为中文,也有一些英国顶尖学者的研究论文在中文学术期刊上以译介的方式发表;而在中国学者的研究著作中,对于英国学术界的很多具有代表性的理论观点也有不同程度的分析和介绍。[10]

但总的来说,目前在中国俄罗斯研究领域,对于冷战后英国俄罗斯研究状况的认知仍然是非常有限的,很多对英国学者研究成果的理解只是流于表面。甚至可以说,这种理解往往局限于英国学者所使用的少数概念和论断,对于其思想内涵和研究方法等方面的内容较少涉及,对于英国俄罗斯研究的认识仍然有待加深。大多数研究者也并没有充分意识到在冷战后的俄罗斯研究领域中英国学者的研究观点所具备的学术价值和社会影响力。毫无疑问,关注的缺位和既有研究成果的有限,使得对冷战后英国的俄罗斯研究这一问题的研究具有了更加明确和具体的现实意义。笔者也希望通过本书的研究,可以促使中国学术界对当代英国俄罗斯研究给予更多的关注,从而进一步拓展中国俄罗斯研究的理论深度和国际视野。

第三节 研 究 方 法

作为一项跨学科的综合研究,本书的研究涉及国别研究、地区研究和学术史研究等多个研究领域。为了保证研究的顺利进行,我们综合运用多种社会科学研究方法。

其一,文献研究法。

文献研究法是社会科学研究中最基本的研究方法,也是本书所用到的最主要的研究方法。一般而言,文献是指用文字、图形、符号、声频、视频等技术手段记录人类知识的一种载体,或可被理解为固化在一定物质载体上的知识。但究其本意,正如朱熹《四书章句集注》所言,"文,典籍也;献,贤也"。也就是说,"文"指的是书本,"献"指的是人物。而这二者正是本书研究中最重要的组成部分。

从"文"的角度来说,大量收集第一手的文献资料是本书研究的基础。在研究准备过程中,通过各种方式收集冷战后英国学术界最有代表性的研究专著和论文,并对这些研究成果进行整体而系统的分析,从中归纳出英国学者的主要观点和思想。同样通过文献研究法,可以对英国俄罗斯研究的发展过程进行较为细致的总结,纵向分析英国俄罗斯研究的历史演进。通过大量的文献研究,本书的研究框架最终成型,研究内容得以完善,观点和结论也自然形成。

从"献"的角度来说,本书的研究也非常重视对于英国学者自身的研究,在收集学术成果的同时,也注意总结主要学者的生平事迹,重视其家庭出身、生活经历和学术经历对其研究兴趣和思想观点产生的影响。

本书不仅重视书写在纸面上的观点,而且重视隐藏在这些观点背后的"人"。通过对研究成果和代表人物的综合研究,最终形成综合性的研究结论。

其二,访谈研究法。

访谈研究法是指调查者根据预定的计划，围绕专门的事顾，运用一定的工具（如访谈表）或辅助工具（如录音机、网络、电子邮件），直接向被调查者进行提问，并根据回答了解有关情况的一种研究方法。

在学术史的研究中，访谈法是一种非常有效的研究方法。通过这种方法，研究者可以获得大量的第一手感性资料，而且只要提问的方式和技巧较为适当，就能够掌握很多在文献研究方法中难以获取的信息，尤其是对于被访谈者的性格、思维方式和个人魅力等方面会有更多直观的了解，这对于学术史和思想史的研究具有很重要的意义，对本书的研究也非常有价值。

在本书的写作过程中，笔者先后通过面对面访谈和电子邮件等方式与部分英国美国学者就本书的研究进行了交流，其中包括皇家国际问题研究所俄罗斯和欧亚项目前主任波波·罗教授、剑桥大学戴维·莱恩（David Lane）教授、英国肯特大学教授理查德·萨科瓦（Richard Sakwa）教授、美国乔治城大学安吉拉·斯滕特（Angela E. Stent）教授、弗吉尼亚大学艾伦·林奇（Allen C. Lynch）教授。此外，笔者也就这一课题对很多知名的中国学者进行了采访。中外学者在访谈中围绕着冷战后英国的俄罗斯研究的相关问题为笔者提供了很多书本之外的重要信息，极大地推进了课题的研究进程。

其三，定量研究法。

定量研究方法是对社会现象的数量特征、数量关系与数量变化进行分析的科学研究方法，最早常用于自然科学研究，后来随着方法论行为主义革命的出现，定量研究方法在政治学研究领域也获得了广泛的运用。

本书的研究主要运用了定量研究法中的趋势分析法、结构分析法和对比分析法。趋势分析法是对同一问题的相关指标连续几年的数据进行纵向对比，观察其发展变化的情况。结构分析法是指对特定分项目在总体项目中所占比重的分析，考量各分项目在总体项目中的地位。对比分析法则是通过数据指标的相互对比来揭示和比较数据指标之间的差异，并分析其成因的研究方法。

就本书的研究而言，定量分析法被大量使用在分析冷战后英国俄罗斯研究的主要议题及其变化趋势的过程中。通过定量分析的方式，读者可以更加直观地把握冷战结束后英国学者在俄罗斯研究领域所关注的主要议题，并且可以通过对比的方式勾勒出英国学者研究兴趣发展变化的总体趋势，从而为每一部分的具体研究提供扎实而全面的背景信息。

其四，比较研究法。

所谓比较研究方法，是指对两个或两个以上的事物或对象加以对比，以找出它们之间的相似性与差异性的一种分析方法，在社会科学研究中被广泛使用，也是本书所运用的重要研究方法。

本书主要在两个方面的研究中用到了比较研究方法。一方面，在分析英国俄罗斯研究的特点和性质时，笔者使用比较研究方法，将英国的俄罗斯研究与其他国家的研究进行对比分析，以求异的方式归纳其独有的研究特色和思想观念。同时也通过这种对比判断英国的俄罗斯研究与当代世界流行的政治思想理念的关系，以求同的方式总结英国学者观点的变化与当代思潮之间的联系。

另一方面，在分析英国俄罗斯研究的思想谱系时，笔者也主要使用了比较研究法。通过对英国学者在政治转型、经济转型等问题上不同观点的比较，可以更好地展现出英国社会对于俄罗斯的不同理解和认识，并体现出英国社会文化的多元化特征。

其五，其他研究方法。

除了上述四种主要研究方法之外，在本书的研究过程中，还间或使用了诸如案例研究法、系统研究法等社会科学研究方法。多种研究方法的综合运用为本书的研究提供了重要的理论支持，也为与本书类似的系列跨学科研究提供了方法论层面的保障。

第四节　研究框架

为了更加系统而全面地展示冷战后英国俄罗斯研究的整体状况，本书将从多个维度介绍和解读英国的俄罗斯研究。首先对英国俄罗斯研究的发展历史进行系统梳理，随后对冷战后英国俄罗斯研究的主要成果分门别类进行深度分析，最后对冷战后英国俄罗斯研究的主要特点和思想进行总结。根据这样的研究框架，本书将由七章组成。

第一章为绪论部分,主要叙述了本书的源起,以及本书在学术史、理论研究和外交实践等多个层面的研究意义;对本书的国际、国内研究现状进行了比较全面的总结,同时对本书研究中资料搜集的主要方法、基本的分析路径和全书的研究框架进行了介绍。

第二章为英国俄罗斯研究概况,这一章包括英国俄罗斯研究的历史沿革和冷战后英国俄罗斯研究的基本状况两个部分。英国的俄罗斯研究最早可以追溯到 16 世纪末,至今已有 400 多年的历史。而这 400 多年的历史可以被划分为四个阶段,从 16 世纪末到 18 世纪可以被称为英国俄罗斯研究的"古典时期",这一时期是英国学者对俄罗斯研究的起步和摸索阶段,众多探险家、记者和商人开始努力向英国公众介绍俄罗斯。从 19 世纪到 1917 年,是英国俄罗斯研究的"帝国时期",英国对于俄罗斯帝国的研究走向了系统化和理论化,并且开始进入大学校园。从 1917 年至 1991 年为英国俄罗斯研究的"苏联时期",英国的苏联学研究虽几经坎坷,最终仍取得丰硕的成果。从 1991 年至今,是英国俄罗斯研究的"转型时期","转型"成为俄罗斯社会生活的主题,而俄罗斯研究也同时进入了一个研究对象、研究范式的转型时期。在回顾了研究历史之后,第二章还概括了当代英国俄罗斯研究的现状,分别详细介绍了当代英国学术界的主要研究机构、主流学者、主要学术刊物,并且通过定量研究的方式对冷战后英国学术界的研究领域和研究议题的变化情况进行了剖析。

第三章为冷战后英国的俄罗斯政治转型研究。从戈尔巴乔夫时期的政治改革开始,俄罗斯便一步步走上了艰辛的政治转型之路。冷战结束之后,俄罗斯政治转型研究就是英国俄罗斯研究领域最热门的课题,对于俄罗斯政治发展和政治精英等问题的思考也成为了当代英国俄罗斯研究最重要的组成部分。第三章在概括冷战后英国学者对俄罗斯政治转型问题的整体研究状况的基础上,以主要的研究议题为线索,对当代英国学者的观点进行了总结。在苏联解体问题上,英国学者分别从个人、社会和意识形态等不同层次对其进行解读,分别提出了"戈尔巴乔夫因素""社会对政权的反抗"以及"劳工意识形态"等多种各具特色的观点。在对转型时期俄罗斯政治体制的研究中,英国学者则显示了"第四波""混合体制"和"政权政治"等各不相同的态度和评价。而在当代最热门的普京问题的研究中,英国学者呈现出明显的两极化观点,有人坚信普京是西方世界的巨大威胁,而有人则认为普京是"俄罗斯的选择"。此外,这一部分还介绍了英国学者对于乌克兰危机的看法与认识。第三章的内容主要围绕着阿奇·布朗(Archie Brown)、斯蒂芬·怀特(Stephen White)、理查德·萨科瓦的研究成果,对相关问题中出现的不同观点进行了解释。

第四章为冷战后英国的俄罗斯经济转型研究。俄罗斯的经济转型过程同样也可以追溯到苏联解体之前,从戈尔巴乔夫经济改革开始,苏联便开启了经济改革的进程。俄罗斯联邦诞生伊始,叶利钦启动了以"休克疗法"为标志的激进转型,却使得俄罗斯经济迅速陷入困境,并且遭遇了严重的经济危机。直到普京时期,俄罗斯依靠经济政策调整和石油价格飙升才最终走出低谷。英国学者对于俄罗斯经济转型问题的研究由来已久,早在苏联时期,英国学者就一直保持着对苏联经济改革的关注,对1991年以来的俄罗斯经济转型更是进行了深入的研究和剖析。但由于研究者自身所秉持的思想理念存在差异,英国学者对俄罗斯经济转型的评估呈现出两极化的趋势。在第四章中,笔者根据英国学者思想理念的差异,以对比的方式分析了英国学术界对于俄罗斯经济转型的两种竞争与对立的观点。英国经济学界的主流观点是以新自由主义的视角出发,以市场化、自由化为俄罗斯经济转型的主要目标,并以此为据对俄罗斯经济转型进程进行评价。而左翼学者则坚持新马克思主义的研究视角,将平等、社会利益和经济自主等要素作为评价俄罗斯经济转型的基本标准。由于出发点和思想方法的巨大差异,双方的观点严重对立。第四章以菲利普·汉森(Philip Hanson)和戴维·莱恩的研究为主对这两种对立的观点进行了介绍。

第五章为冷战后英国的俄罗斯历史研究。历史研究是英国学术界的重要传统,历史学方法也是英国俄罗斯研究的基本方法之一。在冷战结束后,随着苏联时期大量档案文献的解密,英国的苏联历史学研究在短期内出现了爆炸式的发展。虽然在20世纪90年代中期以后,英国的俄罗斯研究重新回归现实问题的轨迹,但历史议题仍然在俄罗斯研究中占据重要的地位。历史学家们利用新材料、新方法,重新书写

20 世纪的苏联历史,并且重新解读苏联发展的整个历史进程。同时,英国历史学家们还积极参与到转型研究中,利用历史学的研究视角对苏联解体和俄罗斯转型进行解读,并且得出了非常具有预见性的重要理论观点。冷战后英国俄罗斯历史研究领域出现了很多重要的研究成果,其中最具代表性的包括:《列宁传》《斯大林传》和《托洛茨基传》,从历史人物的日常生活出发对列宁、斯大林和托洛茨基人生和思想进行了重新解读;三卷本《剑桥俄国史》,成为当代世界学术界最重要的俄国通史研究成果之一;多米尼克·列文(Dominic Lieven)通过"帝国"理论解释苏联解体,为当代俄罗斯转型研究开辟了全新的理论视角。第五章的内容以"帝国"理论为核心,对于英国俄罗斯历史研究进行了比较全面的阐述。

第六章为冷战后英国的俄罗斯外交研究,作为当今世界国际舞台上重要的舞者之一,俄罗斯的外交战略如何演变对于整个世界格局都会产生重要的影响。因此,始终受到众多研究者的格外关注。在英国俄罗斯研究领域,对于俄罗斯外交问题的研究比较有代表性的观点多与智库机构有关,他们凭借着熟悉外交事务、掌握丰富的第一手资料等优势,在俄罗斯外交研究领域取得了非常丰富且有价值的研究成果。从俄罗斯联邦建立之初,英国学者就一直对其外交政策有着深入而系统的研究。叶利钦时期、普京时期的俄罗斯外交政策,俄罗斯与西方的关系,以及俄罗斯与中国的关系都是冷战后英国学者外交研究的重点内容。英国学者提出,叶利钦时期的俄罗斯外交是混乱的,其中充满了幻觉和人造的神话,直到普京时期,俄罗斯对外战略的目标与方向才逐渐明确。俄罗斯与西方的对抗被媒体严重夸大。他们甚至认为:俄罗斯与中国的战略协作伙伴关系,从某种意义上说只是一种基于战略方便而形成的具有实用主义性质的特殊合作关系,即所谓"便利轴心"式的关系,并非是对西方世界的挑战。第六章将以波波·罗、爱德华·卢卡斯(Edward Lucas)的研究成果为主,对英国对俄罗斯外交的研究进行介绍。

第七章为结论部分。在全面分析政治、经济、历史和外交等领域之后,我们就可以利用"情感倾向"和"研究路径"两个维度勾勒出当前整个冷战后英国的俄罗斯研究领域的思想谱系,分析当前在英国的俄罗斯研究领域中存在的五种典型思想理念,概括出英国俄罗斯研究的时代特征,对英国俄罗斯研究的主要优点和存在的缺陷进行总结,对俄罗斯研究领域的"英国学派"作出评价。

注释

1. 2010 年 6 月 4 日,冯绍雷教授在华东师大俄罗斯研究中心主办的第三届青年学者讲习班上的讲话。

2. 该杂志以《斯拉夫评论》的名称出版至 1927 年,1928 年更名为《斯拉夫与东欧评论》并沿用至今。

3. Bernard Pares, "The Objectives of Russian Study in Britain," *The Slavonic Review*, Vol.1, No.1, Jun 1922, pp.59—72.

4. Thomas G.Masaryk, "The Slavs after the War," *The Slavonic Review*, Vol.1, No.1, Jun 1922, pp.2—23; Peter Struve, "Russia," *The Slavonic Review*, Vol.1, No.1, Jun 1922, pp. 24—39; V. Jagić, "A Survey of Slavistic Studies," *The Slavonic Review*, Vol.1, No.1, Jun 1922, pp.40—58; Nevill Forbes, "The Composition of the Earlier Russian Chronicles," *The Slavonic Review*, Vol.1, No.1, Jun 1922, pp.73—85.

5. Victor S.Frank, "Soviet Studies in Western Europe: Britain," in Walter Z.Laqueur, Leopold Labedz (eds.), *The State of Soviet Studies*, Cambridge, Massachusetts: The M.I.T. Press, pp.52—58.该书由华东师大俄罗斯研究中心的郭金月博士提供给笔者参考,特此致谢。

6. John Elsworth, "The Current Situation in Slavic Studies in the UK," in Osamu Ieda(ed.), *Where are Slavic Eurasian Studies Headed in the 21st Century?* 21st Century COE Program Occasional Papers No.7, pp.1—4. http://src-h.slav.hokudai.ac.jp/coe21/publish/no7/contents.html.

7. Stephen Hutchings, "Russian Studies in UK universities," http://www.llas.ac.uk/resources/gpg/386/.

8. 波波·罗教授的演讲内容在经过整理后,以《西方俄罗斯研究方法论》为名,在学术刊物上发表,参见波波·罗:《西方俄罗斯研究方法论》,载《俄罗斯研究》2010 年第 3 期。

9. 徐葵:《美国的苏联问题研究发展概况——访美考察记之一》,载《苏联东欧问题》1983 年第 1 期;徐葵:《图书工作在美国的苏联东欧研究中的作用——访美考察记之二》,载《苏联东欧问题》1983 年第 2 期;徐葵:《美国的苏联地区学和培养研究人才问题——访美考察记之三》,载《苏联东欧问题》1983 年第 3 期。

10. 近年来翻译出版的英国学者重要研究书籍包括:阿奇·布朗:《改变世界的 7 年》,韩凝等译,北京:新华出版社 2012 年版;多米尼克·利芬:《俄国与拿破仑的决战:鏖战欧罗巴 1807—1814》,吴畋、王宸译,北京:社科文献出版社 2015 年版;奥兰多·费吉斯:《耳语者:斯大林时代苏联的私人生活》,毛俊杰译,桂林:广西师范大学出版社 2014 年版;罗伯特·谢伟思:《斯大林传》,李秀芳、李秉中译,北京:华文出版社 2014 年版。

第二章

英国的俄罗斯研究概况

老子曰:"合抱之木,生于毫末;九层之台,起于垒土。"所有可以被称为伟大的事物都绝不会是一蹴而就的,任何先进的技术、繁荣的文化或者辉煌的文明都必须经由无数先驱者孜孜不倦的努力,有赖于一代又一代人夜以继日的积累甚至牺牲,才能够最终形成。而当一切最终形成之时,我们又会惊奇地发现,很多最初看似不经意间形成的经验和习惯最终将成为令人无法忘却的传统。几百年来,英国俄罗斯研究风风雨雨的发展历程正是这一规律的完美展现。

作为世界舞台上曾经最具影响力的两大历史强国,从最初的偶然接触开始算起,英国与俄罗斯的历史渊源已经延续了 400 多年。两国历经了无数蜜月新婚,波折坎坷,几番兵戎相见,又数度捐弃前嫌。几百年来,时而为了剖析自己的敌人,时而为了解读自己的朋友,数不胜数的英国精英为了读懂俄罗斯这个横亘于欧亚两大洲之间的巨人而呕心沥血。几代学人毫无保留的付出最终让英国的俄罗斯研究这棵大树枝繁叶茂,硕果累累。

当我们试图从旁观者的角度来观察和理解冷战后英国的俄罗斯研究时,必须明确两个相互联系的基本判断。

一方面,从某种意义上说,冷战后英国的俄罗斯研究,是冷战时期英国苏联学研究的自然延续,也是几百年来英国的俄罗斯研究历史的有机组成部分。如果没有前期丰富的理论成果和研究资料的积累,就不可能有后来丰富的成果和结论。没有任何研究能够脱离学术史的发展而被人为制造出来,也没有任何观点是完全不依赖前期学术成果而凭空出现的。因此,如果要对冷战后英国的俄罗斯研究加以考察,就必须重视英国学术的历史传统,重视当代研究与既有成果的内在联系。

　　另一方面,冷战结束之后,全球政治急剧变动,国际格局重新调整,新的国际秩序在冲突与磨合中逐渐成形。更重要的是,随着科学技术和人类社会的进步,国际社会的基本规则正在出现非常微妙的调整和变革。在这种情况下,英国学者对当代俄罗斯问题的研究也具有了非常明显的时代烙印。在继承英国学术界传统的基础上,当代英国的俄罗斯研究领域在研究体制、思想理念、方法路径甚至论文写作风格等方面都出现了很多突破和创新。英国学者尊重却不拘泥于传统,继承却又扬弃既有的观念,通过不懈的努力,在英国学术界辉煌的历史记录之外再次书写了新的当代经典。

　　正是基于对这种双重因素的综合考虑,在综合介绍英国的俄罗斯研究概况时,必须做到历史与现实并重,才能够较为全面地为读者展示英国的俄罗斯研究状况,也才能够更加准确地理解英国对俄研究的历史传统与时代特性,从而为更加深入地了解和研究冷战后英国的俄罗斯研究状况打下坚实的基础。

第一节　英国俄罗斯研究的历史沿革

　　1553 年,一队英国冒险家怀揣着伟大的梦想,从伦敦港扬帆起航,踏上了通往远方的航路。他们并没有像西班牙和葡萄牙的航海家那样沿大西洋南下,而是将前进的风帆对准了东方,希望能够找到穿越北冰洋、到达中国和印度的航线,从而打破西班牙对于海路的垄断,获得更多的财富。勇敢的航海家们一路向北,绕过了挪威北部,驶入北冰洋。但遗憾的是,北冰洋的风暴与冰山并没有因为他们的勇敢而对其网开一面,他们的船队很快便在航行途中触礁沉没。一部分船员葬身大海,幸存者则被当地人救起,几经辗转最终到达了莫斯科。大大出乎人们意料的是,这些幸存的英国人受到了非常热情而周到的款待,甚至获得了沙皇伊凡四世的接见。这位被称为"恐怖的伊凡"的著名暴君给这些英国航海家留下了深刻的印象,他们热情赞颂伊凡的好客,并且将沙皇的善意带回了英国。于是,这次意外成为了伊凡雷帝拓展俄国与英国关系的重要契机,也让一场原本一败涂地的探险具有了划时代的意义。[1]从此,1553 年成为英国与俄罗斯数百年恩怨纠葛的最初起点,俄罗斯这个遥远而神秘的国家也正式出现在英帝国的视线之中。在遥远文明的吸引下，探险家、商旅、外交人员纷至沓来，逐渐揭开了俄罗斯的神秘面纱，也就此开启了英国俄罗斯研究的序幕。从16世纪末到21世纪初，在不同行业精英的共同努力下，英国的俄罗斯研究横跨5个世纪，历经了4个典型的发展阶段，最终奠定了自己在国际学界的重要地位。

一、英国俄罗斯研究的"古典时期"(16—18世纪)

毫无疑问，作为这个世界上最有魅力的文明之一，在相当长的时间里，英国人心目中的俄罗斯始终保持着遥远且神秘莫测的形象。在探险家打开了俄罗斯的大门之后，对外部世界无比好奇的英国人迅速开始了对这个神秘国度的观察和探索。"最早对俄罗斯感兴趣的人主要是那些探险家们，紧随其后的便是商人和观察家们(observers)，俄罗斯问题的观察家都是那些头脑最清醒，同时也是最具客观精神的英国人。"[2]这些探险家和观察家尽自己所能，对他们眼前的世界进行最为直观的描述，这便是最初的俄罗斯研究。这种具有一定猎奇和探险色彩的叙述尽管略显简单，其中也不乏对俄罗斯的误解和神话，但同时也充满了原创意义和历史价值。这种类型的研究贯穿了16世纪末至18世纪的英国学术史，构成了英国俄罗斯研究的"古典时期"。

从目前可考证的资料来看，英国最早介绍俄罗斯的书籍出版于1584年，是一本署名霍尔西(Horsey)的小册子。该书向英国民众介绍了俄国的基本情况，并讲述了一些有趣的风俗和故事。这是目前所发现的英国最早介绍俄罗斯的书籍，也被认为是英国俄罗斯研究的起点。[3]

1588年，英国下院议员基尔斯·弗莱彻(Giles Fletcher)就任英国驻俄大使，他的主要任务是通过与费奥多尔一世的谈判重建俄国与英国的贸易协议。为了争取英国议会对英俄贸易协议的支持，1591年，弗莱彻根据自己在俄国担任大使期间所获得的信息，将俄国经济、贸易以及其他社会生活等各个方面总结成文，并且公开发表，这篇名为《俄国的共同财富：俄国沙皇政府的精神》(Of the Russe Common Wealth：

Or Maner of Governement by the Russe Emperour）[4]的论文对于 1600 年之前的俄国社会和经济状况进行了生动而细致的描述，极大地提高了英国政治家以及普通民众对于俄国这个陌生国度的了解。大量第一手资料的收集和整理，加之生动的语言和巨大的影响力，使这部作品当之无愧地成为了 17 世纪以前英国的俄罗斯研究最重要的作品。直到现在，该书在俄罗斯历史研究领域仍具有重要的史料价值。

17—18 世纪，英国与俄国大体上保持着非常良好的合作关系。1698 年，沙皇彼得一世以一种非常奇妙的方式访问英国，这也是俄罗斯国家元首在历史上第一次到访英国。他化装成一名随团军士参加了俄国使团对英国的访问。"彼得一世在英国访问了牛津大学，并且会见了物理学家牛顿……于 1698 年 9 月回到莫斯科。"[5]在 18 世纪，英国已经成为了俄国最重要的贸易伙伴，"十八世纪下半期，俄英两国的贸易额不断增加。俄国向英国出口的铁从 75％增加到 80％，大麻从 40％增加到 58％，亚麻从 12.5％增加到 60％以上。英国造船工业需要的铁、木材、大麻、帆布，主要仰赖俄国的出口。俄国同英国贸易始终保持顺差"[6]。在这种经济高度相互依赖的基础上，两国关系异常密切："在那个世纪（18 世纪）的末尾……英国外交界公开信奉的正统的信条已经是：'把大不列颠和俄罗斯帝国联在一起的纽带是自然形成的，是破坏不了的'。"[7]

但在这一时期，英国的俄罗斯研究并未在原有基础上取得更大的突破。整个 18 世纪，英国学术界对俄国的研究可以说是乏善可陈。与弗莱彻时期相比，研究水准并没有特别明显的提高，对俄国政治和社会的描述基本上没有脱离早期研究的框架。当然，这种现象的出现与俄国当时所处的国际地位密切相关，在 17 世纪，俄国经历了留里克王朝的终结和大混乱时期，整个民族和国家都处于分裂与动荡之中。新生的罗曼诺夫王朝在相当长的时间内非常弱小，甚至在面对波兰、奥斯曼土耳其等国的挑战时都显得力不从心，更无法与当时的东欧霸主瑞典抗衡。在这一时期，俄国在欧洲的政治舞台上处于相当边缘的地位，根本无力参与欧洲事务。而此时英国的精力也都集中在本国的革命运动和与法国争夺世界殖民霸权的活动中，遥远而又弱小的俄国基本上不可能获得英国社会更多的瞩目。直到彼得一世以后，俄国取代瑞典，成为欧洲东部最强的国家,开始在欧洲列强争霸的舞台上占有一席之地,它所拥有的丰富资源对英国的重要价值也逐渐凸显。18世纪下半期,英俄两国的贸易关系得到了迅速的发展,与俄国的外交关系也成为英国政府维持欧洲大陆"力量均衡"的重要砝码。直到此时,俄国对于英国的意义才逐渐为英国各界所重视,于是,以俄国为研究对象的学术活动在英国学术界再次兴起,经过几十年的积累,终于在19世纪后期出现了跨越式的发展。

二、英国俄罗斯研究的"帝国时期"(19世纪—1917年)

在很多当代学者看来,英国现代意义上的俄罗斯研究出现在19世纪。[8]这一时期的俄罗斯研究见证了沙皇俄国由盛转衰的过程,可以被称为英国俄罗斯研究的"帝国时期"。

拿破仑战争结束后,俄罗斯帝国达到了国势的顶峰。由于在反法同盟中不可替代的地位,俄国自然地成为维也纳体系的核心力量。随着俄国国家实力的不断增强、国际地位的提高,原本亲密的英俄关系也一步步发生着变化。沙皇俄国逐渐成为英国在地中海、中东乃至亚洲最大的竞争对手,最终两国在克里米亚兵戎相见。

俄国的发展和崛起使得英国将自己或惊异、或疑惑的目光再次投向这片遥远的沙皇领地。相当一部分英国外交官和学者开始根据自己的外交经验反思英国对俄政策的成败得失,试图重新打量这个昔日的小伙伴如何成长为自己强大的对手。克里米亚战争爆发后,英国社会对于俄国问题的关注进一步升温,上至宫廷贵族,下到普通民众都迫切希望了解这个远方的国度。这种期望很快便转化成了俄罗斯研究的动力,在英国上下掀起了一阵俄罗斯研究的热潮。

在经历了启蒙运动和18世纪英国经验论哲学的洗礼之后,英国学术研究已经达到了一个新的层次,有了更加严格、更加标准的方法和规则。在洛克、霍布斯之后,英国学者对于政治问题的研究和考察更加深入,也更加理性。这一切都使得19世纪中期开始兴起的俄罗斯研究与过去相比具有了明显的不同。从这一时期开始,英国的俄罗斯研究就已经开始摆脱"古典时期"那种猎奇、探险和叙述的逻辑,初步具备了现代学术研究的基本特征。而且在这一时期,来自各地的学者,经验丰富的外交官员,与俄国有过交往的记者、商人等都积极参与到了对俄罗斯帝国的研究中,并且开始全面地研究俄国的哲学、文化、历史、政治、经济、法律和社会制度,研究范围更广,水平更高,分析也更加深入和透彻。不仅揭开了多年以来罩在沙皇俄国头上的神秘面纱,而且形成了现代俄罗斯研究的基本雏形,为未来英国的俄罗斯研究打下了良好的基础。19世纪,很多俄罗斯研究的鸿篇巨制先后问世。这些涉及俄罗斯的书籍和论文,不仅加深了英国社会对俄罗斯的了解,也成为了人类思想史研究和地区研究历史上的经典之作。

卡尔·马克思(Karl Marx)的《十八世纪外交史内幕》便是其中的杰出代表。[9]1849年8月,被多个国家驱逐出境的马克思辗转来到英国,从此一直定居伦敦。在英国期间,他完成了包括《资本论》在内的一系列重要作品,同时在俄罗斯研究领域也取得了举世瞩目的成绩。1856年2月开始,马克思计划撰写一本关于18世纪英俄关系的著作,并且在恩格斯的帮助下,搜集了大量资料。从6月下旬开始,部分写好的章节在《谢菲尔德自由新闻报》(*The Sheffield Free Press*)和伦敦《自由新闻》(*The Free Press*)上陆续发表。但由于种种原因,这一撰写18世纪英俄关系史的计划最终未能完成。1856年8月到1857年4月,《自由新闻》以《十八世纪外交史内幕》为题,刊登了马克思已经完成的文章的序言部分,即现在我们所看到的《十八世纪外交史内幕》。在这篇文章中,马克思披露了18世纪英俄两国之间很多秘密的外交文献,并且以此为据,对沙皇俄国的崛起过程和英国与俄国之间的秘密外交进行了深入的考察,对俄罗斯帝国历史的发展提出了很多创造性的描述。虽然《十八世纪外交史内幕》本质上说是一篇未完成的稿件,但因其对俄罗斯历史和英俄关系内在逻辑的深刻理解,它很快成为世界范围内俄罗斯研究的重要著作,至今仍然是俄罗斯研究和外交研究等领域不可忽视的历史文献,称得上是19世纪中期英国俄罗斯研究最具代表性的成果之一。此后,马克思对于俄国问题始终保持着关注,在其晚年还开始学习俄语,在俄罗斯研究方面作出了重要的贡献。

当然,尽管作出了一定的贡献,但对于俄国的研究只是马克思宏大思想理论体系的一个较小的组成部分,他也不能够被称为俄国问题专家。在这一时期,英国在俄罗斯研究领域执牛耳者当属唐纳德·华莱士爵士(Sir Donald Mackenzie Wallace)。[10]华莱士爵士是英国19世纪著名的新闻记者和编辑,自幼父母双亡,青年时代辗转于欧洲各国求学,毕业后长期从事新闻媒体工作。1870年,他接到了一个私人邀请,前往俄国高加索奥塞梯地区采访。这次访问唤起了他对俄国的极大热情,此后六年多的时间里,他辗转俄帝国全境,观察俄国的社会生活,并加以细致记录。1876年,华莱士返回伦敦,并于次年出版了两卷本的著作,名字就叫作《俄国》(Russia)。[11]书中详细记述了他多年来对于俄帝国的观察,内容涉及俄国地理、历史、政治、社会、文化等诸多方面,堪称一本19世纪末的俄国百科全书。此书的问世在英国引起了巨大的轰动,几年之内一版再版。华莱士也被学界称为"现代英国学者中探索俄罗斯的先驱者"[12],成为"帝国时期"英国的俄罗斯研究界当之无愧的代表人物。

在19世纪末20世纪初的英国俄罗斯研究界,具有难以置信的语言天赋的哈罗德·威廉斯(Harold Williams)是另一个值得铭记的伟大名字。[13]威廉斯生于新西兰,是一对英国移民夫妇的长子。他自幼就显示出超强的语言天赋,在上高中之前,他就可以阅读26种语言的圣经故事,而且可以熟练使用15种语言进行读写。受到列夫·托尔斯泰小说及其人生哲学的影响,在20岁时威廉斯学会了俄语和波兰语,并且很快掌握了多种斯拉夫语言。他不愿意在研究所任职,选择了新闻媒体的工作,成为《泰晤士报》(The Times)在圣彼得堡的驻外记者。[14]他凭借自己超强的语言天赋,很快掌握了俄罗斯帝国境内复杂的语言和文字,并且利用这种优势深入观察俄国社会状况,同时也见证了如俄国第一次杜马选举等重要的历史时刻。最终他将自己的观察和研究结集出版,即英国俄国研究历史上的著名作品《俄国人的俄国》(Russia of the Russians)[15]。在很多人看来,这位会说58种语言的记者是英国俄罗斯研究史上的奇才。他对于俄国的了解异常深入,远远超越了同时代的研究者,也成为了那一时代最具权威的俄国问题专家。据说,他的同事曾经对威廉斯在俄国研究领域的权威地位有过这样的描述:"不止一位俄国人曾经告诉我:'威廉斯对俄国的了解比我们要深得多'。"[16]

除此之外,英国学者在俄罗斯宗教、俄罗斯文学,以及俄罗斯帝国对外扩张等方面的问题上也发表了重要的成果。[17]从19世纪中期开始,英国的俄罗斯研究成果呈现出井喷的状态,进入了一个黄金发展时期。

在俄罗斯研究浪潮的推动下,关于俄罗斯和俄语的课程也很快走进了英国大学校园。1869年,牛津大学成为第一个开设俄罗斯研究相关课程的学校[18],这也是英国大学参与俄罗斯研究的起点。1889年,剑桥大学也开设了俄罗斯研究的课程,俄罗斯研究在英国大学中的影响逐渐扩大。1907年,在利物浦大学建立了英国第一个专门的俄罗斯研究院(School of Russian Studies),研究院的建立是"帝国时期"英国俄罗斯研究的重要标志,从此俄罗斯研究取得了独立研究部门的地位,利物浦大学俄罗斯研究院的形式也成为了"帝国时期"英国俄罗斯研究院的标准模式。

1912年,在伯纳德·佩尔斯的推动下,《俄国评论》(*Russian Review*)杂志在利物浦创刊。[19]《俄国评论》不仅是英国,也是整个欧洲最早的俄罗斯研究杂志。《俄国评论》出版之后,英国的俄国问题研究者开始围绕着这本杂志建立固定的联系,各个学校从事俄国问题和俄语教学的学者和教师,对于俄国有所了解的记者、商人和外交人员,以及所有对俄国感兴趣的研究者慢慢走到了一起,就他们共同感兴趣的问题开展学术讨论,于是学术共同体逐渐成形。一批专业学者逐渐成为俄国问题研究的主流群体,这也标志着英国学术界对于俄国问题的系统化研究就此拉开了序幕。

1871年,德国最终完成统一,欧洲的均势格局出现了根本性的变化。统一后的德国迅速强大起来,成为英国霸权强有力的挑战者。面对中欧崛起的巨大威胁,英国与俄国再次由对抗走向了合作。1874年,沙皇亚历山大二世访问英国,并参加了他女儿与英国女王维多利亚的次子艾尔弗雷德的婚礼,沙皇皇室与英国王室自此联姻。1907年,英俄正式签署协约,规定了双方在亚洲地区的势力范围。至此,英国外交战略的调整正式完成,俄国加入协约国集团,与德国主导的同盟国集团在欧洲大陆抗衡,最终导致了第一次世界大战的爆发。

战争是残酷的,但战争的爆发却在客观上推动了英国俄罗斯研究的进一步发展。为了进一步加强与俄国的外交联系,英国需要培养更多熟悉俄国并且懂俄语的人才参与国家事务。从 1914 年开始，英国大学开始大量开设俄罗斯研究课程开并展俄语教育，以满足战争、外交和商业的需要。1914 年，牛津大学、剑桥大学、伦敦大学和曼彻斯特大学先后设立俄罗斯研究高级讲师（Readership）职位。随着战争的深入，对于俄罗斯的研究热情在整个英国大学中不断蔓延，更多的大学争先恐后地参与到俄罗斯研究中来，伯明翰大学、曼彻斯特大学、利兹大学、伦敦大学学院和诺丁汉大学先后设置俄语和俄罗斯文学的教授职位（Professorship）。此外，在格拉斯哥大学和谢菲尔德大学也开设了俄国问题的讲师课程（Lectureship），其中格拉斯哥大学的俄罗斯研究讲师还在爱丁堡大学兼任同样的课程。在战争期间，在伦敦大学国王学院院长罗纳德·伯罗斯（Ronald Burrows）的支持下，伦敦大学学院仿照利物浦大学的模式，成立了自己的斯拉夫研究院（School of Slavonic Studies），不仅全面推动俄罗斯研究的发展，还将研究对象进一步扩展到整个东欧和斯拉夫世界。这一时期，各个大学的课程设置系统而全面，一般由三个部分组成，分别是哲学与文学、历史与经济、法律与制度，并且能够为学习者提供较好的俄语培训条件。在战争期间，各大学通过对俄罗斯帝国的学习和研究，为英国政府和相关企业提供了大量有效的咨询意见和政策建议，为推动英俄之间的合作发挥了重要而积极的作用。[20]

三、英国俄罗斯研究的"苏联时期"（1917—1991 年）

正当英国的俄罗斯研究如雨后春笋般蓬勃发展之时，英国与俄罗斯帝国之间的合作关系却在大战结束之前戛然而止。1917 年，十月革命爆发，沙皇制度和俄罗斯帝国在革命的洪流中灰飞烟灭。在时代巨轮的推动下，英国的俄罗斯研究也匆匆告别了旧的时代，进入了"苏联时期"。

突如其来的政治变动对英国的俄罗斯研究的影响几乎是致命的。一夜之间，"苏联学"取代了多年来的沙俄帝国研究，成为了俄罗斯研究的时代标签。在这种情况下，经过数十年积累的以沙俄帝国为对象的研究成果几乎完全失去了实际意义。1917 年革命之后，英俄两国关系便突然进入了"休克"的状态。末代沙皇一家被苏维埃政府处决,两国关系迅速跌到冰点。由于英国参与组织了对新生苏维埃政权的围剿,在相当长的一段时间内,两国处于实际上的敌对状态,外交关系几乎完全中断。直到 1924 年英国才与苏联建立了外交关系,但对这个共产主义国家始终保持着高度的戒备。

很长一段时间里,英国研究者与苏维埃世界的联系被完全切断。几乎所有的英国学者都对崛起的苏联知之甚少,甚至根本不知道该如何对其加以研究。两国关系的紧张,加之新生的苏维埃政权对外部世界过度的警惕心理,使得英国学者在 20 多年的时间里几乎无法从苏联获得有用的研究资料和信息,研究成果也相当匮乏。这种现象一直到第二次世界大战之后才有所改观。

尽管处境极为困难,但英国学者仍然尽自己最大的努力,坚持不懈地开展苏联研究工作。在艰难的情况下,很多大学仍然坚持开设俄罗斯研究的课程,并且继续推广俄语教学。学者们尽自己所能,开拓可能的研究领域,并且利用十月革命后大量涌入英国的俄罗斯移民所带来的信息,取得了有限的进展。更加难能可贵的是,1922 年,为应付纯粹的苏联研究资源不足的问题,位于伦敦的斯拉夫东欧研究院(SSEES)以《俄国评论》为基础,出版了新的学术杂志《斯拉夫评论》(*The Slavonic Review*),将苏联之外的其他斯拉夫地区纳入自己的研究范围,尽可能地开拓学术的生存空间。《斯拉夫评论》在 1928 年改名为《斯拉夫东欧评论》(*The Slavonic and East European Review*),虽然几经波折,但始终坚持出版,至今仍是英国俄罗斯研究界最重要的学术刊物之一。[21]

从十月革命到 20 世纪 40 年代,是英国俄罗斯研究的困难时期。政治环境的限制使得英国学者在这 20 多年的时间里步履维艰,尽管他们苦心孤诣,试图有所进展,但有价值的成果寥寥无几。《斯拉夫东欧评论》在国际学术界的影响力也远不及德国出版的《东欧》杂志。这种状况发展到最后,导致了非常严重的现实后果。在第二次世界大战中,当英国重新与苏联结盟后,苏联研究严重不足的问题迅速凸显,遍数英伦三岛,竟然没有足够的人才可以承担对苏联的外交工作。既没有足够的人精通俄语,更没有相应的人才熟悉苏联事务。于是,英国只能被迫依靠早年来到英国定居的俄裔英国人和第二次世界大战期间的苏联移民来暂时承担这一重要任务,[22]但这种方式只能解燃眉之急,根本无法持续。现实的需要为处于困难时期的俄罗斯研究提供了发展的动力,英国的俄罗斯研究终于开始触底反弹。

为了适应战争的需要、加快俄语人才的培养,1942 年英国政府责成牛津大学、剑桥大学和斯拉夫东欧研究院(School of Slavonic and East European Studies, SSEES)[23]建立俄语培训课程,苏联研究终于重新获得英国政府的实质性支持。世界反法西斯战争取得胜利后,苏联在国际舞台上获得了史无前例的地位。面对这个与美国平起平坐的新兴超级大国,参与"苏联学"的国际研究、加强对苏联的了解,成为了一个摆在英国学术界面前的迫切任务。1947 年,英国外交部发表了一份名为《跨部门委员会关于东方研究、东欧研究和非洲研究的报告》(Report of the Interdepartmental Commission of Enquiry on Oriental, East European and African Studies)的研究报告,即《斯卡伯勒报告》(Scarbrough Report)。[24]报告对 20 世纪 40 年代英国国际研究过于忽视非西方世界的倾向给予了严肃的批评。在政府力量的推动下,很多英国大学开始加入到苏联问题的研究中来。

俄罗斯研究传统十分悠久的伯明翰大学和格拉斯哥大学在 40 年代先后开设了当代苏联问题的相关课程,积极参与国际苏联学研究。其中,伯明翰大学利用本校的人才优势,以苏联经济体制作为主要的研究内容,在苏联经济问题上独树一帜。[25]格拉斯哥大学则更进一步,在积极开展苏联学研究的同时,还于 1949 年创办了《苏联研究》(Soviet Studies)杂志。该杂志以苏联问题为主要研究对象,对苏联的政治、经济、外交和历史等问题进行全面分析。杂志创办以后,尽量排除冷战时期意识形态因素的干扰,坚持严格的学术标准,保证了研究的客观性和权威性。在几十年的时间里,杂志一直保持着开放的姿态,欢迎来自世界各地研究者的参与。在世界各国学者的共同努力下,《苏联研究》刊发了大批高水平的苏联学论文,极大地推动了英国和世界范围内的苏联研究,成为冷战时期英国最权威的苏联学研究刊物之一。在苏联解体之后,该杂志于 1993 年更名为《欧亚研究》(Europe-Asia Studies),至今仍是英国俄罗斯研究最具权威的学术刊物。[26]

1950年，牛津大学圣安东尼学院(St Antony's College, Oxford)正式成立。作为一个以国际研究为己任的学术机构，在首任院长威廉·迪金爵士(Sir William Deakin)的积极推动下，圣安东尼学院积极拓展苏联和东欧问题的研究，以历史研究为核心，在课程设置和教学体制方面都进行了大胆的改革和创新。在很短的时间内，圣安东尼学院便发展成为英国苏联学研究的旗帜。此外，在50年代初，伦敦政治经济学院(London School of Economics and Political Science, LSE)也开始设置苏联政府和制度等方面的课程，并参与到苏联学研究中来。

尽管上述这些大学在苏联研究方面作出了不懈的努力，但从整体上看，20世纪60年代之前的英国苏联学研究水准仍然非常有限。大部分参与了俄罗斯研究的大学仍然在使用第二次世界大战之前的教学课程。更糟糕的是，受冷战期间意识形态因素的影响，包括牛津大学、剑桥大学等名校在内的大部分学校的俄罗斯研究都以语言学作为自己主要的研究内容。在观察家看来，"语言学是学者的鸦片"[27]。学者们将自己的研究集中在语言学领域实际上是在尽量回避政治、经济等现实问题，从而使自己免受意识形态的干扰。但这种研究方式必然造成对苏联学实质问题的忽视，根本无法为政府和企业提供任何有效的咨询服务，势必无法获得足够的资金支持，资金不足也成了20世纪四五十年代困扰英国俄罗斯研究领域的最大难题。

赫鲁晓夫执政后，苏联与西方出现了关系缓和的迹象，这为英国的苏联学研究提供了新的发展契机。随着美苏缓和的深入，英国政府和社会越来越意识到苏联研究的重要意义，整个英国社会对于英国大学中苏联研究的现状非常不满，改革的呼声日益强烈。1961年，英国大学教育资助委员会(University Grants Committee, UGC)针对英国学术界远东、斯拉夫和非洲研究过于薄弱的状况，发表了名为《分委员会关于东方研究、斯拉夫研究和非洲研究的报告》(Report of the Sub-Committee on Oriental, Slavonic and African Studies)的研究报告，即英国学术史上著名的《海特报告》(Hayter Report)。[28]报告对于当时的苏联、东欧和斯拉夫领域研究相对滞后的状况，提出了非常尖锐的批评，指出："在过去的10—15年中，世界发生了重大的变化，非西方世界对于全球的重要性迅速提升，各个大学都需要提高认识，积极开展相应的研究工作。"[29]《海特报告》的出现，唤醒了英国学术界对于非西方世界的研究热情，英国大学的苏联研究也获得了英国政府与社会更多的关注。社会各界对于这一领域的发展提出了很多意见和建议，更重要的是，英国的苏联研究终于获得了英国政府和相关教育基金的大力资助，困扰英国苏联研究的资金问题得以解决，为"苏联时期"的英国俄罗斯研究注入了发展的新动力。

在《海特报告》的影响下，伯明翰大学迅速将自己校内的苏联研究资源整合起来，于1963年成立了专门的俄罗斯和东欧问题研究中心，就此确立了自己英国俄罗斯研究重镇的重要地位。[30]而牛津大学、格拉斯哥大学、伦敦政治经济学院和伦敦大学学院则进一步完善了已有的苏联研究体系，始终保持着在英国俄罗斯研究界的领先地位。爱丁堡大学、诺丁汉大学、曼彻斯特大学、谢菲尔德大学等具有俄罗斯研究传统的高校，努力更新自己较为陈旧的教育内容，逐步与苏联学前沿接轨。此外，以斯望西大学（Swansea University）为代表的一批后起之秀，在20世纪60年代后也先后在本校设立了苏联、斯拉夫或东欧问题的研究课程与研究机构。《海特报告》出台之后，充分的资金支持使各大学得以进一步完善相关的人才培养体系；英国政府的政策导向也促使英国的苏联研究逐步跳出了语言学的桎梏，转向具有现实意义的社会科学研究，与国际苏联学研究接轨，逐步走向国际苏联学研究的前沿。可以说，《海特报告》的出现，使英国的苏联研究摆脱了"巧妇难为无米之炊"的尴尬境地，极大地推动了冷战时期英国的苏联东欧问题研究的进步，让英国的俄罗斯研究进入了历史上第二个快速发展时期。众多新兴的研究机构和传统俄罗斯研究重镇一起，构成了当代英国俄罗斯研究的基本格局，孕育了众多非常优秀的研究成果，在国际学术界影响深远。

20世纪是英国苏联研究领域人才辈出的世纪，但如果我们非要在众多一流学者中选出一个代表人物的话，则非爱德华·卡尔莫属。爱德华·卡尔拥有众多光辉的头衔，他年轻时从事外交工作，从1916年起便供职于英国外交部门（the British Foreign Office），外交工作使他能够亲身参与很多重大的政治活动，获得更加权威的信息。[31]在早期的外交活动中，他开始接触俄国问题，并且参与了英国政府与苏维埃俄国的谈判工作。这些经历也使得他对于苏联问题和马克思主义产生了浓厚的兴趣。1936 年,卡尔离开英国外交部,成为威尔士大学国际政治专业的伍德罗·威尔逊讲座教授(the Woodrow Wilson Professor of International Politics at the University of Wales),开始了自己的学术生涯。1939 年,卡尔出版了著名作品《二十年危机》(*The Twenty Years' Crisis*),奠定了其现代国际关系理论的创始人的地位。但卡尔主要的研究兴趣仍然是历史研究,尤其是苏联史研究。1941—1946 年,他受邀担任了英国著名报纸《泰晤士报》的主编助理。多年以来,《泰晤士报》一直有很重的俄罗斯情结[32]。卡尔在这里的工作经历,对卡尔未来的学术研究产生了重要的影响。与此同时,1942—1945 年间,为满足战时的特殊要求,卡尔担任了英国皇家国际问题研究所(Royal Institute of International Affairs)的研究员,并领导一个研究小组专门研讨未来英国与苏联外交关系的走向。以此为标志,卡尔正式投身苏联问题研究,并且凭借他深厚的理论功底和丰富的实践经验,很快成为英国苏联研究的代表人物。从 20 世纪 40 年代开始直至去世,卡尔以苏联史研究为基础,对十月革命以后苏联的发展历程、意识形态、外交政策和经济社会等方面进行了全面而深入的考察,并且发表了大批极具影响力的研究成果。[33]他在苏联研究领域水平极高,几乎所有的研究著作和论文都堪称现代苏联学研究的经典之作,不仅获得了学术界的广泛认可,在整个英国社会都产生了很大的影响。在卡尔的苏联研究著作中,最重要的代表作当属十四卷本的《苏俄史》(*A History of Soviet Russia*)。[34]从 1950 年到 1978 年,卡尔用了将近 30 年的时间,才完成了这部作品。全书十四卷共分为四个部分,前三卷记述了布尔什维克革命以及随后内战的相关内容,主要展现了布尔什维克党夺取并巩固政权的历史进程。随后,卡尔用了一卷的篇幅研究了一个非常有趣的问题,即 1923 年列宁因中风而逐渐离开政治生活到 1924 年去世期间的苏俄历史。他将这一卷命名为《空位期》(*The Interregnum*),主要介绍在列宁不能理政的情况下布尔什维克内部的政治斗争及当时的政治变迁。此后三卷的内容则是从 1924 年延伸至 1926 年,以"一国建成社会主义"为主题,描述斯大林逐步掌握苏联政权的历史。最后三卷则主要描述了在斯大林的领导下,苏联在 1926—1929 年逐步形成计划经济体制的过程。这部巨著凭借恢宏的议题设计、充分翔实的资料收集、深入而系统的分析逻辑,加上流畅的文字叙述,一经推出便在世界学术界产生了巨大的反响,获得了一致好评,并且很快被译为多种文字,在各国广泛流传,堪称现代苏联学研究史上重要的里程碑。

冷战时期英国在苏联研究领域的另一位重要代表是著名哲学家、思想家和政治理论家以赛亚·伯林(Isaiah Berlin)。伯林 1909 年出生于拉脱维亚首府里加(Riga)的一个犹太人家庭,1919 年随父母前往英国,在英国接受教育,并最终成为 20 世纪最重要的自由主义思想家之一。因为与俄罗斯帝国特殊的渊源,多年以来,伯林从未停止过对于苏联的关注,甚至可以说,他一直站在第三者的角度认真地观察着这个他曾经生活过的地方。他通过自己独特的哲学视角,剖析和解读俄罗斯传统文化和苏联时期的思想意识。他的研究与众不同,他几乎不会让自己陷入意识形态式的攻击和争吵,始终保持着冷静和旁观的态度。但他对于俄罗斯文化和思想的关怀,终其一生始终没有改变。冷战期间,他曾经数次访问苏联,并且与苏联文化界和思想界有着广泛的接触和深入的交流。从学术生涯伊始,他便从思想史、文化理论等多个角度对共产主义和苏联时期的俄罗斯文化加以研究,并且发表了相当数量的作品。[35]这些作品汇集在一起,勾勒出一幅苏联时期的社会文化群像,将整个国家的思想状态表露无疑,这些作品已经成为现代俄罗斯思想文化研究的宝库。另一方面,对于苏联文化和社会的看法和观点也成为以赛亚·伯林思想体系的重要组成部分,成为当代思想史和政治理论研究领域的重要议题。

如果仅从狭义的苏联学角度来看,英国在冷战时期最重要的苏联学家当属格拉斯哥大学的亚历克·诺夫(Alec Nove)教授。亚历克·诺夫原名亚历山大·诺瓦科夫斯基(Aleksandr Novakovsky),生于圣彼得堡,1923 年随父母迁居英国。他毕业于伦敦政治经济学院,主修经济学。第二次世界大战期间,他在英国陆军服役,战争结束后在英国政府部门任职,主管贸易工作。1958 年,诺夫进入伦敦政治经济学院,开始了自己的学术生涯。1963 年,他接受了格拉斯哥大学詹姆斯·博纳讲座教授(the James Bonar Chair)的职位,开始了他在格拉斯哥大学辉煌的学术历程。直到 1994 年去世,诺夫一直在格拉斯哥大学从事苏联研究工作,并长期担任格拉斯哥大学苏联东欧研究所(Institute of Soviet and East European Studies)所长职务。在近 40 年的学术生涯中,诺夫以苏联经济史和苏联的政治经济学作为自己主要的研究对象。他以苏联经济问题的研究为切入点,对苏联体制和社会主义意识形态进行了深入的分析,并且以一种非意识形态的方式对苏联政治体系进行解读。这种很有特点的研究方法使诺夫的苏联学研究更加客观,诸多观点和结论也更为深刻。他的研究成果不仅数量丰富,更以其高屋建瓴的立意和深入浅出的分析在英国学术界独树一帜,在世界范围内也产生了很大影响。[36]诺夫被公认为冷战期间最重要的英国苏联学家。1995 年 3 月,在诺夫逝世一年之后,为了纪念他在俄罗斯研究领域作出的卓越贡献,英国斯拉夫与东欧研究协会(BASEES)将英国斯拉夫东欧研究领域年度最优秀作品奖命名为"亚历克·诺夫奖"。[37]

　　最后,在 20 世纪的英国苏联研究中,还有一位无法回避的伟大人物:乔治·奥威尔(George Orwell)。乔治·奥威尔原名埃里克·阿瑟·布莱尔(Eric Arthur Blair),生于英属印度的一个下级官员家庭,自幼随母亲在英国生活。由于家庭经济环境的限制,奥威尔从伊顿公学毕业之后,没有继续学业,而是投考公务员,在英属缅甸殖民地任职 6 年。但因为无法接受殖民主义的残酷现实,奥威尔于 1927 年离开公职返回英国,辗转流浪于欧洲各地,遍尝艰辛。他于 1928 年开始文学创作,经历了相当平庸的一段时间后,1945 年出版著名作品《动物农场》(Animal Farm)。这本明显影射共产主义和苏联政治的作品一经推出,便在英国乃至整个西方世界引起了轰动,并且被评论家描述为关于苏联社会最深刻的寓言。1948 年,奥威尔又完成并出版了影响更大的作品《一九八四》(Nineteen Eighty-Four)。这部小说以夸张的方式描绘了一个令人感到窒息和恐怖的未来世界,并且将这个社会对于普通人日常生活的监督和压迫表现得淋漓尽致,对于极权主义体系给予了无情的批判和揭露。此书远远超出了一般文学作品的层次,被认为是 20 世纪政治类小说最重要的代表作,堪称超越时代的经典。书中的很多语句,如"战争即和平;自由即奴役;无知即力量""谁控制过去,谁就控制未来;谁控制现在,谁就控制过去"等都已经成为了经典的政治预言。而"老大哥"(Big Brother)等书中创造的词汇都已成为当代社会广泛使用的语言,并且带有某种特定的象征意义。从某种意义上说,《一九八四》是一部改变了 20 世纪历史的作品,已被翻译为 65 种语言,全球总销量超过 5 000 万册。1950 年,奥威尔因患肺病英年早逝,年仅 47 岁,但他以自己天才的灵感和细腻的笔触为世人留下了永恒的记忆。虽然奥威尔从未真正投身于学术意义上的苏联学研究,但仍然值得被所有关注苏联和共产主义问题的人们铭记,他的光芒将永远闪耀在英国俄罗斯研究的历史长河中。

冷战时期英国在苏联学研究的很多领域都取得了堪称伟大的成就,除上述学者之外,这一时期如罗伯特·康奎斯特(Robert Conquest)[38]等苏联学家也都在各自领域取得了出色成果,从不同视角对苏联的社会历史进行了深入解析。众多苏联研究的大师以及他们的传世之作点亮了英国俄罗斯研究的"苏联时期",可谓群贤毕至、交相辉映,至今仍为后来者津津乐道。

四、英国俄罗斯研究的"转型时期"(1991 年至今)

1991 年,苏联解体,冷战终结,曾经如火如荼极其辉煌的苏联学研究以一种令人惊讶的方式戛然而止。而且令苏联问题研究者颇为尴尬的是,没有任何一位苏联学家预见到这一结果。[39]苏联学研究的意义和水准都不可避免地受到了公众的普遍质疑,在这种质疑的声浪之中,英国俄罗斯研究的"苏联时期"宣告终结,与新生的俄罗斯联邦一起,匆匆进入了"转型时期"。

其实,推动学科转型的动力在苏联解体前便已悄然出现,并在英国学界产生了一定的影响。1989 年,英国的大学拨款委员会(Universities Funding Council)委托诺曼·伍丁爵士(Sir Norman Wooding)领导一个学术委员会,对当时英国大学的斯拉夫东欧研究进行评估,并最终发表名为《苏联和东欧研究评述:1989 年》(Review of Soviet and East European Studies:1989)的研究报告,即著名的《伍丁报告》(Wooding Report)[40]。在该报告中,学术委员会充分肯定了俄罗斯研究的重要价值,认为俄罗斯东欧问题研究是英国的国际研究和地区研究方面最重要的课题之一,提出要进一步扩大俄罗斯研究的规模,建议研究机构更加关注后苏联时期的俄罗斯和东欧问题，并提出增加相关研究项目的拨款。这种非常具有倾向性的政策导向实际上对于推动英国的俄罗斯研究从苏联研究走向后苏联研究具有非常重要的意义。增加对斯拉夫东欧研究的资金投入，也为苏联解体后俄罗斯研究的迅速转型提供了坚实的物质基础。因此，在苏联解体之际，英国的俄罗斯研究的经费非常充足，正踌躇满志地迎接新的发展阶段。

虽然在苏联解体之初，俄罗斯研究界遭遇了很多质疑，但从另一方面看，这也未尝不是一件好事。东欧剧变、苏联解体、冷战结束，世界格局发生了根本性的变革，英国社会对俄罗斯东欧问题的关注度迅速提高。原苏联加盟共和国先后独立，众多新生国家重新融入世界经济体系，商业资本很快就看到了苏联解体之后的巨大商机。于是，了解和认识俄罗斯及其他原苏联加盟共和国的需求更加迫切，具有重要的经济意义。大量社会资金开始投入俄罗斯研究领域，新型的智库和社会研究机构迅速兴起。整个英国乃至西方世界都兴奋地关注着俄罗斯的经济与政治转型进程，俄罗斯政治、经济结构的根本性调整也为转型理论的研究提供了前所未有的经典案例。与此同时，在转型过程中，原苏联加盟共和国及东欧各国的相关档案文献大量解密，为历史学研究提供了千载难逢的机会。大量前所未见的文献档案使很多冷战期间的历史难题迎刃而解，为史学家重新解读 20 世纪的世界历史进程创造了条件。更重要的是，冷战结束之后，俄罗斯也打破了苏联时期的隔绝，走向了开放的时代。在这个研究的"转型时代"，俄罗斯问题的研究者能够非常容易地进入俄罗斯境内深入考察，设身处地开展研究工作，并且能够直接与俄罗斯普通民众进行交流，这使各国学者能够对过去难以涉足的俄罗斯（苏联）内部社会和思想观念等方面的问题开展深入研究，为政治学、社会学、民族学、人类学等学科提供了巨大的发展空间。苏联解体与俄罗斯的转型使世界范围的俄罗斯研究乃至整个斯拉夫研究获得了难得的发展机遇，也使得英国的俄罗斯研究在冷战结束后迎来了历史上第三个迅速发展的时期。

在 20 世纪 90 年代初期，英国的俄罗斯研究无论是研究成果的数量和质量，还是大学课程设置中俄罗斯研究所占的比例，都达到了历史峰值。但遗憾的是，由于叶利钦时期经济转型遭遇严重困难，俄罗斯经济很快跌入了低谷。而且在俄罗斯国内,完善的市场经济体系难以建立,加之中央和地方政治局势始终处于混乱的状态,车臣战争旷日持久,国内投资环境非常恶劣,并未出现预想中的商机和活力。很快社会资金对于俄罗斯研究的投资热情急剧下降,很多大学的教学和研究也因为缺乏足够的资金和研究兴趣无疾而终。尽管 1995 年高等教育拨款委员会(Higher Education Funding Council,HEFCE)在评估报告中仍然强调要"扩大语言能力训练和文化知识的培养……加强对于地区问题的知识积累,尤其需要加强对原苏联加盟共和国的关注"[41],但在20 世纪 90 年代后期,整个俄罗斯研究和俄语教育仍然呈现出明显的萎缩。例如,在俄罗斯研究领域具有很强实力的伦敦政治经济学院和肯特大学(University of Kent)都缩减了俄罗斯研究的相关课程,伦敦政治经济学院等大学还同时缩减了俄语学习的课程。"俄语语言学学位曾经在英国大学占到外国语言学学位数量的一半以上,但目前仍然授予俄语学位的学校数量已经降至不到 20 所。"[42]俄语教育的式微对于俄罗斯研究的影响非常大,由于缺乏语言基础,大部分学生不会在本科毕业之后选择俄罗斯或斯拉夫研究作为自己研究生学习的方向。加之整个 90 年代,俄罗斯国力衰微,无法吸引国际社会更多的关注,英国各大学也不会为俄罗斯研究提供更多的岗位。这些现象的存在进一步加剧了研究力量的衰退。一直到普京执政之后,由于俄罗斯政治经济形势的稳定,国家实力不断提高,这种情况才得以改善。

总的来说,用"转型"一词来形容冷战结束后英国俄罗斯研究的状况是非常恰当的。一方面,"转型"是冷战后新生的俄罗斯联邦所要面对的关键问题。1991 年,随着镰刀斧头旗从克里姆林宫悄悄降下,俄罗斯正式告别了苏联模式,走上了一条艰辛而漫长的转型之路:在经济领域,放弃了计划经济体制,在曲折和困境之中构建市场经济体系;在政治领域,历经混乱甚至流血之后,逐步完善适合俄罗斯特点的民主政治体制;在外交领域,重新确立俄罗斯的国家利益框架,积极维护俄罗斯在国际格局中的大国地位;在社会文化领域,自由主义、民族主义、欧亚主义乃至社会主义等多种思想文化交织往复,在不断磨合中探索新时代俄罗斯的心灵。可以说,冷战结束后的 20 年来,俄罗斯的历史就是一部转型的历史,而这一时期的俄罗斯研究也就是对俄罗斯转型的全面研究,如果不理解转型,就根本无法理解当代的俄罗斯。

另一方面,冷战后英国的俄罗斯研究本身也处于一个特殊的"转型时期"。苏联解体之后,原本以苏联和东欧社会主义国家为主要研究对象的苏联学研究陷入了非常尴尬的困境。由于苏东剧变,原来的研究对象——无论是政治经济体系还是社会文化和意识形态——发生了根本性的变化。更重要的是,冷战时期自成一体的地区国家体系逐渐分化,部分东欧国家加入了欧盟和北约组织,部分国家则参与俄罗斯主导的独联体系统,原本从政治意义上划定的地区范围发生了重大调整。多年来以意识形态为标志的研究路径失去了存在的价值,多数研究内容也都失去了现实意义。冷战之后的英国俄罗斯研究领域在研究思路、研究方法和研究路径等问题上都需要进行重大变革,"转型"也自然成为冷战后英国俄罗斯研究自身调整、改革和重构过程的集中反映。[43]

实事求是地讲,纵观整个 300 多年的学科发展史,英国俄罗斯研究的"转型时期"并不能够算是学科发展的黄金时期。尽管在 20 世纪 90 年代初曾经短暂出现过爆炸式的增长,但与 19 世纪末 20 世纪初和 20 世纪 60 年代的盛况相比,冷战后英国学界的研究现状只能说是差强人意。正如国际中东欧研究理事会(ICCEES)前会长、曼彻斯特大学教授约翰·埃尔斯沃斯所言:"现在(英国俄罗斯研究)这艘巨轮正指向正确的航向,但还需要很多年才能达到必要的航速。"[44]

即便如此,目前英国的俄罗斯研究无论从学科建设的成熟程度、研究成果的学术水平,还是学者的国际影响力来看,依然在当代国际学术界首屈一指。综上所述,冷战结束后 20 年间,英国学者对俄罗斯问题的研究代表了当代国际俄罗斯研究的一流水准。他们站在学科发展的最前沿,引领国际俄罗斯研究的发展方向。他们的观点和看法已经成为当代西方主流思想理论的重要组成部分,在研究和实践领域都产生了重要的影响。英国俄罗斯研究界悠久的学术传统、独特的研究方法、深刻的思想理念、极具说服力的结论和观点,都已经成为当代国际学术研究领域的宝贵财富,值得世界各国的研究者深入挖掘和认真探讨。

第二节　冷战后英国俄罗斯研究的基本状况

英国的俄罗斯研究历经 300 多年的沉淀与积累,凝聚了几代学者的心血与智慧。在学者、政府与社会的共同努力下,当代英国的俄罗斯研究已经构成了一个结构完整、规模庞大、组织严密、分工明确的多学科、多层次、多领域的专业研究网络。其研究议题几乎涵盖俄罗斯研究的所有门类,在多年的发展过程中,建立了数个具有重大国际影响力的研究机构,出版发行了多种在国际学术界声名显赫的同仁刊物,并且涌现出一大批理论功底深厚、研究成果丰富、个人特点鲜明的顶级俄罗斯问题专家。在这一节,我们就将从研究机构和学者、研究刊物以及研究的主要议题等三个方面对冷战后英国的俄罗斯研究状况加以介绍。

一、研究机构与专家学者

目前,英国在俄罗斯研究领域的国家协会是英国斯拉夫与东欧研究协会(British Association for Slavonic and East European Studies,BASEES)。[45]该协会由国家苏联东欧研究协会(National Association for Soviet and East European Studies,NASEES)和英国高校斯拉夫语言学家协会(British Universities' Association of Slavists,BUAS)合并而成。国家苏联东欧研究协会是冷战时期英国苏联学研究领域的国家级学术组织,主要从事社会科学方面的研究。而英国高校斯拉夫语言学家协会则以斯拉夫国家语言学、文学等人文科学为主要研究对象。由于两个协会的工作都围绕着苏联和东欧研究展开,它们的研究既有一定程度的重合又能够很好地互补,因此,在学术界和相关教育机构的共同努力下,这两个国家级协会最终在 1988 年成功实现了合并,组成了英国苏联、斯拉夫与东欧研究协会(British Association for Soviet,Slavonic and East European Studies,BASSEES)。1992 年,因为苏联已经成为历史名词,协会的名称与现实情况不符,经过协会成员讨论决定,取消协会名称中的"苏联"一词,最终改为现在的名称。[46]

现在的英国斯拉夫与东欧研究协会会员约有 600 人,来自几十个学术研究机构,基本上代表了当代英国俄罗斯研究领域的核心力量。现任会长由牛津大学基督教堂学院(Christ Church, Oxford)的朱迪恩·帕洛(Judith Pallot)教授担任,曼彻斯特大学语言、文字和文化学院(School of Languages, Linguistics and Cultures, University of Manchester)的斯蒂芬·哈钦斯教授担任副会长。[47]由于国家苏联东欧研究协会和英国高校斯拉夫语言学家协会都以地区研究为己任,所以英国斯拉夫与东欧研究协会也很自然地将自己定位为一个以俄罗斯及东欧地区研究为核心的国家级学术团体,研究领域遍及政治、经济、历史、地理、社会、文学、语言等多个门类,一切与苏联、俄罗斯和东欧国家相关的研究内容都会有所涉猎。同时,英国斯拉夫与东欧研究协会在研究过程中也积极倡导跨学科、跨地区研究,协调和组织相关学术团体的合作与国际交流活动,取得了非常好的效果。

随着英国俄罗斯研究的国际影响力不断提升,"英国斯拉夫与东欧研究协会年会正在逐渐成为一个重要的国际学术事件,吸引着来自欧洲、北美和大洋洲的学者共襄盛举"。[48]英国斯拉夫与东欧研究协会秉承英国悠久的学术传统,积极努力地推动英国学者在俄罗斯研究领域的全面进步,为学术水平的提升、国际合作的开展作出了巨大贡献;在冷战后的英国地区研究方面扮演着举足轻重的角色。

在英国斯拉夫与东欧研究协会的协调和推动下,英国目前有将近30 家大学和其他研究机构在从事俄罗斯研究方面的工作,在国际斯拉夫研究中比较活跃的英国学者超过 150 人。英国学术界已经成为当代欧洲规模最大、最具影响力的俄罗斯东欧问题学术共同体之一,在世界学术界也居于非常重要的地位。

如表 2.1 所示,截止到 2011 年底,在英国高等院校中,共成立了7 个专门的俄罗斯问题研究中心或研究院。[49]它们有的历史悠久,规模庞大;有的实力雄厚,影响深远;有的特点鲜明,朝气蓬勃。无论在研究还是在教学领域,它们都堪称冷战后英国俄罗斯研究的核心力量。

表 2.1 当代英国主要的俄罗斯研究机构与代表人物（上）

学　校	研究机构	网址链接	优势领域	代表人物
牛津大学圣安东尼学院	俄罗斯与欧亚研究中心(Russian and Eurasian Center)	http://www.rees.ox.ac.uk/	政治、历史	阿奇·布朗 罗伯特·谢伟思 罗伊·艾利森
格拉斯哥大学	俄罗斯、中欧、东欧研究中心(Center for Russian Central and East European Studies)	http://www.gla.ac.uk/schools/socialpolitical/crcees	政治、经济、外交	亚历克·诺夫 斯蒂芬·怀特 理查德·贝里
伯明翰大学	俄罗斯东欧研究中心(Center for Russian and East European Studies)	http://www.birmingham.ac.uk/schools/government-society/departments/russian-east-european-studies/index.aspx	经济、历史、政治	菲利普·汉森 朱利安·库珀 莫琳·佩里
伦敦大学学院	斯拉夫东欧研究院(School of Slavonic and East European Studies)	http://www.ssees.ucl.ac.uk/	历史、政治、文化	阿莱娜·莱德涅娃(Alena Ledeneva) 西蒙·狄克逊 杰弗里·霍斯金(Geoffrey Hosking)
谢菲尔德大学	巴赫金研究中心(Bakhtin Center)	http://www.shef.ac.uk/bakhtin	文化	克雷格·布兰迪斯特
布里斯托大学	俄罗斯东欧文化研究中心(Center for Russian and East European Cultural Studies)	http://www.bristol.ac.uk/creecs/	文化	尼尔·康韦尔(Neil Cornwell)
爱丁堡大学	达什科娃公主俄罗斯中心(Princess Dashkova Russian Center)	http://www.ed.ac.uk/schools-departments/literatures-languages-cultures/dashkova/home	语言、文化	劳拉·梁赞诺娃-克拉克 卢克·马奇(Luke March)

1. 牛津大学圣安东尼学院俄罗斯与欧亚研究中心

在英国的俄罗斯研究史上,牛津大学具有非常特殊的地位。牛津大学是英国大学在俄罗斯研究领域的拓荒者,早在 1869 年,牛津大学便设置了有关俄罗斯问题的研究课程,就此拉开了英国大学参与俄罗斯问题研究的序幕。在第二次世界大战期间,牛津大学也是最早参与英国政府重启俄语培训和重建俄罗斯问题研究体系的三大研究机构之一,见证了冷战时期英国的苏联学研究逐步发展壮大的整个过程。目前,在牛津大学的体系中,基督教堂学院(Christ Church College)、新学院(New College)、大学学院(University College)、纳菲尔德学院(Nuffield College)、沃弗森学院(Wolfson College)都有学者参与俄罗斯与东欧问题研究,但无论从实力还是影响力来看,牛津大学在俄罗斯东欧问题研究领域最为杰出的代表,非圣安东尼学院的俄罗斯与欧亚研究中心(Russian and Eurasian Studies Centre at St Antony's College)莫属。

牛津大学圣安东尼学院成立于 1950 年,以国际问题研究作为学院主要的研究特色。建院伊始,在首任院长威廉·迪金爵士的积极推动下,圣安东尼学院就对非西方世界的历史和政治研究保持着密切的关注,在课程设置和教学安排中都给予了足够的重视,其中就包括苏联和东欧问题研究。1953 年,圣安东尼学院为了加强对苏联和东欧问题的研究,成立了俄罗斯东欧研究中心(Russian and East European Studies Centre),并且以中心为依托,推动了整个学院苏联研究领域的迅速发展,享誉英国学术界。2003 年,为了适应时代的进步,俄罗斯东欧研究中心更名为俄罗斯与欧亚研究中心(Russian and Eurasian Center),在俄罗斯研究领域继续耕耘,并且积极拓展,引进人才[50],在英国俄罗斯研究领域始终保持着领先地位。

几十年来,圣安东尼学院的研究以政治问题和历史问题为主,坚持英国学术界正统的历史研究方法,在苏联史研究、戈尔巴乔夫研究、俄罗斯政治转型研究等领域取得了突出的成绩。近年来,圣安东尼学院在俄罗斯研究领域最著名的代表人物是阿奇·布朗教授,他对戈尔巴乔夫和苏联转型问题的研究在国际学术界具有重要地位。此外,罗伯

特·谢伟思(Robert Service)在苏联历史研究，亚历克斯·博拉夫达
(Alex Pravda)在俄罗斯政治转型领域也都颇有影响。[51]圣安东尼学院
俄罗斯与欧亚研究中心既拥有俄罗斯和东欧研究的博士学位授予权，
也有该领域部分相关方向的硕士学位授予权，同时也为牛津大学其他
学院开设斯拉夫研究的课程。

2. 格拉斯哥大学俄罗斯、中欧、东欧研究中心

几百年来，苏格兰在英国的俄罗斯研究领域一直扮演着重要的角
色，而其中格拉斯哥大学无疑在苏格兰大学的研究中居于首席位置。
早在第一次世界大战期间，格拉斯哥大学便设立了俄罗斯研究的课程。
第二次世界大战结束后，格拉斯哥大学很快便能够与时俱进地将研究
重点转向苏联，在20世纪40年代便全面开始了苏联经济和政治问题
的研究。在《海特报告》发表之后，格拉斯哥大学的俄罗斯研究进入了
一个全新的阶段，并且组织力量成立了著名的苏联东欧研究所
(Institute of Soviet and East European Studies, ISEES)。1963年，亚历
克·诺夫加盟格拉斯哥大学，并担任苏联东欧研究所所长，在诺夫的领
导下，格拉斯哥大学以苏联经济体制为主要研究内容，全面开展苏联学
研究工作，取得了令学术界为之瞩目的成绩。该所主办的《苏联研究》
也成为英国学术界最重要的苏联学刊物。冷战结束后，苏联东欧研究
所更名为中东欧研究所(Institute of Central and East European
Studies, ICCEES)，并继续推进格拉斯哥大学的俄罗斯研究。1999年，
格拉斯哥大学对本校的俄罗斯东欧研究力量进行了重新整合，将原有
的中东欧研究系(Department of Central and East European Studies)和
现代语言文化学院的斯拉夫研究部门(Slavonic Studies Section of the
School Modern Languages and Cultures, SMLC)合并，组成了新的斯拉
夫、中欧、东欧研究院(School of Slavonic, Central and East European
Studies)。在2002—2003年之间，由新的研究院接管了中东欧研究所。
2006年，格拉斯哥大学投入资金，在中东欧研究所的基础上成立了新
的俄罗斯、中欧、东欧研究中心(Center for Russian Central and East
European Studies, CRCEES)，继续整合力量，推动格拉斯哥大学俄罗

斯研究的发展。

1994年,英国苏联学研究的精神领袖亚历克·诺夫的逝世使格拉斯哥大学和整个英国的俄罗斯研究界都蒙受了巨大的损失。然而,90年代至今,在斯蒂芬·怀特、理查德·贝里(Richard Berry)等优秀学者的领导下,格拉斯哥大学的俄罗斯研究,仍然呈现蒸蒸日上的趋势,不仅保持了原有的经济研究的传统,在政治转型研究和外交研究方面也有了巨大突破。[52]同时,由于全校资源整合,原本偏弱的语言和文化研究也逐渐发展壮大,使得当代格拉斯哥大学的俄罗斯研究更加全面,更加立体,更加深刻。

目前,格拉斯哥大学俄罗斯、中欧、东欧研究中心拥有俄罗斯和东欧研究的博士学位授予权,开设有"俄罗斯、中欧、东欧市民社会""共产主义及后共产主义时期政治""后苏联时期俄罗斯的政治文化和社会改革""国际共运史"等诸多方面的研究课程,并且提供俄罗斯、波兰和捷克三种语言和文化的教学课程。[53]

3. 伯明翰大学俄罗斯东欧研究中心

伯明翰大学在英国俄罗斯研究史上同样威名赫赫,拥有难以尽述的辉煌历史。与格拉斯哥大学类似,伯明翰大学参与俄罗斯问题研究同样始于第一次世界大战期间,并且同样在第二次世界大战之后继续从事苏联问题研究,也同样以苏联经济问题作为自己研究的突破口。同样,伯明翰大学也是《海特报告》最大的受益者之一,1963年,在《海特报告》的推动下,伯明翰大学俄罗斯与东欧研究中心(Centre for Russian and East European Studies, CREES)正式成立,从此开启了英国俄罗斯研究领域的另一段传奇。

在几十年的发展过程中,伯明翰大学以经济问题研究为核心研究方向,同时辅以俄罗斯历史研究和文化研究。在整个英国的俄罗斯研究界,伯明翰大学是苏联和俄罗斯经济研究方面最为重要的代表,几代学者从苏联时期开始,就对苏联经济的宏观与微观各个方面进行了长期的观察和积累,尽其所能地掌握第一手的数据和资料,并且对于苏联经济改革和经济转型过程有过深入透彻的研究。苏联解体之后,伯明翰大学的研究者依然关注着俄罗斯经济转型进程,并且对其基本状况、发展规律、优势缺陷等方面进行追踪观察,对俄罗斯经济转型过程中出现的地区、行业等微观问题也加以考察,其成果对认知苏联和俄罗斯经济转型的过程意义重大、影响深远。以菲利普·汉森、朱利安·库珀(Julian Cooper)为代表的伯明翰学者已经成为当代英国俄罗斯经济转型研究的中坚力量,在国际学术界也享有殊誉。[54]而在俄罗斯古代史研究方面,伯明翰大学俄罗斯东欧研究中心的莫琳·佩里(Maureen Perrie)也造诣颇深,并受邀担任著名的三卷本《剑桥俄国史》(第一卷),即古代俄国部分的分卷主编。[55]

除此之外,伯明翰大学俄罗斯东欧研究中心在英国俄罗斯研究领域的影响还体现在教学能力方面。目前俄罗斯东欧研究中心隶属于伯明翰大学政府与社会学院,中心全部研究人员仅有 17 人,[56]但当代英国学术界最有代表性的俄罗斯专家很多都与伯明翰大学存在交集。他们有些毕业于伯明翰大学,有些曾在俄罗斯与东欧研究中心工作,还有很多以访问学者或其他方式与其开展合作。[57]凭借扎实的研究和教学实力,伯明翰大学俄罗斯东欧研究中心在英国学术界占据了特殊而光荣的位置,赢得了整个研究界的高度赞誉。目前,伯明翰大学俄罗斯与东欧研究中心拥有俄罗斯和东欧研究方面的博士授予权,并且在社会科学和语言学两个方面都拥有硕士学位授予权,其教学质量和学术声誉在整个英国俄罗斯研究领域首屈一指。

4. 伦敦大学学院斯拉夫东欧研究院

如果从研究机构的规模看,伦敦大学学院斯拉夫东欧研究院(UCL School of Slavonic and East European Studies,SSEES)是目前英国规模最大的俄罗斯东欧研究机构。斯拉夫东欧研究院拥有超过 60 人的科研教学团队,研究内容涉及俄罗斯历史、经济、政治、社会、人口、文化、文学和语言等多个门类。斯拉夫东欧研究院成立于 1915 年,是英国最早建立的斯拉夫问题研究机构之一。1922 年,斯拉夫东欧研究院创办了英国俄罗斯研究领域的著名刊物《斯拉夫评论》。在第二次世界大战期间,英国为了战争需要而专门设立的俄语培训基地就是由牛津大学、剑桥大学和斯拉夫东欧研究院三家共同承办的,可见其重要的学术地位。1999年,斯拉夫东欧研究院并入伦敦大学学院。目前,该学院设有五个研究中心,在六个研究方向上拥有博士学位授予权,每年培养的硕士研究生超过200人,获得学士学位的毕业生超过500人,这些数字在英国俄罗斯研究界是无人可及的。以西蒙·狄克逊(Simon Dixon)为代表的斯拉夫东欧研究院的学者在诸多研究领域也都作出了重要的贡献。[58]

5. 俄罗斯文化研究三大中心

俄罗斯语言和文化研究历来是英国俄罗斯研究非常重要的组成部分,目前在英国高校中,谢菲尔德大学、布里斯托大学和爱丁堡大学先后设立了三个特点鲜明、风格各异的俄罗斯文化研究中心,构建了冷战后英国俄罗斯文化研究的基本格局。

谢菲尔德大学的巴赫金研究中心(Bakhtin Centre)成立于1994年10月,以苏联著名哲学家和语言学家米哈伊尔·巴赫金(Mikhail Bakhtin)的名字命名。巴赫金中心建立之初,其目标是开展巴赫金的思想理论研究。然而,随着巴赫金研究的不断深入,中心的研究方向也自然向外扩展,逐渐发展成为一个以俄罗斯和苏联时期文化、文艺批评、语言学和文学理论为主的文化研究中心。实际上,巴赫金研究中心的研究内容已经大大超出了一般意义上的俄罗斯和斯拉夫研究领域。这种跨学科、跨地区、跨文化的研究方式也成为当代英国俄罗斯研究一道靓丽的风景。目前,巴赫金研究中心拥有俄罗斯文化方面的博士学位授予权,主任由著名文化理论和思想史专家克雷格·布兰迪斯特(Craig Brandist)担任。

布里斯托大学的俄罗斯与东欧文化研究中心(Centre for Russian and East European Cultural Studies, CREECS)成立于2000年,隶属于布里斯托大学俄语系(Russian Department),以俄语和俄罗斯文化为主要研究方向,擅长从俄罗斯日常文化生活中探寻俄罗斯文化的基本脉络和发展方向,对俄罗斯电影、戏剧、艺术、音乐、媒体和建筑等都有很深的研究,并且开设有相关研究课程。

爱丁堡大学具有悠久的俄罗斯研究传统,早在18世纪就与俄罗斯

结下了不解之缘。成立于 2011 年的达什科娃公主俄罗斯中心
(Princess Dashkova Russian Center)正是以与爱丁堡大学颇有渊源的
达什科娃公主(Princess Dashkova)的名字命名。[59]尽管成立时间较短，
但依托爱丁堡大学文学、语言和文化学院，发展非常迅速。该中心致力
于俄罗斯语言和文化方面的研究工作，能够为学生提供语言培训与俄
罗斯文化方面的课程，目前中心主任一职由劳拉·梁赞诺娃－克拉克
(Lara Ryazanova-Clarke)女士担任。

除了上述研究中心与研究院之外，英国还有很多大学和研究机构
参与俄罗斯研究工作。虽然由于种种原因，这些学校并未形成专门的
俄罗斯东欧问题研究中心，但其中的很多机构也同样拥有悠久的历史、
强大的科研教学实力和出色的研究人员。它们在英国的俄罗斯研究领
域中也取得了突出的成绩，同样值得我们详加记述(如表 2.2 所示)。

表 2.2　当代英国主要的俄罗斯研究机构与代表人物(下)

学　　校	研究机构	网址链接	优势领域	代表人物
曼彻斯特大学	语言、文字和文化学院	http://www.llc.manchester.ac.un	语言、文化	约翰·埃尔斯沃斯 斯蒂芬·哈钦斯
伦敦政治经济学院	政治与国际关系系	http://www2.lse.ac.uk/internation development/home.aspx	历史、军事	多米尼克·列文
诺丁汉大学	俄罗斯和斯拉夫研究系	http://www.nottingham.ac.uk/slavonic/index.aspx	文化、语言	罗尔夫·赫莱博斯特
剑桥大学	社会与政治学系	http://www.sociology.cam.ac.uk/	经济、历史	戴维·莱恩
肯特大学	政治与国际关系学院	http://www.kent.ac.uk/politics/	政治、外交	理查德·萨科瓦
皇家国际问题研究所	俄罗斯与欧亚研究项目	www.chathamhouse.org.uk/research/russia_eurasia	政治、经济、外交	波波·罗[60] 安德鲁·伍德

6. 曼彻斯特大学

曼彻斯特大学对俄罗斯问题的研究兴趣主要集中于语言学和俄罗
斯文化，有代表性的学者主要集中在语言、语言学与文化学院(School
of Languages，Linguistics and Cultures)。其中约翰·埃尔斯沃斯关于

"白银时代"的俄罗斯文化研究在学界很有影响。

另外,曼彻斯特大学的学者很多都具有很强的组织和协调能力,曾经在英国或者国际学术机构担任重要的领导职务。例如,埃尔斯沃斯曾担任国际中东欧研究理事会(ICCEES)会长,[61]哈钦斯曾任英国斯拉夫与东欧研究协会(BASEES)的会长。可以说,曼彻斯特大学的学者不仅在学术研究方面颇有建树,而且为组织和推动英国乃至世界范围内俄罗斯研究的发展也作出了重要的贡献。

7. 伦敦政治经济学院

伦敦政治经济学院(LSE)参与俄罗斯经济问题研究的历史一直可以追溯到 20 世纪 50 年代,虽然始终没有形成专门的俄罗斯研究机构,但由于其雄厚的科研实力,它在很长时间内都在英国的俄罗斯研究领域内备受关注。当前,伦敦经济政治学院在俄罗斯研究方面的学者主要分散在国际关系史和政治与国际关系专业。

历史学教授多米尼克·列文是伦敦政治经济学院学术实力的杰出代表,在俄罗斯历史和帝国理论的研究方面在国际学术界享有盛誉。[62]此外,长期在伦敦政治经济学院工作的罗伊·艾利森(Roy Allison)在俄罗斯军事和外交等问题上的研究在英国学术界也保持着顶尖水准。[63]但在 2011 年,艾利森离开了伦敦政治经济学院,这对该校的俄罗斯研究产生了不小的影响,也为伦敦政治经济学院俄罗斯研究方向未来的发展前景蒙上了一层阴影。

8. 诺丁汉大学

诺丁汉大学也是英国俄罗斯研究史上的名校,参与俄罗斯研究的历史可以追溯到第一次世界大战时期,至今仍保持着强大的研究团队,拥有很强的实力。诺丁汉大学的俄罗斯与斯拉夫研究系(Department of Russian and Slavonic Studies)是当代最大的俄罗斯问题研究团体之一,其研究主要集中于俄罗斯和苏联时期的历史与文化方面,多年来成果斐然,影响力也不断提高。[64]

诺丁汉大学俄罗斯研究的主要代表人物是俄罗斯与斯拉夫研究系

主任罗尔夫·赫莱博斯特(Rolf Hellebust)。他的主要研究方向是俄罗斯的历史与文化,其中对 19 世纪俄罗斯文学传统的研究最具影响力。

9. 剑桥大学

无论从历史还是学术地位来说,剑桥大学都理应在英国的俄罗斯研究史上占据更加显赫的地位。作为英国最具国际影响力的大学之一,剑桥大学早在 1889 年便开设了俄罗斯研究的课程。在第二次世界大战期间,它也和牛津大学一样,被英国政府选定为俄语训练基地。然而,令人遗憾的是,在冷战期间,剑桥大学过多地将自己束缚在语言学研究的框框里,未能与时俱进。因此,在冷战结束后,剑桥大学在英国俄罗斯研究界的地位已经远远无法与牛津大学、格拉斯哥大学或者伯明翰大学相提并论。

当前,剑桥大学在俄罗斯研究领域涉足较少,主要研究者集中在历史系,以及社会学与政治学系。其中,社会学系教授戴维·莱恩从左派思想理论出发,对俄罗斯经济转型的研究已经粗具规模。虽然与主流思想对立,但毫无疑问称得上是一家之言,是新马克思主义在当代俄罗斯研究领域的重要代表。[65]另外,三卷本《剑桥俄国史》也可以被视为剑桥大学在俄罗斯历史学研究领域的贡献之一。[66]

10. 肯特大学

位于坎特伯雷小城的肯特大学成立于 1965 年,尽管在冷战期间便已涉足俄语教育和苏联问题的研究,但与英国俄罗斯研究的传统名校相比,其影响难免相形见绌。然而,冷战结束之后,在理查德·萨科瓦等一流学者的努力推动下,肯特大学的俄罗斯研究迎来了一个较快的发展时期。

肯特大学的俄罗斯研究者主要集中在政治与国际关系学院,最重要的学者毫无疑问是理查德·萨科瓦。萨科瓦是冷战后英国俄罗斯研究界新生代的代表人物之一,在 20 世纪 90 年代,他以俄罗斯政治转型问题为主要研究对象,在俄罗斯政治体制研究和俄罗斯政治精英研究等领域取得了非常丰硕的研究成果。21 世纪以来,他对普京和"普京体制"

进行了深入的研究,获得了国际学术界的广泛关注。[67]虽然由于其思想观点以及对普京的看法同英国主流思潮有所差异,学术界对他的评价存在一些争议,但这并不能影响其研究成果的重要意义。作为冷战后英国在俄罗斯政治领域最重要的学者之一,萨科瓦也为他所任职的肯特大学带来了更多的学术声誉,使其在学术界的影响力也得到了很大的提升。

11. 皇家国际问题研究所

皇家国际问题研究所(Royal Institute of International Affairs, Chatham House)是英国历史最悠久、最具影响力的国际问题智库。皇家国际问题研究所成立于 1920 年,是第一次世界大战的遗产。在 1919 年的巴黎和会上,美国和英国代表认为,必须要成立一个国际问题研究机构为政府决策提供咨询,以避免世界大战再次爆发。于是,在英国政府的推动下,皇家国际问题研究所于次年成立。因位于伦敦市中心的查塔姆大楼,又得名"查塔姆研究所"(Chatham House)。皇家国际问题研究所在很长时间内曾经是英国唯一的国际问题智库,虽然名义上是一个独立的国际问题研究机构,但多年来始终与英国政府保持着密切的合作关系,对英国政府对外政策的制定有着很大的影响,在世界范围内也有极高声望。

从皇家国际问题研究所建立伊始,俄罗斯研究就一直是它的重点研究内容之一。在冷战时期,它设立了苏联外交政策研究室,专门从事苏联外交问题研究。冷战结束后,它对于俄罗斯当代政治、经济和外交方面的发展仍然保持着密切的关注,专门设置了俄罗斯与欧亚研究项目(Russia and Eurasia Programme),全面分析俄罗斯转型过程和外交战略等方面的问题,分析和解释俄罗斯及相关地区的突发事件,发布一系列及时且具有较高研究水准的分析报告,为政府和企业提供咨询决策依据。[68]

为了保证研究的权威性与及时性,皇家国际问题研究所经常邀请前外交人员参与研究工作,同时也邀请英国学术界的一流学者以兼职研究员的方式参与项目研究。目前,皇家国际问题研究所的俄罗斯与欧亚项目由年轻的詹姆斯·尼克西(James Nixey)[69]负责,伯明翰大学的菲利普·汉森和朱利安·库珀、牛津大学的亚历克斯·博拉夫达、肯特大学

的理查德·萨科瓦,以及英国前驻俄大使安德鲁·伍德(Andrew Wood)
都是项目的兼职副研究员。由于皇家国际问题研究所的人员流动很快,
几乎每3—5年就会更换研究人员,因此在介绍它的研究成果时,除了现
任研究人员外,还必须注意已经离任的研究人员在该所工作时期的研究
成果。例如,在英国的俄罗斯外交研究领域,已经离任的皇家国际问题
研究所俄罗斯与欧亚项目前负责人波波·罗的研究作品就堪称冷战后
英国学术界的经典之作,也是该所在俄罗斯研究领域的重要成果。[70]

12. 其他机构

除了上述研究机构之外,在冷战后英国的研究体系中,还有近20
所大学和其他研究机构在开展俄罗斯问题研究,它们与上述机构一起
构成了完整而严密的学术研究网络。[71]其中既有历史悠久、对英国俄罗
斯研究早期发展起到重要推动作用的利物浦大学,也有很多近年来才
参与到国际和地区研究中的学校;有的以学术研究为主要目标,有的以
教学和普及为重要使命;有些机构擅长团队合作,有些机构拥有领军学
者。其中既有学院派的高屋建瓴,也有智库式的深入浅出,或能集中全
面,或能查漏补缺。多种机构各具特色、难分轩轾,在俄罗斯研究的不
同领域各显其能,也都成绩斐然。但由于本书篇幅所限,无法对所有研
究机构的情况逐一进行详细介绍,只能忍痛割爱、有所取舍。

二、主要学术刊物

在学术发展的过程中,一批学术水平较高、影响力较大的同仁刊物
的形成,是学术研究走向成熟的重要标志,英国的俄罗斯研究领域也不
例外。早在1912年,英国学者就创办了第一本俄罗斯问题的学术杂
志,极大地推动了英国俄罗斯研究的进展和学术共同体的初步成形。
经过百年的曲折发展,时至今日,英国学术界在俄罗斯研究领域的专业
期刊体系已经非常成熟,不仅数量庞大,而且具有较高的学术水准,在
国际学术界极具号召力。

高层次学术刊物的创办,使英国学者拥有了非常良好的学术发表
和交流的平台,对整个学术共同体学术规范的形成、学术传统和研究方

法的传承都起到了重要的积极作用。英国的俄罗斯研究期刊以开放的心态面对世界,一视同仁地刊发来自世界各国学者的优秀稿件,相互学习、相互促进,既打造了高水平的研究平台,又推动了各国学术交流,提升了世界斯拉夫研究的水准。

另一方面,英国学者也努力拓宽学术研究的深度和广度,积极向美国等其他英语国家的学术刊物投稿。同时,他们不局限于斯拉夫研究的范畴,在其他著名综合类国际关系刊物上积极发表自己的观点和主张。英国学者通过积极的良性互动,促进学术研究的跨地区、跨学科交流,不断拓宽俄罗斯研究的全球化视野。这种开放式、多元性的研究避免了研究方法上的敝帚自珍,也避免了思想观点上的固步自封,有效地使冷战后英国的俄罗斯研究在国际学术界的影响力不断增强。

经过笔者的统计,表 2.3 汇集了当前英国俄罗斯研究领域的主要

表 2.3 英国俄罗斯研究主要研究刊物列表

刊物名称	出版时间	主办机构	出版地点	研究方向
《斯拉夫评论》 (*The Slavonic Review*)	1922— 1927 年	伦敦大学学院斯拉夫东欧研究院	英国	俄罗斯东欧问题综合
《斯拉夫与东欧评论》 (*The Slavonic and East European Review*)	1928 年—	伦敦大学学院斯拉夫东欧研究院	英国	俄罗斯东欧问题综合
《苏联研究》 (*Soviet Studies*)	1949— 1992 年	格拉斯哥大学苏联和东欧研究院	英国	苏联问题综合
《欧亚研究》 (*Europe-Asia Studies*)	1993 年—	格拉斯哥大学俄罗斯、中欧、东欧研究中心	英国	俄罗斯东欧中亚问题综合
《国际事务》 (*International Affairs*)	1944 年—	皇家问题研究所	英国	国际问题综合
《今日世界》 (*The World Today*)	1945 年—	皇家问题研究所	英国	国际问题综合
《俄罗斯评论》 (*The Russian Review*)	1941 年—	布莱克威尔出版社	美国	俄罗斯东欧历史、文化
《斯拉夫评论》 (*Slavic Review*)	1961 年—	美国斯拉夫东欧和欧亚研究协会	美国	俄罗斯东欧问题综合
《斯拉夫与东欧学刊》 (*Slavic and East European Journal*)	1957 年—	美国斯拉夫和东欧语言教师协会	美国	俄罗斯东欧语言、文化

研究刊物。其中大部分是英国学术界有影响力的同仁刊物，部分是美国学术界出版的研究杂志。由于语言相同、思维方式和关注问题相近，美国学术刊物也获得了英国学者的青睐，投稿和发表数量亦不在少数。在下面的内容中，我们将对上述杂志分门别类加以介绍。

1. 从《斯拉夫评论》到《斯拉夫东欧评论》

在英国的俄罗斯研究杂志的发展史上，伯纳德·佩尔斯爵士是一个非常重要的人物。他不仅是俄罗斯研究"帝国时期"的重要学者，而且为英国俄罗斯研究早期同仁刊物的出版作出了巨大贡献。1912 年，在时任利物浦大学俄罗斯研究院院长的佩尔斯爵士大力支持与推动下，英国第一本俄罗斯研究的专业刊物《俄国评论》(Russian Review)在利物浦出版，成为早期英国俄罗斯研究的重要里程碑。后来因为战争爆发，佩尔斯应英国政府之邀参与对俄外交工作，离开了利物浦大学，《俄国评论》也在出版一段时间后无疾而终。

1919 年，第一次世界大战结束之后，佩尔斯因战时在对俄外交中的杰出贡献，被授予帝国勋爵(KBE)的封号，成为了佩尔斯爵士。随后他重返学术界，加盟了刚刚成立不久的斯拉夫东欧研究院(SSEES)，并且开始重新策划出版新的研究刊物。1922 年，在他的同事罗伯特·西顿-沃森(Robert William Seton-Watson)和哈罗德·威廉斯(Harold Williams)的协助下，[72]佩尔斯爵士重新召集了《俄国评论》的班底，出版了新的研究刊物，并将其命名为《斯拉夫评论》(The Slavonic Review)。在创刊号上，佩尔斯爵士亲自撰写了名为《英国俄罗斯研究的目标》(The Objectives of Russian Study in Britain)的文章，回顾了英国俄罗斯研究艰难而又复杂的发展历史，对苏维埃革命之后的俄罗斯将会面对的困难给予了充分的估计，但始终对英国俄罗斯研究的未来充满信心。文章对俄罗斯人民的拳拳之心流淌于笔端，虽已过去 90 年的岁月，但读来仍有一种莫名的感动。[73]

1928 年，为了扩大研究范围，《斯拉夫评论》更名为《斯拉夫与东欧评论》(The Slavonic and East European Review)，并继续由佩尔斯爵士负责。1941 年，第二次世界大战波及英国本土，纳粹德国的轰炸对伦敦造成了严重的破坏。受客观条件的限制,《斯拉夫与东欧评论》难以在英国继续出版。为了使杂志继续发行,佩尔斯致函美国斯拉夫研究委员会,请美国继续出版该杂志。美方接受了这一请求,从 1942 年起开始接手杂志的出版。直到战争结束,杂志才正式回到伦敦。可以说,《斯拉夫与东欧评论》是一本历史悠久、命运多舛的学术刊物。但在英国学者的共同努力下,该杂志始终坚持出版,成为英国学术界的一面旗帜。20 世纪上半叶,该杂志一直是英国苏联研究方面毫无争议的代表刊物,至今在国际学术界仍然具有很大的影响。

目前,《斯拉夫与东欧评论》仍然隶属于伦敦大学学院斯拉夫东欧研究院,现任主编是斯拉夫东欧研究院的罗宾·艾兹洛伍德(Robin Aizlewood)和马丁·瑞迪(Martyn Rady),由英国的曼尼出版社(Maney Publishing)负责出版。杂志以季刊形式发行,每年的一、四、七、十月出刊,主要研究方向是斯拉夫研究和东欧研究。该杂志始终保持着创刊以来的传统,较为重视斯拉夫语言和文化研究,每期都会为文化研究方面的文章留出较多版面,在世界各国的俄罗斯和斯拉夫文化研究领域广受欢迎。

2. 从《苏联研究》到《欧亚研究》

如果我们将英国俄罗斯研究的历史与杂志发展史联系起来,很容易就会发现一种特殊的历史传承关系。诞生于 20 世纪 20 年代的《斯拉夫与东欧评论》是英国俄罗斯研究界在 20 世纪上半叶的缩影。由于缺乏苏联内部的有效信息,难以广泛开展苏联政治、经济等方面的研究,研究的侧重点逐渐转移到语言学和文化研究领域。因此,在《斯拉夫与东欧评论》的发展过程中,斯拉夫文化始终是其重点关注的研究问题,这一传统至今仍然保留。

随着冷战的开始,20 世纪 40 年代以后的苏联研究被政府和社会赋予了更高的期望。在这种条件下,新的研究刊物应运而生。1949年,《苏联研究》(Soviet Studies)在格拉斯哥创刊。这是一本由格拉斯哥大学主办的专业苏联学同仁刊物,主要围绕苏联的政治、经济、历史、外交等方面的相关问题开展研究,并发表学术论文。《苏联研究》是一本真正意义上的苏联学刊物,在自我定位上,坚持社会科学研究为主的基本方向,以地区研究为主要任务。因此,文化和语言学方面的内容所占的比例始终非常有限。《苏联研究》的出现对打破 20 世纪中期以前英国俄罗斯研究中的语言学窠臼起到了非常重要的作用,标志着英国的苏联学研究真正步入正轨。随后不久,格拉斯哥大学苏联东欧研究所正式成立,杂志的主办权也归属于该所。在英国学者的共同努力下,《苏联研究》杂志获得了迅速的发展,很快便成为冷战期间英国苏联学研究最重要的刊物,也获得了广泛的国际影响力。

苏联解体后,《苏联研究》的名称已经无法适应当代俄罗斯研究的新变化,于是,1993 年,杂志正式更名为《欧亚研究》(Europe-Asia Studies),仍然由格拉斯哥大学中东欧研究中心主办。更名之后,杂志的研究思路也有所调整,将其研究重点调整为前"苏联阵营"国家在苏联解体、冷战结束之后如何融入新的欧亚国际体系的过程,也就是前社会主义国家的"转型"进程。[74]这种调整充分反映了冷战结束之后国际斯拉夫研究领域整体研究思路的重大变化,顺应了当前国际俄罗斯研究领域的发展趋势,推动着当代英国俄罗斯研究的持续稳定发展。总的来说,在苏联解体后的 20 年里,《欧亚研究》杂志始终保持着它在英国俄罗斯研究刊物中的领先地位,代表着当代英国俄罗斯研究的最高学术水平,在国际学术界影响力巨大,堪称 20 世下半叶和 21 世纪初英国俄罗斯研究的标杆刊物。

目前,《欧亚研究》杂志仍隶属于格拉斯哥大学俄罗斯、中欧、东欧研究中心,同时也是泰勒弗朗西斯出版集团(Taylor & Francis Group)旗下重要刊物,由劳特里奇出版社(Routledge)负责出版发行工作。杂志的内容方面由理事会和编辑委员会(the Board of Management of Europe-Asia Studies and the editorial board)负责,目前由格拉斯哥大学俄罗斯、中欧、东欧研究中心主任理查德·贝里担任理事会主席。1993 年更名之初,杂志以双月刊形式出版,1994 年起调整为每年 8 期,目前每年出版 10 期,每期仍保持 7—8 篇文章的规模。研究内容以俄罗斯及其他前社会主义国家的转型为主,涉及政治、经济、社会、历史、文化等多个方面,反映了当代英国俄罗斯东欧研究的主流意见。

3.《国际事务》与《今日世界》

《国际事务》(*International Affairs*)与《今日世界》(*The World To-day*)是皇家国际问题研究所主办的两本国际关系综合期刊,在世界国际关系研究界享誉多年。

《国际事务》是皇家国际问题研究所定期出版的专业学术期刊,主要刊登本所学者和部分所外学者的研究论文与书评,最初为季刊,现在已扩展为双月刊,逢单月出版。《国际事务》杂志的定位是一本纯粹意义上的学术刊物,要求发表的论文遵守学术论文的写作体例和规范,对问题进行系统化、理论化的深度分析,并且就重大问题开展研讨与辩论。由于皇家国际问题研究所研究的特殊性,该杂志对于论文发表也具有一定的时效性要求。因此,《国际事务》所刊载的论文大多指涉当代世界政治的重要热点问题。

《今日世界》是由皇家国际问题研究所出版的双月刊国际问题杂志,逢双月出版,但杂志定位与一般同仁刊物有所不同。该杂志的主要目标是为当代世界的热点话题提供权威的分析与评论,为学术界、企业界和国际问题观察家提供专业的背景材料。所以,《今日世界》所刊发的文章普遍短小精干,大多不超过 2 000 字,在体例和格式方面也不作硬性要求,灵活多样,基本上介于报刊和学术期刊之间。由于其作者多为国际问题方面的权威,且常提出新思想和新观点,因此也非常受到学术界的关注。

上述两种刊物实际上都属于国际关系综合类期刊,俄罗斯东欧问题只是其组成部分之一,但由于俄罗斯东欧项目在皇家国际问题研究所的研究中处于非常重要的位置,因此几乎每期杂志都会有关于俄罗斯问题的论文或评论,而且具有极高的质量和广泛的学术影响力。例如,多米尼克·列文在《今日世界》1990 年 5 月号上发表题为《苏联内部危机:历史的视角》(Crisis in the Soviet Union: The Historical Perspective)[75]的文章,准确地预言了苏联解体的最终命运;理查德·萨科瓦在《国际事务》2008 年 3 月号上发表题为《"新冷战"还是二十年危机?》("New Cold War" or Twenty Years Crisis?)[76]的文章,对普京时代后期俄罗斯与西方的关系结构作出了具有影响力的深刻论断。

大量优秀研究成果的发表很好地展现出这两本杂志在英国俄罗斯研究领域的重要地位,而且这些具有时效性的国际问题研究论文与《欧亚研究》等杂志上理论性较强的文章相互借鉴、相得益彰,共同构建了当代英国地区问题研究的完整体系。

4. 其他期刊

除了在本国期刊发表研究观点,英国学者也非常积极地参与国际学术界的研究与讨论,尽可能在其他国家的专业杂志上展示自己的研究成果。在非英国本土期刊中,美国的斯拉夫研究刊物由于国际影响较大,且语言相同、关注议题相似,受到英国学者格外的偏爱。其中,获得英国学者关注最多的是以下三种期刊。

其一,《俄罗斯评论》(*The Russian Review*)。该杂志创刊于 1941 年,是美国俄罗斯研究领域一本独立的跨学科同仁学术期刊,主要研究对象是俄罗斯、苏联及俄罗斯帝国的历史、文学、文化、艺术、社会和政治,在历史和文化领域的研究尤为突出。比较特别的是,《俄罗斯评论》是一本完全独立的杂志,杂志理事会不属于任何国家、大学或行业协会。该杂志为季刊形式,由威利-布莱克威尔出版社负责出版,现任主编是堪萨斯大学(University of Kansas)的伊芙·莱文(Eve Levin)。

其二,《斯拉夫评论》(*Slavic Review*)。该杂志正式创刊于 1961 年,由美国斯拉夫、东欧和欧亚研究协会(Association for Slavic, East European, and Eurasian Studies, ASEEES)[77] 主办,是目前美国斯拉夫东欧学界最重要的同仁学术期刊之一。杂志主要研究对象为俄罗斯、东欧、中欧及中亚等国家和地区的相关问题,属于综合类地区研究刊物。该杂志以季刊形式出版发行,现任主编是伊利诺伊大学厄巴纳-尚佩恩分校(University of Illinois at Urbana-Champaign, UIUC)的马克·斯坦伯格(Mark Steinberg)。

其三,《斯拉夫与东欧学刊》(*Slavic and East European Journal*)。该杂志创刊于 1957 年,由美国斯拉夫和东欧语言教师协会(American Association of Teachers of Slavic and East European Languages, AATSEEL)主办,主要研究对象为俄罗斯和东欧斯拉夫语言学和地区文化等相关

问题。杂志以季刊形式出版,在国际斯拉夫语言学界影响很大,现任主编是肯塔基大学(University of Kentucky)的杰拉尔德·杰内希克(Gerald Janecek)。

三、研究领域与主要议题

冷战结束至今已经过去了 20 多年,苏联时代早已成为了历史的记忆,新生的俄罗斯联邦也历尽艰险,走过了一条曲折起伏而又荆棘丛生的道路。俄罗斯社会经历了一次异常复杂又深刻的变革,整个国家的发展模式发生了根本性的转变。俄罗斯重新融入世界体系,并且在与外部世界的矛盾与冲突中重塑自己的国际地位。在此背景下,传统苏联学的研究范式与路径在学术界悄然隐退,以俄罗斯"转型"为主要议题的新俄罗斯研究登上历史舞台,成为国际学术界的主流。在时代大潮的推动下,英国学术界对俄罗斯问题的研究重点也随着俄罗斯联邦转型过程的深入而不断调整。通过统计分析英国当代最重要的地区研究期刊所发表文章,我们可以更直观地从研究领域和研究议题两个维度观察其中所蕴含的微妙变化。

如表 2.4 所示,从研究领域的维度来看,冷战后至今,英国的俄罗斯研究仍然是一个以地区研究和国别研究为主的研究领域。尽管学术界在一定程度上保持了对理论问题的适当关注,但从 1993 年至 2009 年,理论研究的比例基本保持在 5%,从未超过 9%,个别年份甚至降到极低的水平。也就是说,在冷战后英国的俄罗斯东欧问题研究领域中,至少 90% 以上的研究内容都是针对特定国家和地区的现实问题展开的,呈现出非常典型的地区研究特征。这种现象既反映了英国学术界重实务、重现象的经验主义学术传统,又反映出俄罗斯东欧转型过程的复杂性。正是转型过程中新矛盾、新问题的不断涌现,才为地区和国别研究提供了几乎取之不尽、用之不竭的研究资源。与此同时,由于转型过程迟迟无法结束,对转型的理论归纳和解读也无法很好地展开。俄罗斯和东欧各国复杂的转型过程和英国学术界的思想传统共同塑造了冷战后英国俄罗斯研究的地区研究特征,理解这种特征也是理解当代英国俄罗斯研究的基本前提。

表 2.4　冷战后英国俄罗斯研究的领域调整

	冷战期间 苏联	冷战时期 中东欧	冷战后 俄罗斯	冷战后 中东欧	理论 问题
1993 年	48.9%	6.7%	13.3%	26.7%	4.4%
1994 年	25.9%	5.2%	29.3%	31.0%	8.6%
1995 年	18.5%	3.7%	29.6%	42.6%	5.6%
1996 年	28.3%	3.8%	35.8%	26.4%	5.7%
1997 年	16.7%	1.9%	44.4%	31.5%	5.6%
1998 年	12.0%	10.0%	48.0%	26.0%	4.0%
1999 年	17.3%	1.9%	44.2%	32.7%	3.8%
2000 年	19.6%	0.0%	28.6%	48.2%	3.6%
2001 年	17.4%	2.2%	43.5%	28.3%	8.7%
2002 年	14.3%	0.0%	36.7%	42.9%	6.1%
2003 年	13.7%	0.0%	49.0%	33.3%	3.9%
2004 年	19.1%	4.3%	29.8%	40.4%	6.4%
2005 年	13.0%	0.0%	58.7%	28.3%	0.0%
2006 年	10.4%	14.6%	27.1%	45.8%	2.1%
2007 年	5.6%	0.0%	42.6%	48.1%	3.7%
2008 年	7.7%	0.0%	50.0%	38.5%	3.8%
2009 年	8.8%	3.5%	43.9%	38.6%	5.3%

说明:正如前文所述,在英国本土的主要刊物中,《国际事务》和《今日世界》属于国际关系综合类期刊,并且属于智库刊物,应用性较强。而另一本重要刊物《斯拉夫与东欧评论》则对文化和语言学研究过于重视,对英国学术界议题变化展现不够明确。因此,表 2.4 和表 2.5 的统计对象为在冷战后英国最重要的俄罗斯东欧研究刊物《欧亚研究》(*Europe-Asia Studies*)从创刊以来发表的文章。笔者从研究领域和研究议题两个维度将论文篇目分类总结,最终得出数据。由于英国学术刊物的国际化程度很高,本表中所统计的很多文章都属于其他国家和地区学者的作品,但即使如此,这一数据的变化情况也能够较好地反映出英国俄罗斯研究不同时期研究兴趣的发展和变化。

资料来源:根据《欧亚研究》(*Europe-Asia Studies*)1993—2009 年文章发表情况统计。

　　如果我们将理论研究排除在外,仅仅从地区研究和国别研究的角度对冷战后英国的俄罗斯研究领域进行更加细致的分解,可以从中获得更多关于英国的俄罗斯研究领域方面的信息,并且可以更好地把握冷战后英国俄罗斯研究的特征。如图 2.1 所示,1993—2009 年,从地区和国别的角度来看,英国学者在俄罗斯东欧问题上的关注点发生了非常明显的变化。具体而言,包括以下几个方面。

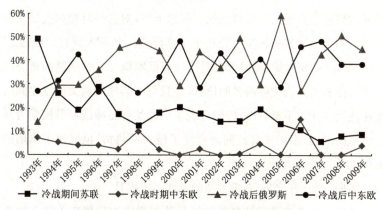

图 2.1　冷战后英国俄罗斯研究的领域调整

第一,苏联研究曾一度兴盛,但 20 世纪 90 年代中期之后迅速衰落。

苏联解体之后,由于苏联时期的档案文献大量解密,英国学术界在 90 年代初,兴起了一波苏联研究的浪潮。研究者利用获得的新材料解构苏联体系,重新书写 20 世纪的历史,在短时间内获得了很大发展。所以,正如图 2.1 所示,1993 年,冷战时期苏联问题的研究成果一度占据了研究总量的一半左右,远远超过其他各领域。但随着材料解密过程结束,苏联研究很快便成了明日黄花,研究热潮迅速消退。1996 年之后,对苏联的研究只能够作为历史研究的一部分而存在,远远无法与现实问题相提并论。

第二,除个别年份外,对冷战时期的中东欧国家研究较少。

从整体来说,冷战结束后,英国学术界对冷战时期中东欧国家的重视相对不足。如图 2.1 所示,即使在共产主义历史研究热潮兴起的 90 年代早期,这一部分研究所占比例也未超过 10%,并且逐年递减。2000 年之后,在很长时间内几乎销声匿迹。除了具有纪念意义的个别年份,由于一批历史和回忆文章的发表使比例有所上升,其他时间英国学术界对冷战时期中东欧国家的关注都非常有限。

第三,从90年代中期开始,对俄罗斯与东欧转型付出了极大的热情。

在经历了短暂的苏联研究热潮之后,从90年代中期开始,英国学术界的研究重点就已经转移到现实问题上来,对这一时期如火如荼的俄罗斯和东欧国家的转型过程给予了高度关注和深入研究。如图2.1所示,从1997年开始,英国学者对冷战后俄罗斯和东欧问题的研究就牢牢占据着研究比例前两名的位置,并且与对其他问题关注度之间的差距逐渐拉大。不难看出,转型等现实问题始终是冷战后英国学者最为重视的问题,多年来对此问题倾注了极大的热情,也取得了丰硕的成果。

第四,2001年之后,对俄罗斯的关注迅速提升。

最后一个非常值得注意的特征是英国学者对俄罗斯关注度的变化。如图2.1所示,在90年代中期,尤其是1997—1998年,由于金融危机的爆发,英国学者对俄罗斯的研究曾经达到高点,但随后迅速下降。直到2001年以后,俄罗斯政治逐步趋于稳定,经济迅速发展,重新成为世界政治的重要参与者,英国学者对俄罗斯的关注才迅速提升。在21世纪的大多数年份,俄罗斯转型问题都是英国学术界最为关心的话题。

如果说从研究领域的维度出发只能够为读者提供一个整体宏观印象的话,那么,从研究议题的维度进行分析,则可以进一步展示冷战后英国学者研究兴趣的变化趋势。

如表2.5所示,冷战后英国学者重视的研究议题非常广泛,包括:苏联历史发展和苏联改革的过程与原因分析;冷战后俄罗斯与东欧的市场经济转型过程和得失分析;俄罗斯精英层在转型中的地位与作用;俄罗斯转型过程中的民族问题、宗教问题和地区问题;转型过程中俄罗斯政治体制的变化与评价;转型时期俄罗斯社会和文化变迁,以及俄罗斯外交活动及其对世界格局的影响等等。归结起来,我们可以将其纳入五大门类,即政治转型、经济转型、历史、外交和文化研究。

表 2.5　冷战后英国俄罗斯研究的议题变化

年份	历史	转型经济	政治发展	精英与领袖	民族、宗教与地区问题	语言与文化	外交
1993	37.8%	28.9%	20.0%	2.2%	2.2%	4.4%	4.4%
1994	26.3%	26.3%	14.0%	8.8%	17.5%	7.0%	0.0%
1995	17.0%	26.4%	28.3%	0.0%	7.5%	15.1%	5.7%
1996	27.8%	18.5%	16.7%	7.4%	9.3%	16.7%	3.7%
1997	14.8%	35.2%	16.7%	5.6%	16.7%	9.3%	1.9%
1998	16.0%	26.0%	18.0%	8.0%	10.0%	14.0%	8.0%
1999	15.7%	21.6%	21.6%	5.9%	17.6%	13.7%	3.9%
2000	14.3%	28.6%	23.2%	1.8%	16.1%	12.5%	3.6%
2001	17.4%	15.2%	30.4%	4.3%	8.7%	13.0%	10.9%
2002	12.2%	16.3%	24.5%	12.2%	18.4%	10.2%	6.1%
2003	16.0%	24.0%	30.0%	6.0%	18.0%	4.0%	2.0%
2004	20.0%	11.1%	40.0%	6.7%	4.4%	13.3%	4.4%
2005	13.0%	10.9%	28.3%	2.2%	23.9%	19.6%	2.2%
2006	23.4%	19.1%	17.0%	4.3%	12.8%	17.0%	6.4%
2007	7.8%	15.7%	21.6%	3.9%	19.6%	21.6%	9.8%
2008	9.6%	13.5%	30.8%	7.7%	19.2%	13.5%	5.8%
2009	7.0%	21.1%	26.3%	5.3%	15.8%	17.5%	7.0%

资料来源:根据《欧亚研究》(*Europe-Asia Studies*)1993—2009 年文章发表情况统计。

在这五大门类中,俄罗斯和斯拉夫语言与文化研究是英国学术界历史传统的延续,处于较为超然和独立的位置。无论是研究议题还是研究方法,都基本上不受政治因素和时代变迁的影响,始终保有自身的特点,而且其研究成果在英国俄罗斯研究中始终维持约 10%—15% 的比例。因此,不应该算作是后冷战时代的产物。除此之外,其他四个门类的研究无不与世界政治的发展紧密联系在一起,体现出强烈的时代特征。这四大门类的研究议题构成了冷战后英国俄罗斯研究的主要内容。

从整体上看,冷战后英国俄罗斯研究领域的核心议题都是围绕着"转型"这一核心命题展开的。苏联解体之后,俄罗斯和东欧中亚的前社会主义国家所要面对的最核心问题,便是如何实现国家政治、经济和社会的全面转型,实现民族、国家和体制的重建,以改变国家的发展轨迹,融入新的国际秩序,重新确立自己在世界舞台上的地位。在这种背景下,冷战后英国的俄罗斯东欧研究自然将目光聚焦于俄罗斯这场旷日持久、复杂艰难的体系转型。因此,从某种意义上说,冷战后英国的俄罗斯研究实际上是英国学者从中立的研究立场出发,对俄罗斯转型这样一个宏大命题的深入解读。为了最终实现这个过于庞大的终极目标,研究者根据学科将其划分为政治转型、经济转型、外交转型和历史研究等大的门类,以期通过研究较为具体、更有操作性的议题,从不同侧面、不同角度分析和解释转型过程中出现的现象,推进转型研究的持续发展,不断接近研究的最终目标。

尽管冷战后英国俄罗斯研究的主要研究议题最终都指向"转型"这个关键词,在研究过程中相互影响、相互交织,构成了一个统一整体,但如果将所有研究议题落实到政治、经济、历史、外交四大门类之后,我们还是能够看出不同类别的研究议题在整个研究体系中展现出不同的发展趋势(如图2.2所示)。具体说来,特征有以下几点。

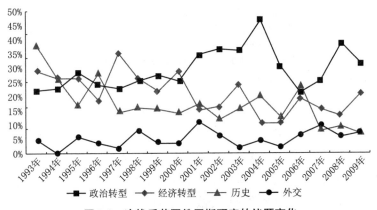

图2.2　冷战后英国俄罗斯研究的议题变化

首先,在2001年之后,政治转型成为英国俄罗斯研究最主要的议题。

政治转型问题一直是英国俄罗斯研究领域非常重要的议题,英国学者善于从政治精英、政治体制、政治发展等多个方面研讨和评估俄罗斯的政治转型。整个90年代,政治转型、经济转型议题所占的比重始终难分高下,但从2001年起,政治转型所占比重陡然增加,基本上每年都保持着 30% 以上的比例。2004 年,这一数字一度接近 50%。这种趋势是对俄罗斯转型基本状况的客观反映。90 年代俄罗斯经济、政治转型同时进行,研究者对这些问题的重视程度难分轩轾。但进入 21 世纪以后,政治转型成为了俄罗斯转型进程中最为关键的问题,政治转型的进展对经济转型和外交战略都有制约和塑造作用。因此,政治转型也就当之无愧地成为近 10 年来英国俄罗斯研究最主要的议题,这一趋势至今仍在延续。

其次,经济转型研究始终在英国的俄罗斯研究中占据重要地位。

如何由苏联模式下的计划经济体制走向市场经济体制,一直是俄罗斯转型中的重大课题。在苏联解体之初,以"休克疗法"为标志的激进改革造成了俄罗斯经济的剧烈动荡。整个 90 年代,俄罗斯经济转型的进程始终充斥着矛盾与冲突,1998 年的金融危机更是使俄罗斯经济跌入谷底。极不顺利的经济转型过程为研究者提供了大量具有现实意义的研究议题,直到 2000 年,经济转型和政治转型在研究中所占比重都不相上下,是当时俄罗斯研究最主要的内容。2001 年以后,俄罗斯政治环境逐步稳定,国家经济情况也迅速好转,转型经济研究所占比重也逐步下降,基本保持在研究总量的 15%—20%。虽然低于政治转型议题所占比重,但经济转型议题仍然在英国俄罗斯研究中稳坐第二把交椅,始终占据着重要的地位。

再次,历史研究所占比重呈现明显的下降趋势。

90 年代早期,历史研究曾经是英国俄罗斯研究中最重要的议题,对苏联历史的解读和对苏联解体原因的历史分析构成了当时研究的主要内容。但 1996 年以后,历史研究的热潮很快让位于现实问题的研究,历史研究在整个俄罗斯研究中的比重也呈现逐年下跌的状态,90 年代后期回落到 15% 左右,而 21 世纪则进一步下降到 10% 以下。这种现象实际上显示出英国的俄罗斯研究在经历了早期对历史问题的追捧之后,回归现实问题的整体发展方向,体现出学科发展的常态化趋势。

最后,对外交研究的关注基本保持稳定。

客观地讲,与其他门类相比,英国学术界对俄罗斯外交问题的研究略显薄弱,这种状况在图 2.2 中可见一斑。长期以来,外交研究在整个研究中所占的比重基本上处于 10%以下,很难与政治、经济、历史研究相提并论。然而,这种状态也有它积极的一面。由数据可见,多年以来,英国学术界对俄罗斯外交议题的关注度始终保持稳定,并且偶有提高。这说明英国学术界有一批学者始终对外交问题保持着关注,并且持续不断地加以跟踪研究。在重大事件发生时,还会有部分从事政治研究的学者参与进来,保证了外交研究领域的良性运行。

总而言之,冷战后英国学术界对俄罗斯问题的关注是综合的、全面的、立体的。冷战结束后,英国学者的研究内容以转型问题为核心,几乎涵盖俄罗斯和东欧国家社会生活的每个角落,全面细致地分析了发展进程中出现的诸多现象。无论是政治、经济、外交,还是历史、文化和社会,当代英国的俄罗斯研究既重视宏观问题,又注意微观分析;既寻求结构、体系层次的研究路径,又不忽视社会与个人的影响和作用;既有自上而下的精英理论,又有自下而上的大众思潮;既不偏离国际学术界的主流思想,又能够保持独具特色的分析工具;既有理论层面的积极创新,又有实践层面的建议咨询。凭借几代学者艰苦卓绝的努力,英国的俄罗斯研究在当代国际斯拉夫学界独树一帜。学习与研究英国学者的思想理论和研究方法,对把握俄罗斯转型前景、理解俄罗斯与英国的双边关系,以及中国的俄罗斯研究在未来的发展都具有非常重要的意义。接下来的四章内容将分门别类地对当代英国学者在政治、经济、历史和外交领域的研究成果进行分析和解读,以期管中窥豹,为读者呈现一幅冷战后英国俄罗斯研究的壮丽图景。

注释

1. 参见 J. Hamel, *England and Russia*, New York: Routledge, 2013; Richard Chancellor, *Richard Chancellor's Discoveries in Russia 1553*, London: Pravda, 1998。

2. Bernard Pares, "The Objectives of Russian Study in Britain," *The Slavonic Review*, Vol.1, No.1, Jun 1922, p.59.

3. 该书作者生平不详,由于年代久远,笔者也未能找到原版书籍,对该书的介绍可参见:Bernard Pares, "The Objectives of Russian Study in Britain", *The Slavonic Review*, Vol.1, No.1, Jun. 1922, p.59。

4. Giles Fletcher, *Of the Russe common wealth. Or, Maner of gouernement of the Russe emperour(commonly called the Emperour of Moskouia)*, at London, Printed by T. D. for Thomas Charde, 1591. 该书电子版下载地址: http://books.google.com.hk/books?id=XDs8AAAAcAAJ&printsec=frontcover&hl=zh-CN&source=gbs_ge_sum-

mary_r&cad＝0♯v＝onepage&q&f＝false。

5. 林军:《俄罗斯外交史稿》,北京:世界知识出版社2002年版,第33页。

6. 此处百分比应指占英国进口铁、大麻、亚麻的比重。参见孙成木、刘祖熙主编:《俄国通史简编》(上),北京:人民出版社1986年版,第317页。

7. [德]卡尔·马克思,《十八世纪外交史内幕》,载《马克思恩格斯全集》第四十四卷,北京:人民出版社2001年版,第267页。

8. 很多英国学者在追溯英国的俄罗斯研究历史时,经常将起点放在19世纪。例如英国斯拉夫和东欧研究协会的现任会长斯蒂芬·哈钦斯就持这种观点。在他撰写的《英国大学中的俄罗斯研究》(Russian Studies in UK universities)一文中,就明确提出"英国的俄罗斯研究开始于19世纪"。如果从纯粹的历史文献的角度说,这无疑是一个错误的结论。因为早在16世纪,英国已经出现了以俄罗斯为研究对象的论文和书籍。但从另一个角度讲,这种说法也有一定的道理,在"古典时期",英国的俄罗斯研究出版物基本上只是将俄罗斯最基本的情况加以介绍,并没有任何深入的研究和分析,只能算是普及性读物。从19世纪开始,英国的俄罗斯研究才真正具有了现代学术研究的特征,开始运用学术研究的方法对特定问题进行深入的分析和探索。因此,从严格意义上说,认为英国的俄罗斯研究开始于19世纪,也有其内在的逻辑。在本书中,笔者将俄罗斯研究的起点追溯到16世纪,将19世纪作为"现代意义上的俄罗斯研究"的起点。

9. [德]卡尔·马克思:《十八世纪外交史内幕》,载于《马克思恩格斯全集》第四十四卷,北京:人民出版社2001年版,第253—330页。

10. 唐纳德·华莱士爵士的生平事迹可参考:http://en.wikipedia.org/wiki/Donald_Mackenzie_Wallace。

11. 对于此书的介绍和电子版内容参见:http://books.google.com.hk/books?id＝emodi-XPMpMC&pg＝PP1&lpg＝PP1&dq＝Donald＋Mackenzie＋Wallace＋＋Russia&source＝bl&ots＝iwNUddARra&sig＝qsbRkpIs1fOtT6Y001sawt0-MTI&hl＝zh-CN♯v＝onepage&q＝Donald％20Mackenzie％20Wallace％20％20Russia&f＝false。在徐葵先生早年的研究成果中也曾提及此书,他将其称为"麦旨齐·华莱士所著的《俄国》一书",参见:徐葵:《美国的苏联问题研究发展概况——访美考察记之一》,载《苏联东欧问题》1983年第1期。

12. Bernard Pares, "The Objectives of Russian Study in Britain," *The Slavonic Review*, Vol.1, No.1, Jun 1922, p.59。

13. 有关哈罗德·威廉斯的个人介绍参见:http://en.wikipedia.org/wiki/Harold_Williams_(linguist)♯Authority _on_Russian_affairs。

14. 有趣的是,《泰晤士报》(*The Times*)在圣彼得堡的记者站正是唐纳德·华莱士爵士建立的。

15. 对于此书的介绍和电子版内容参见:http://books.google.com/books/about/Russia_of_the_Russians. html％3Fid％3DQhbwZoAsNnMC&sa＝U&ei＝wRYxT_OLE7CyiQfk64GFBQ&v ed＝0CCEQFjAD&usg＝AFQjCNELKHwoLOJvmxopYIljvsMHa9Kwmw。

16. http://en.wikipedia.org/wiki/Harold_Williams_(linguist)♯Authority_on_Russian_affairs.

17. 这一时期的重要成果还有:W.J.伯贝克(W.J.Birkbeck)对于俄罗斯宗教的研究、艾尔默·莫德(Aylmer Maude)对于托尔斯泰的研究、F.M.H.斯克林(F.M.H.Skrine)对于俄罗斯政治和军事扩张的研究,以及其他一些对于俄罗斯文化和地区问题的研究等。相关成果参见Bernard Pares, "The Objectives of Russian Study in Britain," *The Slavonic Review*, Vol.1, No.1, Jun 1922, pp.59—60。

18. 关于英国大学中俄罗斯研究的历史和现状,可参考 Stephen Hutchings,"Russian Studies in UK universities," http://www.llas.ac.uk/resources/gpg/386/。

19. 关于《俄国评论》的创建,还可参见:Bernard Pares, "The Objectives of Russian Study in Britain," *The Slavonic Review*, Vol.1, No.1, Jun 1922, p.60;徐葵:《美国的苏联问题研究发展概况——访美考察记之一》。需要说明的是,徐葵先生在文中提到,"1912 年,英国的俄国问题学者纳德·佩雷斯在英国利物浦创办了《俄国评论》",但笔者在研究中并未发现直接提及这一说法的第一手资料(包括佩尔斯本人的文章中也只是写"创办于利物浦的《俄国评论》"),关于伯纳德·佩尔斯生平的介绍中也并未提到他直接创办了这一刊物。但比较明确的是,《俄国评论》杂志创办于利物浦大学,而伯纳德·佩尔斯于 1908—1917 年间担任利物浦大学俄罗斯研究院院长。所以,可以肯定的是,佩尔斯对于《俄国评论》的创建必定发挥了重要作用,但该杂志是否由其本人创办仍然存疑。特此说明。

20. Bernard Pares, "The Objectives of Russian Study in Britain," pp.60—61.

21.《斯拉夫东欧评论》杂志的发展历史完全可以用一波三折来形容。在后面的内容中,笔者将更加详细地记述。在本书的写作过程中,笔者广泛参考了该杂志从 1922 年至今所发表的多篇文章,但其中给笔者印象最深刻的,莫过于 1922 年创刊号所发表的多篇文章。英国学者在文章中对于俄罗斯研究所投入的热情与真诚自然流露于笔端,至今读来都令人非常感动。

22. Victor S. Frank, "Soviet Studies in Western Europe: Britain," in Walter Z. Laqueur, Leopold Labedz(eds.), *The State of Soviet Studies*, Cambridge, Massachusetts: The M.I.T. Press, pp.53—54.

23. 在建立之初,伦敦大学学院斯拉夫东欧研究院(SSEES)是一个独立的斯拉夫研究机构,后并入伦敦大学学院(UCL)。为了保持行文的一致性,下面将统称伦敦大学学院斯拉夫东欧研究院。

24. Foreign Office, *Report of the Interdepartmental Commission of Enquiry on Oriental*, *East European and African Studies*, London: H.M.Stationery Office, 1947.

25. 迄今为止,伯明翰大学的相关研究机构仍然在俄罗斯经济研究中处于领先地位,本书第四章将进一步详细介绍。

26. 正是由于该杂志在英国学术界的权威地位,本书在研究冷战后英国的俄罗斯研究议题关注度变化的问题时,仍然选取了《欧亚研究》创刊以来的学术论文作为基本的研究对象。

27. Victor S.Frank, "Soviet Studies in Western Europe: Britain," p.55.

28. University Grants Committee, *Report of the Sub-Committee on Oriental*, *Slavonic and African Studies*, London: H.M. Stationery Office, 1961.

29. Ibid., p.42.

30. 即著名的伯明翰大学俄罗斯与东欧研究中心(Centre for Russian and East European Studies, CREES)。

31. 例如,他曾作为英国代表团的一员参加了巴黎和会,并参与了《凡尔赛条约》的起草工作。这些宝贵的经历使他对政治和历史问题的认识更为独到而深刻。有趣的是,当他离开外交部门、投身学术研究之后,对这份他自己参与起草的文献却给予了无情的批判。

32.《泰晤士报》的第一个驻外记者站便是圣彼得堡站,而且是由英国俄罗斯研究的先驱华莱士爵士亲手创办的。在英国俄罗斯研究的历史上,包括华莱士爵士、哈罗德·威廉斯等很多俄罗斯研究领域的著名学者都与该报关系密切。

33. 爱德华·卡尔关于苏联问题研究的主要作品包括:*Nationalism and After*, Lon-

don: Macmillan, 1945; *The Soviet Impact on the Western World*, London: Macmillan, 1946; *A History of Soviet Russia*, Collection of 14 volumes, London: Macmillan, 1950—1978; "Radek's 'Political Salon' in Berlin 1919," *Soviet Studies*, Volume 3, April 1952, pp. 411—430; *German-Soviet Relations Between the Two World Wars*, *1919—1939*, London: Geoffrey Cumberlege, 1952; "Stalin," from *Soviet Studies*, Volume 5, July 1953, pp.1—7; "Some Notes on Soviet Bashkiria," *Soviet Studies*, Volume 8, January 1957, pp. 217—235; "The Origin and Status of the Cheka," *Soviet Studies*, Volume 10, July 1958, pp. 1—11; "Pilnyak and the Death of Frunze," *Soviet Studies*, Volume 10, October 1958, pp. 162—164; "Editorial Changes in Stalin's Speech of 9 July 1928," *Soviet Studies*, Volume 16, January 1965, pp. 339—340; *1917 Before and After*, London: Macmillan, 1969; "The Zinoviev Letter," *The Historical Journal*, Volume 22, March 1979, pp. 209—210; *The Russian Revolution: From Lenin to Stalin* (*1917—1929*), London: Macmillan, 1979; *From Napoleon to Stalin and Other Essays*, New York: St. Martin's Press, 1980。

34. *A History of Soviet Russia*, Collection of 14 volumes, London: Macmillan, 1950—1978;各卷具体内容如下:*The Bolshevik Revolution*, *1917—1923*, Volume 1; *The Bolshevik Revolution*, *1917—1923*, Volume 2; *The Bolshevik Revolution*, *1917—1923*, Volume 3; *The Interregnum*, *1923—1924*; *Socialism in One Country*, *1924—1926*, Volume 1; *Socialism in One Country*, *1924—1926*, Volume 2; *Socialism in One Country*, *1924—1926*, Volume 3, Part 1; *Socialism in One Country*, *1924—1926*, Volume 3, Part 2; *Foundations of a Planned Economy*, *1926—1929*, Volume 1, Part 1; *Foundations of a Planned Economy*, *1926—1929*, Volume 1, Part 2; *Foundations of a Planned Economy*, *1926—1929*, Volume 2; *Foundations of a Planned Economy*, *1926—1929*, Volume 3, Part 1; *Foundations of a Planned Economy*, *1926—1929*, Volume 3, Part 2; *Foundations of a Planned Economy*, *1926—1929*, Volume 3, Part 3。

35. 以赛亚·伯林关于苏联和俄罗斯的主要研究作品包括:*Karl Marx: His Life and Environment*, London: Thornton Butterworth, 1939. 4th ed., Oxford: Oxford University Press, 1978; *Russian Thinkers*(co-edited with Aileen Kelly), London: Hogarth Press, 1978. 2nd ed. London: Penguin, 2008; *The Soviet Mind: Russian Culture under Communism*, Washington D.C.: Brookings Institution Press, 2004。其中部分作品已经有了中译本:以赛亚·伯林:《俄国思想家》,彭淮栋译,北京:译林出版社 2001 年版;《苏联的心灵:共产主义时代的俄国文化》,潘水强、刘北成译,北京:译林出版社 2010 年版。

36. 亚历克·诺夫的主要作品包括:*The Soviet Economic System*, London: G.Allen & Unwin, 1977; *Stalinism and after*, London: Allen & Unwin, 1975; *An Economic History of the U.S.S.R.*, London: Allen Lane, 1969; *The Economics of Feasible Socialism*, London: G. Allen & Unwin, 1983; *Stalinism and After: The Road to Gorbachev*, Boston: Unwin Hyman, 1989; (with Domenico Mario Nuti) *Socialist Economics: Selected Readings*, Harmondsworth: Penguin, 1972; *Political Economy and Soviet Socialism*, London: G.Allen & Unwin, 1979。

37. 关于"亚历克·诺夫奖"的相关信息,参见 http://www.basees.org.uk/noveprize. shtml。

38. 罗伯特·康奎斯特的主要作品包括:*The Great Terror: A Reassessment*, Oxford: Oxford University Press, 1968; *The Soviet Political System*, London: Praeger, 1969; *Man-made Famine in Ukraine*, London: AEI Press, 1984; *The Harvest*

of Sorrow：*Soviet Collectivization and the Terror-Famine*，Oxford：Oxford University Press，1986；*Stalin and the Kirov Murder*，Oxford，Oxford University Press，1989；*Stalin*：*Breaker of Nations*，London：Penguin Books，1992；罗伯特·康奎斯特：《最后的帝国——民族问题与苏联的前途》，刘靖北、刘振前等译，华东师范大学出版社 1993年版。

39. 事后看来，在英语世界，尽管曾有无数人讲到过苏联必然灭亡，但大多属于意识形态式的一般论述，基本上都是无的放矢。1989—1990 年前后，只有两位学者明确且认真地讨论了苏联在短期内解体的可能，一位是加州大学伯克利分校的马丁·马利亚(Martin Malia)，一位是伦敦政治经济学院的多米尼克·列文，而他们均为历史学教授，并非传统意义上的苏联学家。关于多米尼克·列文教授的研究内容，本书将在第五章加以详细介绍。

40. Universities Funding Council，*Review of Soviet and East European studies*：*1989*，London：H.M.Stationery Office，1989.

41. Higher Education Funding Council，*Review of Former Soviet and East European Studies*，Bristol：HEFCE，1995，p.36.

42. Stephen Hutchings，"Russian Studies in UK universities," http://www.llas.ac.uk/resources/gpg/386/.

43. John Elsworth，"The Current Situation in Slavic Studies in the UK," in Osamu Ieda(ed.)，*Where are Slavic Eurasian Studies Headed in the 21st Century*？，21st Century COE Program Occasional Papers No.7，p.1. http://src-h.slav.hokudai.ac.jp/coe21/publish/no7/contents.html.

44. John Elsworth，"The Current Situation in Slavic Studies in the UK," p.4.

45. 英国斯拉夫与东欧协会的官方主页为：http://www.basees.org.uk/。

46. 关于英国斯拉夫与东欧研究协会的历史发展，参见：http://www.basees.org.uk/history.shtml。

47. 关于协会的管理体制，参见：http://www.basees.org.uk/committee.shtml。

48. John Elsworth，"The Current Situation in Slavic Studies in the UK," p.2.

49. 即以俄罗斯研究为核心内容的"中心"(Center)和"学院"(School)，而以"系"(Department)或者"项目"(Program)为其名称的研究机构则不在此列。需要说明的是，一般来说，成立专门的研究中心或者研究院都代表着该研究机构达到了较高的水准。但这并不必然意味着拥有俄罗斯问题研究中心或研究院的研究单位的水平及影响力一定高于其他研究机构。很多没有成立研究中心的大学或科研机构在俄罗斯研究领域同样也作出了非常突出的贡献，将在下文专门论述，特此说明。

50. 例如，2011 年 9 月，原伦敦政治经济学院的著名俄罗斯问题专家罗伊·艾利森(Roy Allison)加盟俄罗斯与欧亚研究中心，成为近年来英国俄罗斯研究领域最重要的一次"转会"。

51. 关于阿奇·布朗教授的研究成果，参见封帅：《观念、体制与领袖——阿奇·布朗视野中的俄罗斯转型》，载《俄罗斯研究》2011 年第 3 期。本书在第三章也将对其进行重点介绍。关于罗伯特·谢伟思的研究成果，本书在第五章也有简要介绍。

52. 关于斯蒂芬·怀特教授在政治转型和外交等方面的研究，本书在第三章和第六章进行了介绍。

53. 关于格拉斯哥大学教学内容等方面的情况，参见格拉斯哥大学网站：http://www.gla.ac.uk/subjects/slavonic/。

54. 关于菲利普·汉森和伯明翰大学俄罗斯东欧研究中心在俄罗斯经济转型问题上的研究成果，本书将在第四章进行详解介绍。

55. 关于莫琳·佩里在俄罗斯历史研究中的成果,本书将在第五章进行简要介绍。

56. 关于伯明翰大学俄罗斯东欧研究中心的人员构成,参见:http://www.birmingham.ac.uk/schools/government-society/departments/russian-east-european-studies/staff/index.aspx。

57. 例如,理查德·萨科瓦在伯明翰大学获得博士学位,罗伊·艾利森、戴维·莱恩、伊丽莎白·蒂格(Elizabeth Teague)等都曾在伯明翰大学俄罗斯东欧研究中心学习或工作多年。此外,通过项目合作或者访问学习与伯明翰大学建立联系的学者不计其数。

58. 关于伦敦大学学院斯拉夫东欧研究院的情况参见:http://www.ssees.ucl.ac.uk/。

59. 达什科娃公主是俄罗斯启蒙运动的领袖之一,曾于1776—1782年居住于爱丁堡,而她的儿子也是爱丁堡大学的学生。她与当时的苏格兰思想家和文化界人士来往密切,亚当·斯密、亚当·弗格森(Adam Fergusson)、威廉·罗伯森(William Robertson)等都是她的挚友。在她回国之后,被任命为俄罗斯圣彼得堡帝国科学院院长,堪称俄罗斯启蒙运动的旗手。参见:http://www.ed.ac.uk/schools-departments/ literatures-languages-cultures/dashkova/about。

60. 皇家国际问题研究所的人员流动性较大,目前波波·罗已经离开皇家国际问题研究所,但他主要的研究成果都是在任职期间完成的,而且学术界了解波波·罗也是从他在皇家国际问题研究所任职时期开始的。加之波波·罗在皇家国际问题研究所任职期间完成的一系列文献至今仍是该研究所在外交研究方面最具代表性的成果之一,因此本书在此处仍然将其归入皇家国际问题研究所的研究序列,特此说明。

61. 参见ICCEES官方网站的相关介绍:http://iccees.org/history.html。

62. 如前文所述,关于多米尼克·列文教授的研究内容,本书将在第五章详细介绍。

63. 关于罗伊·艾利森的相关研究成果,本书在第六章有简要介绍。

64. 诺丁汉大学俄罗斯与斯拉夫研究系的情况参见:http://www.nottingham.ac.uk/slavonic/index.aspx。

65. 关于戴维·莱恩教授的理念和观点,本书将在第四章详细介绍。此外,还可以参考戴维·莱恩:《世界体系中的后苏联国家:欧盟新成员国、独联体成员国和中国之比较》,载《俄罗斯研究》2010年第5期。

66. 关于三卷本《剑桥俄国史》的相关情况,本书将在第五章进行介绍。

67. 关于理查德·萨科瓦的主要研究成果,本书将在第三章和第六章重点介绍,对其思想观点存在的争议也将进行相应的分析。

68. 关于皇家国际问题研究所的俄罗斯与欧亚研究项目的更多情况,参见:http://www.chathamhouse.org/research/russia-eurasia/about。

69. 詹姆斯·尼克西1999年才在布里斯托大学获得博士学位,与该项目的副研究员相比,无论从资历还是学术成就来说都有较大差距。这也正体现出皇家国际问题研究所鼓励新人和开拓进取的精神。

70. 关于波波·罗在俄罗斯外交和政治方面的研究成果,本书将在第三章和第六章详细介绍。

71. 由于篇幅所限,此处只能简单列举这些机构的名称:利物浦大学(University of Liverpool)、巴斯大学(University of Bath)、林肯大学(University of Lincoln)、雷丁大学(University of Reading)、阿伯丁大学(University of Aberdeen)、纽卡斯尔大学(University of Newcastle)、利兹大学(University of Leeds)、萨里大学(University of Surrey)、埃克塞特大学(University of Exeter)、埃塞克斯大学(University of Essex)、苏塞克斯大学(University of Sussex)、杜伦大学(University of Durham)、斯特拉斯克莱德大学(University of Strathclyde)、布拉德福德大学(University of Bradford)、邓迪大学(University of Dundee),以及伦敦大学的部分学院。

72. 西顿-沃森是英国著名历史学家和政治活动家,是斯拉夫东欧研究院的创始人之一。第一次世界大战结束后,他曾为推动奥匈帝国解体、推动捷克斯洛伐克和南斯拉夫独立发挥了很大的作用。哈罗德·威廉斯则是"帝国时期"英国俄罗斯研究的重要代表人物之一,本章历史部分对他有专门的介绍。

73. Bernard Pares,"The Objectives of Russian Study in Britain,"*The Slavonic Review*,Vol.1,No.1,Jun 1922,pp.59—72.该文不仅为后来者留下了英国俄罗斯研究历史的宝贵资料,更为后人理解英国学术的精神提供了线索。笔者在本书中的很多内容都引自该文。

74. 对于目前《欧亚研究》杂志的研究重点和基本思路参见泰勒弗朗西斯出版集团官方网站的相关介绍:http://www.tandf.co.uk/journals/ceas。

75. Dominic Lieven,"Crisis in the Soviet Union:The Historical Perspective,"*The World Today*,Vol.46,No.5(May,1990).

76. Richard Sakwa,"'New Cold War' or Twenty Years Crisis?:Russia and International Politics,"*International Affairs*,Vol.84,No.2(Mar,2008).

77. 即原来的美国斯拉夫研究促进会(American Association for the Advancement of Slavic Studies,AAASS),2010 年开始,该协会改称美国斯拉夫、东欧和欧亚研究协会。

第三章

冷战后英国的俄罗斯政治转型研究

20世纪的世界舞台风云变幻,有重大影响力的事件如恒河沙数。如果从政治转型的角度来看,苏联解体和俄罗斯转型对当代世界格局产生的影响自始至终都无可比拟。从戈尔巴乔夫时期的改革(perestroika)到叶利钦时代的动荡,再到普京和梅德韦杰夫的双头政治(tandem),俄罗斯政治发展的历程构成了当代政治转型研究最经典的案例,吸引着世界各国学者关注的目光。无数研究者为此殚精竭虑,运用多种研究方法,多层次、多视角地深入挖掘俄罗斯政治转型的深层原因与内驱力,预测转型的方向,并且试图通过各种方式对俄罗斯政治转型的走向施加影响。经过各国学者多年的不懈努力,研究取得了丰硕的成果,针对俄罗斯政治转型的书籍和文章可谓汗牛充栋,英国学者的研究称得上其中翘楚。

英国学者对俄罗斯政治转型的关注由来已久。早在戈尔巴乔夫担任苏共中央总书记之前,他们就已经敏锐地感觉到苏联可能出现的改革浪潮,并且提前进行了相应的理论研究和实践准备。在戈尔巴乔夫执政时期,英国学者积极讨论改革时期的苏联政治,对改革进程展现出了极大的热情。冷战结束后,在西方一片欢呼声中,英国学者仍然保持着严肃的态度审视俄罗斯的政治转型,他们没有被纷繁复杂的表面现象蒙蔽,始终坚持中立的研究立场和科学的研究方法。这种冷静与坚持使得英国学者的思想最大限度地避免了社会舆论的干扰,以相对超然的心态开展研究活动,从而保证了英国学者对俄罗斯政治转型研究的客观性,也使得他们的研究在国际学术界获得了更权威的地位。

冷战后英国学者对俄罗斯政治转型的研究在内容上丰富多彩,几乎涵盖俄罗斯政治的方方面面;在形式上复杂多样,既有系统的专题研究,又有对同一问题的跟踪考察,有的以专著和论文形式发表,有的则通过新闻和报告等形式进行传播,在学术界和传媒领域都有较大影响力;在方法上,既保持了英国学派重视历史、重视叙事和体验的传统,又能够积极吸收和学习当代政治学的诸多研究方法,更加全面和系统地分析和解读相关问题,进一步提升了俄罗斯研究的水准。因此,译介和学习冷战后英国学者对俄罗斯政治转型的成果和方法,对中国的俄罗斯研究乃至中国政治学界而言,其意义都不言而喻。

第一节　研究的基本状况

苏联和俄罗斯政治变迁称得上是世界政治转型研究中最有影响力的案例,因此,对苏联和俄罗斯的政治转型及其相关问题的研究,一直都是世界各国俄罗斯研究最重要的内容之一,在英国学界也不例外。

如图 3.1 所示,政治体制的发展问题在英国的俄罗斯研究中一直占据非常重要的位置。从 1993 年至 2009 年,对于政治发展问题的研究所占比例基本上都超过 15％,最鼎盛时曾经达到了 40％的高位。在大部分年份中,这一比例都在英国的俄罗斯研究领域占据头名位置。转型时期俄罗斯政治体制的演变几乎可以说是冷战结束以后英国俄罗斯研究领域最为关注的话题。

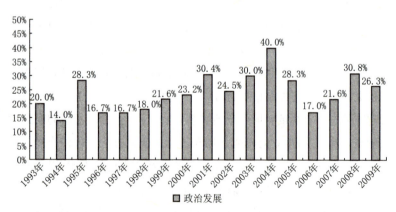

资料来源:作者自制,根据《欧亚研究》(*Europe-Asia Studies*)1993—2009 年文章发表情况统计。

图 3.1　冷战后英国学术界对政治发展问题的关注度变化情况

从变化趋势来看,在整个 90 年代,英国学术界对于俄罗斯政治制度的关注度呈现明显的上升趋势,从 1994 年的 14% 上升到 2000 年的 23.2%。在一些特殊的年份,由于特定事件的发生,学术界对政治发展问题的关注也出现过较为突然的变化。如 1993 年,"十月事件"和俄罗斯宪法的制定总体上奠定了俄罗斯政治体制的基本特征,因此,当年英国学者对政治发展问题的关注度达到了 20%。1995 年,俄罗斯将举行独立后首次杜马选举,俄罗斯共产党占据了议会第一大党的位置,这使得次年即将举行的总统选举变得扑朔迷离。因此,在这一年中,英国学者非常关注未来俄罗斯政治发展和政治体制内部各种力量的对比情况,当年有关政治发展问题的文章所占比例也一举达到了 28.3%。

进入 21 世纪以后,随着普京体制逐渐成型,西方学者对俄罗斯政治发展问题的关注也达到了一个新的高度。从 2001 年到 2004 年,政治发展研究所占比例从 30.4% 一直上升到了 40%,每年对政治发展问题的研究几乎都超过了研究总量的三分之一,这反映出英国学术界对于普京体制的研究兴趣,也体现出他们对俄罗斯政治体制未来发展方向的忧虑。经过了 2005—2007 年短暂的下降,2008 年,随着普京第二个总统任期结束,俄罗斯政治进入了梅德韦杰夫和普京"两驾马车"的时代,英国学者重新燃起了对俄罗斯政治体制的热情,成果所占比例再次超过 30%。

除了政治体制发展情况,英国学者也非常重视对转型时期俄罗斯政治精英与政治领袖问题的研究。领袖研究是英国学派的重要传统,多年来已经形成了一整套行之有效的研究方法。这一类研究主要考察政治领袖和政治精英的个人家庭背景、生活环境和教育情况,并与他的政治主张和执政方针进行联系和对比,以勾勒出特定政治领袖思想发展的基本轨迹,并且将其作为理解长时段内俄罗斯政治转型的重要依据。这种研究在冷战后的英国学术界依然非常流行,具有代表性的作品也层出不穷。

如图 3.2 所示,在冷战结束后的大部分年份中,英国学术界对俄罗斯政治精英和政治领袖的研究都保持在研究总数的 5%—10% 之间,在一些特定年份(例如 2002 年)也曾超过 10%。作为政治转型研究中的一个子门类,这一研究所占的比例已经非常之高,基本上与外交研究的比例相仿。[1]该种现象既反映了政治转型研究在英国学术界的重要地位,也从另一个角度显示出英国学术界对政治领袖研究的重视程度。重视领袖研究也是英国的俄罗斯研究领域乃至英国学界的重要特点之一。

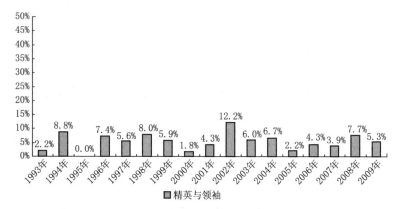

资料来源:作者自制,根据《欧亚研究》(*Europe-Asia Studies*)1993—2009年文章发表情况统计。

图3.2　冷战后英国学术界对于俄罗斯精英与领袖议题的关注度变化情况

从主题上看,冷战后英国学者对俄罗斯政治转型的研究相对集中,研究议题可以归结为以下三个方面。

第一,苏联解体问题。

在俄罗斯研究领域,苏联解体是永恒的研究热点,而且是一个始终难以解开的谜团。究竟是什么原因导致看上去无比强大的苏联在很短的时间内分崩离析,这种崩溃是否可能避免……这一系列问题一直是俄罗斯研究中争论不休的焦点。尽管已经过去了20多年,但这些问题始终没有定论。

冷战结束后,英国学者并没有停止对苏联解体问题的深入探讨。他们利用苏联解体后大量档案文献解密的机会,更加深入地挖掘苏联时期国家政治和社会生活的种种细节,试图重新阐述这一复杂问题。他们从领袖个人、社会结构和意识形态等方面入手,充分运用历史学和社会学的研究方法,对这一问题进行了深入剖析,取得了重大进展,在国际学术界也产生了很大的影响。

第二,俄罗斯政治体制问题。

苏联解体之后,俄罗斯并没有像很多西方政治家和学者所预料的那样,顺利成为一个西方式的民主国家,反而在政治转型的道路上不断遭遇意想不到的挫折。从1993年"十月事件"开始,如何评价俄罗斯的政治体制,就成为了英国俄罗斯研究领域的热点问题。

面对诡异多变的俄罗斯政治形势,英国学者大体上都能够保持客观的心态,抽丝剥茧,分析和总结俄罗斯政治体制的特点,通过很多可以界定的标准衡量和评价俄罗斯政治体制,并且努力使这一评价标准系统化、理论化。但由于研究的出发点和视角存在差异,英国学术界对体制转型的评估及对其未来发展方向的讨论也有不小争议,对政治体制的研究正是在这种持续的争论中不断前行。

第三,普京问题。

2001年以后,随着普京政治地位不断巩固,普京时期的俄罗斯政治逐渐成为了英国学术界最为热门的研究议题。21世纪前十年,如何理解普京和普京体制是俄罗斯政治转型领域争议最大的问题。

部分英国学者将普京时代视为俄罗斯转型的倒退,认为普京已经偏离了戈尔巴乔夫和叶利钦时代俄罗斯的改革方向,重新回到了威权主义政治体系。但也有部分英国学者认为普京时代是对叶利钦时代混乱的矫正,是一种俄罗斯民族特性的回归,俄罗斯并没有停止改革的步伐,只是以更加适当的方式重新确立了改革的步伐。当然,也有学者认为,普京时代的政治转型出现了一定的停滞,但也可以视为对叶利钦时期过度改革的调整,改革在未来仍然可以继续前进。

在当代英国,对于普京的争论已经远远超越了学术讨论的范围,已经成为英国的社会文化现象。尽管在英国舆论界,呈现出一边倒的反普京声音,但在俄罗斯研究领域,思想始终保持着多元化,这种现象也是值得我们注意的。

当然,英国学者也会对很多当前突发的热点政治事件展开深度研究,例如在乌克兰危机等近年的热点议题上便形成了很多卓有建树的成果。但其主要研究内容仍围绕着转型这个核心议题展开,通过深入的思考勾勒出俄罗斯在转型进程中的国家发展路径。

从研究机构和研究者来看,当代英国学术界几乎所有的俄罗斯东欧问题研究机构都将俄罗斯的政治转型放在非常重要的位置上,很多学者也都在这一问题上作出了突出的贡献,其中最具代表性的当属以下三位。

首先,冷战后英国的俄罗斯政治转型研究领域中最具代表性的学者是牛津大学的阿奇·布朗教授。

阿奇·布朗是当代英国著名政治学家和历史学家,也是英国在苏联和俄罗斯研究领域最重要的代表人物之一。布朗生于 1938 年,年轻时从事记者工作,后毕业于伦敦经济学院,曾在格拉斯哥大学任教。1971 年进入牛津大学圣安东尼学院(St Antony's College),长期从事苏联、俄罗斯及东欧问题的研究。其研究成果获得了学术界的广泛关注,并且对撒切尔和布莱尔时期的英国对俄政策的制定产生了重要的影响。布朗 1991 年当选为英国科学院院士,并在 1999 年至 2002 年期间担任英国科学院政治研究分部(Academy's Political Studies Section)主席。[2]

布朗的研究内容非常广泛,涉及苏联和俄罗斯的政治、文化、体制、领袖等多个方面,尤其是对苏联和俄罗斯领导层与转型之间的相互关系的研究在学术界独树一帜。他最重要的代表作品是 1996 年出版的《戈尔巴乔夫因素》(The Gorbachev Factor)[3]。在此书中,布朗全面分析了戈尔巴乔夫在苏联转型中的决定性作用。此书为布朗赢得了英国政治研究协会年度最佳政治类书籍奖——W.J.M.麦肯齐奖(The W.J.M.Mackenzie Book Prize)和英国东欧斯拉夫研究协会的"亚历克·诺夫奖"(Alec Nove Prize)[4],被认为是当代戈尔巴乔夫和苏联改革研究中最重要的作品之一。布朗以独特的视角、广泛翔实的资料,以及坚持冷静和理性的研究态度,对戈尔巴乔夫的历史地位及其在苏联和俄罗斯的转型过程中发挥的作用给出了全面而卓越的诠释。布朗的研究对整个英国学术界产生了深刻的影响,是英国主流学术观点的杰出代表。[5]

除了个人的研究能力,布朗也具有非常出色的组织和领导能力。在布朗的领导下,一大批顶尖学者汇聚在圣安东尼学院的大旗之下。除了布朗本人,亚历克斯·博拉夫达、罗伯特·谢伟思等当代英国俄罗斯研究的代表人物都在此工作。在他们的共同努力之下,经过多年的发展,牛津大学圣安东尼学院俄罗斯东欧研究中心已经成为当代英国俄罗斯研究最重要的研究机构之一,在俄罗斯政治转型研究领域具有非常突出的地位。

其次,格拉斯哥大学的斯蒂芬·怀特是英国俄罗斯政治转型研究的另一位重要代表人物。

多年以来,格拉斯哥大学一直是英国俄罗斯研究的重镇,在英国的俄苏研究领域享有盛誉。几十年来,格拉斯哥大学不乏声震欧洲学术界的领袖人物,斯蒂芬·怀特正是格拉斯哥大学当代最重要的学者。

在求学时期,斯蒂芬·怀特曾就读于都柏林大学三一学院(Trinity College Dublin),主修历史和政治科学。后在格拉斯哥大学获得博士学位,主要研究方向是苏联研究,在攻读博士学位期间,他曾以交换生的身份赴苏联国立莫斯科大学学习。毕业之后,他又进入牛津大学沃尔夫森学院(Wolfson College Oxford)学习,再次获得博士学位。目前,他在格拉斯哥大学担任詹姆斯·布莱斯政治学讲座教授(the James Bryce Professor of Politics)、格拉斯哥大学中东欧研究院(School of Central and East European Studies)高级研究员,同时也担任莫斯科应用政治研究所(the Institute of Applied Politics)客座教授、约翰·霍普金斯大学博洛尼亚中心(Johns Hopkins University Bologna Center)兼职教授,2010 年当选英国科学院院士。[6]

怀特的主要研究兴趣是苏联和后苏联时期的俄罗斯政治。他尤其重视对选举、政党、政治精英、媒体等问题的研究,同时对俄罗斯外交政策以及俄罗斯与白俄罗斯、乌克兰的关系也有所涉猎,在诸多领域都取得了重要的进展。他近期的代表作包括《普京时期俄罗斯的媒体、文化和社会》[7]《普京时期俄罗斯的政治和执政集团》[8],以及《俄罗斯政治的发展》(第七版)[9]。他能够以较为持中的立场观察和研究俄罗斯政治生活的各个方面,并且较为客观地加以介绍和解读。整体上说,他的研究属于英国主流观点的重要组成部分,但对于普京时代的俄罗斯政治仍然较为宽容,属于较为温和的主流派。

第三位是肯特大学的政治学教授理查德·萨科瓦,他可以称得上是俄罗斯政治转型研究的代表人物,是亲俄派观点最优秀的阐述者。

理查德·萨科瓦生于 1953 年,曾就读于伦敦政治经济学院,1979

年在伯明翰大学获得博士学位，主要研究苏俄历史。萨科瓦先后在莫斯科国立大学、埃塞克斯大学(University of Essex)和加州大学圣克鲁斯分校(University of California，Santa Cruz)工作，1987 年进入肯特大学政治与国际关系系任教，并先后两次担任系主任职务。同时，他也是英国皇家国际事务研究所俄罗斯和欧亚项目兼职副研究员(Associate Fellow of the Russia and Eurasia Programme at the Royal Institute of International Affairs)。[10]

萨科瓦主要关注的领域是俄罗斯政治、社会和历史，他善于将宏观的结构性研究与微观的个人研究结合起来，从多个层次解释历史发展、政治转型和相关的社会变迁。在数十年的时间里，萨科瓦笔耕不辍，全面而细致地关注不同时期俄罗斯的政治与社会发展，立足于将俄罗斯的历史与现实状况与西方政治理论相结合的研究路径，理解和分享俄罗斯的思想情感，对普京时期的俄罗斯政治给予了足够的正面评价。他的主要代表作品包括《俄罗斯的政治与社会》[11]《普京：俄罗斯的选择》[12]等，为他赢得了学术界的广泛关注。因为其观点与西方主流学界存在明显的差异，他被戴上了一顶"亲俄派"的帽子，这也给他带来了不小的争议。近年来，随着乌克兰危机的深入，他从体系变革层面深入分析乌克兰危机，同样取得了丰硕的成果。

除此之外，英国学者对俄罗斯政治转型还有很多精彩的研究，例如皇家国际问题研究所的波波·罗教授对苏联解体的研究解读非常具有新意。英国著名记者爱德华·卢卡斯对普京时期俄罗斯政治的尖锐批评和嘲讽在英国社会也产生了很强烈的影响。

由于篇幅所限，本章将主要围绕着上述几位学者关于俄罗斯转型的研究，针对影响力最大的几个关键议题展开分析，管窥蠡测，以期从整体上勾勒出冷战后英国的俄罗斯政治转型研究的大致轮廓。

第二节　人、社会与意识形态：
苏联解体的多层次解读

毫无疑问，在 20 世纪末的国际舞台上，苏联的改革与解体可以说是最为令人惊叹的一幕。一个曾经无比强大的超级大国在没有明显征兆的情况下突然解体，没有任何苏联专家能够成功预见到这一结局。"苏联学"的失灵为冷战后的俄罗斯研究提出了一个非常严肃且重要的议题，即如何解读苏联的改革和解体过程。对这一问题的研究已经成为了检验和评价各国俄罗斯研究的重要标准，当代几乎所有的一流学者都对苏联解体问题提出过自己的看法。在某种程度上，对苏联解体的解释已经成为当代世界政治学的历史难题，由于视角、方法乃至思想文化和政治立场的差异，尽管世界各国有价值的研究成果众多，但问题的答案本身至今仍未有定论。因此，苏联解体虽然已经过去 20 多年，却依然为学界所津津乐道，始终争论不休。

从整体上说，在西方学术界，大部分学者往往更愿意寻找改革的外部原因，或者强调改革的必然性。例如将苏联改革归因于里根政府政策的影响，认为 20 世纪 80 年代初里根政府的政策调整，使苏联卷入了新一轮的军备竞赛，最终拖垮了苏联。[13]更有甚者，将其解读为苏联内部"亲资本主义"的精英蓄意瓦解了苏联，认定苏联解体实际上是一场"来自上层的革命"。[14]但在英国学者看来，这两种观点虽然影响广泛，却并没有抓住问题的实质，并且由于一些理论范式的影响，持这些观点的学者人为地混淆和曲解了很多历史事实。实际上，苏联解体这一事件本身就是对旧有理论范式的突破。要解释这一事件，就必须打破旧有研究范式的限制，真正回到历史中去，通过理解和感受历史得出更加深刻的结论。

在这种思想理念的指导下，英国学术界以传统的历史研究为基础，综合运用多种研究方法，通过细致而深入的研究，分别在个人、社会和意识形态三个层面上提出了自己对苏联改革和解体问题的出色解释。

一、个人层次的解读：戈尔巴乔夫与观念革命

对大多数西方理论家而言，20 世纪 80 年代中期新思维和苏联转型的出现并不符合传统转型理论的观点。很多西方学者都喜欢用"极权主义"来描述斯大林之后的苏联政治体系，这一概念的影响非常深远，以至于研究者往往将极权主义的理想模式与苏联政治的实际混为一谈。在他们看来，苏联政权是铁板一块，不可能发生任何的内部

变革。

但阿奇·布朗对这一结论深表怀疑,为此,布朗曾针锋相对地指出,这种概念的滥用导致了对现实状况的极度夸张,"这实际上对理解苏联的变革毫无帮助"[15]。它甚至使得人们对苏联出现渐进变革的可能性视而不见,同时也影响了西方国家应有的对苏政策调整。

在布朗看来,很多西方政治学的概念都无法应用于俄罗斯问题的研究,例如"利益集团"这个概念很难被用来分析苏联体系。[16]苏联政治格局内部并不存在西方国家政治活动中所谓的"利益集团",苏联内部只有各个单位和机构的利益,以及由不同专家组成的"意见集团"。而正是这些"意见集团"之间创造性的辩论活动带来了思维创新。[17]

在探寻苏联改革思想源头的过程中,布朗与大部分西方学者不同,没有过多关注那些体制外的"持不同政见者",而将目光更多集中于苏联体系内部专家之间的辩论。他认为,正是这些辩论活动在政治思维的创新方面发挥了关键作用。他认真地查阅了20世纪70年代以来苏联出版的大量晦涩难懂的专家作品,发现由于出版的限制,很多观念都隐藏在苏联传统教义的伪装之下。[18]实际上,这些可能掌握苏联中央权力的人思想上有很多潜在的变化,他们的讨论涉及面相当广泛,政治文化、三权分立甚至竞争性选举都能够成为他们之间认真交流的议题。对这一现象,布朗作了很多开创性的研究,因而在戈尔巴乔夫上台之前,他就已经断言,苏联内部的政治学研究必将突破传统窠臼的限制。[19]他指出:"(苏联专家)已经看到了西欧的未来,而且认为这种前景很有可能成为现实。"[20]随着戈尔巴乔夫改革的开启,这种辩论越来越深入,影响也越来越大。1987年以后,苏联知识阶层的观点已经相当激进,最终促成了一场国家内部的"观念革命":强调对内实行政治多元化和竞争性选举,对外则是"人道的普世主义"。布朗的结论是,戈尔巴乔夫的"新思维"就是对这种观念革命的反映和总结。[21]

事实上,发生在苏联体系内部的专家辩论,对官方文件产生的影响远不及对知识分子的观念产生的震动大。这些党内知识分子很多本身就是高级官员,也有很多对高层能够产生或多或少的影响。因此,他们的思想和理念可以直接或间接地渗透到决策圈,并且或多或少地改变苏联政治精英的思想观念,这对于苏联内部政治气候的改变影响深远。

布朗认为,由于苏联体系的内部封闭性,所谓"持不同政见者"的观念对体系内部的影响微乎其微,改变也只能够在体系内部出现。[22]

政治气候的不断变化最终影响到了苏联最高决策者——戈尔巴乔夫本人。对于本来就具有自由主义思想倾向的戈尔巴乔夫来说,政治氛围的这种变化使他本就希望启动的改革得到了广泛的支持,也为苏联的全面转型打下了坚实的思想基础,成为推动苏联改革的源动力。正如布朗所指出的,观念的变革推动着体系的转型。这也是唯一可能推动苏联共产主义体系转型的途径。[23]

在布朗看来,那些将苏联改革归结于外部压力或者经济危机等的流行观点实际上并没有认真分析 20 世纪 80 年代中期苏联的实际情况,而且在理解苏联改革和最终转型的过程时犯了不少明显的错误。在他看来,"1985 年时的苏联,确实经济增长缓慢,而且有相对衰落的趋势,但并没有达到危机的程度……更谈不上处于生死关头"[24]。更重要的是,在当时的苏联政治局内部,有的人没有意识到衰落的问题,有的人意识到了却不愿意直面这些问题,更不要说发动全面改革了。[25]因此,布朗坚持认为要从内因入手探究苏联的改革问题,他旗帜鲜明地指出,苏联的改革并不是必然发生的,外部力量的作用对封闭的苏联体系的影响也是相当有限的,苏联改革的关键力量在体系内部。

在布朗眼中,80 年代中期开始的苏联改革,实际上其最核心的因素正是苏联共产党总书记戈尔巴乔夫。只有抓住戈尔巴乔夫因素,才算是抓住了改革的核心动力和关键力量,也才能够有效解释苏联改革中最关键的三个问题:改革是怎样开始的? 苏联改革的内容为何如此激进? 苏联转型和冷战结束为何会以和平的方式实现?[26]布朗进而提出,观察苏联改革必须把握以下两个视角:一是戈尔巴乔夫思想的演变,二是苏联共产党和苏联国家政治体系内部权力对比的变化。

布朗在他的代表作《戈尔巴乔夫因素》中,从这两个视角出发充分描述和分析了戈尔巴乔夫思想观念的发展和变化。在他看来,戈尔巴乔夫思想的转变经历了一个复杂曲折的过程。在早期的政治活动中,戈尔巴乔夫展现出突出的能力,获得了安德罗波夫(Yuri Andropov)的赏识,通向最高权力的过程基本上可以说是一帆风顺。在勃列日涅夫去世后,他一直以一个"能被保守派接受的务实的创新者"的形象出现，[27] 很早就被苏联党内认为是有足够能力领导党和国家走进新时代的政治领袖。尽管在通向最高权力的道路上经历了少许波折，但在契尔年科(Konstantin Chernenko)去世后，他的地位已经非常稳固，几乎没有受到任何挑战就成为了苏联的最高领导人。党内改革派和保守派都对他寄予厚望，希望他"作为一个现代领袖，给苏联体系带来新的活力，而不是激进的变革"。[28]

但布朗认为，有充分的证据显示，尽管戈尔巴乔夫是一个共产主义者，但其思想一直存在一定的自由主义倾向。当选总书记之初，他就对苏联社会主义制度中存在的缺陷表示出相当的不满，并且试图通过各种措施改革体系中存在的缺陷。此时，他对改革前景的估计是相当乐观的，但其实并没有制定一套关于改革具体内容和步骤的完整计划。[29] 随着改革不断深入，戈尔巴乔夫的思想也发生了微妙的转变。在接下来的三四年间，他逐渐接受了社会主义民主的观念，并且越来越多地强调自由的问题。这一时期，戈尔巴乔夫逐步从"共产主义的改革者转化为一个西欧式的民主社会主义者"[30]。1987年，戈尔巴乔夫开始支持"社会主义多元化"的主张。在他看来，"为了达到这一目标，政治体系必须进行全面的改革，所有改革都以多元化为指导思想"[31]。以这一表述为标志，此时的戈尔巴乔夫已经基本认同了西方自由主义政治多元化的观点。所以，苏联改革和转型的过程，可以说是戈尔巴乔夫思想逐渐转变的过程。实际上，即使在苏联分裂的关键时刻，戈尔巴乔夫本人也拒绝使用武力，避免牺牲更多的生命，这种处理方式也正是自由主义思想的重要体现。布朗强调，正是戈尔巴乔夫的这种选择实现了苏联的和平转型，最终保证了冷战的和平结束。

如何将戈尔巴乔夫的思想演变落实到苏联的政策上，布朗倾向于认为苏联政治体系内部的权力对比结构发挥了关键作用。他指出，与西方制度不同，苏联领导体制中总书记的权力确实相当大，但这种权力并非不受限制。只有处理好与党内其他高级官员的关系，才能保证拥有最高权力。[32] 因此，苏共总书记必须根据政治体系内部权力对比的情况，不断调整改革的节奏。正如戈尔巴乔夫自己所说："(总书记)这个位子并不舒服，我不得不同时扮演教皇和马丁·路德的角色。"[33] 在最初几年里，在权力对比相对均衡的情况下，戈尔巴乔夫的改革显得谨小慎微。1988—1989 年,随着权力不断增大,戈尔巴乔夫的改革步伐也日益加快。正是在这一时期,苏联改革从自由化走向了民主化,从内部改革走向了体系转型。1989 年之后,随着政治体系和权力关系发生根本性变化,这位苏联领导人越来越多地受到左右两派力量的同时攻击,党内的保守势力和党外的激进改革势力都对他的改革不满意。根据布朗的解释,1990 年冬天到 1991 年初,戈尔巴乔夫也进行了一些策略性的妥协,与保守派和解。然而,最终在战略性选择的关头,他仍坚持与改革派站在一起,共同推动了苏联体系彻底转型。[34]这一战略性同盟形成之后,在政治体系中取得了压倒性的优势,最终使得改革巨轮不可逆转。

在布朗的观念中,1985—1991 年苏联改革的过程实际上是戈尔巴乔夫个人思想演变和政治权力地位变化共同作用的结果。[35]戈尔巴乔夫自身思想的变化促成了改革,在这一过程中,他的权力逐渐巩固,使改革进程不断深入。改革进程的加快又带来了一系列新的变化和新的形势,这反过来推动着戈尔巴乔夫思想的进一步转变,更加靠近以民主化、自由化和多元化为核心的西方自由主义思想。思想观念的演进与权力分配结构的变化相互影响、相互推动,使得改革进程不断加快,改革内容不断走向激进。最终,苏联体系的和平转型,冷战的和平结束,都是戈尔巴乔夫新思维在政治和外交领域上的反映,是他主动选择了和平。归根结底,戈尔巴乔夫是冷战结束的关键因素。

最终戈尔巴乔夫失去了权力,苏联改革也以一种戏剧性的方式终结。但在布朗看来,这并不能够削弱戈尔巴乔夫的历史地位。布朗明确指出,在改革的过程中,戈尔巴乔夫低估了"民族情绪中所蕴含的潜在威胁",而且在策略选择方面存在失误。[36]但在苏联解体的问题上,其他一些政治精英、尤其是叶利钦扮演了更应当被批评的角色。布朗认为,苏联的解体并非不可避免,苏联本可以通过形成一个"规模更小的,建立在自愿基础上的联盟"的方式继续存在,而且这也是戈尔巴乔夫1990 年以后努力的目标。苏联解体并不是民主的必然结果,一些偶发事件才导致了悲剧性的结局。[37]

尽管戈尔巴乔夫遭到来自多方的误解甚至中伤,但这都不能改变对他的历史评价。用布朗的话说,他是一位"变革型领袖"。[38]如果我们能够以更为宏观的历史视角来看待苏联转型,就会发现戈尔巴乔夫面对的是一个几乎不可逾越的难题。他必须同时处理经济、政治、联盟和外交四个方面的转型,推动整个苏联体系的变革(至少在其中的政治和外交方面取得了成功)。布朗将戈尔巴乔夫的成功总结为以下 10 个方面[39]:

——引入公开性政策,促进了言论自由和出版自由;

——释放反对派,平反冤假错案;

——宗教信仰自由,停止对教会的迫害;

——跨国旅行与国际交往自由;

——引入竞争性选举;

——促进了市民社会的发展;

——依法治国,结束以党领政的局面;

——承认政治多元主义,放开思想管制;

——允许东欧国家自行选择发展道路,允许德国统一;

——从阿富汗撤军,并且在冷战结束的问题上发挥了决定性的作用。

布朗始终以积极和正面的观点评价戈尔巴乔夫,他对戈尔巴乔夫的最终评价是"俄罗斯历史上最伟大的改革者之一,是二十世纪后半叶对世界历史产生了最为深刻影响的伟人"[40]。他始终坚信,戈尔巴乔夫本人是苏联的改革和解体过程中最核心的因素,没有戈尔巴乔夫,冷战的结束将是一件难以想象的事情。他的结论非常明确:是戈尔巴乔夫的思想和行动决定了苏联最终解体的命运,是戈尔巴乔夫改变了这个世界。[41]

二、社会层次的解读:社会对政权的反抗

和许多俄罗斯问题研究者一样,理查德·萨科瓦在早期的学术研究中,对苏联改革也给予过极大的关注,并且对其历史地位给予了高度的评价。早在苏联解体之前,他就断言,戈尔巴乔夫改革是"俄罗斯的第二次革命"[42]。但与阿奇·布朗的观点不同,他并不认为戈尔巴乔夫个人能够决定苏联的命运。萨科瓦主要借助政治学和社会学的理论工

具分析苏联改革,他坚持认为,苏联改革的关键力量是苏联社会,是社会的力量推动着政治精英走上了改革之路。在改革过程中,政治精英犯了一系列严重的错误,导致了社会对政权的全力反抗,最终轻而易举地颠覆了政权。

在萨科瓦的研究中,苏联改革的源起是多种社会因素在特定历史时期同时出现、共同作用的结果。

其一,从俄罗斯的历史发展来看,"俄罗斯的历史就是建立在专制主义、改革和停滞三种状态循环往复的基础上的"[43],而且"改革的周期性发作,是俄国与苏联历史的主要标志"[44]。改革的出现,是俄罗斯历史发展的重要传统之一。落实到冷战的历史上,勃列日涅夫时代就是一个典型的停滞时期,各种社会问题经过长期的积累,已经无法保证经济、政治和社会的正常发展,改革成为整个苏联社会共同的呼声。在这种环境下,改革政策必然会在政治精英中寻找代理人,戈尔巴乔夫改革应运而生。改革的出现是社会环境变化的结果,也是对俄罗斯历史周期率的又一次肯定。

其二,从现代化发展的角度来看,戈尔巴乔夫改革代表着俄罗斯向西方国际体系的回归和对西方式现代化的渴望。"'赶上'西方,也许是改革中最为鼓舞人心的东西"[45],长期以来,俄罗斯都是在向欧洲学习的过程中不断发展起来的,对西方现代化的渴望,从彼得一世时期开始就是俄罗斯社会心态的重要组成部分。在冷战对峙时期,苏联与西方世界的鸿沟扩大,但西方社会的发展和西方所主导的世界体系中各国的发展状态仍然能够吸引苏联的目光。随着欧洲国家之间相互依赖的程度进一步加深,西方社会所展现出的巨大经济能量和社会活力令处于停滞中的苏联领导人印象极其深刻。他们也希望通过政策的改变重新回到现代化的道路上。"毫无疑问,改革代表了苏联社会对世界经济与社会剧烈变革的一种回应。"[46]改革实际上代表了苏联重新加入世界体系的过程。也是世界经济和世界社会因素压倒民族经济,甚至一定程度上压倒了政治和主权的过程。在经济全球化力量的驱动下,苏联不得不向西方世界靠近,"苏联影响了世界,世界也改变了苏联"[47]。在历史和全球因素的作用下,以戈尔巴乔夫为代表的苏联精英层非常自然地采取了相应的战略选择。因此,改革的出现是不可避免的,改革是苏联历史周期律和 20 世纪世界经济政治体系发展变化的必然结果。

然而，改革不可避免，并不代表着改革的过程会一帆风顺。在细致地分析了苏联改革的结构和状态之后，萨科瓦坚定地指出，戈尔巴乔夫改革存在着严重的内在矛盾。

首先，改革的目标极不明确。苏联官方对改革的描述是："既希望保存现有体系，又希望改革现有体系；既要促进改革，又要控制改革。改革阵营内部的不同部门对改革范围和步伐的不同要求都反映出改革本身的妥协和犹豫。改革的反对者来自方方面面，这种试图改革苏联体系、却又希望保存许多体系的关键特征的改革注定导致妥协，最终没有任何人会对结果表示满意。"[48] 这种犹豫不决、进退维谷的态度对改革的深入毫无益处，面对改革时的矛盾心态很大程度上反映在国家政策的制定方面。在这种情况下很多可能触及实质性利益的改革决策必然成为妥协的产物，而这种妥协恰恰是政策错误的根源，问题的积累将会对改革造成无法挽回的负面影响。

其次，改革没有改善社会各阶层的利益，反而造成了实质性的伤害。萨科瓦通过各种研究方式具体分析了苏联国内不同的社会群体对改革的态度。他明确指出，在普通苏联民众心中，戈尔巴乔夫改革留下的最深刻的印象是他们的日常生活受到了消极影响，包括生活资料和物质产品匮乏、禁酒令等等。一系列经济改革政策所导致的生活问题都使整个社会对国家政权的不满不断积累。持保守思想的民众，基于意识形态的理由反对市场经济和自由主义改革。几乎所有的国家官僚机构（bureaucracy）在遭到一次又一次整肃和批评之后，对这种泛滥化的改变没有任何好感。那些激进的民粹主义者对戈尔巴乔夫新思维中对苏联民族利益的忽视大加申饬。最后，作为改革中利益受损最大的群体，苏联共产党本身逐步难以容忍这种不断削弱党的权力的改革。[49]

可以说，由于目标不明确与政策制定和执行过程中的失误，整个苏联社会逐渐对逐步深入的改革产生了反感和厌倦。此时问题仍有解决的空间，但作为改革的领导者，戈尔巴乔夫却犯了更大的错误："戈尔巴乔夫是一个天生的乐观主义者，他教条地认为改革的必要性是如此明显，以至于它不可能失败。"[50] 因此，他并没有因势利导，调整改革的节奏和方向，反而一意孤行，将错误继续执行并进一步扩大。尖锐的内在矛盾和戈尔巴乔夫个人的错误选择最终将苏联改革引入了死胡同。1990 年,"作为体系自身调整过程的改革已经死了"[51]。思想观念上的过快调整造成了苏联国内意识形态上的严重分裂,导致了社会对国家和领导阶层强烈的反抗,最终使整个国家体系被瓦解。

虽然萨科瓦没有预见到苏联改革的戏剧性结局,但他仍敏锐地感觉到在后苏联时代,俄罗斯的命运是难以确定的,像解体这样的突变式改革并不必然带来民主。而且,由于技术、管理和心理基础的缺失,社会的经济结构也无法轻易转变为完全的市场经济,俄罗斯可能将形成"一种民主的混合形式,但得不到大众的普遍支持"[52]。因此,俄罗斯转型的未来及其对世界的影响仍然是难以预料的。

尽管对苏联改革的结果持悲观态度,萨科瓦还是充分肯定了苏联改革的意义。在他看来,造成苏联改革以至最终解体的原因"既不是以知识分子为代表的精英阶层的反抗,也不是历史上一再出现的农民和工人的革命暴动……(苏联解体的原因)在于社会本身,是社会拒绝了特定意识形态,转而接受积极的现代性目标"[53]。苏联解体是苏联社会对国家权力反抗的最终结果。当社会的反抗出现时,政权将轻易地被颠覆。

萨科瓦同时指出,苏联的解体终结了冷战,也终结了革命的时代。从此之后,那种试图通过革命迅速且一劳永逸地解决社会所面临的困难和危机的办法,以及那种以未来的完美图景代替现实目标的政治选择再也无法被人们所接受。[54]可以说,随着苏联的解体,那种充满了理想主义和乌托邦信仰的革命时代也随之终结。苏联改革和解体推动了时代的变迁,人类的历史从此进入了全新的阶段。

从转型理论的角度来看,萨科瓦对苏联改革问题的解释大体上可以被归纳到"国家—社会关系"的分析模式。他主要从社会意识的角度分析苏联和俄罗斯转型的方向、动力和特点。卡尔·波兰尼(Karl Polanyi)有关社会与市场关系的研究对萨科瓦产生了相当大的影响,波兰尼提出的"社会的反抗"概念也构成了他理解整个苏联和俄罗斯转型过程的基本立足点。[55]他的研究立足于社会的视角,以社会研究的方式寻找政治性议题的答案。

三、意识形态层次的解读：劳工意识形态的解体

曾在英国皇家国际问题研究所任职的波波·罗教授是外交问题专家，也是冷战后英国学界在俄罗斯外交领域最重要的代表人物之一。[56]尽管主要从事外交领域的研究，波波·罗教授在政治转型问题上也有不少洞见。通过对苏联改革历史长期而深入的研究，他选择从意识形态的层面解读苏联解体的过程，为苏联和俄罗斯政治转型研究开辟了新的视角。

正如前文所述，关于苏联改革和解体的原因，西方学界有两种最为流行的观点。一种认为是里根政府的政策调整最终拖垮了苏联，另一种认为苏联解体实际上是一场"上层革命"。但波波·罗认为这两种看法显然都是错误的，而且这两种观点"既没有对苏联改革时间表进行认真考察，同时又缺乏基本的逻辑性"[57]。

在波波·罗看来，第一种观点忽视了改革的动因，在安德罗波夫和戈尔巴乔夫时期所推动的苏联经济改革中的很多方案和计划并不是短时间内匆忙制定出来的。实际上，在20世纪60年代中期，时任苏联部长会议主席柯西金就已经制定出了一套完整的改革计划，而80年代的苏联改革正式将其付诸实践。由此可见，苏联改革并不是对西方政策的消极反应。而且，苏联的经济困难开始于20世纪70年代后期，同时还伴随着劳动力和自然资源需求的不足。[58]尽管在80年代初美苏关系再次紧张，但当时的苏联领导人处理这种外部竞争时已经驾轻就熟，并没有任何紧张和不安。事实上，令他们最为担心的是苏联当时糟糕的经济表现。

第二种观点最大的问题是极大地低估了意识形态在苏联政治体系中的作用。即使在戈尔巴乔夫改革时期，苏联的意识形态在维护国家政权合法性方面仍然发挥着关键的作用。在苏联意识形态占据主导地位的时间里，亲西方的社会精英根本无法挑战戈尔巴乔夫的地位。所以在很长的时间内，戈尔巴乔夫在苏联体系内的权力始终处于不断扩大的状态。直到1990—1991年，随着苏联意识形态的瓦解，戈尔巴乔夫的领导地位才出现了动摇。也是从这一时期开始，叶利钦等人才有了挑战戈尔巴乔夫政权的能力。从时间顺序上很容易看出，亲西方的

上层政治精英的活动充其量只能说是加快了苏联解体的速度,远远谈不上苏联解体的主要原因。[59]

通过对大量解密文献的研究和分析,波波·罗认为,在苏联改革和解体的过程中,苏联原有的意识形态出现了根本性的变化,长期占据统治地位的"劳工意识形态"在各种改革政策的冲击下最终瓦解,维系苏联政治体系的内在精神纽带崩溃,从而导致了苏联的解体。

在波波·罗眼中,意识形态这一概念应该被解释为"在决策过程中,对决策者的一种'有倾向性的影响'(predispositional influence)"[60]。无论决策者在思想上是否真正坚信这些观念,只要这些思想仍然能够同政治权力有效地结合在一起,并且对政策制定和执行层面产生影响,就可被看作是意识形态因素在发挥作用[61]。

虽然苏联的政治话语体系为其所奉行的意识形态罩上了一层神圣的外衣,但无论这种思想体系被赋予什么样的特殊名称,在波波·罗看来,苏联的官方意识形态实质上始终是一种特殊的"劳工意识形态"(labour ideology)。作为一种维系苏维埃体系的意识形态,它的核心是强调劳工阶层在苏维埃国家中的特殊地位,具体表现为:在政治层面上赞美工人和劳动阶级,在社会舆论中形成鼓吹劳工阶层地位的习惯,以各种神圣和高尚的政治话语强化工人阶层的使命感和责任感;在具体的政策层面,则是由国家保证"充分和稳定就业,平等主义的工资政策,松弛的工作压力,国家以高额补贴保证必需商品的低价供应,以及充分的社会服务"。以换取工人阶级的"政治服从和沉默"。[62]

这项政治安排在很长时间内能够保持苏联政权的稳定。但这种稳定性的持续伴随着一个重要的条件,即国家必须始终保持一定速度的经济增长。只有如此,才能够充分保证就业和各种低价商品、服务的供应。所以,实际上苏联体系并不惧怕外部的竞争压力,但劳动生产率的长时间下降却必然会影响苏联政权的稳定。因此,70年代末持续的经济困难引发了苏联领导人的警觉与忧虑。

他们很快采取了行动。在安德罗波夫时期,为了提高劳动生产率,苏联就开始了对经济发展方式的调整,经济改革也就不可避免地出现了。毫无疑问,从安德罗波夫到戈尔巴乔夫,他们最初的目标都是通过经济改革来寻找更为有效的经济体系,从而提高劳动生产率,以便获得更多的物质资源来巩固"劳工意识形态"的基础。

由于前期的很多努力效果不佳,戈尔巴乔夫开始寻求更为有效的解决之道,以 1987 年《国有企业法》(Law on State Enterprises)的制定为标志,苏联进入了"激进的体制内(radical intra-systemic)改革"时期。[63]戈尔巴乔夫提出了一系列非传统的经济改革方案,引入了很多西方国家常用的市场经济要素。企业逐步被赋予了更多的自主权,满足消费者的需求也逐渐成为企业更重要的责任。表面上看来,这些都是正常的改革方向,也是提高劳动生产率的必由之路。但实质上,这种经济层面的改革很快便使意识形态层面上的矛盾空前突出。

第一,平等和效率的矛盾。劳工意识形态的本质是以平等作为最高的价值追求,以工作机会和劳动压力方面的平等取代资本主义式的竞争,从而获得劳工阶层的支持。但戈尔巴乔夫改革却越来越走向另一边,将效率逐步置于平等之前。工人的身份与工作的岗位不再有必然的联系,对工人"稳定"和"安全"的承诺不得不让位于"竞争""自由"等价值观念。这种改革策略对提高劳动生产率固然有效,但与"劳工意识形态"的要求背道而驰。

第二,企业自主和国家控制之间的矛盾。为了保证劳工意识形态的贯彻,苏联长期以来奉行的都是严格的计划经济,由国家掌控社会经济活动。改革引发了企业自主权和经济管制之间的矛盾,尽管此时苏联当局已经认识到了原有的经济制度是没有效率的,但仍然不愿意放弃对经济活动的影响。改革越深入,企业与旧有体制的矛盾就越尖锐。

这两种矛盾带来的后果是非常严重的。由于改革的速度超过了旧体制的承受能力,很快"中央政府失去了对经济政策和结果的控制能力,而新的可以取代指令性经济的企业文化也胎死腹中"[64]。于是两种自相矛盾的现象同时出现了。一方面,由于旧体制的限制,新的经济改革措施并未产生明显的效果,劳动生产率反而进一步下降。另一方面,作为国家意识形态基础的工人"主人翁意识"(chuvstvokhozyaina)也逐步"异化"(alienation)。[65]劳工阶层对国家的使命感逐渐丧失,这严重冲击了苏联政权的合法性基础。

经济衰退和意识形态上的弱化同时出现,导致了政治精英在国家发展方向上的困惑,"政权既不知道自己的目标(除了模糊的希望经济恢复），也不知道该如何去实现（这一目标）"[66]。复杂的国际和国内困境很快引发了政治精英对本身执政能力的不自信，无论苏联党内还是党外，都对政府产生了严重的不信任。随着这种观念的蔓延，苏联政权和戈尔巴乔夫的脆弱性暴露无遗。

1990 年以后，为了解决政权对经济干涉的问题，戈尔巴乔夫将改革推进到"体制外（extra-systemic）变革"的阶段[67]，这也是他挽救苏联经济的最后一次努力。也许他自己并未完全意识到，这种做法实际上是在经济发展与意识形态的矛盾中作出了关键的选择。为了追求提高劳动生产率，戈尔巴乔夫放弃了传统的苏联发展模式，同时也就意味着苏联彻底改变了劳工意识形态。旧的契约被打破，新的体系却迟迟无法出现。在这种环境下，苏联彻底改变了以追求充分就业为目标的发展方式，转而追求短期和务实的目标。发展方式的调整带来的结果就是失业率迅速上升，支持国家合法性的意识形态土崩瓦解，政治环境越来越躁动。

1990 年苏共二十八大的召开给已经名存实亡的苏联体系贴上了"关门歇业"的标签。自此之后，国家彻底失去了对经济改革的控制，再也没有能力通过命令和财政的方式管理经济。各加盟共和国和地区为了阻止本地区生活水平的进一步下降，被迫各自为政，逐渐走向了自给自足的发展道路。[68]经济的无政府主义状态反过来又加剧了政治混乱和社会不稳定，苏联领导层也丧失了重塑权威的自信。以叶利钦为代表的各地区政治精英迅速崛起，填补政治权威的空白。于是，苏联解体的命运也就不可避免地到来了。

波波·罗的核心观点既简单又深刻。在他看来，"政权对劳动生产率的追求是苏联解体的主要原因"[69]。苏联解体并不是某些上层精英蓄谋已久的行动，而仅仅是安德罗波夫和戈尔巴乔夫等改革派领导人在面对经济困境时，为了解决经济问题并巩固苏联意识形态而带来的意外结果。苏联领导人希望能够在不触及政治体系合法性基础的情况下完成经济改革，但改革的过程却反过来进一步削弱了政权的合法性基础，反而使政权加速解体。更准确地讲，经济危机本身是不会使苏联解体的，但政权在处理经济问题时所显现出的无能却充分暴露了苏联体制的脆弱性。于是，原本稳定的劳工意识形态在糟糕的经济环境和社会变革的时代背景下出现了严重动摇，引发了社会和思想层面的动荡。苏联体系中潜在的许多不稳定因素——例如民族主义、地区分离主义、持不同政见者——的影响力迅速扩大，而苏联领导人又没有足够的能力去应对，最终造成了苏联解体的结果。

所以，在波波·罗看来，苏联解体既是一个偶然的过程，又具有深刻的体系与思想背景，是历史进程复杂性的完美体现。平心而论，"不管从哪个角度说，苏联改革和解体都是一段悲剧的英雄史诗"[70]。

第三节　民主与威权：转型时期的俄罗斯政治体制

随着 1991 年苏联解体，戈尔巴乔夫时代的改革以一种戏剧性的方式宣告结束，但俄罗斯的政治转型进程却刚刚开始。

从 20 世纪 90 年代至今，俄罗斯走过了一条漫长而艰辛的政治转型道路，经历了无数曲折与险阻。政治转型是一个长期而复杂的工程，对俄罗斯这样一个承载着过多历史负担的国家而言尤为困难。在 20 年的转型过程中，俄罗斯的政治体制已经出现了多次微妙的变迁，至今仍有变数。应如何看待苏联东欧政治转型的历史地位，又应如何评价当代俄罗斯政治体制，已经成为当代俄罗斯政治转型研究的重要组成部分，也是冷战后英国学者最关注的议题之一。

在评价苏联东欧转型时，西方政治学界往往习惯性地沿用亨廷顿的观点，将苏联和东欧转型看作"第三波"民主化浪潮的组成部分，但在以阿奇·布朗为代表的英国学者眼中，这一结论显然过于武断，极大地忽视了苏联东欧转型的特殊性，对其历史意义估计不足。因此，英国学者主张应该进一步解读苏东转型的历史叙事，以比较的方式理解苏东转型与其他地区所谓"第三波"民主化浪潮的差异，并提出了具有广泛影响的深刻论断。

在解读当代俄罗斯政治体制时，英国学者内部也存在着一定分歧。尤其在对 21 世纪之后的俄罗斯政治发展的研究上存在较大争议。正如斯蒂芬·怀特所说："为苏联政治体系归类相对比较简单……但理解当代俄罗斯政治体制则是一件非常困难的工作。"[71]大部分英国学者都认同，当代俄罗斯的政治体制是一种较为独特的混合体制（hybrid），但是对这种体制的内在规律以及它与威权政体之间的区别争论颇多,对当代俄罗斯政治体制的未来走向也是莫衷一是。其中最有代表性的,莫过于阿奇·布朗和理查德·萨科瓦对当代俄罗斯政治体制的解读。他们分别从精英和社会结构的视角出发,对这一现象进行了细致的解释,在国际学术界也有广泛的影响。

一、"第四波":苏联东欧转型的历史地位

长期以来,西方理论界一直将苏联东欧转型作为 20 世纪 70 年代开始的世界范围内"第三波"民主化浪潮的一部分加以分析。这种分析思路的立足点是强调西方世界对东欧和苏联的影响作用,但这种分析模式过多地重视了西方国家在苏联东欧转型中的作用,往往忽视了东欧国家之间以及苏联与东欧之间转型进程的相互影响。[72]在布朗看来,这种定位并没有准确把握苏联东欧转型的特点和动因,必须重新审视对苏联东欧转型历史地位的评价。他认为,苏联和东欧的转型(还包括后来的南非)并不是"第三波"的延续,而是构成了世界民主化浪潮的"第四波"。[73]

"第四波"这一概念,最早是由怀特黑德(Laurence Whitehead)提出的。[74]布朗根据自己的研究成果,更为详细地分析和阐述了这一概念。布朗指出,"第三波"民主化运动的主体是威权主义国家。而苏联东欧转型的主体则是社会主义国家。这两种体制的性质和特点存在巨大差异,威权主义国家只需集中精力进行政治改革,但社会主义国家则要同时推进经济和政治两项改革,难度和复杂程度远远高于威权国家。而且"第三波"民主化过程中,不同地区之间存在着很明显的内在联系,民主化进程具有明显的传导效应。例如拉丁美洲在历史上长期受到西班牙和葡萄牙的殖民统治,语言、文化乃至社会风俗等方面都存在千丝万缕的联系,因此发生在南欧地区(西班牙、葡萄牙和希腊)的政治运动很容易就对拉丁美洲产生了影响。但这种联系在东欧和苏联则并不明显,对东欧来说,在冷战的国际格局中,南欧、拉美乃至东亚地区的民主化运动并不能对其产生直接的影响。此外,"第三波"民主化运动的主要外部力量来自美国,特别是卡特政府对民主运动的广泛支持,这一点

在东亚和拉美的作用尤为明显。但美国因素在苏东地区几乎没有任何作用,对东欧地区推进民主化的否决权仍掌握在莫斯科手中。因此,布朗认为,苏联和东欧地区的社会主义国家的民主化运动是一个相对独立的过程。它们面对着类似的国际国内环境,拥有相似的政治体系和话语模式,可以说苏联和东欧的转型发生在一个相对独立的空间之中,它们存在着相似的刺激因素,共享相同的外部条件,[75]而且与其他地区的民主化运动有明显的区别。

在总结戈尔巴乔夫改革的《改变世界的七年》一书中,布朗系统地指出了"第四波"民主化的四个主要特征:第一,威权主义体制的转型并没有引发社会主义国家精英集团的转型。第二,转型国家需要同时面对经济体制和政治体制转型的双重压力,需要在不同的基础上全面重建国家秩序,难度和复杂性远远超过"第三波"转型国家。第三,东欧国家是一个相互联系的整体,拥有同样的意识形态和政治社会基础,大多数都是华沙条约组织成员国。在它们的转型过程中不可避免地受到邻国的影响,因此东欧国家的转型是一个相互影响、相互学习的过程。第四,也是最重要的特征,在"第四波"转型的过程中,苏联发挥着决定性的作用。作为这一地区的主导国家,正是苏联内部的变化促使东欧出现转型。[76]

在怀特黑德看来,是苏联权力的瓦解导致了东欧地区发生转型。对此布朗表示反对,他认为在转型过程开始后的相当长一段时间内,苏联的政治、军事力量并没有明显衰落,苏联仍有足够的能力否决东欧可能发生的任何政治运动。但戈尔巴乔夫改革的出现使得苏联放松了对东欧的控制,直接导致了东欧国家政治转型的发生。首先,苏联政治体系内部的自由化和多元化改革使其对东欧国家的改革更加宽容。其次,在国家内部政治改革的影响下,苏联对外政策发生了根本性的变革,这一点最终成为给东欧政治改革松绑的决定性力量。20世纪80年代中期开始的对外政策调整到1989年已经完全公开,并且为世人所熟悉,即苏联已经不会对东欧地区的政治变革进行军事干涉,这也成为了推动东欧政治变迁的重要因素。怀特黑德所说的"苏联权力的瓦解"实际上是这一改革的结果,而非促使变革发生的原因。[77]

"第四波"民主化浪潮出现的原因无疑是复杂多样的,但在1988—

1990 年之间,苏联改革无疑是推动东欧转型的最重要原因。事实上,从 20 世纪六七十年代开始,东欧国家就已经开始尝试,在思想和理论层面进行体制改革,部分国家(波兰、匈牙利和捷克斯洛伐克)也曾不同程度地付诸实践。但由于苏联因素的影响,改革思想和理论在国家和社会层面的传播受到了很多限制。然而,一旦苏联受到的自由主义和民主思想的影响反馈于东欧国家,就将呈现出无比巨大的反应。布朗认为,东欧曾经出现的自由主义思想运动对苏联改革产生了潜在的影响,而苏联自身的改革进程又对东欧产生了巨大的推动作用。二者相互影响、相互作用,最终形成了"第四波"民主化浪潮。

"第四波"民主化理论的提出,不仅是对苏联和东欧政治转型的历史地位的合理定位,更是对传统转型理论的重要修正。长期以来,西方经典的转型理论认为,极权主义政权不可能发生内部的改革,但苏联改革的出现宣告了这种观点的失败。[78]苏联和东欧转型的出现,使得研究者必须重新审视传统的转型理论,重新认识转型过程中出现的种种复杂现象。所以说,苏联和东欧转型对世界历史的发展和转型研究领域都将产生深远的影响,对它的独特性质和独立地位的分析也是英国学术界对国际俄罗斯研究最重要的贡献之一。

二、混合体制:后苏联时期的俄罗斯政治体制

苏联解体后,布朗在俄罗斯转型发展的问题上投入了很多精力。在他看来,"苏联体系转型与俄罗斯民主的建立仍然是完全不同的两个问题"[79],而西方学者对冷战后俄罗斯的转型过程的研究存在两个严重的缺陷。其一,是对经济决定论的盲目信仰,这种错误主要集中于对叶利钦时代的研究。自由市场经济的信徒对于叶利钦的激进改革推崇备至,认为"资本主义经济体系将导致民主的自然实现"[80]。因此,他们将目光集中在建立资本主义经济体系方面,不顾一切地推崇市场化政策,对可能造成的负面影响则视而不见。其二,是对文化决定论的推崇,这种错误则主要出现在对普京时期的研究中。这一观点强调俄罗斯的威权主义传统根植于俄罗斯传统文化之中,与民主思想大相径庭,从而否定俄罗斯民主发展的意义。[81]

布朗认为，这两种观点显然都是错误的。一方面，有大量证据表明，历史上很多威权主义国家都奉行市场经济，市场经济转型并不必然带来民主。盲目追求市场化，忽视可能的消极因素，对民主制度的建设甚至会有负面影响。[82]另一方面，布朗坚决反对文化决定论。作为政治文化研究的元老，布朗指出，政治文化的内涵极其丰富，内容灵活多样，在不同历史时期展现出不同的形态，但绝非一成不变。所有的认知、价值观、信念的形成过程都是非常复杂的，而且往往与政治制度存在着紧密的联系。可证明此观点的例子有很多，如在苏联改革过程中，"新思维"的出现便是政治文化与政治体制互动的结果。[83]政治文化的形成和发展，有赖于政治体系的发展变化。是政治体系创造了特定的政治文化，而不是政治文化决定政治体系，采用类似这种机械的文化决定论式的研究方法只能得出误导性的结论。研究俄罗斯转型仍然应该按照严格的标准，建立系统的分析框架，排除特定时期社会思潮的干扰，认真研究俄罗斯转型的现实过程，才能得出真正有说服力的结论。

通过借鉴达尔（Robert Dahl）对民主的评价框架，加上自己的评价准则，布朗提出了分析和评价俄罗斯民主建设的6条标准[84]：结社自由、表达和获取信息的自由、自由和公正的投票权、竞争获得公职的权利、政治问责制、依法治国。

布朗根据自己独特的分析框架，对苏联解体后的俄罗斯转型过程进行了深入分析。在他看来，叶利钦同戈尔巴乔夫一样，也可以被认为是一位"变革型领袖"[85]。但布朗从来没有像其他一些西方学者那样，对叶利钦寄予太多的期望。他坚信叶利钦的兴趣更多在于通过激进的经济政策建立市场经济体系，而并没有将推进民主作为自己的行动目标。所以在叶利钦时代，市场经济转型进展非常迅速，但在民主政治建设方面，却远远没有达到预期的效果。1993年的"十月危机"是叶利钦时期重要的标志性事件，叶利钦处理危机的方式"对俄罗斯自由、民主和法治的建设都是巨大的伤害"[86]。由于民主政治的缺位，在叶利钦治下，俄罗斯成了一个虚弱而又臃肿的国家，而且形成了所谓的"伪市场"经济——腐败盛行、权力寻租、小团体利益层出不穷。政客、金融家、工业资本家和媒体巨头勾结在一起，形成了所谓的寡头经济模式，布朗将这种模式称为"钻石四边形"（diamond quadrangles），并且坚持认为在叶利钦时期,政治领袖和商业寡头形成了共生关系,从而形成了混合政治体制。因此,他将这一时期的俄罗斯政治体制描述为"独裁政治、强盗政治和民主的混合体"[87]。

叶利钦留给继任者的是一个"摇摇欲坠,有严重缺陷的多元体制,而非一个民主国家"[88]。布朗很高兴地看到,普京试图通过具有明显灵活性和包容性的政策来保持体系的稳定,结束国家的混乱状态,这为普京赢得了很高的支持率。随后普京采取了一系列方式加强中央权威,一方面,他采用"选择性执法"的方式,有目的地打击特定的寡头和潜在的政治对手。另一方面,他重新调整国家行政结构,在 89 个联邦主体之上建立 7 个大的行政区,进一步强化中央权力对地方的控制。[89]布朗认为,增强国家的控制力、提高国家实力是普京政策的首要目标,这一目标远远凌驾于建立民主国家的目标之上。所以,普京时期的俄罗斯政治在一定程度上偏离了转型的标准路径,但就其本质而言,普京仍属于民主领袖,从根本上说他仍是通过民众的支持领导这个国家,其政权的合法性的基础仍诉诸民主程序。因此,普京时代的俄罗斯政治体制,是一个"民主主义和威权主义的混合体",可能略向威权主义倾斜。[90]

当然,按照自己所树立的标准,布朗对普京时期俄罗斯政权的很多举措都持批评的态度,对普京本人也颇有微词。但即使这样,布朗也不得不承认,"对于俄罗斯这样一个大国……民主并不是判断后苏联时期政治发展状况的唯一标准。维持政治稳定、重建经济秩序和稳定法律秩序也都非常重要。……这些状况与民主并不冲突,相反,可能会成为民主发展的必要条件"[91]。因此,他对于俄罗斯政治转型的前景并没有特别悲观。他认为转型的未来仍不确定,俄罗斯的稳定和民主进步仍有赖于俄罗斯公民和领袖的共同努力,其中领袖的作用尤为关键。

三、政权政治:转型中的俄罗斯政治与社会

如果说阿奇·布朗教授总是喜欢从政治精英的层面分析和观察俄罗斯政治的发展进程,那么萨科瓦则更加擅长运用理论化的分析工具,

在观察同样的事物时更加倾向于从特征、结构和互动等抽象的理论视角对问题进行梳理和重构。这种方式使萨科瓦能够更加客观地看待俄罗斯政治活动的各种形态，较少地受到社会舆论和媒体倾向的干扰。但这也使他的研究具有更浓的学院派色彩，与传统的英国学者相比略显晦涩。在研究后苏联时代的俄罗斯政治体制时，萨科瓦刻意创造了一个特定的概念来描述其复杂的内在特征，也就是所谓的"政权政治"（regime politics）。

萨科瓦认为，对俄罗斯来说，转型是一场复杂而深刻的革命。这场革命"在大多数情况下并没有出现街头政治和武装冲突，而是表现为在面对外在的规范和原则与国内的愿望和压力所带来的矛盾时难以抉择"[92]。如果说革命意味着权力、财富和统治规则的变化，那么俄罗斯所经历的就是一场不完整的革命——权力结构被颠覆，财产关系被改变，但统治阶层和社会治理的传统原则依然延续。[93] 这就是苏联解体之后俄罗斯所面临的矛盾状态，正是这种矛盾为转型时期的俄罗斯带来了极其特殊的政治与社会结构。

在他看来，从叶利钦开始，经历了复杂转型进程之后的俄罗斯政治制度已经形成了很多独特的性质和特征，一般的"威权政治"模式已经无法解释这些特征的特殊性。很多学者都注意到了这种现象，并且先后提出过多种概念和理论，试图对其加以解释。[94] 这些观点各有所长，但仍各有不足。萨科瓦在综合了已有的研究经验之后，将这一时期的俄罗斯政治的特征概括为"政权政治"。

萨科瓦认为，政权（regime）并不等同于作为一个整体的政治体系（political system），它指涉的是"一个相对较小的政治集团在政治体系之外获得了一定的独立性"[95]。一般来说，政治体系奉行的是宪政原则和法治原则，而政权则主要通过私人关系的纽带、赞助与委托关系等非正规化的方式进行运作。总的来说，二者的分歧可以被归纳为"政治关系上的正式与非正式，方式上的法律与政治，政治权威上的制度化与个人化"[96]。在这种意义上，以政权为核心的政治行为就可以被认为是"政权政治"。相应地，这一时期的俄罗斯也可以被看作典型的"政权国家"（regime-state）。这种政治模式的特征包括以下三个方面。[97]

第一，完整的政治制度虽然已经建立，但政治运作过程仍然呈现非制度化的特点，更关注于个人关系而非行政程序。

第二，政权与政治体系之间形成了寄生与被寄生的关系。由于缺乏完整的政治体系建设，权力到权威之间无法实现有效的转化，政权的合法性只能通过一定的公共产品分配来维持，因此一旦面临经济衰退或外交失败，公众支持率可能会下降。

第三，在经济层面，经济关系受到行政行为的很大影响，并未形成理性的市场体系。高度个人化的官僚经济体系取代了真正的市场经济，成为俄罗斯经济的主导形式。

必须要指出的是，这种"政权政治"并非毫无规则和逻辑可言的个人独裁或个人管理。相反，它是俄罗斯特殊社会历史时期的产物，具有坚实的社会基础。在后苏联时期，俄罗斯内部实际上存在着诸如政治稳定、经济发展等很多重大的社会共同利益，但由于转型中的缺陷，很多政治、经济势力为了个体或者小团体的利益纠缠不清。整个国家虽然建立了市场经济体制，但市场经济在运行过程中又存在着严重缺陷，这些混乱与纠缠构成了俄罗斯社会的基本状况。此外，这一时期的俄罗斯又呈现出许多"前国家社会"的特征。在这种社会环境中，存在着许多以客观的社会条件为基础的自我逻辑和内在结构，因此在实际的社会生活中形成了很多强势的"潜规则"。当完全按照经典理论建立的国家政治体系处于弱势地位、无力改变社会实际运行规律的时候，社会就会将其内在运行规则强加给国家本身，从而使原本就十分脆弱的民主政治体制与市民社会彻底分离。这种状态被萨科瓦称为"本末倒置"[98]（built from the roof down）的民主体制。体制本身相当脆弱，却要同时应对复杂的社会发展与国际格局变化带来的双重挑战，显得力不从心。那么为了维系自己的存在，政治体系就不得不在某种意义上与实际的政治权力进行妥协，"换句话说，民主不得不为自己的生存创造条件"[99]。

因此，从根本上说"政权政治"是为了适应俄罗斯精英阶层的需要而产生的。从苏联解体中脱胎出来的精英阶层希望利用自己占据的政治和经济优势地位，在转型过程中实现利益最大化和利益合法化。而"政权政治"的特点正好反映了他们对利益的所有要求。另一方面，以非正式制度方式进行的政治运作，实际上也保证了仍然脆弱的民主政治制度能够以相对完整的形式得以保存下来，并且为未来的发展留下了空间。同时，"政权政治"的形成也暗合了俄罗斯政治文化的部分传统因素。可以说，"政权政治"是在"转型"这样一个特定历史时期，俄罗斯社会发展的必然结果。它符合当前俄罗斯政治与社会的需要，也为俄罗斯未来的社会发展提供了多种可能的方向。[100]

基于这种观点，萨科瓦始终以乐观的态度看待俄罗斯转型的过程。在他看来，"政权政治"是转型时期的特定产物，与传统的威权主义截然不同，因而不能够将俄罗斯视作威权国家。而且，"政权政治"本身与现代自由民主政治有很多相似之处，如媒体批评、议会监督的存在，尽管在执行方面可能会大打折扣。更重要的是它仍然是通过正常的选举程序产生的，并且支持市场经济，这就保证了俄罗斯政治的基本发展方向。因此，明确地说，"'政权政治'代表着一种混合体系，包含了民主和威权两方面的因素"[101]，"不排除未来向民主的发展，但同时又与过去保持着千丝万缕的联系"[102]。这种混合体系并没有在俄罗斯政治实践中产生冲突，反而具有双重作用。一方面，它削弱了旧的体制和框架在政治生活中的作用；另一方面，随着市民社会不断发展、市场经济体系逐步完善，社会将会更加宽容，并可以将更多冲突纳入制度化的轨道，逐步实现政治变革。"为社会多元主义提供制度性框架，保卫财产权利以及融入全球体系"[103]，是俄罗斯转型的最终目标。作为时代产物的"政权政治"最终也会走向新的阶段，毕竟稳定的政治秩序需要社会条件的支持，政治体制的完善将会是俄罗斯未来发展的基本方向。

第四节　毁誉参半：普京时代的矛盾与争论

在 21 世纪的钟声即将敲响之际，克里姆林宫迎来了新的主人。在充满了动荡波折的叶利钦时代寿终正寝之后，俄罗斯的历史正式进入了弗拉基米尔·普京的时代。

上帝似乎非常眷顾这位擅长柔道的克格勃前特工。在普京的领导下，俄罗斯漫长的动荡期很快便宣告结束，政治恢复了稳定，经济获得了持续增长,国力迅速走出了低谷,普京本人凭借出色的政绩和无与伦比的个人魅力赢得了俄罗斯人的热烈拥戴。但与此同时,他进一步加强中央权力,取消地方选举,以司法手段打击对手,在具有战略意义的国民经济领域推行国有化政策,并且在国际舞台上以咄咄逼人的态势对抗西方国家,这些举措也使他陷入了无数非议与争论的漩涡。普京的支持者有足够的证据将其描绘为俄罗斯的救世主,普京的反对者也可以将其贬斥为俄罗斯民主政治最大的敌人。正是这种毁誉参半的声音,使普京成为了当代俄罗斯研究领域最为重要的议题。如何理解普京和普京时代的俄罗斯,也一直为全世界学者、媒体乃至普通民众津津乐道,英国学界也概莫能外。

从整体上看,严厉地批评普京是当代英国社会舆论的主流声音,而且可以说这种声音在英国舆论界占据着绝对的压倒性地位。作为自由主义思想的发源地,英国社会对俄罗斯民主向来比较苛刻。普京执政之后,一直试图打击对国家政权有影响力的金融寡头,诸如别列佐夫斯基等叶利钦时代的寡头纷纷前往英国寻求政治避难。在英国舆论看来,这种政治行为实际上严重破坏了民主政治和自由主义的基本准则,舆论界对普京的反感与日俱增。2003 年,尤科斯事件爆发,霍多尔科夫斯基锒铛入狱。这一事件触碰了英国社会公民自由和财产权神圣不可侵犯这一心理底线,以此为标志,普京成为了英国乃至整个西方媒体眼中的俄罗斯"当代暴君"。随着俄罗斯与西方关系日益恶化,这种批评甚至丑化普京形象的看法就成为了英国媒体的基本观点,并且成为整个国家的主流观点。

2008 年,为《经济学家》(*Economist*)杂志工作的著名记者爱德华·卢卡斯出版了《新冷战:普京的俄罗斯及其对西方的威胁》[104],在英国社会产生了很大的反响。在这本书中,卢卡斯刻意强调普京的克格勃身份,用相当大的篇幅来描写普京执政时期俄罗斯对言论自由和政治制衡的限制,并且将普京执政时期的各种对内对外政策都试图解读为以消灭俄罗斯国内民主政治、重新恢复苏联地位为目标的蓄谋已久的战略步骤。卢卡斯将普京治下的俄罗斯描绘成西方世界的巨大威胁,并且将其解读为一场"新冷战"。他号召西方停止现行的"绥靖"政策,重新调整对俄战略,以对抗的方式应对俄罗斯的挑战。如果从学理上分析,这种观点无疑对十信吾觉听,但从其在英国国内产生的影响不难看出,这种观点迎合了当前英国整体的反俄反普京心态,其价值不容小觑。

然而,令人意外的是,尽管社会舆论呈现一边倒的声音,在冷战后的英国学术界,关于普京和普京时期政治体制最为系统和深刻的研究成果反而属于所谓的"亲俄派"代表人物理查德·萨科瓦。在普京执政伊始,萨科瓦就开始对普京本人和普京时期的政治体制进行研究,并且持续至今。由于他对普京的研究以翔实的数据资料为基础,并且在分析过程中使用严格的科学研究方法,因此,萨科瓦的论据使用明显更为客观,结论也更具说服力。[105]

尽管萨科瓦的观点与英国主流舆论存在明显差异,因其立场差异也常常遭人非议,但由于他的研究深入而扎实,其主要结论已经成为当代国际学术界在普京研究领域最具代表性和影响力的观点之一,值得我们进一步深入学习和研究。

一、矛盾:普京政治的特征

在萨科瓦看来,从 2000 年至今,根据不同时期政治活动的差异,俄罗斯的普京时代可以被划分为三个阶段。[106]

2000—2003 年是普京时代的第一阶段,此时普京的主要任务在于改善国内投资环境、吸引海外资本,并且巩固自己的政治地位。在这一时期,普京以"9·11"事件为契机,努力与西方改善关系,并且稳定国内政治经济局面,创造更为有利的投资环境。同时,他也试图通过各种手段调整俄罗斯的政党体制和地区政治制度,以确保地区势力和其他政党无法挑战他的最高权力。由于其举措大多行之有效,所以很快便获得了成功,实现了预期的目标。

以 2003 年的尤科斯事件为标志,俄罗斯的发展进入了第二个阶段。如果说在上一个阶段普京的同盟者主要是官僚机构和大资本家的话,那么从 2003 年起,大资本家(或者说寡头们)彻底出局了。经过几年的准备,普京已经重新组织了他的政权班子,由克格勃前成员组成的西罗维基(siloviki)集团的迅速崛起意味着普京时代的政治框架最终形成。借助这一新的政治框架,普京可以更加从容地解决许多以往无法解决的问题,但这种政治结构也蕴含着很多内在矛盾。普京在第二任期内花费了大量精力协调这些矛盾,导致俄罗斯非制度化的政治行为激增。

2008 年 5 月,随着梅德韦杰夫和普京的职务调整,俄罗斯进入了第三个阶段。在这个被称为"梅普组合"的时代,普京以总理的身份继续参与政治生活,并且始终保持着对政治权力的控制。这一时期的俄罗斯政策基本上延续了前一个阶段的主要特点,但这种政治安排实际上已经超越了一般的制度框架。在俄罗斯未来的政治发展过程中,如何弥补横跨在制度和实践之间的鸿沟将是俄罗斯无法回避的重要挑战。

如果需要用一个词来描述普京时代的特点,萨科瓦一定会选择"矛盾"(contradiction)。的确,普京时代的俄罗斯,无论是政策选择、政治制度,还是对外关系等方面都存在明显的矛盾。从某种意义上说,正是这些矛盾的存在让西方学者对普京的评价永远是毁誉参半。但萨科瓦敏锐地注意到,正是这些矛盾构成了普京权力的根源,表面上略显矛盾的状态使其在政治活动中获益匪浅。依靠这种矛盾,普京在不同的环境中如鱼得水,甚至在一定程度上获得了几乎所有社会群体的支持。因此,在理解普京的时候,不能够先入为主地依据西方社会的观感作出判断,这样必然会得出错误的结论。只有全面地分析这些矛盾的内容与特点、理解这些矛盾出现的内在原因,才能使其成为破解普京和普京时代俄罗斯谜团的一把钥匙。

1. 矛盾一:两种模式的国家主义

重新建立一个有效的国家政权,使俄罗斯摆脱叶利钦时代的虚弱、腐败与动荡,一直是普京政治活动的核心目标,也是普京赋予自己的"历史使命"。但在国家政权的重建过程中,我们可以很明显地同时观察到两种不同的方式。如表 3.1 所示,萨科瓦将其归纳为"重构"(reconstitution)式的国家主义和"再集权"(reconcentration)式的国家主义。

表 3.1　普京时期的国家改革模式

类　　别	结　　果	实　　践
重构 （reconstitution）	多元的国家主义 （Pluralistic statism）	法律的普遍适用；宪政；平等 的居民权；活跃的联邦主义； 自治的市民社会
再集权 （reconcentration）	紧密的国家主义 （Compacted statism）	中央集权；法律的随意使用； 可控民主

资料来源：Richard Sakwa（ed.），*Power and Policy in Putin's Russia*，London and New York：Routledge，2009，p.6.

　　"重构"意味着实现"一种以法律为基础的多元主义模式"[107]，其目标是保持宪法的权威以及促进社会多元主义的发展，从而最终确立多元政治行为的模式。然而，普京所继承的政治体系却是一个"非市民"社会——主要的独立社会行为体是寡头、地区分裂势力和犯罪集团。因此，普京同时又选择了一条"再集权"的发展道路，即通过加强中央集权的方式平衡这些肆无忌惮的寡头集团，推动国家走向紧密的国家主义模式。这种政治模式具有更多的威权主义特征，使国家权威凌驾于反抗性的社会行为体之上。两种模式在普京执政过程中表现得同样明显，而且都在政治生活中发挥了重要的作用。

　　多元的国家主义是普京在其最初的执政纲领《千年之交的俄罗斯》（Russia at the Turn of the Millennium）中的坚定承诺。普京始终都坚持"强大的国家源于自由经济秩序和活跃的市民社会"[108]。一直以来，普京坚守1993年宪法在俄罗斯政治生活中的地位，并根据宪法重建国家和社会秩序。为了维护政治秩序，他坚决打击车臣分裂势力，以维护宪法的权威和国家的统一。普京的权力和地位源于普遍公平的总统选举，多数国民的支持是其权力的合法性来源。同时，国家杜马的选举正常进行，政党政治的活动始终也没有脱离宪法所构建的基本政治框架。2008年，普京根据宪法的要求，放弃了总统职位。

　　但另一方面，普京在执政的过程中也有很多选择性使用法律、打击特定对象的行为，在处理金融、能源寡头问题时尤其明显。普京利用国家权力将尤科斯的主要资产收归国有，以调整行政区划的方式削弱地方权力，通过对杜马选举程序的技术性调整，成功地削弱了反对党的力量,并且运用国家力量对媒体施加影响,极大地削弱了新闻自由。但必须看到的是,通过"再集权"活动,普京成功地克服了叶利钦时期的混乱与寡头政治的问题,提高了国家力量和整体经济水平,由此获得了民众的广泛支持,这也构成了他最重要的政治基础。

2. 矛盾二：准宪政（para-constitutionalism）行为的普遍存在

在萨科瓦看来,普京时代的俄罗斯政治制度也存在着内在的矛盾,其中最核心的问题便是国家正式制度与准宪政行为之间的矛盾。一般来说,在"国家管理体制源于国家宪法结构和社会的责任制结构之中,最为明显的特征就是政党制度和议会制度"[109]。但准宪政行为却恰恰相反,"它们并不明确违反宪法条文,但却严重损害了宪法的基本精神"[110]。实际上,这些行为大多处于合法和违宪之间的灰色地带。这种准宪政行为泛滥的问题在普京时代特别突出,俄罗斯政府中许多关键机构的建立实际上都属于这一范畴。[111]

其一,七大行政区的建立。2000 年普京建立七大联邦行政区,凌驾于各联邦主体之上,并且直接接受总统的领导。这种做法并未得到宪法许可（当然也没有被宪法所禁止）,但却在实际上改变了联邦主体与中央政府的关系结构,甚至可以说改变了俄罗斯联邦制的本质。

其二,2000 年 9 月,国务委员会的建立。这一委员会包括俄罗斯所有地区的首脑,实际上与议会上院——联邦委员会——处于平行地位。而且由于各地区首脑的参与,它掌握的实际权力甚至超过联邦委员会。

其三,2005 年秋季总统委员会的建立。这一委员会负责执行住房、教育、健康和农业等国家项目,但这种机构在宪法层面上并无先例,而且在实践运作中,这个委员会只接受总统的领导,实际上将项目执行的权力划给了总统。

其四,2004 年 9 月公共会议厅的建立。作为一个开放式的对话平台,公共会议厅可以不经过议会,直接讨论相关政策设计。表面上看这只是一个咨询和对话的机构,但它的存在本身就是对议会权限的分解。

其五，也是最重要的一点，2008年，普京在卸任总统职务后转而担任政府总理。在这种情况下，部分原属总统的权力资源向总理方面转移，俄罗斯因此形成了"两驾马车"(tandem)式的政治结构。

这种准宪政体制和准宪政行为的出发点无疑是提高政策的执行效率，但这种现象的广泛存在，无形中削弱了宪法秩序的权威和稳定性，也阻碍了公民文化和市民社会的形成。当然，"民主制度仍然是俄罗斯政治生活的核心，而且也是其主流的意识形态。但在政治操作方面，明显已经形成了两个层面——正式的宪法所规定的政治行为和应对具体情形时的准宪政体制和政治行为"[112]。这两个层面各有其内在的逻辑与合法性论述，在普京时代的俄罗斯政治体制中长期共存、相互影响。这种现象反映了俄罗斯政治思想中长期存在的双重性因素，政治思想中的双重因素也注定使这两种政治操作方式以及它们之间不可调和的矛盾在普京时代的俄罗斯政治中长期存在。

二、双重适应：普京政治的根源

对普京权力与政策上的矛盾，大部分西方学者往往倾向于从俄罗斯的帝国传统和宪法缺陷等方面加以解释，但萨科瓦反对这种观点。在他看来，普京政治中的内在矛盾有其深刻的社会和文化根源，根源在于对俄罗斯发展道路选择和身份认同上的困惑。

在俄罗斯转型的历程中，传统与现代的矛盾无处不在。正如萨科瓦所言，"俄罗斯一直在探寻一种合适的政治结构来处理自身的多样性。既要维护身份认同，又要寻找一种有效的方式与外部世界互动"[113]。因此，俄罗斯需要无时无刻地同时面对两方面的文化张力。一方面，它一直试图忠于自我的身份认同，坚持诉诸民族的基本元素(samobytnost)，因此它不断强调俄罗斯的伟大及其历史和现实的特殊性，从而实现对自我身份的再次确认。另一方面，现代化的要求又使得它必须逐步学习西方科学技术和发展模式，进而逐步采纳现代性的本质特征。这两个方面的同时存在不可避免地为俄罗斯的发展过程带来了难以调和的二元性矛盾，这在普京任期内展现得尤为明显。

萨科瓦认为，对于普京来说，"对自由民主的渴望并不意味着以削弱国家为代价……一个强大国家的存在是自由主义发展的前提条件"[114]，可以说自由的社会和强大的国家是普京希望同时实现的政治理想。因此，在面对现代化道路的选择时，普京没有像他的前任那样采取一边倒的方式，而是选择了"双重适应"（dual adaptation）[115]的路径。

所谓"双重适应"，就是强调普京同时采纳了传统与现代两个方面的内容。"为了实现经济和技术的现代化，提升国家实力层次……广泛地采纳西方的治理模式。"[116]但同时，他也依然坚持俄罗斯传统文化中对俄罗斯唯一性、独特性的表述："它明确地诉诸俄罗斯政治文化以及当代国家建设战略，同时也受到早先适应期尝试的塑造和限制。"[117]

很明显，"双重适应"的战略代表的是俄罗斯意义上的"第三条道路"（third way）[118]，普京希望能够在"激进的新自由主义和反动的传统主义之间"[119]设计一条新的发展道路，推动俄罗斯现代派与传统派之间形成发展方向的共识，并且以自由保守主义（liberal conservatism）作为这种共识的思想基础。"双重适应"战略也"代表着一种微妙的平衡，协调相互冲突的需求，为了避免国家的分裂"[120]。这样的设计在政治实践中往往会遭遇两面的抵触，甚至会直接威胁到普京权力的基础。因此基于政治操作层面的原因普京必须采取很多准宪法行为，并且不断地利用相应的临时制度安排为战略发展提供动力。

在政治实践中，普京既坚持自由主义市场经济、推动俄罗斯融入世界经济一体化过程，同时又通过重建国家的方式加强中央集权，巩固国家权力，努力削弱作为一种政治运动的自由主义。普京使俄罗斯在战略选择上保持平衡，既要适应现有的国际规则，又要确保基本的民族认同，同时避免无处不在的内在矛盾走向激化。这种战略选择促使俄罗斯的发展在"工业、军事和基础设施水平上与西方逐步趋同，但在政治领域则渐行渐远"[121]。对此，萨科瓦有一个准确的描述，即普京的选择是希望"沿着俄罗斯自己的道路走向西方意义上的现代化"[122]。

三、普京：俄罗斯的选择

经历了十余年的风风雨雨，普京已经成为了当代俄罗斯政治无可替代的象征。任何对俄罗斯政治转型的研究，都不可能回避对普京历典地位的评价。在萨利瓦看来，普京已经成为了俄罗斯转型中最重要的标志，他复杂而多面的形象就是今日俄罗斯的缩影。

对于西方而言，普京是一个矛盾的存在。他可以被看作一个承上启下的领袖，他所建立的政治制度虽然更加有效，但存在着明显的内生性矛盾。从他身上，既可以看到民主的色彩，又可以找到威权的影子；既可以看到现代的模式，又可以找到传统的印记；既有经济、福利领域的成功，又有社会和自由方面的问题。从这个角度来讲，普京是俄罗斯转型过程中的一座桥梁。他为俄罗斯注入了许多现代性的因素，但他留下的体制和政策上的模糊与矛盾最终仍有待于在更长的时间内被逐步解决。

对于俄罗斯而言，普京意味着强大和稳定。他的权力来自他与民众直接建立的一种新的"社会契约"关系，这种关系的存在本身就意味着俄罗斯民众对叶利钦时代激进改革的部分否定。[123]从理论上讲，人民对普京的支持代表着"(社会)以采取自我保护措施的方式对市场暴力的反抗"[124]。也正因为如此，普京的对内政策立足于实现平等和普遍的公民权利。他努力保障和提高公民生活水平，小心呵护还很弱小的社会，使其免受那些被少数寡头所控制的媒体的煽动，保持整个社会基本秩序的稳定。在对外政策方面，他竭尽全力地恢复俄罗斯的大国地位，试图唤醒民众对于俄罗斯乃至苏联伟大历史的记忆。他非常清楚地认识到当代俄罗斯社会存在着诸多矛盾与缺陷，但他始终保持着理智和冷静。"他并没有选择激进的转型模式，试图直接解决这些矛盾。而是采取了转移的方式，将其纳入体制本身，使其更加易于管控（当然也存在削弱体制内在一致性的风险）。"[125]普京的统治地位具有强大的合法性基础，迄今为止，根本无须诉诸暴力或强制力加以维持。而且普京的权力建立在强大的政治网络基础上，官僚机构、安全部门和政权党[126]都是他重要的权力基础。但必须要正视的是，"普京的政治权力并没有建立在有组织的社会利益的基础上"[127]。也就是说，由于并没有与特定的社会利益群体产生稳定的结合，在社会层面上，普京的权力基础虽然广泛却始终是不深入的，因此经常需要依靠宪法制度外的政治制度和活动来加以调整。从长远来看，这种由普京个人主导的治理体系很难一直维系下去，这将是普京未来可能会面对的重大风险。

对于转型研究而言,普京时代的俄罗斯政治转型带给研究者非常深刻的启示。如果只是机械地运用转型范式,将目光仅仅盯在体制建立和巩固上,忽视研究对象的历史、地缘等因素,那么这将会给研究带来严重的负面影响。任何对于转型的讨论,必须基于真实的情境、复杂的社会现实,否则便没有任何意义。对普京的理解更是如此,只有置身于俄罗斯的历史和环境中,才能够准确地理解普京对于俄罗斯的价值,这也是当代转型研究所追求的最高目标。

普京时代的出现并不是偶然的,普京和他的政权是俄罗斯的历史传统与政治转型时期特殊的社会状态共同作用的结果。如果说在世纪之交,普京是叶利钦的选择的话,那么在新的世纪,普京就是俄罗斯的选择。正如萨科瓦曾经说过的那样,"无论好坏,普京的成功反映了俄罗斯人民的性格和意愿。看到普京,他们就看到了自己"[128]。

第五节　双重意义:乌克兰危机的新解读

2014 年,乌克兰危机的爆发将全球研究者的目光重新拉回到原苏联区域。亚努科维奇政府暂停与欧盟的联系国协议而引发的基辅街头运动最终酿成了乌克兰国内的武装冲突,克里米亚危机使得欧亚空间内出现了新的地缘政治变迁。俄罗斯对危机的积极干预,使得西方学术界再次出现了强烈的反俄浪潮,一边倒地指责和批评占据了媒体和学术讨论的大部分空间。然而,即便在这种舆论氛围下,以理查德·萨科瓦为代表的部分英国学者仍然坚持以历史的视角,在更宏观的层次上去分析乌克兰危机所代表的深刻的历史与现实意义。凭借着特别的思路和深邃的视野,英国学者对乌克兰危机的研究在国际学术界拥有了非常特殊的影响。

一、危机的根源

在萨科瓦看来,2014 年本身就是一个特殊的年份。这一年既是第一次世界大战爆发 100 周年,又是第二次世界大战爆发 75 周年,距离冷战的终结也有 25 年了。在这个特殊的时间点上,乌克兰危机的爆发打破了欧洲人多年来对于"历史终结"的幻想,"欧洲重新走进了分裂和冲突的时代"[129]。乌克兰危机的爆发将是欧洲新一轮危机的起点。

乌克兰危机之所以能够构成如此巨大的影响,是因为乌克兰问题的国际化。换言之,危机的影响来自西方国家与俄罗斯的战略对抗,乌克兰问题只是引发大规模对抗的导火索。所以说,虽然乌克兰危机的爆发源自乌克兰国内问题,但造就当前乌克兰危机如此严重局面的根源却是国际格局,具体就是后冷战时代西方国家与俄罗斯之间形成的不可避免的对抗结构。

萨科瓦明确地指出,引发乌克兰危机的根本原因可以追溯到"冷战的非对称性终结"(asymmetrical end of the Cold War)[130]。冷战的结果塑造了当前国际格局的基本形态,但对于冷战的结果,西方阵营和俄罗斯却有着完全不同的认知和理解。在没有经历任何战争的情况下,苏联因为内部原因最终解体,冷战就此终结。在西方阵营国家看来,这种结果毫无疑问标志着它们"赢得"了冷战。作为"胜利者",它们可以按照自己的意愿重塑世界秩序。而作为苏联的继承者,俄罗斯在新的世界秩序中只能接受西方国家的安排,并且以西方许可的方式被重新纳入新的世纪秩序中,扮演西方国家为其安排的次要角色。在这样的逻辑下,无论是北约或者大西洋联盟任何形式的扩大,抑或是任何吸纳原东欧和苏联加盟共和国的安全体系,俄罗斯都不应有任何反对意见,并且应该放弃自己在相关区域的任何特殊地位。然而,在俄罗斯人眼中,冷战的结果并非如此。俄罗斯并非被西方国家所击败,而是基于人类的利益,主动选择了超越冷战结构,放弃维持己方阵营。在这种逻辑下,俄罗斯要求西方国家合理评价其在终结冷战过程中的重要作用,承认俄罗斯在新国际秩序中的大国地位,尊重俄罗斯在欧亚区域内的特殊利益,并且通过欧洲与俄罗斯之间的协作建立新的安全架构,将俄罗斯纳入广义的欧洲框架之中。

这种矛盾的认知使得冷战最终以"不对称"的方式而终结。西方国家认定自己是冷战的"胜利者",不停地试图以独断的方式推进其主导的世界秩序,不愿与俄罗斯在平等的基础上发展关系。而俄罗斯始终不认为自己是冷战的"失败者",始终追求理想中的国际地位。俄罗斯与西方国家的这种互动的结果就是"未能形成一个真正平等包容的欧洲安全体系,使得欧洲安全局势无法从根本上得到保障"[131]。

萨科瓦认定,只要俄罗斯与欧洲的这种特殊状态长期存在,原苏联空间内的各国就很难与欧盟国家建立稳定的关系,一旦双方在关键问题上都不愿让步,那么激烈的冲突随时都可能出现。事实上,过去20年里,在科索沃、格鲁吉亚等问题上,这种对冲就已经出现,但都因为其中一方的退让而没有形成冲突。但这种风险在乌克兰问题上最终酿成了武装冲突,也以地缘政治形势剧变的结果最终呈现出来。乌克兰危机的根源在冷战结束那一刻就已经埋下,换句话说,在这一时间和乌克兰这样的特定地点爆发全面的冲突和危机本身存在一定偶然性,但这种结构性危机的出现恐怕是难以避免的。

二、乌克兰危机的双重意义

在明确了乌克兰危机的深层次根源之后,萨科瓦研究的重点又重新回归乌克兰危机本身。对于乌克兰危机的研究,萨科瓦既关注了整个危机进程中各派势力的政治运作,也充分调查了各大国的战略选择,最终对乌克兰危机的意义给出了具有深刻理论价值的判断。

1. 内部意义:"一元主义"与"多元主义"的竞争

萨科瓦认为,如果将研究的视野限定于乌克兰本国范围之内,此次乌克兰危机是乌克兰民族国家建构困境在严重的经济与社会矛盾刺激下全面爆发的结果。这种观点与当前国际学术界的主流观点并无二致。但在萨科瓦看来,民族国家建构过程中的矛盾在很多新独立国家中都存在,只要处理得当,并不一定会导致糟糕的结果。乌克兰的问题在于,明知在国内民族国家建构过程中存在诸多问题,但仍然以比较偏颇的方式处理,最终使国内矛盾激化。

萨科瓦提出,处理类似乌克兰民族国家建构这样的复杂问题时,先应该以"多元主义"(pluralist)的思路,重视国内不同区域内各群体的不同历史和文化经验,在不同语言、不同习俗和不同思想倾向方面必须保持宽容的态度。在此基础上,稳健地推进现代民主和法治国家的建构。然而,在政治实践中,2004年"橙色革命"之后,尤先科政府认为可以凭借国内政治运动的热潮,以更加直接的方式迅速推进乌克兰的国家建构。一方面,这种思路将乌克兰民族作为民族建构的唯一主体,在全国范围内将乌克兰语作为唯一的官方语言,强调本国拥有区别于其他斯拉夫国家的独特文化;另一方面,在政治和安全领域,选择与大西洋同盟加入同一阵线,而在经济方面,则选择以加强同欧盟的联系为国家政策的主线。这种国家建构思路可以被称为"一元主义"(monist)。[132]

"一元主义"的民族国家建构思路是世界大多数国家推进国家建构的思路,从理论上看,这种选择其实无可厚非。然而,在萨科瓦看来,乌克兰并不仅仅是一个单纯的"民族国家",更代表着一个复杂多元的政治体系。在乌克兰的地理框架内存在着多元文化传统和两种不同的语言体系,以及在思想理念和集体记忆方面完全不同的人群。如果不承认俄语的第二外语地位、不接受乌克兰东部地区同俄罗斯异常紧密的经济和政治联系的现实,那么这种民族建构就很有可能加剧国内的对抗状态。随着乌克兰危机的加剧,2014 年 2 月,街头运动最终推翻了亚努科维奇政府,萨科瓦将此事件称为"二月革命"。但这场"革命"仅仅是强化了"一元主义"的范式,不仅无法解决国内民族建构的问题,反而使民族建构问题中的矛盾成为冲突的根源。这是萨科瓦的研究对乌克兰危机的性质和意义给出的国内层次的解读。

2. 外部意义:"大欧洲"与"泛欧洲"的分歧

乌克兰危机的另一重关键意义是欧洲层面出现的关于区域建设理念的严重冲突,对外表现为西方国家"大欧洲"(Wider Europe)和俄罗斯"泛欧洲"(Greater Europe)设想之间的矛盾。[133]

所谓"大欧洲"设想,代表着西欧国家的基本思路,表现为以欧盟为核心,将西方化的欧洲模式扩展到整个东欧和原苏联区域内的方案。根据该计划,整个冷战时期被华沙条约组织所占据的欧亚大陆"心脏地带"将与西欧地区融为一体。欧盟将为该设想提供政治架构,一直延续至今的北大西洋公约组织则可以为该地区提供安全保障。然而,这种思路代表着另一层次上被强化的"一元主义"思路,即将欧盟国家的国家治理和民族建构经验奉为圭臬,并在俄罗斯和东欧地区推广,使整个区域实现"欧洲化"。但在这种思路中，俄罗斯的大国地位甚至独特的文明身份都被取消，仅仅作为一个二流国家被纳入欧洲模式之中，显然不能被俄罗斯所接受。

从苏联末期开始，俄罗斯领导人就开始尝试向西欧国家推广"泛欧洲"设想。虽然这种思路从目标上来看，也是试图将东欧和原苏联空间与欧洲整合起来，但在该设想中，这一空间将保持多元色彩，原本的两大阵营在相互尊重的基础上，形成整个欧洲之间的密切合作。在该框架内，欧洲将以欧洲议会(Council of Europe)和欧安组织(OSCE)作为安全对话平台。当然，在这种多元体系下，俄罗斯还将在东欧和原苏联国家内保持影响力，但东欧国家不再需要在对抗阵营中进行选择，俄罗斯也能够在一定程度上保持对欧洲事务的发言权。戈尔巴乔夫曾提出所谓"共同欧洲家园"(Common European Home)的设想，但在苏联解体之后，俄罗斯并没有足够的能力和影响力继续推进这一宏大构想的实现。作为这种思路的延续，俄罗斯仍然致力于通过欧亚经济联盟(EEU)等形式推动欧亚空间的整合。但在西方国家一元主义思想的推动下，俄罗斯的整合行动已经与以欧盟东扩和北约东扩为标志的活动相向而行。[134]

3. 国内危机的国际化

多年以来国内经济的恶化、政治上的腐败独裁使得乌克兰国内对变革的需求日益强烈，这种愿望带来了乌克兰民众对外国资本的渴望。因此，国内不同政治势力都更容易以极端的方式寻求外部力量的支持。在此情况下，国内未能解决的民族国家建构问题和国际环境下未能理顺的国际定位问题最终促使乌克兰国内冲突最后演变为具有巨大影响的国际冲突。

在外部的两极力量拉扯下，亚努科维奇政府曾经尝试"多轨"政策，试图在俄罗斯和欧洲之间保持平衡。这固然可以在一段时间内缓和矛盾，但随着国内多重矛盾进一步累积，以及俄罗斯与西方国家关系趋近，留给乌克兰的腾挪空间被逐渐压缩。到 2013 年，这种矛盾终于达到不可调和的状态，乌克兰政府必须在西方国家与俄罗斯之间作出明确选择。然而，无论是脱离欧洲经济圈，还是同俄罗斯断绝经济联系都是乌克兰难以承受的。最终，乌克兰危机的破坏性突破以往的范畴，直接瓦解了不稳定的国内结构，并对原本只是勉强平衡的欧洲安全结构构成了冲击。外部力量的干涉最终造成了乌克兰领土和地缘环境的巨大变化。夹缝中的乌克兰再次失去了决定自己命运的机会，在地区和国家两个层面的对抗中走向了撕裂。

三、乌克兰的未来

经历了 2013—2015 年的危机与冲突，乌克兰局势在《明斯克协议》签订之后暂时趋于缓和。但萨科瓦认为，这并不意味着危机已经过去，因为在这种平静表面的背后，与乌克兰危机相关的所有矛盾并未得到有效纾解。在很多关键问题上，造成危机的外在格局反而进一步深化，这也为乌克兰的未来蒙上了一层阴影。

按照萨科瓦的理论，今日乌克兰的困局，其根源在于冷战的非对称终结所带来的不稳定的结构。身处这种结构中的乌克兰在自身民族建构没有解决的情况下，贸然冲击了欧洲与俄罗斯之间的微妙战略平衡，从而在"一元主义"与"多元主义"、"大欧洲"与"泛欧洲"双重分歧的压迫下，最终爆发严重的危机。在这种结构之内，乌克兰国内的矛盾会造成内部认同的分裂，足以破坏国家的统一。但是在各种外部力量的干涉下，这个国家的命运已经不掌握在自己的手中。

在萨科瓦看来，从 2013 年开始，乌克兰媒体就已经有一种非常明显的倾向，即把国内的任何问题都归罪于俄罗斯。在克里米亚危机之后，对俄罗斯和普京本人的谴责甚至谩骂已经成为了乌克兰国内所有媒体的风潮。从心态上说，这种对俄罗斯的指责可以理解，但从处理危机的角度来看，这种态度对于国家而言并无益处。如果不能反思自身在国家建构和国际战略选择方面的严重失误，危机不仅不能得到缓解，还必将会在后期诱发更加重大的问题。

事实上，英国学者对解决乌克兰危机的基本途径在一定程度上形成了共识。借用阿纳托尔·列文（Anatol Lieven）的话来说，"乌克兰本身包含着不同的身份认同，我们不能用某一单独的认同来统治它，或者冒着分裂国家的风险,将其拖上某一单独的地缘政治方向"[135]。也就是说,乌克兰问题的解决,在国内层次要避免将西方世界倡导的那种所谓自由普世的世界秩序作为唯一标准,盲目推进"一元主义"的民族建构举措。这实际上会破坏和否定乌克兰国内复杂民族、语言和文化结构,将会激发俄语区域的反抗。乌克兰危机只能通过"综合'乌克兰'和'小俄罗斯'的历史传统,结合一元主义和多元主义来解决"[136]。当然,这就要求乌克兰国内相关各方秉持对话的原则,在相关利益上进行退让,最终使得共同利益最大化。切忌将民族建构原则和某些特定价值观联系在一起,更不能将这些价值观绝对化和神圣化。一旦某些理念和神话取代现实的筹划和计算,处于矛盾焦点的乌克兰就很容易被拖入难以摆脱的内战泥潭。

在国际层次上,乌克兰必须明确自己所处的夹缝地位,只要成为大国纷争的焦点,无论结果怎样,留给乌克兰的都只能是无尽的伤痛。在后冷战时代国际格局没有改变的情况下,乌克兰只有摆脱地缘政治竞争枢纽的位置,才能最大限度地维持自身的独立地位。正如研究者所言,西方媒体不断将乌克兰危机的责任归咎于普京,却忽略了"正是由于乌克兰本身急于加入欧盟才导致了这场危机"[137]。乌克兰必须在两种力量的对抗下谨慎选择自身的立场,确保不加入与俄罗斯敌对的军事组织(主要指北约),也不能加入由俄罗斯主导的军事联盟。这种中立化的立场恐怕是现阶段乌克兰要维护自身稳定唯一可行的出路。只有在国家稳定的基础上,乌克兰才能慢慢重新建立起合理的国内治理体系。至于克里米亚等乌克兰危机中出现的其他问题,只能徐图安排解决了。

萨科瓦指出,"乌克兰危机……暴露了后冷战制度安排的失败"[138],这使得欧盟与俄罗斯在欧洲秩序方面进行了持续角力。对西方国家来说,如何在现有体系内处理俄罗斯问题,已经成为影响欧洲安全的重要难题。在 20 世纪 90 年代至 21 世纪初,利用俄罗斯国内困境,通过欧盟东扩和北约东扩的方式,东欧国家已经被成功纳入西方体系。以乌克兰为代表的原苏联加盟共和国便成为当前处于两种力量边界的地区。在这一时期,俄罗斯也积极推动欧亚一体化进程,并且试图恢复自身在原苏联空间中的特殊地位。如果从地缘政治环境稳定的角度来讲,欧盟对其制度的扩展已经达到极限,继续向东扩展就将成为一场前途未卜的冒险。这已经不能够用国家自由选择或者其他涉及意识形态的理论来辩解,乌克兰危机的出现就是对这种严重风险的最好提示。

乌克兰危机是时代的产物,危机的解决则需要各方的耐心。乌克兰的未来走向尚不明朗,要恢复这一地区的和平与稳定,有关各方必须展开真诚对话,开启和解进程。西方国家要理解俄罗斯的关切,俄罗斯也要珍视乌克兰的利益。只有在三方相互尊重、相互信任、能够以正常方式对话和讨论时,乌克兰危机才有望解决,乌克兰的重建进程才能启动。否则,乌克兰局势必然陷入长期恶化,整个欧洲也将在分裂和冲突的道路上越走越远。

四、结论

长期以来,作为西方学术界为数不多的愿意理解和拥抱俄罗斯的学者,萨科瓦的观点往往都与舆论界的主流话语保持一定距离。但在萨科瓦本人看来,这并非标新立异,而是作为学者的基本态度。学者的研究不应迎合听众的喜好,而是要通过研究探索事物背后的规律,将事物的本质揭示出来。因此,在乌克兰危机后的一片对俄谩骂声中,他坚持以国际关系理论为指导,从历史和现实的视角分析乌克兰危机的本质。

从萨科瓦自身的思想发展来看,虽然关于乌克兰问题的研究成果属于专题研究门类,但仍延续了其多年来关于苏联解体之后全球政治格局的总体思想,对二十余年来国际秩序处于"冷和平"时代的判断并没有发生改变。也正是在这种整体判断的影响下,萨科瓦能够将乌克兰问题置于整个欧亚空间的宏观政治变化背景下加以考察,从而得出乌克兰危机的实质是国内问题国际化的结论。在他的研究中,并没有将俄罗斯预先设定为被告,而是希望感知和体会俄罗斯作出类似惊人决定背后的逻辑,并且对乌克兰国内的亲俄族群给予了充分的关注。他从国内民族建构和国际战略结构两个层面开展的研究,使我们能够更加明确地将乌克兰危机置于历史纵深和地缘环境的特殊坐标,并思考在这样特殊的环境下各方政治选择的合理性与可行性,最终对相关问题得出更加深刻的结论。他的研究代表着西方社会对乌克兰危机的另一种思考路径,值得中国学者重视并参考。

第六节　结论与评价

作为冷战后俄罗斯研究最重要的领域,多年来英国学术界在俄罗斯政治转型问题上投入了极大的热情。在几代英国学者前赴后继的共同努力之下,关于这一问题的研究取得了相当丰硕的成果,其研究水准和思想高度得到了各国学术界的一致认可,产生了广泛的社会影响。目前,英国学术界对苏联和俄罗斯的观察几乎涉及俄罗斯历史和现实政治生活的每一个方面。英国学者围绕着苏联和俄罗斯政治转型这一核心问题,孜孜以求、殚精竭虑,为读者勾勒出一条俄罗斯政治发展的清晰轨迹,也为他们自己赢得了崇高的声望。

英国的国际问题研究具有悠久的传统,善于通过历史学和哲学的研究方法对国际事务的形成和演进过程进行深入的理解和诠释。经过多年的沿袭和积累,英国学术界特有的研究风格逐渐形成,对整个英国国际问题研究都产生了深远的影响。在俄罗斯研究领域,这种学术传统的影响力也非常明显,一代又一代的英国学者通过不断的学习和思考,将这种精神和思想灵活生动地贯彻到了每个具体的研究议题中,并且形成了很多具有典型意义的特征。

第一,坚守传统的人文主义研究方法,但绝不排斥方法论创新。

多年以来,以阿奇·布朗为代表的英国主流学者大多坚守英国国际研究的传统,运用经典的人文主义研究方法,开展自己的学术研究活动。他们总是能够通过认真、细致、高水平的经验资料总结、积累足够的感性材料。同时,以开放的心态综合运用多种分析模型和研究思路,对已有资料进行分析和整理,并结合自己大胆的假设,冷静、理性的分析和判断,最终得出令人信服的结论。

以阿奇·布朗为例,在研究过程中,他总是谨慎地搜集大量的第一手资料,并且小心翼翼地进行分析。因此,他的作品不仅能够提出卓有见地的观点,在政治学领域产生影响,同时也能够被看作严肃、重要的历史学著作,成为后来者重新研究苏联改革和转型历史的重要依据。[139]由于曾从事多年新闻工作,布朗对于研究对象的细微变化有着如直觉一般的敏感,常常能够在冗长的官方文件和深奥难懂的专家观点中找到宏大变革的点滴证据,最终形成自己预言式的准确判断,这种研究方式也是最为典型的英国学术风格。

当然,英国学术界也并不是一味坚持传统研究路径,反对研究方法的创新。例如,理查德·萨科瓦在研究中,就一直积极尝试科学行为主义的理论工具。努力将历史叙述、领导人研究和结构分析、层次分析等科学研究方法结合起来,但这种结合从来不会抛弃传统研究方法。大多数英国学者都认为,在新方法的使用上,应该坚持"有区别的折中主义"[140]原则,小心选择分析工具,以便公正、准确地分析复杂的问题。在英国学界看来,任何理论概念都不能够凌驾于经验分析之上,更不能够脱离实际材料被教条地运用。

事实上,在分析问题时,大多数英国学者都反对墨守成规的研究思路,试图以一种开放的视角和公正的立场分析苏联和俄罗斯的问题。这种思想使得英国学者尽可能地避免了冷战时期意识形态因素的干扰,又不至于在冷战后摇摆不定的对俄舆论变化中随波逐流。英国学者大多能够始终坚持中立的立场和开放的视野,不受争议和批评的干扰,而且反对一切过于简单的理论论断,更反对任何试图用一个因素解释俄罗斯的机械主义理念。

第二,重视领袖和政治精英等个人层次的研究。

在政治议题的研究中,英国学者对领袖和政治精英个人在俄罗斯政治生活中的作用给予了极大的关注。政治精英的构成、国家领袖的个人经历和思想发展等都在英国学者的研究中处于非常关键的位置,其中戈尔巴乔夫和普京是英国学者最为重视的研究对象。

我们仍然可以以阿奇·布朗为例,由于受到早年学术兴趣的影响[141],他对苏联和俄罗斯的研究始终坚持着领袖和政治体系内的权力分配这两条主线。他坚持认为,领袖个人及其掌握权力的状况对俄罗斯这样一个具有独裁传统国家的发展具有关键的意义,领袖个人的权力及其在政治体系内的影响力远远超出其他国家。因此,在苏联和俄罗斯转型研究中,他始终坚持苏联和俄罗斯改革的内生性判断,推崇对体制内领袖和权力分配的精细研究。因此,他的主要研究成果基本上都是围绕着戈尔巴乔夫展开的,而且他始终念念不忘地强调戈尔巴乔夫的历史贡献。

　　对普京的研究则更加丰富多彩,分歧也更为明显。在爱德华·卢卡斯笔下,普京是一个官僚的、刻板的克格勃特工,始终处心积虑地要将俄罗斯重新带回苏联模式。而在理查德·萨科瓦眼中,普京则是当代俄罗斯精神最为杰出的代表,也是俄罗斯历史和民众的最佳选择。卢卡斯的观点代表着英国民众对自由精神和社会理想的渴望,能够在英国社会产生广泛的共鸣。而萨科瓦则更加重视俄罗斯历史和传统因素在俄罗斯政治生活中的重要作用,理解俄罗斯对国家地位和荣誉的诉求,并且设身处地地解读俄罗斯与西方国家的差异。由于卢卡斯擅长撰写评论和新闻,因此他对普京的评价犀利、尖锐却不乏刻薄和求全责备。而萨科瓦理论功底更强,因此更善于运用"双重性"等学术语言来解读普京时代俄罗斯转型的历程,对理解普京和俄罗斯内外政策,更有益处。二者各有所长,也各有所短,难分轩轾。由此可以看出,对普京的研究在英国学界处于何等重要的位置。

　　第三,善于把握宏观命题,保持研究的可持续性。

　　英国学者在研究议题的选择上也有颇多独到之处,从整体上看,英国学者更多倾向于选择较为宏观且具有可持续性的研究议题。对于这些宏大命题,英国学者往往能够以追踪研究的方式,持续不断地细致观察俄罗斯政治转型过程中政治和社会层面出现的或急进或微妙的变化,并以此作为判断俄罗斯转型进程的基本依据。通过分析这些变化,英国学者不断修改和完善自己的观点,最终构建起成熟的理论体系。

　　斯蒂芬·怀特和理查德·萨科瓦对俄罗斯政治体制的研究正是这种宏观命题的杰出代表。早在 1991 年,俄罗斯联邦刚刚独立,理查德·萨科瓦便开始对这个新生的联邦共和国的政治体制和社会结构展开了研究。1993 年,他出版了自己的研究成果《俄罗斯的政治与社会》(*Russian Politics and Society*),在此书中从俄罗斯政治体制、联邦体制、经济和社会状况、外交政策,以及民主化进程等几个方面对俄罗斯进行了介绍。该书出版之后,萨科瓦并没有结束对此议题的研究,在接下来的十几年间,他仍然对俄罗斯政治和社会状况保持高度关注,并且继续从上述几个方面归纳和总结转型时期俄罗斯政治的变化,先后在1996 年、2002 年和 2008 年出版了此书的第二、三、四版。各个版本的结构基本一致,但内容根据当时俄罗斯政治转型的状况有所修改。于是,俄罗斯政治转型的历史就以一种非常特别的方式被完整而生动地记录了下来。斯蒂芬·怀特参与主编的《俄罗斯政治发展》(*Developments in Russian Politics*)与此类似,但规模更宏大,影响也更广。这一项目的参与者几乎囊括了所有当代英语学术界最顶尖的俄罗斯专家,到 2010 年为止,此书已经出版了最新的第七版。目前,《俄罗斯政治发展》几乎称得上是当代介绍俄罗斯政治书籍中最有影响力的作品,也体现了英国在国际学术界的重要地位。在英国的俄罗斯政治转型研究中,类似的研究成果还有很多。可以说,这种对宏大议题的追踪研究已经成为了当代英国俄罗斯政治转型研究的重要特点之一,需要各国研究者给予更多的重视。

当然,尽管英国学者的俄罗斯政治转型研究成果斐然,并且通过详细的资料整理和深入理性的研究分析,批驳并纠正了西方学术界在俄罗斯研究中的多种误区,但从根本上说,英国学者的研究仍然难以跨越东西方思想的鸿沟,始终难以达到真正"客观中立"的理想目标。

以布朗为代表的主流学者的研究始终存在非常明显的"正统思想"的烙印。他们对苏联和东欧转型过程的解释,基本仍遵循着理性选择理论的分析方法,主要将视角集中于戈尔巴乔夫及其核心圈子的行为上,得出了经典的"精英集团决定转型方向和内容"的结论。而且他们对于社会主义和共产主义思想的分析和理解很多时候也存在明显的偏颇,[142] 却对戈尔巴乔夫本人给予了过多溢美之词,正如评论者所说,他们"将重点过多地放在戈尔巴乔夫成功而不是失败的方面……将一切好的观念都说成是戈尔巴乔夫的,而将一切失误的决策都归咎于戈尔巴乔夫对于身边那些能力不足或心怀怨恨的干部们"[143]。这种显失偏颇的做法也为英国学者带来了不少的批评。

以萨科瓦为代表的部分非主流学者的研究虽然更好地避免了"正统思想"的影响,但在其他方面却存在一定疏漏。他们虽然努力推动历史叙述与行为主义研究方法的综合,但在实际运用中,历史方面的内容往往无法与科学行为主义分析方法有机结合,大多都未取得应有效果。

而且很多英国学者在分析俄罗斯转型的过程中对新名词和新概念的创造和使用过于热衷,而且对很多概念的内涵和意义语焉不详,实际上损害了概念的解释力。[144]在对宏大问题的追踪研究中,很多观点会在不同版本中出现前后矛盾的现象。此外,作为英国学术界亲俄派的代表,萨科瓦总是倾向于用积极的观点看待俄罗斯转型过程中出现的种种问题,有时略显刻意。这也在某种程度上提供了为人诟病的口实。

　　尽管依然存在这样或那样的不足,但无论内容上还是方法上,冷战后英国学界的俄罗斯政治研究的广度和深度在当今国际学术界都堪称翘楚。英国学者既坚持传统又能积极创新,既重视领袖和精英又专注社会和思想,既有高屋建瓴的宏观视角又有稳健细腻的微观研究。除了对俄罗斯政治转型的高度关注之外,很多英国学者也积极参与转型理论的构建[145],为转型研究的持续发展作出了重要贡献。英国学者的观点已经成为当代国际俄罗斯研究的重要组成部分,深入分析和了解英国学者具有代表性的观点和看法,对了解国际俄罗斯研究的最新进展、提升中国的俄罗斯研究水准、把握英俄关系的发展等方面都具有非常重要的意义。

注释

　　1. 参见图 6.1,对比两个图可发现,两个研究议题所占的比例基本不相伯仲。

　　2. 关于阿奇·布朗的生平事迹,可参见 Alex Pravda, "Archie Brown," in A. Pravda (ed.), *Leading Russia. Putin in Perspective: Essays in Honour of Archie Brown*, Oxford and New York: Oxford University Press, 2005. pp.1—8。

　　3. Archie Brown, *The Gorbachev Factor*, Oxford and New York: Oxford University Press, 1996. 该书于 2000 年出版德文版。

　　4. W.J.M.麦肯齐奖(The W.J.M.Mackenzie Book Prize)是英国政治研究协会颁发的年度最佳政治类书籍奖,"亚历克·诺夫奖"(Alec Nove Prize)是英国斯拉夫东欧研究协会颁发的,是旨在奖励俄罗斯、东欧研究领域的优秀书籍和论文的专业奖项。

　　5. 笔者曾专门撰文介绍阿奇·布朗教授的学术思想,本章关于布朗教授的介绍也采用了该文的主要研究内容,具体可参见封帅:《观念、体制与领袖——阿奇·布朗视野中的俄罗斯转型》,载《俄罗斯研究》2011 年第 3 期。

　　6. 关于斯蒂芬·怀特的介绍,可以参考格拉斯哥大学相关网页:www.gla.ac.uk/schools/socialpolitical /staff/stephenwhite/。另外,也可以参考其他相关机构的介绍:http://www.britac.ac.uk/fellowship/elections/index.cfm?member=6561。

　　7. Stephen White(ed.), *Media, Culture and Society in Putin's Russia*, London: Macmillan, 2008.

　　8. Stephen White(ed.), *Politics and the Ruling Group in Putin's Russia*, London:

Macmillan, 2008.

9. Stephen White, Richard Sakwa and Henry Hale(eds.), *Developments in Russian Politics 7*, London: Macmillan, 2010.

10. 关于萨科瓦的简介,可参考肯特大学政治与国际关系系相关网页:http://www. kent.ac.uk/politics/ about-us/staff/members/sakwa.html。另外,也可参考其他网站的详细介绍:http://en.wikipedia.org/ wiki/Richard_Sakwa。

11. Richard Sakwa, *Russian Politics and Society*, London and New York: Routledge, First edition published 1993, Second edition published 1996, Third edition published 2002, Forth edition published 2008.

12. Richard Sakwa, *Putin: Russia's Choice*, London and New York: Routledge, First edition published 2004, Second edition published 2008.

13. Anders Aslund, *How Russia Became a Market Economy*, Washington DC: The Brookings Institution, 1995, pp.214—215.

14. David Kotz and Fred Weir, *Revolution from Above: The Demise of the Soviet System*, London and New York: Routledge. p.5.

15. Archie Brown, "Transnational Influences in the Transition from Communism," *Post-Soviet Affairs*, Vol.16, No.2, April-June 2000, pp.185—186.

16. Archie Brown, "Problems of Group Influence and Interest Articulate in the Soviet Union," *Government and Opposition*, Vol.7, No.2, Spring 1972, pp.229—243.

17. Archie Brown, "Policy-maker in Communist States," *Studies in Comparative Communism*, Vol.11, No.4, Winter 1978, pp.433—434.

18. Archie Brown(ed.), *The Demise of Marxism-Leninism in Russia*, London: Palgrave, 2004, p.5.

19. Archie Brown, "Political Science in the Soviet Union: A New State of Development?", *Soviet Studies*, Vol.36, No.3, 1984, pp.317—344.

20. Archie Brown, *The Gorbachev Factor*, pp.41—43.

21. Archie Brown(ed.), *New Thinking in Soviet Politics*, London: Macmillan, 1992, pp.15—25.另外也可参考 *The Gorbachev Factor*, pp.121—129。

22. Archie Brown(ed.), *New Thinking in Soviet Politics*, pp.31—32.

23. Archie Brown, *The Gorbachev Factor*, p.317.

24. Ibid., pp.90—91.

25. Ibid., p.81.

26. Ibid., pp.212—251.

27. Ibid., p.45.

28. Ibid., p.61.

29. Archie Brown and Lilia Shevtsova(eds.), *Gorbachev, Yeltsin, and Putin. Political Leadership in Russia's Transition*. Washington, DC: Carnegie Endowment for International Peace, 2001, pp.35—36.

30. Archie Brown, *The Gorbachev Factor*, p.119.

31. Ibid., p.127.

32. Archie Brown, "The Power of the General Secretary of the CPSU" in Archie Brown, T.H.Rigby and Peter Reddaway(eds.), *Authority, power and policy in the USSR: Essays Dedicated to Leonard Schapiro*. London: Macmillan, 1980, pp135—157.

33. Archie Brown, *The Gorbachev Factor*, p.93.

34. Ibid., pp.160—211.

35. 布朗将这段时间称为"改变世界的七年"(Seven Years that Changed the World)。

36. Archie Brown, *The Gorbachev Factor*, p.307.

37. Archie Brown, "The Soviet Union: Reform of the System or Systemic Transformation?" *Slavic Review*, Vol.63, No.3, Fall, 2004, p.500.

38. Archie Brown and Lilia Shevtsova(eds.), *Gorbachev, Yeltsin, and Putin. Political Leadership in Russia's Transition*, pp.6—7.

39. Archie Brown, *Seven Years that Changed the World: Perestroika in Perspective*. Oxford and New York: Oxford University Press, 2007. p.329. 布朗在 2010 年 7 月斯德哥尔摩召开的第八届国际中东欧研究理事会上,重申了这一观点。

40. Archie Brown, *The Gorbachev Factor*, p.317.

41. 关于布朗对戈尔巴乔夫的研究,参见封帅:《观念、体制与领袖——阿奇·布朗视野中的俄罗斯转型》。

42. Richard Sakwa, *Gorbachev and His Reforms: 1985—1990*, Hertfordshire: Philip Allan, 1990, p.357.

43. Ibid., p.358.

44. Richard Sakwa, *Russian Politics and Society*, Second edition, 1996, p.354.

45. Richard Sakwa, *Gorbachev and His Reforms: 1985—1990*, p.396.

46. Richard Sakwa, "From Revolution to Krizis: The Transcending Revolutions of 1989—91," *Comparative Politics*, Vol.38, No.4(Jul. 2006), p.469.

47. Richard Sakwa, *Gorbachev and His Reforms: 1985—1990*, p.400.

48. Ibid., p.357.

49. Ibid., pp.360—366.

50. Ibid., p.368.

51. Ibid., p.366.

52. Ibid., p.357.

53. Richard Sakwa, "From Revolution to Krizis: The Transcending Revolutions of 1989—91," p.469.

54. Ibid. p.474.

55. 参见 Richard Sakwa, "Subjective, Politics and Order in Russian Political Evolution," *Slavic Review*, Vol. 54, No. 4 (Winter 1995), pp. 943—964; Richard Sakwa, "Putin's Leadership: Character and Consequences," in Richard Sakwa(ed.), *Power and Policy in Putin's Russia*, London and New York: Routledge, 2009, pp.2—3。

56. 波波·罗教授关于俄罗斯外交的思想和观点,本书将在第六章进行专门介绍,此处仅仅针对其涉及政治转型的相关研究内容进行简述,特此说明。

57. Bobo Lo, *Soviet Labour Ideology and the Collapse of the State*, p.8.

58. Ibid., pp.17—54.

59. Ibid., p.9.

60. Ibid., p.12.

61. 这一观点的形成受到了亚历克斯·博拉夫达很大的影响,参见 Stephen White and Alex Pravda, *Ideology and Soviet Politics*, London: Macmillan, 1988, p.239。

62. Bobo Lo, *Soviet Labour Ideology and the Collapse of the State*, p.13.

63. Ibid., pp.100—134.

64. Ibid., pp.4—5.

65. Ibid., p.5.

66. Ibid., p.132.

67. Ibid., pp.134—167.

00. Ibid., pp.6 6.

69. Ibid., p.6.

70. Ibid., p.9.

71. Stephen White, Richard Sakwa and Henry Hale(eds.), *Developments in Russian Politics 7*, pp.263—265.

72. Archie Brown, "Transnational Influences in the Transition from Communism," p.181.

73. Archie Brown, *Seven Years that Changed the World: Perestroika in Perspective.* p.218.

74. Laurence Whitehead(ed.), *The International Dimensions of Democratization: Europe and the Americas*, Oxford and New York: Oxford University Press, 1996.

75. Archie Brown, *Seven Years that Changed the World: Perestroika in Perspective.* p.217.

76. Ibid., pp.220—221.

77. Ibid., p.221.

78. Ibid., p.223.

79. Archie Brown and Lilia Shevtsova(eds.), *Gorbachev, Yeltsin, and Putin: Political Leadership in Russia's Transition*, p.35.

80. Archie Brown, "The Russian Crisis: Beginning of the End or the End of the Beginning?" *Post-Soviet Affair*, Vol.15, No.1, January-March, 1999. p.61.

81. Archie Brown, "Conclusion," in Stephen Whitefield(ed.), *Political Culture and Post-communism*, London: Macmillan, 2005, p.198.

82. Archie Brown(ed.), *Contemporary Russian Politics: A Reader*, Oxford and New York: Oxford University Press, 2001, p.565.

83. Archie Brown, "Conclusion," pp.192—193.

84. Archie Brown(ed.), *Contemporary Russian Politics: A Reader*, p.546.

85. Archie Brown and Lilia Shevtsova(eds.), *Gorbachev, Yeltsin, and Putin. Political Leadership in Russia's Transition.* pp.6—7.

86. Archie Brown, "Political Leadership in Post-Communist Russia," in Amin Saikal and William Maley(eds.), *Russia in Search of its Future*, Cambridge: Cambridge University Press, 1995, p.39.

87. Archie Brown(ed.), *Contemporary Russian Politics: A Reader*, p.564.

88. Archie Brown, "Ten Years After the Soviet Breakup: From Democratization to Guided Democracy," *Journal of Democracy*, Vol.12, No.4, October 2001, p.37.

89. Archie Brown(ed.), *Contemporary Russian Politics: A Reader*, p.566.

90. Ibid., p.568.

91. Ibid., p.567.

92. Richard Sakwa, *Russian Politics and Society*, Forth edition, 2008, p.463.

93. Ibid. p.463.

94. 其中比较有代表性的包括:奥唐奈尔提出的"委任民主"(delegative democracy),扎卡利亚提出的"非自由民主"(illiberal democracy),以及萨科瓦提出的"政权政治"(regime politics)。相关文章参见 Guillermo O'Donnell, "Delegative Democracy," *Journal of Democracy*, Vol.5, No.1(Jan., 1994), pp.55—69; Fareed Zakaria, "The Rise of Illiberal Democracy," *Foreign Affairs*, Vol. 76, No. 6 (Nov./Dec. 1997), pp. 22—43;

Richard Sakwa, "The Regime System in Russia," *Contemporary Politics*, Vol.3, No.1, 1997, pp.7—25。

95. Richard Sakwa, *Russian Politics and Society*, Forth edition, pp.468—469.

96. Ibid., p.468.

97. Ibid., p.469.

98. Ibid., p.464.

99. Ibid.

100. Richard Sakwa, "The Regime System in Russia," p.21.

101. Ibid., p.12.

102. Richard Sakwa, *Russian Politics and Society*, p.470.

103. Ibid., p.477.

104. Edward Lucas, *The New Cold War：Putin's Russia and the Threat to the West*, London：Macmillan, 2008.

105. 萨科瓦对普京研究的最重要作品即为《普京：俄罗斯的选择》,此书已先后出了两个版本,对普京执政时期的俄罗斯政治和社会进行了深入的分析,参见 Richard Sakwa, *Putin：Russia's Choice*, London and New York：Routledge, First edition published 2004, Second edition published 2008。

106. Richard Sakwa, "Putin's Leadership：Character and Consequences," in Richard Sakwa(ed.), *Power and Policy in Putin's Russia*, London and New York：Routledge, 2009, pp.5—6.

107. Richard Sakwa, "Putin's Leadership：Character and Consequences," p.7.

108. Richard Sakwa, *Putin：Russia's Choice*, 2004, pp.251—262.

109. Richard Sakwa, "Putin's Leadership：Character and Consequences," p.10.

110. Ibid., p.12.

111. Ibid., pp.11—12.

112. Ibid., p.12.

113. Richard Sakwa, "Partial Adaptation and Political Culture," in Stephen White-field(ed.), *Political Culture and Post-communism*, London：Macmillan, 2005, p.42.

114. Richard Sakwa, "Putin's Leadership：Character and Consequences," pp.12—13.

115. 在很多情况下,萨科瓦会同时使用"双重适应"和"部分适应"(partial adaptation)两个概念。这两个概念在很大程度上具有相似的内涵。前者强调对西方和传统的双重采纳,后者强调对西方现代性模式的部分采纳。本书为避免概念的同义反复,一般只使用"双重适应"。

116. Richard Sakwa, "Partial Adaptation and Political Culture," p.61.

117. 理查德·萨科瓦:《冷和平:解读俄罗斯与西方的关系》,载《俄罗斯研究》2010年第6期,第21页。本书引文出自萨科瓦为2010年7月26—31日在瑞典斯德哥尔摩举行的第八届国际中东欧研究理事会(ICCEES)准备的会议论文。论文中文版已由《俄罗斯研究》杂志刊发,对此文的引用均来自中文版。

118. 关于普京"第三条道路"的观点,参见 Richard Sakwa, *Russian Politics and Society*, pp.472—473; Richard Sakwa, *Putin：Russia's Choice*, pp.78—82。

119. Richard Sakwa, "Partial Adaptation and Political Culture," p.62.

120. 理查德·萨科瓦:《冷和平:解读俄罗斯与西方的关系》,第21页。

121. Richard Sakwa, "Partial Adaptation and Political Culture," p.60.

122. Richard Sakwa, *Putin：Russia's Choice*, First edition, p.78.

123. Richard Sakwa, *Putin：Russia's Choice*, Second edition, pp.299—306.

124. Richard Sakwa, "Putin's Leadership: Character and Consequences," p.2.

125. Ibid., p.6.

126. 在俄罗斯政党体系中,很多政党都不具备现代政党的核心特征,许多政党实际上是基于支持中央政权的立场而建立起来的政治联盟,常被称为"政权党"。

127. Richard Sakwa, "Putin's Leadership: Character and Consequences," pp.18—19.

128. Richard Sakwa, *Putin: Russia's Choice*, Second edition, p.28.

129. Richard Sakwa, *Frontline Ukraine: Crisis in the Borderlands*, London: I.B. Tauris & Co Ltd, 2015, Preface, p.I.

130. Ibid., p.II.

131. Ibid.

132. Ibid., p.241.

133. Ibid., pp.24—32.

134. Ibid., p.238.

135. Anatol Lieven, "Ukraine: The Only Way to Peace," *New York Review of Books*, 5 May 2014.

136. Richard Sakwa, *Frontline Ukraine: Crisis in the Borderlands*, p.232.

137. Christopher Booker, "Fresh Evidence of How the West Iured Ukraine Into Its Orbit," *Telegraph*, 8 August 2014.

138. Richard Sakwa, *Frontline Ukraine: Crisis in the Borderlands*, p.238.

139. 例如,布朗的代表作《戈尔巴乔夫因素》(*The Gorbachev Factor*)本身也被认为是苏联史研究的重要作品,在历史学研究中被广泛引用。同时,布朗本人也受邀参与了冷战后英国最重要的俄国通史《剑桥俄国史》的写作。可以说,他既是一位政治学家,又是一位有重大影响力的历史学家。

140. Archie Brown, "Political Power and the Soviet State: Western and Soviet Perspectives," in Neil Harding(ed.), *The State in Socialist Society*, London: Macmillan, 1984, p.53.

141. 早在学生时代,布朗的研究就集中于英国首相的权力以及英国政治体系两个方面,这种研究思路在布朗的整个学术生涯中一直有很重要的影响。在他的研究兴趣转向俄罗斯与东欧以后,他仍然倾向于通过领袖和体制的视角解释苏联政治。

142. 参见 Archie Brown, *The Rise and Fall of Communism*, London: The Bodley Head Ltd, 2009; Richard Sakwa, *The Rise and Fall of the Soviet Union(1917—1991)*, London & New York: Routledge, 1999; Stephen White, London & New York: Routledge, 2001,等等。这些作品代表了英国学者对共产主义理论的基本认识,其中存在非常明显的误解与偏见。

143. Kathryn Stoner-Weiss, "Book reviews of the Gorbachev Factor," *Political Science Quarterly*, Vol.113, No.1, Spring 1998. pp.150—151.

144. 例如,萨科瓦在解释俄罗斯政治转型的过程中,在同样的语境和意义上同时使用过"威权民主"(authoritarian democracy)和"政权政治"(regime politics)两个概念。在另一些场合则在同一语义上使用过"双重适应"(dual adaptation)、"部分适应"(partial adaptation)和"第三条道路"(third way)等三个概念,经常让读者感到困扰。

145. 例如:Richard Sakwa, "Post Communist Studies: Once Again Through the Looking Glass(darkly)?" *Review of International Studies*, No.25, 1999, pp.709—719.

第四章

冷战后英国的俄罗斯经济转型研究

以戈尔巴乔夫推动的经济改革为标志,苏联正式开启了经济转型的进程。在过去的二十多年里,长期、复杂而艰难的经济转型已经成了俄罗斯人心中挥之不去的印记:既有通胀与崩溃的痛苦,又有繁荣和成功的喜悦,在这片饱经沧桑的土地上,上演了一幕幕悲欢离合的精彩故事。在几十年的转型过程中,俄罗斯经历了"休克疗法"的激进,也渡过了普京时代的稳健;面对过金融危机的挑战,也享受过油价狂飙的红利。然而,应该如何评价转型过程,始终仁者见仁、智者见智,至今也无法得出一致的结论。

长期以来,对俄罗斯经济转型的研究一直是国际学术界的热点问题之一,英国学者积极投身于俄罗斯经济转型的研究,并且凭借扎实的学术功底、充分的资料数据、科学的研究方法,在这一领域取得了丰硕的成果,获得了国际学术界的广泛认可。分析与考察其具有代表性研究成果可以更好地勾勒英国学术界在俄罗斯经济转型研究领域的思想谱系,更加清晰地描绘英国学者在经济领域开展研究的方法和路径,对我们更为深入地理解俄罗斯经济转型问题和英国学派的观点和立场都大有帮助。

第一节　研究的基本状况

冷战结束后,俄罗斯经济转型一直是英国学术界重点关注的问题之一。来自英伦三岛的顶尖学者各显其能,从多个视角对这一问题进行了深入而系统的研究和探索。

如图 4.1 所示,从 1993 年开始,在英国斯拉夫研究领域最具影响的学术杂志《欧亚研究》中，经济转型问题一直是热点话题，研究成果所占比率从未低于 10%，平均而言，基本上可以达到所有研究成果的20%左右。

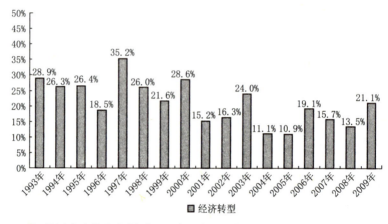

注：该图表为作者自制，主要根据《欧亚研究》杂志 1993 年至 2009 年的论文发表情况统计而成。需要说明的是，虽然杂志发表的文章并不完全是英国学者撰写的，但基本上可以反映英国学术界的基本态度，仍有较好的借鉴意义。

图 4.1　冷战后英国学术界对于经济转型问题的关注度变化情况

在很多特定的年份，由于某些特殊事件的发生对俄罗斯经济转型的方向产生了很大的影响，因此在相应的年份，经济转型问题就会格外受到研究者的青睐。例如俄罗斯金融危机爆发的 1997 年，普京初掌大权的 2000 年，以及尤科斯事件发生的 2003 年。在这些年份，经济问题成为当年最大的热点问题，经济转型的研究成果也分别达到了全部成果的 35.2%、28.6% 和 24.0%，几乎占据了当年英国俄罗斯研究成果的三分之一。这一数据既体现了经济转型研究在俄罗斯研究领域所占据的重要地位，又可以清晰地显示出英国学者对这一问题的重视。可以说，经济转型问题在冷战后英国的俄罗斯研究领域占据着极其重要的位置。有一大批英国学者长期跟踪和考察俄罗斯经济转型的进程，保证了转型经济研究的持续性和连贯性。在出现重大经济事件的特定年份，经济转型问题则会引发更广泛的社会影响，通常都会成为俄罗斯研究中的年度最热门课题。

　　大部分英国的俄罗斯研究机构都参与了俄罗斯经济转型问题的研究,几乎所有研究机构都有相关学者将俄罗斯经济转型作为自己的研究重点之一。其中格拉斯哥大学、伯明翰大学、皇家国际问题研究所等研究机构作出的贡献尤为突出。

　　格拉斯哥大学和伯明翰大学是英国最早开始苏联经济研究的大学,早在 20 世纪 40 年代,格拉斯哥大学和伯明翰大学就开始从事苏联经济问题的研究,并且开设了苏联经济的相关课程,几十年来一直在英国的苏联和俄罗斯经济研究领域居于领先地位。

　　1963 年,亚历克·诺夫加盟格拉斯哥大学,担任詹姆斯·博纳讲座教授,并兼任格拉斯哥大学苏联东欧研究中心主任。作为冷战时期最有影响力的苏联学专家,诺夫以在苏联经济研究上的成绩享誉英国学术界。在他的领导下,格拉斯哥大学苏联东欧研究中心在苏联经济研究中取得了巨大的成功。无论是从数量还是从影响力方面看,中心的成果都堪称国际一流,是英国在苏联时期经济研究领域最重要的代表之一。不过,在进入 20 世纪 90 年代之后,随着诺夫的故去,格拉斯哥大学的研究重点也逐渐向政治方面转移,对经济研究的重视略显不足。

　　同样在 1963 年,伯明翰大学俄罗斯与东欧研究中心正式成立。经过几十年的发展,目前伯明翰大学俄罗斯与东欧研究中心已经形成了一个完整而强大的研究团队,并发展成为英国乃至世界范围内最具影响力的俄罗斯研究机构之一。一大批受过良好学术训练、充满热情与活力的研究人员在菲利普·汉森教授的领导下,以俄罗斯经济转型为主要的研究对象,取得了丰硕的成果。其中比较有代表性的包括汉森对俄罗斯经济转型和不同地区转型的研究、朱利安·库珀对俄罗斯军事工业的研究[1]、伊丽莎白·蒂格(Elizabeth Teague)对俄罗斯大型企业的研究[2]。伯明翰大学对经济转型的研究既有宏观方向的概括,又有微观政策的探析,展现了非常高的学术水准,在国际学术界享有盛誉。

　　作为英国最有影响力的智库机构,皇家国际问题研究所也在俄罗斯经济转型研究方面建树颇丰。皇家国际问题研究所俄罗斯东欧项目长期致力于对俄罗斯国内经济状况和转型情况的评估,并且组织了很多高水平的学术研讨,定期对俄罗斯经济未来的发展方向进行预测和展望。[3]该研究所的研究主要以学术报告的形式展现,用更加直接的方式、更为通俗的语言和具有较强倾向性的结论,评述俄罗斯经济的发展和转型进程,并且通过各种渠道为相关企业和政府的决策提供参考。

除此之外,以剑桥大学部分学者和《新左翼评论》为代表的左翼观点对俄罗斯经济转型问题也有很多独到的看法。他们通过不同于主流经济学家的思想理念和研究视角,对转型过程提出了很多新颖而别致的见解,进一步展现了英国学术界思想和观点的多元化,也极大地丰富和完善了英国学术界对俄罗斯经济转型的认识。

从研究主题来看,英国对俄罗斯经济转型的关注非常细致,几乎涉及所有的相关问题。

从横向上看,在超国家层面上,英国学者关注所有原社会主义国家的经济转型进程,并且通过比较的方式综合分析东欧、原苏联加盟共和国的转型进程。在国家层面上,英国学者对俄罗斯转型的进程、转型的步骤、转型的方案,以及未来的走向,均有较为详细的论述。在次国家层面上,对俄罗斯不同地区及加盟共和国内部具体的转型问题也有很多研究。[4]

从纵向上看,英国学者对经济转型中的各种专项问题也非常关注。他们对俄罗斯石油、天然气、有色金属领域的大型企业及其在转型过程中的命运有过细致的讨论,对军事工业等俄罗斯较有特色的行业的发展研究也非常重视,同时对俄罗斯经济中潜在的创新产业也有比较多的探索。可以说,英国学者的研究和观点细致入微,几乎涉及俄罗斯经济转型的方方面面。

英国学者在俄罗斯经济研究的很多领域都取得了突破性的成果,但由于篇幅有限,本书只能选取其中最具影响力和代表性的两位学者及其最具代表性的研究成果加以考察。他们围绕着"经济转型"这个核心概念,分别从时间和空间两个维度入手,一个对俄罗斯经济转型进程进行了追踪研究,另一个则对俄罗斯经济转型模式开展了比较研究。这两位学者的研究从一个侧面展示了当代英国学术界在经济转型问题上呈现出的思想谱系、研究方法和研究路径,笔者也试图以这种以点代面的方式呈现不同思想理论对俄罗斯经济转型这个宏大命题的不同诠释。

第二节　俄罗斯经济转型的追踪研究：
新自由主义的视角

作为伯明翰大学俄罗斯与东欧研究中心的精神领袖，菲利普·汉森是冷战后英国的俄罗斯经济转型研究领域最权威和最具代表性的学者之一。他长期致力于苏联、俄罗斯经济转型问题的研究，取得了丰硕的研究成果。汉森对俄罗斯经济转型的过程和特点具有敏锐的判断和准确的把握，在英国乃至国际学术界享有盛誉。

从 1987 年起，汉森进入伯明翰大学俄罗斯与东欧研究中心(Centre for Russian & East European Studies)工作，2002 年退休，至今仍以荣誉退休教授(Emeritus Professor)的身份在伯明翰大学任职。同时，他还曾担任哈佛大学俄罗斯研究中心的访问学者、密歇根大学客座研究员、日本京都大学(Institute of Economic Research, Kyoto University)经济研究院客座教授、瑞典索德托恩大学(Södertörnshögskola)客座研究员。20 世纪 90 年代初，他曾在设立于日内瓦的联合国欧洲经济委员会(UN Economic Commission for Europe)工作，担任经济事务高级官员(Senor Economic Affairs Officer)；也曾在英国财政、外交和英联邦部门短暂任职，具有丰富的实践经验。在汉森的领导下，伯明翰大学的俄罗斯经济研究在英国乃至国际学术界深受认可，也培养了一大批优秀的新生代学者。因其出色的工作成绩和杰出的组织能力，汉森获得了国际学术同行的广泛认同，曾被选为国际中东欧研究理事会(ICCEES)理事，并且参与组织了很多世界性的学术活动。同时，他也在很多英国智库机构承担研究工作，担任皇家国际问题研究所的俄罗斯与欧亚项目兼职副研究员，对英国经济和外交政策的制定产生了直接的影响。[5]

汉森的研究兴趣主要是苏联经济改革、俄罗斯经济转型进程，以及俄罗斯联邦地方经济问题，主要代表作包括《从改革到灾难：苏联经济评论(1983—1991)》[6]《俄罗斯地区经济改革》[7]和《苏联经济的兴衰》[8]。除了一般的学术著作之外，他还为皇家国际问题研究所撰写了一系列深刻而有预见性的研究报告，在学术界产生了广泛的影响。

从 20 世纪 80 年代开始，汉森对苏联和俄罗斯经济转型过程给予了持续的关注和深入的研究,他的研究成果总体来说代表了当时英国学术界在这一问题上的前沿观点,也基本反映了以伯明翰大学为代表的英国主流学术界的正统理念。因此,可以通过对汉森经济转型的研究归纳出冷战后英国学术界在俄罗斯经济转型研究领域的基本认知。

一、从改革到灾难:戈尔巴乔夫时代的经济改革

1982 年 11 月,勃列日涅夫去世。在汉森看来,他为苏联留下的经济遗产只能用糟糕(poorly)来形容。[9]

尽管 20 世纪 70 年代到 80 年代,西方国家也经历了混乱的十年,但苏联的人均国民生产总值仍然只达到美国的一半,距离其"赶上并且超越"的目标反而渐行渐远。到了 1982 年,苏联经济的表现已经明显无法胜任西方世界竞争者的角色。如表 4.1 所示,即使是从官方数据来看,美苏之间的鸿沟也已经越来越大。

表 4.1 美苏国民生产总值比较,1965—1983 年

(以 1981 年美元为基准,单位:10 亿美元)

	1965 年	1970 年	1975 年	1980 年	1981 年	1982 年	1983 年
美 国	1 880.2	2 102.9	2 390.1	2 868.3	2 925.5	(2 870.4)	(3 043)
苏 联	819.8	1 129.0	1 392.0	1 558.3	1 587.0	(1 618.7)	(1 659)
苏联国民生产总值/美国国民生产总值	45.5%	53.7%	58.2%	54.3%	54.2%	(56.4%)	(54.5%)
苏联人均国民生产总值/美国人均国民生产总值	35.3%	45.5%	49.3%	46.4%	46.7%	(48.6%)	(47.0%)

资料来源:数据以美元为单位估测得出。1965—1981 年年中人口数来自 CIA, *Handbook of Economic Statistics 1982*,pp.38,59,60;1982 年苏联人口数据来自 *Narkhoz 1982*,p.5(interpolated);1982 年苏联国民生产总值数据来自 CIA, "U.S. Congress Joint Economic Committee Briefing Paper, USSR: Economic Trends and Policy Developments",mimeo.,September 14,1983;美国相关数据来自 Chase Economics;1982—1983 年苏联国民生产总值增长率推测为 2.5%。转引自 Philip Hanson, *From Stagnation to Catastroika: Commentaries on the Soviet Economy, 1983—1991*,New York and London: Praeger, 1992, p.8。

汉森认为，实际上，苏联经济面临的问题远比官方统计数据显示出的大得多，很多制度上的缺陷在勃列日涅夫后期已经全面凸显，在国民经济的发展方面给后继者留下了一个难以解决的烂摊子。[10]

首先，食品问题愈演愈烈。官方统计数据并没有完全揭示食品供应方面的困难。有充分的数据显示[11]，苏联国内的食品供应情况在勃列日涅夫时期已经逐步恶化，国内人均食品产量从 1978—1982 年持续下降。这一时期由于美苏关系紧张，苏联从西方国家进口的机械设备数量持续下降，但食品的进口量却始终处于增长的状态。1970—1971年，苏联约有五分之一的硬通货花在了购买食品方面，而到了 1980—1981 年，这一数据已经增长到了五分之二。而且在消费方面，苏联也比以前更加依赖食品的进口，乃至于勃列日涅夫在 1982 年 5 月曾专门强调减少对资本主义国家食品进口依赖的重要性。[12]

其次，国内消费萎靡不振。在国内消费能力方面，尽管苏联计划结算报告显示人均消费增长了 0.1%，但实际上这项数据没有考虑到国家福利和通货膨胀方面的问题，是相当不准确的。从苏联方面其他的数据可以很容易推断出这个结论，比如，1982 年的计划中，苏联国内人均零售消费额下降。而且在 1982 年的统计手册中显示，当年国家零售总量没有改变，但零售价格上涨了 4%，由此我们可以测算，苏联 1982 年人均消费水平下降了约 1.6%。[13]

再次，投资增速下降。如表 4.2 所示，无论是苏联数据还是美国数据，都显示出勃列日涅夫时代的苏联经济中一个无法被掩盖的现象：投资增速的持续下降。

表 4.2　1965 年以来的苏联经济增长（年增长率单位：%）

苏联官方统计	1966—1970 年	1970—1975 年	1976—1980 年	1981—1985 年	1981 年	1982 年	1983 年
物质生产净值	7.7	5.7	4.2	（数据缺失）	3.1	3.9	
可用生产净值	7.1	5.1	3.9	3.4	3.2	3.5	3.1
工业总产值	8.5	7.4	4.4	4.7	4.0	2.8	4.0
农业总产值	3.9	2.4	1.7	2.5	−1.1	5.6	5.0
投资额	7.6	7.0	3.4	2.0	4.2	3.3	5.0
资本存量	7.5	7.9	6.8	5.4	6.3	6.3	
发电量	7.9	7.0	4.5	3.7	2.3	2.7	3.6
三种主要燃料	5.2	5.4	4.2	3.1	2.1	3.0	2.3

美国中央情报局 估计数据	1966— 1970 年	1970— 1975 年	1976— 1980 年	1981— 1985 年	1981 年	1982 年	1983 年
国民生产总值	5.3	3.8	2.7	（数据缺失）	1.8	2.0	
工业产值	6.3	5.9	3.4	（数据缺失）	2.0	2.5	
农业产值	3.6	2.2	1.4	（数据缺失）	0.1	0.3	
投资额	6.0	5.4	4.2	（数据缺失）	3.4	3.7	
资本存量	7.4	8.0	6.9	（数据缺失）	6.7	6.1	
劳动（工时）	2.0	1.7	1.3	0.5	1.0	0.8	(0.6)
国民生产总值中的 要素生产率（菲利普· 汉森的计算结果，赋予 权重比为 L 0.62， K 0.33，Land 0.05）	1.6	0.1	−0.4		−0.1	−0.5	

资料来源：*Narodnoekhozyaistvo* SSSR（various years）；Pravda，October 23，1980，and January 29，1984；CIA，*Handbook of Economic Statistics 1982*，CPAS 82-10006（September 1982）；"USSR：Economic Trends and Policy Developments，"Joint Economic Committee Briefing Paper，mimeo.，April 1984。

虽然精确计算苏联的实际投资情况几乎是一个不可能完成的任务，但总的来说，1976—1980 年的实际投资额增长速度明显小于 1971—1975 年，1975 年之后，苏联经济出现了相当明显的投资增长放缓趋势。投资放缓直接影响到很多相关领域：苏联的国防投入增长从每年 4%—5%逐步下降到 2%的水平上，从工业部门的数据来看，在投资增长缓慢的条件下，几乎所有产业部门的产量增长都相当缓慢。加之劳动力资源和资本存量都处于缓慢下降的状态，整个国民经济的净产值都进入了缓慢下降的通道。[14]

汉森指出，苏联工业的发展陷入了严重的瓶颈期，以军工产业为核心的工业体系难以继续引领苏联经济的增长。"简而言之，在勃列日涅夫执政最后七年的很多报告中都可以发现苏联经济确实陷入了困境"[15]，无论是数据还是民众现实的感受都是如此。从 20 世纪 50 年代末开始，苏联经济就已经开始持续不振，在 1978 年以后，"就像一辆严重超员的巴士"[16]出现了突然的减速。由于产业投入增长严重不足、自然资源和人力资源都逐渐耗尽，用传统的方式根本无法改变苏联经济的状况。最终，汉森得出了结论，"市场社会主义"（market socialism）是唯一的解决之道，"勃列日涅夫的经济遗产几乎足以迫使苏联走上经济改革的道路"[17]。

从 1985 年开始，苏联走上了经济改革的道路，在汉森看来，苏联采取的经济改革措施包括了以下三个方面:第一,下放原本集中于国家各部门的经济决定权;第二,使计划外经济和非国有经济合法化;第三,推动苏联经济更加开放,并且与外部世界的经济活动更加紧密地联系在一起。[18]

汉森在文章中指出,戈尔巴乔夫领导的苏联经济改革的核心,就是用市场经济关系取代自上而下的资源分配模式,最终目标是建立一种开放式的混合经济体制。戈尔巴乔夫采取的主要措施是使苏联经济向国际市场开放,引入竞争机制,提高企业和产品的竞争力。但很显然,在经济改革的前三年,戈尔巴乔夫的措施并未取得立竿见影的效果。如表 4.3 所示,尽管 1986—1988 年的苏联经济形势比 1981—1985 年稍有好转,但进展相当有限,部分产业部门甚至还出现了进一步衰退的迹象。

表 4.3　苏联经济增长(1981—1988 年)(年增长率单位:%)

苏联官方数据	1981—1985 年	1986 年	1987 年	1988 年
物质生产净值	3.5	4.1	2.3	4.4
可用生产净值	3.2	3.6	1.5	
工业总产值	3.6	4.9	3.9	3.9
农业总产值	1.1	5.1	−0.6	0.7
投资额	3.3	8.3	5.7	4.8
资本存量	6.0	5.3	5.3	
发电量	3.6	3.6	4.1	2.4
三种主要燃料	2.5	4.6	3.1	2.6
美国中央情报局估计数据	1981—1985 年	1986 年	1987 年	1988 年
国民生产总值	1.9	3.8	1.3	1.5
工业产值	1.9	2.5	2.9	2.4
农业产值	1.2	8.2	−4.0	−3.1
投资额	3.5	6.0	4.7	
资本存量	6.2	5.5	5.3	
劳动(工时)	0.7	0.4	0.4	
人均消费	0.5	−2.0	0.7	1.5

资料来源:*Narodnoekhozyaistvo* SSSR(various years); Pravda, January 22, 1989; CIA, *Handbook of Economic Statistics 1986*; Laurie Kurtzweg, "Trends in Soviet Gross National Product", in U. S. Congress, Joint Economic Committee, *Gorbachev's Economic Plans*, Vol.1(Washington, D.C.: U.S. Government Printing Office, 1987), 126—166; CIA/DIA, "The Soviet Economy in 1988: Gorbachev Changes Course", Report to the Subcommittee on National Security Economics of the U.S. Congress, Joint Economic Committee, April 14, 1988.转引自 Philip Hanson, *From Stagnation to Catastroika*: *Commentaries on the Soviet Economy*, *1983—1991*, pp.194—195。

最后原四，汉森认为，对经济改革来说，改革措施的设计和执行是硬币的两面，不可分割。[19]但在实际操作中，矛盾和妥协总是贯穿了苏联改革的进程，使经济改革难以深入。

苏联的决策层以及他们的经济顾问们对于经济体系改革并没有一个清晰的目标，也缺乏统一的认识，同时对于改革过程的理解也并不清晰，并没有制定系统的改革步骤和完整的方案。像苏联经济改革这样艰巨的任务难免会令人生畏。更重要的是，戈尔巴乔夫的经济政策中还存在很多自相矛盾的情况。由于短期政绩的压力，戈尔巴乔夫在推动经济体制改革的同时也必须通过很多临时政策措施改善经济数据。这些举措包括采取各种措施提高经济增速、调整资金投入的重点方向，以及最为有名的禁酒令。这些举措在一定程度上确实使得1985—1988年的经济表现有所改善，但在很多方面实际上阻碍了改革进程。

此外，经济改革遇到了巨大的社会阻力。在很多时候，戈尔巴乔夫不得不推迟很多改革措施，或者予以妥协，其中最明显的例子便是价格体系改革。在市场经济改革中，放开价格控制无疑是其中必不可少的重要环节，本来这也是苏联经济调整和《国有企业法》（Law on State Enterprises）的基本目标。但1985年以后，食品和基本生活用品供应方面出现了问题，产品供应严重不足，因此，为了控制食品价格，原有的价格体系改革措施很快被束之高阁，并且继续由国家提供高昂的补贴，结果财政赤字越来越大。这种针对部分产品的补贴推动苏联形成了很特别的"不平衡"价格变化。实际上，在价格改革被叫停之后，苏联面临着巨大的通货膨胀压力，价格管制一旦解除，物价飞涨将难以控制。

汉森指出，1988年的《合作法》（Law of Cooperatives）是苏联经济改革的重要标志，它首次承认了租赁、股份、雇佣的合法地位，鼓励非国有经济在计划经济之外发展。尽管这种设计非常出色，但是落实到执行层面，整个地方政权、官僚机构、国有企业甚至害怕失去工作和地位的工人都在抵制法案的推行。更为糟糕的是，在法案颁布后很短的时间内，苏联又发布了一系列与改革思路相互矛盾的法令，如限制非国有经济的规模、限制市场竞争等等。在经济生活现实层面，《合作法》始终难以获得有效的贯彻和执行，这种结果也成为了苏联经济改革命运的缩影。[20]

改革在 20 世纪 80 年代末出现了明显的倒退。1987—1988 年间，无论是价格体系改革、供应体系改革还是管理结构改革都已经有名无实，最后无疾而终。1989 年，苏联不仅没有减弱对经济改革的控制，反而进一步加强。[21]在苏联解体之前，汉森始终没有停止对苏联经济改革的探索。他坚信，经济改革一旦启动，便无法回头。[22]

1990 年之后，汉森已经认定，通胀压力、中央与地方的对抗、糟糕的经济预期加之越来越虚弱的联邦中央权威，已经完全断送了自上而下地推动经济体制转型的可能，"戈尔巴乔夫的行动已经使苏联共产党完全失去了指导地方经济的权力，同时也失去了作为经济管理者的信心"[23]。1991 年春天，苏联经济已经处于崩溃的前夜。"就像迪士尼动漫中的猫一样，它的身体已经冲出了悬崖，但由于惯性仍然在空中蹬着双腿，试图向前继续跑。一旦当它向下看去，便无法抗拒地心引力的作用，加速下坠。"[24]他认为经济改革的希望在三个方面，国民经济中的私有部门、获得经济权力的地方政府，以及长期酝酿于苏联民众中的激进改革的情绪。通过自下而上的方式实现经济转型，最终迫使中央政府接受这一结果。[25]

而且，从 1990 年开始，受到波兰转型经验的影响，汉森就已经开始认真考虑将"休克疗法"移植到苏联的可能性，明确提出"追求更加激进的经济战略可能会为苏联经济提供一个更有希望的前景"[26]。这些举措包括：更加快速地放开生产和价格的控制、更加激进地私有化，以及允许非俄罗斯人的加盟共和国离开苏联。[27]但在汉森的设计中，各项改革措施实施的顺序非常重要，同时也强调改革过程中保持宏观经济稳定的重要性。他主张首先明确改革的步骤，并且通过公开辩论的形式获得公众支持，然后通过立法的方式使改革有序化而且不打折扣地执行。[28]这种略带理想主义色彩的转型计划当然无法在 20 世纪 80 年代末 90 年代初的苏联付诸实施，因此，汉森在 1991 年上半年曾忧心忡忡地表示："戈尔巴乔夫的犹豫不决会断送改革的前程。"[29]但他没有料到，几个月之后，苏联以一种更加极端的方式结束了自己的历史。而他所设计的经济改革策略也几乎成为俄罗斯经济改革的教条，只是改革的结果太过出人意料。

二、难以克服的困境:叶利钦时代的经济转型

从 1992 年 1 月 2 日起,盖达尔政府启动了以"休克疗法"为名的激进经济改革。受到两年前波兰经济改革的影响,俄罗斯的"休克疗法"也采用了几乎相同的系列改革措施,其中包括:放开普遍的价格和贸易管制,同时严格控制总的货币供应量,以便阻止在价格自由化后很容易出现的通货膨胀螺旋式上升。[30]

作为"休克疗法"的重要组成部分,广泛的私有化早在 1991 年下半年就已经开始。俄罗斯政府通过各种大规模和小规模的私有化行动,基本上完成了国家的私有化进程,同时也开放货币自由兑换,为国际贸易的顺利进行扫除了一切障碍。[31]

从措施本身来看,叶利钦时代俄罗斯的经济改革与之前的波兰及中欧国家经济改革并没有特别明显的差别,但从结果来看,1992 年到 1998 年的经济转型给俄罗斯带来了非常严重的后果。

如图 4.2 所示,经过 2—3 年的调整,从 1992 年开始,波兰的国内生产总值恢复增长,很快超过了转型之前的水平,并且显示出良好的发展态势。但经过多年的经济改革,俄罗斯经济形势却进一步恶化。截止到 1998 年,除了 1997 年国内生产总值曾经出现过 0.4％的短暂增长之外,俄罗斯每年经济增长率均为负值,1998 年经济总量已经低于1989 年的 60％,并且陷入了极其严重的金融危机。[32]

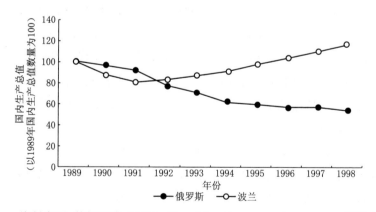

资料来源:数据源自 EBRD, Transition Report, various years。转引自 Philip Hanson, "The Russian Economic Crisis and the Future of Russian Economic Reform," *Europe-Asia Studies*, Vol.51, No.7, 1999, p.1145。

图 4.2　1989—1998 年俄罗斯与波兰国内生产总值对比

与其他中欧转型国家相比,俄罗斯经济转型的困境也更加明显。图 4.3 显示了中欧 5 个主要经济转型国家波兰、匈牙利、捷克、斯洛伐克和斯洛文尼亚的国内生产总值总额。尽管较之波兰,其他四国转型情况稍差,但整体上看,在中欧国家的转型过程中,经济同样呈现出明显的短暂衰退、随后恢复和发展的趋势,且均在 1992 年开始实现经济增长。这些转型国家的情况与俄罗斯经济数据形成了鲜明的对比。图 4.2 与图 4.3 一起展现了一个非常明确的事实:"'转型期衰退'已经使俄罗斯经济陷入了长期的、严重的萧条,而中欧国家经过最初 2—3 年的短暂下降,经济已经进入了复苏阶段。"[33]

资料来源:数据源自 UN ECE, *Economic Survey of Europe*, 1998, No.1 (NY and Geneva, 1998)。转引自 Philip Hanson, "The Russian Economic Crisis and the Future of Russian Economic Reform," p.1146。

图 4.3 1989—1997 年俄罗斯与中欧转型国家的国内生产总值比较

通货膨胀情况是衡量转型时期经济状况的另一重要数据。图 4.4 中黑色数值显示的是中欧五国与波罗的海国家的居民消费价格指数,白色数值则为俄罗斯的居民消费价格指数。从此图看来,在转型初期,俄罗斯经济一直受困于严重的通货膨胀,但在 1995—1997 年间有所好转,通胀的形势一度被成功控制。但好景不长,受金融危机的影响,1998 年通货膨胀率再次攀升。这种数据反映出经济稳定在俄罗斯经济转型中始终相当脆弱,一直没有找到控制通胀的好办法,外部环境一旦出现变化,非常容易引起通货膨胀的反弹。这也是 90 年代俄罗斯转型经济的市场特征。

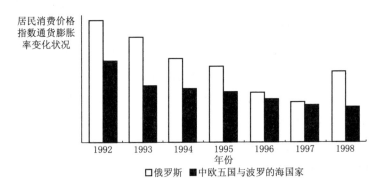

资料来源：数据源自 EBRD, Transition Report, various years。转引自 Philip Hanson, "The Russian Economic Crisis and the Future of Russian Economic Reform," p.1146。

图 4.4　1992—1998 年俄罗斯与中欧转型国家及波罗的海国家通货膨胀比较

相对而言，在 20 世纪 90 年代的经济改革中，俄罗斯最为失败的方面莫过于国家的财政政策。如图 4.5 所示，经济转型期的俄罗斯长期处于财政赤字的状态，而且在 1994 年之后，国家财政赤字已经几乎每年都接近国内生产总值的 10%。赤字所占比重过大，致使政府债务大量积累，而且始终得不到有效控制。由于政府财政存在缺口，国家无力对经济进行有效的调控，最终导致了债务危机的爆发。

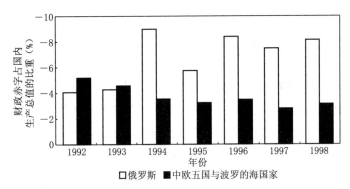

资料来源：数据源自 EBRD, Transition Report, various years。转引自 Philip Hanson, "The Russian Economic Crisis and the Future of Russian Economic Reform," p.1146。

图 4.5　1992—1998 年中欧及波罗的海转型国家与俄罗斯的预算赤字情况比较

　　总而言之,在叶利钦时代,一切转型时期可能产生的负面影响都可以在俄罗斯经济中得到验证。以 1998 年卢布贬值前的数据计算(1 美元＝9.965 卢布),截止到 1998 年,俄罗斯国内生产总值仅为 2 694 亿美元,人均国内生产总值仅仅达到 1 839 美元,不仅严重落后于西方国家和欧洲其他转型国家,甚至也大大低于苏联时期。即使考虑到通货膨胀和影子经济等因素的影响,俄罗斯经济转型的结果也必须用"失败"来形容。根据当时的测算,1987 年苏联人均实际收入约为当时美国的 32％,到了 1996 年已经降为 17％, 1998 年甚至可能会降到 10％。[34]对俄罗斯来说,转型所付出的代价远远超出了人们的想象。

　　与其他转型国家相比,俄罗斯的经济转型之路并没有太多不同之处。从数据上看,除了货币兑换和立法方面稍有不足外,俄罗斯经济转型的大部分指标都与其他转型国家的平均值相差不远,甚至在私有化等项目实现的速度和广度上还居于转型国家的前列。可以说,"没有任何理由可以让我们假设俄罗斯在经济转型的几个基本方面需要面对特殊的困难"[35]。在汉森看来,从政策设计的角度来说,"休克疗法"并不存在根本性的问题,20 世纪 90 年代俄罗斯经济转型糟糕的结果是由俄罗斯政府未能一以贯之地坚持最初的经济改革政策所导致的。他始终认为,对于那些原社会主义国家而言,只有真正实现经济自由化、私有化和稳定的经济政策,并且长期坚持下去,才能实现清晰、可持续的经济复苏。俄罗斯的问题则正是在操作层面上无法保证政策的连贯性。

　　例如,俄罗斯在经济转型开始之后实行财政紧缩政策,以期控制通胀。但很快在失业问题严重和企业开工不足的压力之下又放宽财政政策,从而使通胀形势进一步恶化。1994 年之后,通胀有所放缓,但严格的财政纪律却迟迟未被建立。货币通过信贷和逃税等方式流入大型企业,这既限制了新兴中小企业的发展,又无法使生产效率更高的企业脱颖而出。基于政治方面的原因,政府往往运用非市场经济手段,使很多"不合时宜"的大生产部门得以保留,虽然在一定程度上保证了就业,但却始终无法提高生产效率,更无法参与国际竞争。同时,这种高额的补贴使得财政始终处于严重的赤字状态,并且逐渐拖垮了本就脆弱的金融体系。汉森认为,转型的设计本身并没有太大的问题,正是执行过程中的反复无常才导致了改革的困境。

汉森同时也指出，不能简单地理解俄罗斯经济转型过程中出现的政策执行问题，实际上，俄罗斯转型经济政策的非持续性有其深刻的内在原因。具体来说，可以归结为两个相互联系的方面。

一方面来说，"地缘经济和内在的经济结构"领域的因素决定了俄罗斯经济政策的走向。[36]

首先，俄罗斯广大的疆域和独特的地理位置对经济转型会产生影响。在俄罗斯范围内，计划经济已经运行超过60年，无论在时间还是执行的严格程度上都远远超过东欧、中欧国家，影响可谓根深蒂固。因此，在俄罗斯范围内，有大量的生产企业分布在不适当的地理位置上，但这些企业为分散居住的俄罗斯人提供了大量的就业机会。由于地理因素的限制，企业和居民迁移的成本都相当大，因此，一旦在预算方面实施强硬的限制，相应的劳动力并不会自然流入新兴的产业，反而会由于迁移成本的存在而被分割在各个孤立的社区之内，最终形成数量庞大的失业群体。这一问题严重限制了俄罗斯稳定的财政政策的有效执行，很多控制通胀的举措最终都因为失业问题而被迫妥协。

其次，从苏联继承下来的产业结构是影响经济转型的另一个原因。华沙条约组织赖以存在的军工产业都集中于苏联境内，在长期的冷战环境下，军工产业在苏联经济中所占的比重之大，远远超过了正常范围。在冷战结束后，华约组织已经消失，但高度密集的军工产业却被俄罗斯继承了下来，并且成为俄罗斯大国地位的重要基础。但是，在俄罗斯经济中，严重不成比例的军事工业的存在成为始终制约俄罗斯经济资源重新分配的难题。

最后，苏联时期所建立的"长供应链"（long supply chains）和根据供应链形成的供求关系也影响着俄罗斯经济转型的顺利完成。由于苏联时期形成的供应体系由多个环节组成，所以任何一个产品生产商都没有办法获得完全的信息。因此，价格放开之后，由于市场信息不畅，生产效率反而降低了，甚至导致了生产体系的混乱。重新设计供求体系当然可以克服这一缺陷，但需要的成本高昂，而且可能会导致资源分配的分流，反而会最终导致生产效率的进一步降低。由于改革的风险较大，而且成效不明显，政策制定者在面对困难的时候往往选择了退缩。但相应的问题始终存在，并且没有更加有效的解决办法。

从另一个方面来看,俄罗斯的社会与政治环境领域的因素影响到了经济改革的效果。[37]

在俄罗斯几个世纪的发展历史中,社会组织和社会群体的发展并不顺利。可以说,在俄罗斯的社会环境中,严重缺乏"互动规范"(norms of reciprocity)和"公民参与网络"(networks of civic engagement),而这些要素在转型时期法制体系相对缺失的情况下,对经济转型的顺利进行有着不可替代的作用。此外,俄罗斯转型之后,政治精英的组成并没有发生明显的变化。苏联后期的政治精英中有很多人都通过种种方式,在新的政治体系中延续了自己的地位。这种身份地位的延续使得他们在很短的时间内积累了大量财富,并且形成了特定的利益集团。在利益集团取得了政治和经济的优势地位之后,他们不再渴望市场化改革的进一步深入,而是希望继续维持市场经济的不完全状态,从而继续通过寻租行为获得收益。于是,在20世纪90年代早期,权力寻租导致弥散性腐败(pervasive corruption)和任人唯亲(cronyism)现象广泛存在,严重阻碍了俄罗斯市场经济的发展,俄罗斯的经济转型实际上成为了一种"不完全改革"的局面。[38]

在汉森看来,从内在的经济结构到外在的社会环境都存在问题,俄罗斯经济改革在执行的过程中始终存在着严重的缺陷,在多种因素的共同作用下,经济转型遭遇到严重的挫折。当然,他始终认为,不能够简单地用成功或是失败来评价这一时期的经济转型。尽管存在种种问题,但俄罗斯仍然在较短的时间内获得了发展市场经济的基本条件,而且在1995—1997年间,经济形势也曾有所好转。但亚洲金融危机使得俄罗斯市场经济中存在的问题充分暴露,直接影响了投资者的信心,最终造成了金融市场严重的恐慌,从而诱发了1998年严重的金融危机,令本就前途未卜的俄罗斯经济转型雪上加霜。

三、政治资本主义:普京时代的经济复苏与商业环境恶化

"当1998年金融危机来临的时候,几乎没有人能够对俄罗斯经济的未来表示出乐观的态度。"[39]当时,俄罗斯的经济情况是相当严峻的,

直到 1998 年第三季度,解体之后的俄罗斯经济几乎从来没有增长,除了石油、天然气等部门之外,其他工业部门的产品根本无力与进口商品抗衡,整个工业体系处于岌岌可危的境地。同时,90 年代中期,俄罗斯一直奉行钉住美元的汇率政策,在控制通胀方面一度很有成效,但公共财政方面的问题始终难以解决。在俄罗斯国内,非货币交易盛行、财政监管缺失,以及严重的逃税和选择性补贴都使得国家财政预算缺口严重,政府被迫通过发行国债、政府短期债券(GKOs)的方式弥补资金的不足。所以,当亚洲金融危机波及俄罗斯,当年油价暴跌时,本就脆弱的俄罗斯公共财政再也无力维持卢布汇率和可持续的财政政策。结果卢布大幅贬值,国家债务也被迫拖欠,经济陷入了严重的危机。

但令人意想不到的是,俄罗斯经济的复苏却在此时悄然而至。在汉森看来,经济危机造成的卢布大幅贬值,成为了最初经济复苏的刺激因素。由于经济危机的影响,卢布兑换美元的比价从 1998 年 8 月的 1:6 下降到 1999 年的 1:24.6,这个意外的变化使得原本毫无竞争力的国内工业产品获得了明显的价格优势,进口替代(import-substitute)产业再次复兴。[40] 国内工业生产经过了从 1990 年至 1998 年的大幅下降(超过 60%)之后,终于在 1999 年之后开始上升,从 1999 年至 2002 年,年均增长将近 13%,为经济复苏的启动提供了条件。

与此同时,从 1998 年开始,石油价格开始进入上升通道。1998 年到 2008 年的十年间,石油价格在 1998 年 12 月最低点时仅为每桶 8 美元,而在 2008 年 7 月,乌拉尔原油已经涨到每桶 130.8 美元,庞大的石油美元收入为俄罗斯的经济复苏提供了更为强劲的动力。

在汉森看来,石油价格的变化与俄罗斯经济复苏之间的关系是既密切又复杂。实际上,石油出口价值仅占俄罗斯全部国内生产总值的 20% 左右,尽管非常重要,但并非不可替代。但是石油价格上涨会带动天然气价格同步上升,金属制品的价格也会随着碳氢化合物价格上涨而进一步抬升。三者收益相加,几乎可以占据俄罗斯出口收入的五分之四以上。因此,石油价格的升高可以极大地促进俄罗斯财政收入的提高,对于国民收入的增加也有很重要的影响。而国内收入的增加又会带动内需、进口和生产的进一步增长,反过来又会进一步带动国内生产总值的提高。如图 4.6 所示,俄罗斯经济的增长和世界石油价格之间具有明显的正相关关系,当油价上升的时候,俄罗斯国内生产总值增长往往就会加快。2003 年,俄罗斯利用石油收入建立稳定基金(stabfond),油价与经济的相关性开始下降。一方面,稳定基金可以使相当一部分石油美元退出流通,从而减少通胀的压力。另一方面,在油价下跌时,也可以通过稳定基金维持财政预算的规模。[41]当然,汉森同时也指出,尽管是卢布的贬值和石油价格的上涨带动了俄罗斯经济的复兴,但普京时代经济复苏的原因还远不止如此。

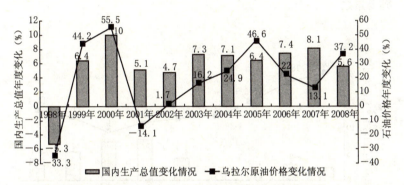

资料来源:The Rosstat source data；Troika Dialog,转引自 Philip Hanson,"Russia to 2020,"p.10。

图 4.6　俄罗斯国内生产总值年增长率和世界石油价格变化幅度(1998—2008 年)

如表 4.4 所示,2000 年至 2003 年间,俄罗斯资本外逃的趋势明显

表 4.4　俄罗斯资本外逃数额(1998—2002 年)

(单位:百万美元)

年　份	外逃数额
1998 年	23 971
1999 年	22 535
2000 年	29 625
2001 年	17 653
2002 年	10 400

资料来源:RECEP, Russian Economic Trends Monthly Update, October 2002, Table 10,转引自 Philip Hanson,"The Russian Economic Recovery：Do Four Years of Growth Tell Us that the Fundamentals have changed?" p.367。

下降，为俄罗斯财政政策的进一步调整、财政状况的进一步改善提供了有利的条件。国内投资的增长则非常强劲，2000 年，国内固定资产投资就增加了 17%，此后每年都能够保持稳定增长，国内资本获得了迅速积累。

如图 4.7 所示，在财政部长库德林等俄罗斯经济精英的积极努力下，从 2000 年开始，俄罗斯国内的财政赤字得到了有效的控制，而且国内的通货膨胀率也被控制在可以接受的范围内。宏观经济状况的稳定为俄罗斯创造了更好的商业环境，成为普京时期俄罗斯经济发展的基础要素之一。

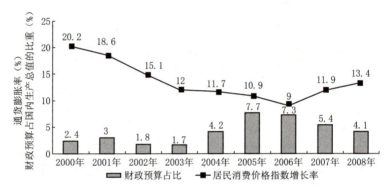

资料来源：Rosstat and CBR as reported by Troika Dialog，转引自 Philip Hanson，Russia to 2020," p.18。

图 4.7　俄罗斯联邦财政预算占国内生产总值比重和俄罗斯年通货膨胀率(2000—2008 年)

此外，在这一时期，俄罗斯国内的经济结构也出现了微妙的变化，地区和行业之间的收入差距鸿沟有所减少[42]，以生产效率为标准，产业间的资源重新分配在一定程度上得以实现。如图 4.8 所示，从 2000 年到 2007 年，俄罗斯经济发展过程中的资金和资本逐步从过度扩张、缺乏竞争力的农业和重工业部门流入新兴的服务业部门，通信、软件、交通、旅游等苏联时期很少存在的新兴产业发展迅速，劳动力行业分配状况逐渐与美国等西方国家的分配方式趋于一致。同时，国外直接投资的增加和高技术产品的进口为新兴工业带来了先进的技术和管理方式，极大地提高了产业的竞争力。

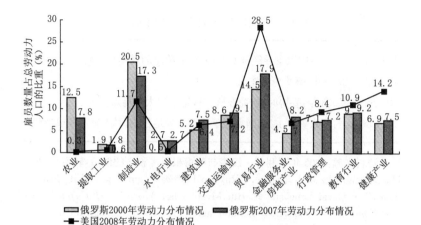

纵轴标签：雇员数量占总劳动力人口的比重（%）

图例：
□ 俄罗斯2000年劳动力分布情况　■ 俄罗斯2007年劳动力分布情况
━■━ 美国2008年劳动力分布情况

资料来源：Rosstat；US Bureau of Labor Statistics（May 2008 data），转引自 Philip Hanson，"Russia to 2020，"p.20。

图4.8　俄罗斯2000年和2007年劳动力行业分配状况及与美国2008年的对比

从1999年至2008年，在普京执政的8年间，俄罗斯经济迅速摆脱了困境，走上了复苏的道路。在汉森看来，普京时代的经济成就令人印象深刻，它的真实性毋庸置疑。[43]但俄罗斯经济的复苏不能够被简单地归结为石油美元的影响，更不意味着经济转型的失败，90年代经济自由化和私有化运动都为俄罗斯经济的复苏提供了必要的准备，与国际市场接轨更为俄罗斯提供了资金、技术和管理上的支持。从某种意义上说，普京时代的经济复苏是经济转型的重要成果，而非对经济转型的否定。

汉森同时指出，尽管获得了举世瞩目的成就，普京时代的俄罗斯经济转型逐渐偏离了原有的路径。2003年之后，俄罗斯的经济环境出现了恶化的趋势，在普京的领导下，俄罗斯的经济体制正逐渐趋向马克斯·韦伯所说的"政治资本主义"（political capitalism）的发展路径。[44]

在汉森看来，俄罗斯的经济改革过程存在明显的阶段性特点。如表4.5所示，汉森采纳了俄罗斯前经济部长叶甫根尼·雅辛（Evgenii Yasin）的观点，根据转型时期俄罗斯的政治与商业关系，将转型划分为四个阶段。

表 4.5　转型时期俄罗斯政商关系的阶段

I. 1990—1995 年：国家主导经济发展，但商业阶层的规模和影响力与日俱增

II. 1995—2000 年：寡头资本主义

III. 2000—2003 年：妥协时期；商业资本被迫退出大众传媒

IV. 2003—?：国家资本主义：国家处于绝对主导地位，对私人资本构成威胁

资料来源：2005 年菲利普·汉森与叶甫根尼·雅辛的谈话，转引自 Philip Hanson and Elizabeth Teague, "Russian Political Capitalism and its Environment," in David Lane and Martin Myant eds., *Varieties of Capitalism in Post-Communist Countries*, London and NY: Palgrave Macmillan, 2007, p.153。

　　普京在执政初期，基本上还是延续了 20 世纪 90 年代转型时期的经济政策，但已经开始针对寡头经济的状况有所行动。以 2003 年的尤科斯事件为标志，俄罗斯国家权威开始向私人企业施加压力，并且通过国家政治权力转移私人资本。到了 2005 年底，尤科斯公司的主要资本都已经掌握在国家手中，最大的股东霍多尔科夫斯基也锒铛入狱。随后，克里姆林宫采取了一系列措施加强对所谓"战略部门"的控制，甚至直接将政府官员安插在大型企业的董事会之内，直接干预企业的发展。[45]

　　由于转型时期私人资本"原罪"的存在和整个社会对寡头资本的反感，普京的行为没有在民众中引起普遍反对，但这种行为对俄罗斯商业信心的影响难以估量，俄罗斯公民财产权利和基本商业规则的不确定性大大提高。[46]

　　如表 4.6 所示，直到 2007—2008 年，俄罗斯的经济环境仍然相当糟糕。根据世界银行的评估，无论是治理效率、监管质量、法治状况还是控制腐败的效果，俄罗斯都处于较低的水平上，在全部 181 个参与商业环境评估的国家中仅列第 120 位，在全部 35 个中等收入国家中排名第 32 位。尤其是对于企业和投资者来说，俄罗斯国内市场被少数大型国有资本控制，寻租和腐败行为盛行，而且国家可能通过各种政治手段剥夺企业所有者的个人资产。这种无法解决的不确定性将极大地影响未来俄罗斯经济的发展。

表 4.6 世界银行对俄罗斯商业环境的评估

2007 年人均国民收入（按购买力平均计算）	14 330 美元
2007 年国家治理水平排名（212 个国家参与，按排名分为四个等级）	
政府效率	第三等级（低于平均水平）
监管质量	第三等级
法治水平	第四等级（最低）
腐败水平	第四等级
商业便利程度排名（181 个国家参与）	120
中等收入以上国家商业便利程度排名（35 个国家参与）	32

资料来源：世界银行相关数据统计，转引自 Philip Hanson, "Russia to 2020," the Occasional Papers of Finmeccania, edited by the Researsh Department of the company, November 2009, p.15。

汉森认为，在普京执政时期，俄罗斯经济改革的方向已经发生了实质性的改变，改革的目标已经由建立市场经济转向建立大企业（big business）。[47]在普京时代，俄罗斯经济的虚弱问题已经在相当程度上得到了解决，继续参与世界经济的基本方向并没有改变，前进的脚步也没有停止。但俄罗斯经济体制的缺陷依然存在，甚至有更加严重的趋势。在俄罗斯，真正意义上的市场经济并没有形成，这一时期既没有企业平等参与的完善的竞争性市场，国家干预的程度也远远超出了法律的框架，甚至打破了所有市场上存在的非正式规则。[48]国家在经济运行中发挥着主导作用，国民经济在相当程度上依赖于国家控制下的大型企业。这种经济模式不仅出现在俄罗斯，而且在部分独联体国家也广泛存在，值得所有转型经济学家重视和研究。汉森强调，这种经济模式不属于任何一种既有的资本主义模式，如果非要用一个名词来概括，它更加类似于马克斯·韦伯所描述的较为古典的"政治资本主义"。这种经济模式已经成为当代俄罗斯经济转型的重要特征，在相当长的时间内将继续引导俄罗斯经济的发展方向。但汉森同时也指出，在这种模式之下，俄罗斯将很难克服经济体制的缺陷，容易更深地陷入资源依赖的陷阱，从长远来看不利于俄罗斯国民经济的发展。[49]因此，在金融危机的冲击下，这种体制是否将出现松动甚至改革，将成为未来研究者关注的主要方面。

四、走出危机：俄罗斯经济改革的前景

对俄罗斯来说，2008 年的金融危机是对原本顺利发展的俄罗斯经济的又一次严峻挑战。"在所有中等收入国家中，俄罗斯所受到的打击最为严重。"[50] 很显然，在主要经济体中俄罗斯受到的影响远超其他国家，金融危机的影响范围非常广，几乎涉及俄罗斯经济活动的每个领域，对俄罗斯的损害非常大。仅在 2009 年上半年，俄罗斯国内的失业率就从危机前的 5.6% 升至 8.3%，国内生产总值同比下降 10.4%。2009 年 1—7 月，工业产品产量下降 14.2%，固定资本投资下降18.8%，平均工资水平下降超过 3%。这种经济表现不仅在新兴大国中排名垫底，即使是与遭受危机冲击最大的西方国家相比也有过之而无不及。

与 1998 年金融危机时相比，此时的俄罗斯经济已经有了长足的发展，并且通过多年的积累，拥有了世界第三的外汇储备，理应具备更强的抵御危机的能力，但 2008 年金融危机时俄罗斯经济的颓势和几年前出色的经济表现形成了鲜明的对比。汉森认为，只有正确理解俄罗斯经济脆弱性的根源，才能有效地对俄罗斯经济的未来发展趋势进行展望。

汉森强调，他并不认为俄罗斯经济脆弱性的核心源于其对资源贸易的过分依赖。因为在世界经济活动中，依赖资源出口的国家很多，例如沙特阿拉伯、澳大利亚等国都同样存在资源依赖的问题，但它们的经济表现都远远好于俄罗斯。同时，他也坚持认为，受危机的影响，发达经济体从新兴国家撤走资金也并不是造成俄罗斯经济困境的关键原因，毕竟金砖国家都面临着同样的问题，但只有俄罗斯表现不佳。俄罗斯自身债务问题也并不是很严重，完全不会威胁到国家经济。归根结底，俄罗斯经济的核心难题仍然是俄罗斯的"政治资本主义"模式带来的商业环境的不稳定。

俄罗斯经济陷入困境的一个重要信号是，从 2008 年下半年开始，大量的私人资本流向海外，或者卢布被大量抛售，美元被购进。更值得注意的是，这种风险意识不仅体现在外国投资者身上，而且俄罗斯国内的大型企业也明显对这种可能的危险保持着足够的警惕。对风险的担心快速传播，最终导致了非常严重的后果。

在汉森看来,正是国内和国外的投资者对俄罗斯商业环境的担心,才使得俄罗斯经济如此脆弱。一方面,俄罗斯国内的法治存在问题,政策的规范性和可持续性不足,财产保护的情况也不甚理想,投资者对自己的资金安全始终存有疑虑。另一方面,俄罗斯国内的金融市场相当不完善,这也刺激着俄罗斯企业通过离岸的方式获得发展资金。总而言之,由于存在对当前体制的怀疑,俄罗斯国内逐渐形成了一种特别的经济发展模式:俄罗斯的很多大型企业都在避税天堂注册,通过离岸公司控制在俄罗斯境内的公司业务。而这些离岸公司往往又被控制在少数富豪的手中,他们通过这种方式获得股息分红,并掌握绝大部分利润,"这种安排是俄罗斯大企业典型的一般性安排"[51]。这种制度性缺陷造成的后果非常严重,由于政府对经济过分干涉,投资者不愿意在盈利前景不明朗的情况下继续投入资金,而更加倾向于保证自己的利润分红,以便保全自己的资产。定期的资金外流在经济形势良好的情况下并不是一个很大的问题,但当经济进入衰退阶段,很多时候资金外流就将以牺牲企业营运资金为代价,大企业被迫压缩生产规模,企业发展出现严重问题。

由于商业环境长期不佳,俄罗斯的经济投资者对危险的信号更加敏感,采取的行动也更加激烈。俄罗斯经济本身可以承受一定程度的油价下跌,但油价一旦下跌,对俄罗斯经济环境进一步恶化的恐慌随即而至,造成了更大的消极影响。这种消极影响反过来又进一步加剧了恐慌的氛围,俄罗斯经济从而陷入了恶性循环。

在危机的情况下,俄罗斯政府采取的一系列应对措施实际上进一步加剧了政府对经济的干涉。例如,普京政府通过直接的命令要求企业恢复生产,禁止裁员,并且直接给特定企业提供补贴。这些举动实际上并没有考虑到私人企业中资方的利益,也充分显示出普京体系最重要的特征:"国家是真正的老板,私人企业只能忍受。"[52]

汉森指出,经济危机如果长期持续对俄罗斯来说将是相当痛苦的经历。俄罗斯能否走出危机,很大程度上要看其他国家恢复的情况如何,而且与世界能源价格的变化密切相关。在当前情况下,俄罗斯经济受制于原有的贸易格局。因为担心财政开支激增,俄罗斯选择了较为保守的经济策略。汉森和西方主要的经济观察家(包括俄罗斯国内的自由主义者)都认为,只有激进改革才能推动俄罗斯经济的长期增长。换句话说,"这样的改革不仅必要而且足以推动经济的增长。"[1]金融危机虽然重创了俄罗斯经济,但也为改革提供了新的契机。危机持续的时间越长,俄罗斯面对的改革压力也就越大。只有改变目前俄罗斯经济中长期存在的制度性缺陷,俄罗斯经济才能摆脱严重的腐败问题、治理方面的缺陷,以及由于法治的缺乏而形成的糟糕的商业环境。因此,对俄罗斯经济来说,金融危机持续的时间与改革的进展同俄罗斯经济的未来密不可分。

如图4.9所示,以金融危机的状况和经济改革的状况作为两个维度,汉森对俄罗斯的未来提出了三种可能的前景。

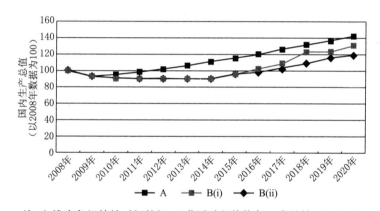

注:A线为危机持续时间较短、经营活动很快恢复正常的情况下的预测。

B线为危机持续时间较长、出现激进的系统性改革情况下的预测。此时又分为两种状况:(i)将重点放在提升资本和劳动力作用的改革;(ii)将重点放在削弱资本和劳动力作用的改革。

资料来源:菲利普·汉森的计算。计算过程见 Philip Hanson, "Russia to 2020," pp.46—47。

图4.9 2020年前俄罗斯经济的三种前景

前景A,如果金融危机可以在较短的时间内结束,俄罗斯基本上不会出现大的经济改革措施。但西方国家和日本的经济复苏相对乏力也会影响到俄罗斯经济的恢复,尽管欧洲经济乏力会使其更加依赖俄罗斯能源,但其能源消费能力已经很难再恢复到2008年的水平了。在这种情况下,国有大型企业会将更多的资金投入到创新中,也可能会在短时间内有一些成果出现,但是"自上而下的创新缺乏效率"[54],效果是难以持久的。

俄罗斯人口的发展呈现逐渐减少的趋势。据估计,从 2010 年到 2020 年,俄罗斯工作人口数量将以每年 1.1％的速度递减,就业率将有所上升,但就业总人口将会在 2020 年下降 4.6％左右。由于工作人口的下降,劳动人口在行业间的流动性变慢,劳动力获得新技能的速度也将变慢。

资本投资的增速也将提高,但增长幅度比较有限。尽管拥有苏联时期留下的庞大基础设施,但俄罗斯在技术水平、专利数量、基础学科乃至教育方面都存在严重缺陷,技术创新方面存在很多问题。加之自上而下的创新机制,使得俄罗斯出口的产品长期缺乏国际竞争力。2008 年相关法律外国投资的行业加以限制,进一步限制了竞争力的提升。

可以预见的是,在金融危机延续时间较短、经济体系没有剧烈变革的情况下,俄罗斯经济可以在 2010 年恢复增长,并且 2012 年到 2020 年年均国内生产总值增长可以达到 4.3％。

前景 B,如果金融危机延续的时间很长,经济衰退将会进一步削弱当前既得利益集团的力量,也将给俄罗斯带来新的改革压力。如果经济危机进一步发展,新的经济和政治秩序至少要到 2015 年才能够发挥作用。2015 年以后,一个能够更好地保护财产权利、具有更合理的法制框架、对外国资本投资更加开放的体系将带给俄罗斯新的经济增长动力,全要素生产率(total factor productivity)也将以每年超过 1％的速度增长。这种前景在图中显示为 B(i)。

由于激进改革出现在危机时期,而且一旦改革出现还必然面临着改革者和既得利益者之间的博弈,因此,在 2020 年之前俄罗斯经济并不能显示出比前景 A 更好的发展状况。但这种情况是改善俄罗斯商业环境最根本的方法,将最终使俄罗斯经济迈入高速发展的轨道。

当然,即使金融危机延续,也并不一定会带来改革的结果,甚至有可能会导致威权主义经济模式的进一步加强。一个更加排外、更加排斥国际竞争的体制有可能在俄罗斯出现。[55]如 B(ii)所示,无论是从 2020 年之前的经济状况,还是未来的发展潜力来说,这都是对俄罗斯经济最糟糕的预言。

总的来说,在汉森看来,未来的俄罗斯仍将是一个石油、天然气的出口国,至少在 2020 年之前不会发生根本性的改变。但需要注意的是,在可以预见的未来,欧洲能源消费市场可能会有所萎缩,很难恢复到 2008 年的水平,俄罗斯的能源政策有可能向东亚和太平洋等新领域转移。作为能源供应国,俄罗斯仍将拥有足以影响欧洲地区的政治杠杆,但这种影响力在未来很难再得到提升。

对于俄罗斯来说,走高科技经济发展的道路是其未来具有野心的目标,但经济制度上对竞争的限制将阻碍俄罗斯高技术经济领域的进步,然而外部竞争仍会不断进入俄罗斯。如果在未来十年中俄罗斯能够在经济改革方面有所进展,将会有更多资本流入俄罗斯,高技术产业可能会得到发展,反之则只能维持现状。

俄罗斯企业走向世界的步伐仍将继续。尽管由于金融危机的爆发,很多俄罗斯企业放慢了其国际化的脚步,但俄罗斯大企业迈向国际市场的过程不会停止,而且会得到俄罗斯政府的更多支持。但如果俄罗斯经济改革无法深入,这种国际化始终不可能形成真正的竞争力。

根据几十年的研究经验,汉森认为,对俄罗斯经济未来的研究困难重重又容易出错。正如 20 世纪 90 年代初,几乎没有西方学者能够想到"休克疗法"会让俄罗斯经济遭遇如此严重的打击。因此,对俄罗斯经济的预测必须小心谨慎,而且需要根据实践经验随时调整。以汉森为代表的西方主流经济学家始终坚信,虽然普京时代由于宏观经济政策合理有效,俄罗斯经济取得了一定的成绩,但在 2003 年之后,商业环境严重恶化,私人和企业的财产权遭到严重破坏。尽管通过这种方式,国家维持了对寡头的优势地位,提升了政府对国家经济的控制力,但给俄罗斯经济带来了相当严重的负面影响,这种风险在金融危机时期显露无遗。迄今为止,2008 年金融危机的影响仍然没有完全结束,未来的俄罗斯经济仍然面临着多重挑战和困难,俄罗斯也面临严重的经济衰退风险。[56] 从长期来看,国家主导的经济发展模式无力应对经济发展中遇到的困难。如果一直坚持现有的发展道路,必定会给俄罗斯经济的未来造成长期的消极影响。只有全面深入的市场化改革,才是俄罗斯经济复兴的正途。

第三节　后苏联地区经济转型的模式考察：
新马克思主义的视角

迄今为止，尽管以汉森等人的研究为代表的新自由主义思想始终占据着英国经济转型研究的主流地位，但左翼思想在这一领域的影响力也不容忽视。左翼学者以新马克思主义理论、世界体系理论等作为自己研究的理论基础，从另一个角度提出了对经济转型的评价和认识。作为俄罗斯经济研究中的左翼代表人物，剑桥大学社会与政治学系教授戴维·莱恩的研究可谓其中翘楚。

戴维·莱恩先后毕业于伯明翰大学和牛津纳菲尔德学院（Nuffield College），多年来一直致力于社会主义国家的经济转型问题的研究，他曾在伯明翰大学社会学系、埃塞克斯大学（Essex University）社会学系任教，后加盟剑桥大学社会与政治学系。莱恩关于俄罗斯与乌克兰转型问题的研究曾经获英国科学院利华休姆信托基金研究奖。他曾在康奈尔大学、哈佛大学、丹麦奥登塞大学（Odense University）、土耳其伊斯坦布尔萨班哲大学（Sabanci University）、奥地利格拉兹大学（University of Graz），以及华盛顿凯南中心担任客座教授。[57]

莱恩教授的研究以国际体系理论为基础，对当代资本主义世界政治经济体系保持着理性的批判立场。[58]他通过核心—半边缘—边缘的标准对转型经济进行分析，但也提出了自己独到的见解。一方面，他认为在资本主义世界体系之内，在核心国家中也应该区分霸权国和卫星国，卫星国接受核心国家的价值观，奉行核心国家的政治制度并且部分加入核心国家的军事同盟，但是由于缺少经济和军事实力，卫星国在世界体系中只能作为边缘性成员而存在。另一方面，他坚持认为世界经济是一种互动的经济模式，一些相对独立的经济体独立于资本主义世界体系的核心经济体之外，并且能够与核心经济体和谐共处，但始终独立运作、自我发展。很多半边缘国家实际上都有可能成为这种独立经济体。最典型的独立经济体是转型前的苏联社会主义阵营。相对于资本主义世界体系来说，它们是独立的行为体，与资本主义世界体系之间存在互动关系，但并不是体系的组成部分。从戈尔巴乔夫改革开始，苏

world社会主义阵营的经济转型，实际上就是原社会主义国家进入资本主义世界体系的过程。但苏联东欧国家的转型最终却产生了不同的结果，部分国家以卫星国的身份成为世界经济体系的一部分，另一部分仍然保持了半边缘的地位，少数国家则没有进行实质性的改革。

莱恩善于运用经济、社会等多个指标综合评价各国经济改革的进程。通过对莱恩思想的研究，我们可以从左翼的视角重新审视俄罗斯和东欧国家经济转型的道路和结果，可以更加深入地反思转型的经济和社会价值，对俄罗斯研究以及中国经济改革的发展都有非常重要的意义。

一、难言成功的经济转型

如何评价经济转型的结果，是莱恩所有研究的核心内容。在莱恩看来，任何经济转型的影响都是复杂而深刻的，根本无法用单一的标准加以评价。更为重要的是，转型几乎涉及社会生活的每一个角落，经济的标准显然不能够全面概括经济转型所产生的影响。因此，评价转型进程需要运用经济、政治、社会等多方面的指标进行综合分析，才能得出最为合理的结论。

第一，经济发展的视角。在改革伊始，改革者普遍认同这样一个观念，即一旦社会主义规则和中央计划的桎梏被打破，经济将迎来一个快速发展的阶段，财富的创造也将大大提升。然而，从实际效果来看，在很多国家和地区，转型政策带来的反而是负面的效果，"甚至直到 2002 年，大部分转型国家的国内生产总值仍然低于改革之初"[59]。在所有转型国家中，只有 7 个（波兰、斯洛文尼亚、阿尔巴尼亚、匈牙利、斯洛伐克、乌兹别克斯坦和捷克）超过了 1989 年的水平，13 个国家达到了之前国内生产总值的 70％到 95％，另外 7 个国家（俄罗斯、阿塞拜疆、塔吉克斯坦、塞尔维亚、乌克兰、摩尔多瓦和格鲁吉亚）甚至降到了之前的 38％到 65％的水平。

如图 4.10 所示，2005 年的数据显示，在转型国家中，仅有 3 个国家（斯洛文尼亚、匈牙利和捷克）的人均国内生产总值进入了高收入国家的行列，大部分国家仍然处于中等收入国家的行列，少数国家甚至还低于这一标准。最严重的 3 个(吉尔吉斯斯坦、乌兹别克斯坦和塔吉克斯坦)甚至仍处于最低收入国家的水平。从经济增长速度来看,转型国家的发展也是不平衡的。2005 年,俄罗斯、白俄罗斯、哈萨克斯坦等国的国内生产总值增长都超过了 6%,而部分国家则仍然处于缓慢前进的状态中。

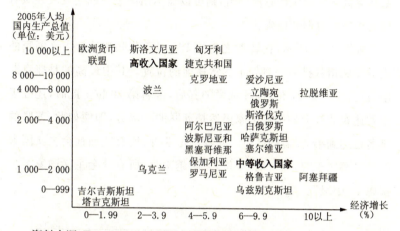

资料来源:Economic Indicators 2005, World Bank 2006, http://devdata-worldbank.org/data, accessed 8 Dec. 2006,转引自 David Lane, "Introduction: Two Outcomes of Transformation," in David Lane(ed.), *The Transformation of State Socialism: System Change, Capitalism or Something Else*? London and New York: Palgrave Macmillan, 2007, p.9.

**图 4.10　2005 年原苏联加盟共和国及其他
转型国家经济增长和人均国内生产总值**

因此,从经济发展的角度来看,转型国家的经济发展水平处于不同的层次和阶段,发展速度也不尽相同。部分国家很快实现了经济恢复和发展,但部分国家始终没有摆脱转型所带来的困境。从经济角度来评估转型的结果需要根据不同国家的具体情况进行具体分析。

第二,人类发展的视角。莱恩认为,评价经济转型不能仅仅依据经济的标准,更要考虑转型所带来的社会影响。因此莱恩一直喜欢运用人类发展指数(Human Development Index,简称 HDI),并且通过将人类发展指数与国民生产总值排名进行对比的方式,弥补单纯经济标准的不足,从而全面评价转型进程。

人类发展指数是由一系列相关指标构成的排名体系,其中包括预期寿命、成人识字率、初级和高等教育入学率,以及人均国民生产总值等。通过对人类发展指数的评估,可以有效分析一个国家的教育、卫生等与人民生活状况密切相关的社会部门的发展状况。同时也可以将其与国民生产总值排名情况一起综合考量,通过比较简单的方法,比较国民生产总值排名与人类发展指数排名的高低。如果一国的人类发展指数排名高于国民生产总值排名,则可以显示出国家在社会发展领域有较为积极的意图和成果。[60]

如图 4.11 所示,在转型之初的 1990 年,苏联和社会主义国家的人类发展指数排名一直处于非常靠前的位置。其中最高的是捷克斯洛伐克,排名第 27 位,匈牙利紧随其后,排名第 30 位。此时,还处于不发达农业社会的中亚国家仍然是苏联的一部分,即便如此,苏联的排名也达到第 31 名的高位。除罗马尼亚外,所有欧洲社会主义国家的排名都属于"高级"(前 53 位)。除越南外,所有社会主义国家至少都属于"中级"。

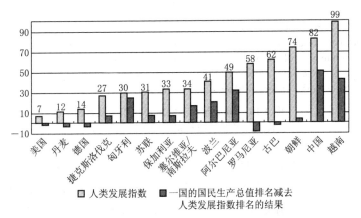

资料来源:David Lane, "Introduction: Two Outcomes of Transformation," p.10。

图 4.11　1990 年人类发展指数及其与国民生产总值的比较情况

图 4.11 的另一个特征是除了少数国家外,所有社会主义国家的人类发展指数排名均高于国民生产总值排名,在数据层面呈现明显的积极姿态。可以看出,除少数国家外,几乎所有的社会主义国家都给予教育和卫生体系相当程度的重视,并且获得了良好的社会效果,同时也使得投入消费领域的资金有所减少。[61]

　　然而,在经济转型进程深入之后,情况发生了不均衡的变化,如图4.12 所示,中欧各国基本上保持了原有的人类发展指数排名,部分国家甚至还有所提升,例如,斯洛文尼亚由第 41 位提升至第 36 位。

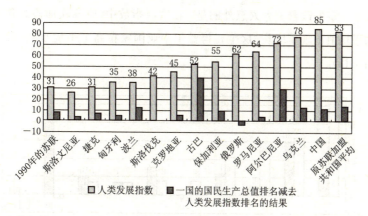

资料来源:David Lane,"Introduction:Two Outcomes of Transformation,"p.10。

图 4.12　2003 年人类发展指数及其与国民生产总值的比较情况

　　原苏联加盟共和国则在人类发展指数方面出现了明显的下降,如图4.13所示,15 个加盟共和国的平均值已经由 1990 年的第 31 位下降到 2003年的第 83 位。中亚国家和乌克兰排名都非常靠后,其中乌克兰仅为第 78位,塔吉克斯坦更是下降到第 122 位,俄罗斯也只达到了第 62 位。

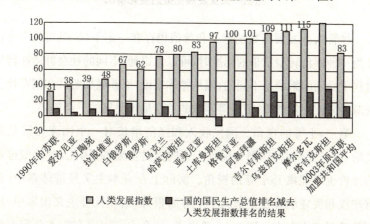

资料来源:David Lane,"Introduction:Two Outcomes of Transformation,"p.12。

图 4.13　2003 年原苏联加盟共和国人类发展指数及其与国民生产总值的比较情况

社会发展状况的下降还体现在国民生产总值—人类发展指数的变化之中，如图 4.14 所示，只有古巴在这项数据中出现了明显的增长，由 1990 年的－2 升至 2003 年的＋40，此外还有罗马尼亚和保加利亚也出现了一定的改善。令人意外的是，在这项指数中，原苏联加盟共和国的平均值出现了增长，这主要得益于中亚国家拉高了平均水准（参见图 4.12）。

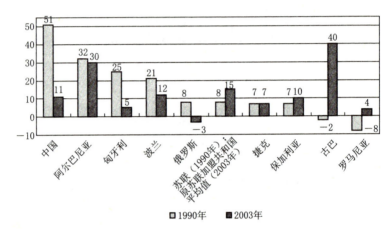

■1990年　■2003年

资料来源：David Lane，"Introduction：Two Outcomes of Transformation，" p.13。

**图 4.14　1990 年、2003 年社会主义国家国民生产
总值—人类发展指数的变化情况**

尽管人类发展指数的意义和价值仍存在一定争议，但当我们将它作为一种评价转型结果的标准时，可以意识到，不同的社会群体在转型过程中受到的影响是不同的，但从整体来说，原苏联加盟共和国在社会资源的分配中对教育、卫生等领域的关注呈现明显的下降趋势。

第三，平等的视角。国民收入和经济增长对一个国家无疑是重要的，但与此同时，如何分配收入也同样是重要的，因此，对转型过程的评价也不能离开平等的视角。实际上在资本主义经济体系中，私有产权和失业的存在是造就不平等的根源，而在社会主义国家中，这两种情况都不存在。因此，一般来说，社会主义国家在收入分配方面较为平等，但在个人财产方面比较贫穷。在改革进程中，为了增加财富的创造，一些经济刺激手段被引入国家经济之中，从而改变了收入

分配的格局。

图 4.15 显示了前后两个时期各转型国家基尼指数[62]的变化趋势，浅色为 1994 年之前各国的基尼指数，深色为 1999 年之后的基尼指数。数据显示，随着转型的深入，不平等的程度加深了。1994 年之前，后苏联国家的基尼指数平均为 30.9，而在 1999 年之后，平均基尼指数上升到 32.7，更有两个国家的基尼指数超过了 40，只有 9 个国家仍保持在 30 之下，其中既有诸如白俄罗斯、乌克兰这样的改革后进国，也有匈牙利、捷克这样的激进改革者。

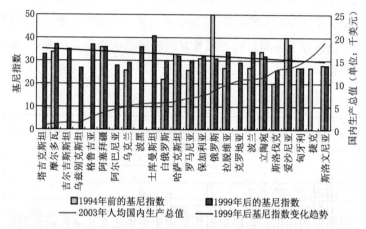

资料来源：David Lane,"Introduction：Two Outcomes of Transformation,"p.17。

图 4.15 1994 年之前和 1999 年之后转型国家基尼指数的变化

值得注意的是，几乎所有能源输出国的平等情况都不太好，由于劳动力价格过低而资本所有者却可以在国际市场上获得高额利润，其不平等状况始终延续。但另一个值得注意的现象是，在 1999 年之后，尽管俄罗斯在私有化方面出现了退步，但在收入的平等分配方面反而有所改善。基尼指数明显下降，这也是普京时期值得注意的重要现象。[63]

第四，非正常死亡率的视角。在观察转型效果时，尤其是对社会和卫生系统进行评估时，莱恩也经常使用低于 60 岁的死亡人口占所有死亡人口的比例作为评价标准。在西方发达国家，60 岁以下的人口死亡比例普遍都比较低，例如在2000—2005年期间，英国只有8.7％的死亡人口不足60岁，德国为8.8％，瑞典更是仅有7.2％，美国的11.8％已经是最高的数值了。然而，在转型国家，情况则大为不同。

如图4.16所示，在这项数据中，所有转型国家的比率都非常高，基本上只有阿尔巴尼亚（11.4％）和斯洛文尼亚（11.8％）达到了发达国家的最低水准。其中俄罗斯和乌克兰的数值甚至达到了31.6％和31％，也就是说，在俄罗斯和乌克兰2000—2005年的所有死亡人口中，几乎有三分之一的人不足60岁。尽管没有任何直接证据能够显示这种极高的非正常死亡比率与经济转型有必然的联系，更不能简单认定这是转型带来的结果，但至少可以从一个侧面说明，经济转型并没有使医疗卫生和公民心理等方面的问题获得显著改善，反而还有所恶化。[64]

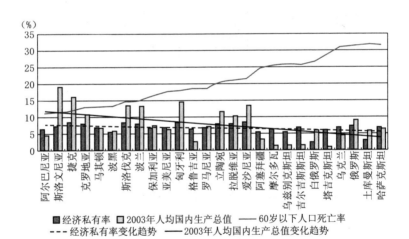

资料来源：David Lane，"Introduction：Two Outcomes of Transformation，"p.19。

图4.16 转型国家60岁以下死亡人口比率

除此之外，莱恩还通过失业率以及公众态度变化等方面的指数对转型过程进行了分析。通过这种跨学科的多元分析视角，莱恩对整个社会主义阵营的转型结果进行了细致而微的分类描述。在他看来，在20世纪80年代，社会主义国家转型的愿望非常迫切，希望能够通过转型解决它们所有的问题，并且天真地认为只要转型能够实现，一切问题都将迎刃而解。这种观点太过于理想化了。莱恩认为,如果综合全面地分析转型过程,从实际情况来看可以说目前的转型远远没有达到改革之初的预期,甚至在经济数据、人类发展指数等很多方面还出现了明显的倒退。事实上,经济转型是一个非常复杂的过程,而且它所产生的影响也必须在具体情境下才能得到准确分析。"如果社会和制度条件不具备,自上而下的改革很难取得成功"[65],当正式的制度被颠覆时,人民对于未来的期待与从过去时代所继承下来的东西都将面临存在还是重构的压力。对政治精英来说,简单复制西方现有的政治经济制度是最简单的解决方案,但当转型不断深入之后,各种现实问题的挑战自然显现,因此,尽管社会主义国家有着类似的制度和路径设计,但在实际转型过程中结果往往大相径庭。所以说,对于研究者而言,根本无法将所有社会主义国家的转型作为一种模式概括分析,必须根据转型过程的实际情况分类进行研究。

二、转型国家的三种类型

尽管经济转型是所有原社会主义国家共同的道路,但不同国家在不同时期经历的转型过程却各不相同。对于这一现象,莱恩进行了详细的比较分析。

他首先选取了四个独立的年份,即 1989 年、1995 年、2000 年和 2006 年,并选取了经济改革过程中四个关键的要素:大规模私有化(large-scale privatization,简称 LSP)、小型私有化(small-scale privatization,简称 SSP)、企业重组(enterprise restructuring,简称 EnRe),以及价格自由化(price liberalization,简称 Pli),通过对不同国家不同年份中这四项要素的评分,评价其转型过程。分数设定在 1 到 4+的范围内,其中 1 代表改革几乎没有发生的状态,4+则代表着该项指标完全达到了西方市场经济国家的标准。[66]

图 4.17 用图表的形式总结了这项评估的结果,其中(a)为所有欧洲后社会主义国家的平均值,后面四项则是不同国家在不同历史时期的情况对比。在这项数据中,我们可以明显发现各国转型进程存在的明显不同。

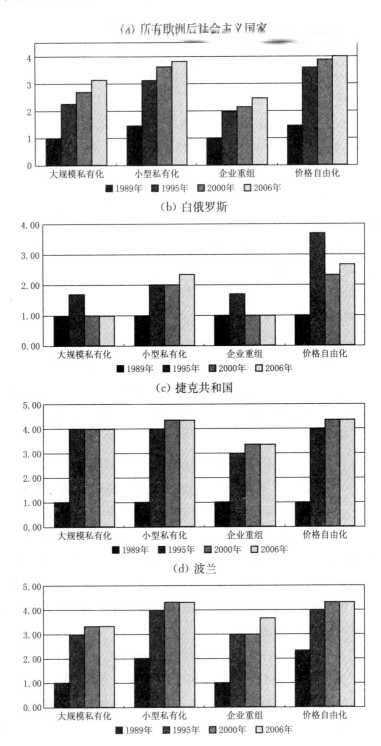

(a) 所有欧洲后社会主义国家

1989年　1995年　2000年　2006年

（b）白俄罗斯

1989年　1995年　2000年　2006年

（c）捷克共和国

1989年　1995年　2000年　2006年

（d）波兰

1989年　1995年　2000年　2006年

（e）俄罗斯

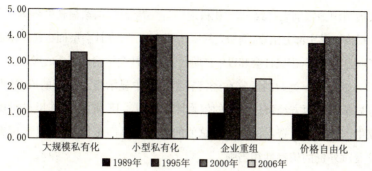

资料来源：David Lane，"Introduction：Two Outcomes of Transformation，"pp.5—6。

图4.17　1989年、1995年、2000年、2006年的经济转型状况

如图所示，从起点来看，大部分国家的经济转型开始于1993—1995年这个时间段，1989年时各国的改革基本上都没有发生，波兰是唯一的例外。在1989年，波兰已经启动了小企业的私有化和贸易自由化，其实和它类似的国家还有匈牙利、斯洛文尼亚等。

从整体来看，在莱恩所列举的指标中，价格自由化是执行情况最好的改革项目，几乎所有后苏联国家都实现了价格自由化。此外在小型企业的私有化方面，进展也比较乐观。但企业重组是转型时期进展最小的一个领域，直到2006年，仍然只能说达到了中等程度。

从转型的推进速度来看，捷克的经济转型进展最为迅速，到1995年已经基本上完成了私有化和价格自由化，企业重组方面也有很大进展。波兰和俄罗斯紧随其后，转型速度也比较快。白俄罗斯则是转型的另一个极端，不仅起步比较慢，而且在1995年之后，私有化和价格市场化等方面还出现了明显的倒退。2000年以后，俄罗斯也出现了类似情况，在私有化方面有所倒退，但退步的幅度有限。

莱恩指出，2000年之后，中东欧国家和原苏联加盟共和国在转型进程中的差异已经得到了越来越多的体现，转型经济体也逐渐分化为三个具有明显差异的类型。[67]

第一种类型的国家形成的是西方国家的市场经济模式，欧盟东扩后的所有中东欧新成员国都属于这一类别。这些国家的转型进程相对顺利，到目前为止,中东欧转型国家在市场化和私有化等方面已经和经济合作与发展组织国家别无二致,非常积极地参与世界经济,国家福利也获得了很大提高。其中部分国家(例如立陶宛、拉脱维亚等)在社会层面也已经出现了明显的变革,市民社会和以中产阶级为主的社会结构也逐渐成形。

尽管这一类型的国家在经济转型过程中显示出了相当的成绩,但也显示出对西方经济体过分的依附性。如图 4.18 所示,中东欧转型国家中国外直接投资占国内生产总值的比重明显高于俄罗斯等国,国家发展对外资的依赖性相当强。

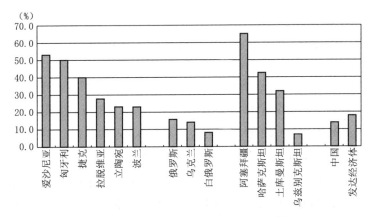

资料来源:UNCTAD Handbook of Statistics,FDI,源自 UNCTAD Statistics,www.unctad.org.fdistatistics,转引自戴维·莱恩 2010 年上海演讲 PPT。

图 4.18　1995—2008 年外国直接投资占国内生产总值的比例(平均值)

由于国家经济的全面开放,外资对欧洲转型国家的经济控制力相当大。如图 4.19 所示,在中东欧转型国家中,外国资本已经全面渗透,基本上控制了转型国家的经济和金融体系。外资银行占国家银行总资本的比例基本上都超过了 50%,部分波罗的海国家几乎接近 100%。[68]

国家金融体系的运行和发展过分依赖西方国家,使这些转型国家在国际经济体系中处于非常被动的依附地位。而且一旦西方国家出现资金流动性方面的困难,自然会从其投资的转型国家撤出资金,以维护自身的金融安全。这种行动不仅会导致转型国家出现大量的储备资金外流,削弱银行信用,而且会使金融风险在这些国家迅速传播,而国家本身却无力抵御。

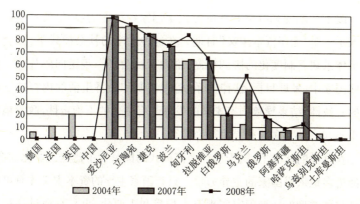

资料来源：EBRD data Base. Structural Indicators（Financial Sector），Ebrd//www. ebrd. com/country/sector/econ/stats/sci. xls. Accessed（Jan）2010；西欧国家数据（2004 年）引自 Martin Cihak and Wim Fonteyne，"Five Years After：EU Membership and Macro-Financial Stability in New Member States"，IMF Paper，WP/09/68，March 2009，p.6；中国数据（2003 年和 2005 年）引自 Naughton，*The Chinese Economy*，MIT Press，Cambridge Mass and London，2007，Table 19.2，p.455，转引自戴维·莱恩 2010 年上海演讲 PPT。

图 4.19　2004 年、2007 年和 2008 年外资银行比率表（占银行总资产%）

　　尽管中东欧国家的经济转型在西方眼中取得了巨大的成功，但莱恩始终认为，这些国家虽然融入了资本主义世界经济体系，"但当这些国家与那些'核心'成员国一体化之时，外国投资造成了外资大规模地持有金融、商业和工业资产的局面，并使这些国家高度依赖外国公司"。从这个角度讲，"它们是欧盟的经济依附型成员国，出口产业链中的低端服务和产品"[69]。

　　第二种类型的国家形成的是一种国家与市场混合式的不协调资本主义模式。处于这一群体中的国家都经历了一个并不算成功的转型过程，在转型结束之后，经济上都略显贫穷。这个群体包括俄罗斯、乌克兰、哈萨克斯坦、格鲁吉亚、土库曼斯坦和摩尔多瓦。

　　这些国家都有一些共同的特点，例如都存在严重的收入差距问题，贫困人口数量和失业率也非常之高。在这些国家中，作为国家经济支柱的大型能源产业能够获得巨大的国际国内投资和丰厚的收益，但其他工业生产部门始终未能发展壮大，也无法融入世界经济体系。尽管这些国家在转型过程中努力追求私有化和货币化的市场经济，但始终缺乏支撑现代资本主义的心理、政治和社会条件。[70]

改革初期的私有化和混乱导致了国家经济虚弱,结果使这些国家进入了一个"无序资本主义"时期。在这种无序的社会模式下,社会和经济体系缺乏制度化的协调机制,推动着社会进一步走向碎片化。在这些国家中,发展目标、法律体系、管理体制和经济生活的内容缺乏内在的一致性,结果导致国家未来的发展具有更多的不确定性,政治精英严重不和,犯罪、腐败和寻租行为横行。

在这样的状况下,属于混合经济模式的国家为了建立工业化社会,只能更多地依靠国家的主导力量。只有国家主导的资本主义才有可能保证这种类型的转型国家实现资本积累和工业化,也只有通过这种国家主导的方式,才能够更加有效地利用民族主义等因素,最终实现社会内部的团结。因此,以俄罗斯为代表的混合资本主义模式很容易最终走向国家主导的资本主义模式(state-led capitalism)。[71]

第三种类型的国家非常特别,属于这个类别的国家包括乌兹别克斯坦、白俄罗斯和土库曼斯坦。这些国家一直到 21 世纪,仍然没有在经济改革方面取得明显突破:市场力量仍然不能主导这些国家经济的发展,私有化程度仍然相对较低,国家控制、经济协调和强制性规则的存在仍然使这些国家的经济基本停留在社会主义时期。

这种类型的国家保持了集权经济的很多要素,国家官僚机构在经济运行中始终发挥着关键的作用,市场因素的影响力相对较弱,政治领域的改革更是迟迟没有进展。但与混合经济模式一样,白俄罗斯等国未来的发展方向也仍然是在保持国家主导作用的情况下引入市场经济的运行模式,亦即国家资本主义模式,虽然目前二者所处阶段不同,但最终的发展方向仍然趋于一致。[72]

总而言之,在莱恩看来,原社会主义国家的转型是一个非均衡的过程,形成了三种类型的结果。中东欧国家的转型过程相对顺利,建立了更加符合西方资本主义标准的经济体系,但付出的代价是由外国资本控制了本国的经济资源,经济发展过分依赖国际市场。俄罗斯等原苏联加盟共和国在转型的道路上更加艰难;国家在经济发展中始终处于关键地位,在经历了一个时期的混乱之后,逐渐走上了混合型资本主义的道路。以白俄罗斯为代表的另一部分国家的经济改革始终进展有限。但从整体上说,原苏联加盟共和国的转型更加倾向于保持国家在经济发展中的主导作用,最终走向国家资本主义的发展道路。

三、俄罗斯:半边缘大国的力量

2000 年之后,普京开始改变转型以来俄罗斯的内外政策,试图重建俄罗斯的大国身份。他采取了一系列措施加强中央权威,并且运用各种手段打击寡头,控制战略行业和能源部门,逐步建立国家主导的经济模式。随着能源价格上涨,俄罗斯不仅在经济上获得了巨大的利益,而且借助在能源领域的优势地位,采取了更为强硬的外交政策。一时间,西方媒体和部分学者对俄罗斯重新成为世界大国的炒作甚嚣尘上,加之普京时期俄罗斯通过企业国有化等方式加大了对资源的控制,也给西方民众以"非民主"和"威权"的印象,俄罗斯会凭借经济复苏和能源战略重新复兴苏联、发动新冷战的声音不绝于耳。

然而,在莱恩看来,这种观点只是媒体为了迎合大众而蓄意进行的炒作,根本没有任何事实依据予以支持。俄罗斯远远不是一个世界经济大国,"俄罗斯没有能力将能源财富转化为有效的经济竞争力,它不仅落后西方国家很远,甚至已经被中国超越"[73]。但俄罗斯的确是西方国家重要的政治威胁,因为它的存在的确提供了一种可能的替代性政治和意识形态模式。这种不同于新自由主义的经济发展模式,实实在在地对美国霸权下的全球化进程提出了挑战。

莱恩指出,从经济学的角度而言,尽管在普京时代,俄罗斯的经济有了一定的恢复和发展,但无论是从规模还是从质量的角度评估,仍然难以称之为经济大国。[74]

要评估一个国家的经济实力,企业的实力是最重要的标准。而无论从营业额还是市值来看,俄罗斯企业在世界范围内的排名都不算突出。如表 4.7 所示,在 2008 年的世界企业五百强中,俄罗斯企业只有 5 家,且排名还比较靠后。从总体数据来看,世界五百强中美国企业的总市值为 105 850 亿美元,英国为 24 960 亿美元,中国为 8 600 亿美元。而俄罗斯企业总计刚刚达到 6 420 亿美元,无论在营业额还是利润上,都与西方国家的顶级企业相去甚远,即使与中国相比,也略逊一等。

表 4.7　2008 年世界五百强中的俄罗斯企业(营业额标准)[75]

（单位：白万美元）

世界企业排名	营业额	利润额
世界前两名		
1. 沃尔玛集团	378 799.0	12 731
2. 埃克森美孚公司	372 824.0	40 610
俄罗斯企业前五名		
47. 俄罗斯天然气工业公司	98 642	19 269
90. 卢克石油公司	67 205	9 511
203. 俄罗斯石油公司	36 184	12 862
357. 苏尔古特石油天然气公司	23 302	3 466
406. 俄罗斯联邦储备银行	20 785	4 164

资料来源：*Fortune*，Top Hundred Companies，issue for 21 July 2008，available at：http://money.cnn.com/magazines/fortune/global500/2008/countries/Russia.html，转引自 David Lane，"Russia's Transition to Capitalism：The Rise of a World Power?" in Andrew Gamble and David Lane(eds.)，*The European Union and the World Politics：Concensus and Division*，London and New York：Palgrave Macmillan，2009，p.65。

　　从大企业的行业分布来看，俄罗斯也处于非常不平衡的状态，有竞争力的企业集中于能源和资源行业，高科技产业严重落后。创新能力的局限导致俄罗斯的经济在质的方面较之西方国家始终处于较低的层次，因此难以与西方国家开展真正意义上的经济竞争。可以说，"尽管俄罗斯拥有相当可观的外汇和黄金储备，但始终没有资格成为一个'金融强国'"[76]。

　　企业和资金在能源行业的集中，也反映在俄罗斯出口产品的结构方面。俄罗斯的出口产品主要集中于初级产品，其中能源部门产值在所有出口部门中的比例达到 62%，其最重要的出口产品包括原油(27%)、天然气(14%)、武器(12%)、石油产品(11%)和铝(3%)。这种不平衡的状态反映了俄罗斯在全球产业分工中的尴尬地位，它只能在低附加值和低技术产品领域获得收益，而且在科研、创新和教育领域与西方国家的差距过于明显，在短时间内难以弥合，因此在可以预见的未来，俄罗斯很难改变自己的经济结构。所以说俄罗斯不仅不是世界经济大国,甚至可以说是一个在经济方面比较虚弱的国家。

根据自己的分析,莱恩对俄罗斯经济给出了负面的评价,他认为相对于中东欧转型国家,俄罗斯融入世界经济的过程并不顺利,企业的全球化进程和跨国公司的经营都受到很多限制。庞大的初级产品出口部门、衰落的制造业部门,以及相当程度上的"去工业化"(deindustrialisation),种种因素汇集在一起,使俄罗斯形成了一种特殊的混合经济。[77]俄罗斯的能源部门已经融入了全球经济体系,在这一部门也出现了具有国际影响力的跨国公司,但其他领域仍然与世界经济体系保持着距离。"在很多方面,俄罗斯并没有完全融入世界经济体系,它的经济很大程度上仍保持着国家所有和控制,外国公司几乎没有渗透的机会"[78],俄罗斯在政治上也没有完全被纳入西方国家主导的世界体系中,仍保持着相当大的独立性。

作为一个新马克思主义者和世界体系理论的信徒,莱恩始终对当前的世界经济和政治体系保持着足够的批判精神。他始终认为,当代资本主义世界体系仍然在西方国家的掌控之下,"核心国家不断延伸其领导地位,保持自己在研究、设计、开发、财政、知识产权和财富方面的优势地位,并以经济权力作为政治霸权的前提条件"[79]。边缘国家则只能承担产品承包商以及初级产品、半成品提供者的角色,还要被迫承担大量的利润和劳动力外流带来的损失。

由于与核心国家之间存在巨大的经济、政治和军事差距,边缘国家和核心层次中的卫星国(如转型后的东欧国家)别无选择,只能够接受核心国家的政策。但俄罗斯以及其他一些"半边缘"大国则不同,它们与西方国家的差距并没有那么不可逾越,而且它们与世界体系之间既有分歧又有共性。[80]国家实力和在世界体系中的位置决定了它们与核心国家的关系,它们之间形成的是一种互动(interact)而非屈从的关系——这种状态与冷战时期的社会主义国家类似——因此,它们的经济政策和政治活动具有相当的独立性。[81]

莱恩始终坚信,西方媒体过分夸大了俄罗斯对西方的威胁,在经济和军事上,俄罗斯并不能成为西方国家的挑战者,西方对俄罗斯的恐惧实际上来自对俄罗斯目前发展模式的担忧。他认为俄罗斯正在通过一种国家主导型资本主义的方式参与全球经济,这种模式与新自由主义经济模式存在明显区别。范恩指出,只有理解这种国家主导型的发展模式,才能够真正把握普京时代俄罗斯与西方的复杂关系。其实俄罗斯无力威胁西方,它只不过是调整了改革的方向,从戈尔巴乔夫和叶利钦时期那种对西方的亦步亦趋转向一种与西方有差异的发展模式。从此对于俄罗斯来说,西方从"榜样"变成了"他者",在很多政策选择上,这种差异本身就意味着反对。俄罗斯并不会在军事上与西方对抗,但在经济、政治甚至道德方面,这种对抗却时有发生。俄罗斯既参与世界体系,但也强调自己的主权地位,通过政治权力限制别国在本国边界之内的影响力,这种行为本身就与以美国霸权为核心的世界体系格格不入。更重要的是,俄罗斯的发展模式为西方霸权的反对者提供了一种有效的意识形态,处于半边缘地位的国家的发展可能会在将来导致一个不同类型国家集团的再次兴起,从而成为世界资本主义体系的对峙力量。一旦这种发展模式被其他非西方国家采纳或者复制,那么当代资本主义世界体系就将被迫面对一场新的挑战。[82]

第四节　结论与评价

经济转型研究是俄罗斯研究领域最重要的问题之一,也是英国学术界特别重视的研究议题。从戈尔巴乔夫时代的经济改革开始,英国学者一直对苏联和俄罗斯经济转型给予了持续的关注,对经济转型的进程、结果、原因、动力和评价等方面的问题都有着深入的研究,形成了稳定的学术共同体,发表了大量的优秀研究成果,对介绍和分析俄罗斯经济转型发挥了极其重要的作用。归纳起来,冷战后英国的俄罗斯经济转型研究有以下几个鲜明的特点。

首先,从思想谱系来看,经济转型领域的研究状况充分体现了英国学术界在俄罗斯研究领域的多元化特征。在俄罗斯经济转型这样重大的历史进程中,左翼与右翼的思想文化都能够在英国学界获得表达的空间,并且展现出不同的魅力。这种争鸣式的研究既体现了英国学术研究的开放性,又反映了俄罗斯转型的内在复杂性。

从整体上看,新自由主义理论在英国经济学界仍然处于主导地位。以汉森为代表的英国主流经济学家仍然秉持着新自由主义思想的基本理念,以此为据分析俄罗斯经济政策的得失,并且将其核心思想抽象出来,作为评价俄罗斯转型的基本标准。可以说,从戈尔巴乔夫时期开始,英国经济学家就矢志不渝地为苏联和俄罗斯勾画经济改革的蓝图,从苏联时期的"休克疗法"到俄罗斯时期的各种方案设计,他们毫不妥协地坚持市场化的理念,反对俄罗斯经济改革进程中时隐时现的国家主义思想。这种对于市场和自由等基本理念的坚持使得英国新自由主义经济学家能够在很长的时间内保持思想的连贯性,也能够通过深入的研究不断创造出既具有独立个性又具有实践价值的研究成果,在一定程度上推动了俄罗斯经济改革的发展。但不得不说的是,很多时候这种坚持也带来了相当的负面效应。例如,在对 20 世纪 90 年代的俄罗斯经济困难进行评估时,汉森尽管承认俄罗斯经济存在严重问题,但始终强调统计数据可能的误差以及"影子经济"的存在,试图缓和经济问题的严重程度。而在评价"休克疗法"的效果时,他也尽量将责任归结到政府执行层面,并未深刻反思制度设计的缺陷。但反过来在对普京时期俄罗斯经济恢复问题进行研究时,他又过多地强调 90 年代经济改革的遗产所产生的正面影响,尽量夸大"休克疗法"的积极意义。所以,尽管汉森对经济改革的论述具有相当的理论和现实意义,但这种厚此薄彼的心态却不免有理论和价值先行的嫌疑,无疑不利于保证其研究的客观性。

另一方面,在英国的俄罗斯转型经济研究中,以新马克思主义为代表的非主流思想也相当活跃。由于马克思主义与苏联的历史渊源,新马克思主义者往往对俄罗斯问题抱有很大的兴趣,如霍布斯鲍姆、佩里·安德森等具有代表性的左派思想家的研究都曾对俄罗斯问题有所涉猎,而戴维·莱恩更是通过系统的研究对俄罗斯经济转型进行了全面的评估分析。这一系列的研究都可以算作新马克思主义理论和世界体系理论在俄罗斯经济研究中的运用。由于在思想和评价标准上存在较大差异,其结论与占据主流位置的新自由主义理论有很大区别,在社会舆论中也存在一定争议。然而,尽管存在一定缺陷,但就其研究路径本身而言,新马克思主义思想将很多社会层面的内容有效地纳入评价标准之中,对主流经济学理论的研究无疑是一个重要的补充;而且它充分展现了英国学者对俄罗斯经济转型另一个层面的认知,也具有重要

方法论和理论意义

其次,从经济转型问题的研究路径来看,英国学界对俄罗斯经济转型的研究也体现出不同维度所导致的差异。主流经济学理论擅长根据时间的维度从纵向的视角考察俄罗斯经济转型,这种研究路径在研究中往往喜欢将整个转型进行分段考察。一般而言,以1985年戈尔巴乔夫上台、1991年苏联解体、1998年金融危机和2008年金融危机为标志,可以将当代苏联和俄罗斯经济转型划分为四个阶段,并且可以很自然地将其与戈尔巴乔夫、叶利钦和普京三任俄罗斯领导人的执政周期联系起来,根据相应的标准来评估不同历史时期经济转型的基本状态与特点。同时也可以通过这种路径,纵向比较不同时期经济转型的推进与倒退。此外,还可以选取特定时间段,将俄罗斯与其他转型国家的经济改革进程进行类比研究,但其目的往往是强调俄罗斯和东欧经济转型道路选择的相似性,并且这种比较以东欧转型的成功来论证俄罗斯经济转型的核心问题不是理论和制度设计的缺陷,而是政策的持续性和执行力问题。

新马克思主义经济学则更多地采用了另一种路径,以空间的维度从横向的视角对比俄罗斯与其他转型国家在经济转型过程中的不同结果,并且对转型国家进行分类研究。与其说这种研究路径是在评判俄罗斯经济转型,还不如说是在对比国际体系理论中核心地区与半边缘地区在经济发展政策上的差别。由于新马克思主义经济学理念并不像新自由主义经济学理论那样,将西方自由市场经济体系设定为改革的理想目标,因此,新马克思主义经济学家也从不会将这种客观存在的差异看作经济转型成功与否的分水岭。他们反而更加强调东欧转型国家在核心地区中的卫星国地位,对俄罗斯处于半边缘地区所享受的主权地位表示一定的赞赏和期待。这种结论的差异非常明显地体现了双方理论视角和思考方式的区别。

最后,从研究方法来看,英国学界对俄罗斯经济转型的研究仍然坚持了较为正统的西方经济学研究方法,并且这种方法成为整个学术界共同遵守的基本规则。几乎所有理论流派对经济问题的研究都是在占有丰富的经济数据的前提下,大量使用了回归分析、结构分析、周期分析、平均指标分析、价格指数分析、平均发展速度分析等现代经济学的研究方法,通过经济模式和模型的构造分析俄罗斯经济转型的状况,评判相关要素的作用。

值得注意的是,尽管在思想谱系方面,英国的俄罗斯经济转型研究呈现出很明显的多元化特征,但在研究方法方面,则表现为明显的一致性。在英国的俄罗斯经济转型研究领域并不存在完全异质的研究方法,不同思想理论流派之间也没有明显的方法论差异。尽管选取的数据和标准或有区别,但使用的分析方法非常类似。因此,各种不同的经济转型研究的结论既可以在英国学术界内非常顺畅地相互辩难与争鸣,也可以进一步与国际学术界就同一问题进行广泛的交流与争论。这既是当代经济学学科特性的反映,也体现出英国学术界高度的国际化特征。

冷战后英国对俄罗斯经济转型的研究是既高屋建瓴又细致入微的。随着改革和转型的深入,俄罗斯经济的统计方法和经济数据都逐渐与国际接轨,大量准确的经济信息的披露给了各国研究者一个前所未有的机会进一步深入探索这个看上去熟悉实际上却非常陌生的领域。由于经济学更为科学化的学科性质,经济转型研究领域很快便实现了国际研究的同质化。甚至可以说,经济转型研究是冷战后英国的俄罗斯研究中与美国等其他西方国家最具同质性的一个领域。英国学者的俄罗斯经济转型研究几乎没有体现出英国学术传统和思想观念的影响,在研究方法或是观点方面也没有太多的独特性。在某种意义上,英国的经济转型研究的主流观点已经成为新自由主义经济学的拥趸和国际主流经济学研究的重要组成部分。

当然,也不能简单认为英国学术悠久的历史和思辨传统在俄罗斯转型经济研究中毫无意义。很多时候,英国学者对经济转型的反思并没有停留于一般性的评价,也没有局限于理论和事件研究的层面,而是努力将经济转型与民众心态、社会发展等方面的因素联系起来,从更加广阔的视角思考经济转型的意义和影响。这种尝试虽然大多浅尝辄止,但仍可以将其看作英国学术传统的延续,只不过在经济学领域比较有限罢了。

从整体上说,主流的英国学者仍然坚持以市场化和私有化作为经济改革的根本方向,并且以此为标准评估转型国家的经济改革进程。

但也有很多学者的研究从更实际的角度出发，客观地分析转型国家的不同类型和特点。英国学者全面而又立体的研究视角为世界展示了俄罗斯经济转型的每个侧面，使人们能够更深入地了解和认知俄罗斯经济 20 年的发展历程。虽然这些研究难免存在一定的时代局限性，但总的来说，英国学者凭借着自己严谨的学术作风、扎实的资料搜集、科学的研究方法、灵活的研究思路、多元的思想形态，在 20 多年的研究中形成了完整而系统的研究体系，创造了大量的高水平研究成果，受到了国际学术界的一致认可和高度评价。深入研究和学习英国的俄罗斯经济转型的研究成果和研究方法，对进一步提高中国俄罗斯研究的国际化程度、扩大理论研究的视野都有重要的意义。

注释

1. 例如 Julian Cooper，"Military Expenditure in the Three-year Federal Budget of the Russian Federation，" Working paper, Stockholm International Peace Research Institute，2007；Julian Cooper，"Conversion is Dead, Long Live Conversion！" *Journal of Peace Research*，Vol.32，No.2，1995。

2. Philip Hanson and Elizabeth Teague，"Big Business and the State in Russia，" *Europe-Asia Studies*，Vol.57，No.5，July 2005.

3. 皇家国际问题研究所的相关研究可参见：http：//www. chathamhouse. org/research/russia-eurasia。

4. 例如 Y.M. Herrera，*Imagined Economies：The Sources of Russian Regionalism*，Cambridge：Cambridge University Press，2005；Philip Hanson, Michael Bradshaw，*Reginal Economic Change in Russia*，Cheltenham and Northampton：Edward Elgar，2000。

5. 关于菲利普·汉森的个人简历，可以参考伯明翰大学俄罗斯与东欧研究中心网站的介绍：http：//www. birmingham. ac. uk/staff/profiles/government-society/hanson-philip.aspx。

6. Philip Hanson，*From Stagnation to Catastroika：Commentaries on the Soviet Economy，1983—1991*，New York and London：Praeger，1992.

7. Philip Hanson, Michael Bradshaw，*Regional Economic Change in Russia*，Cheltenham and Northampton：Edward Elgar，2000.

8. Philip Hanson，*The Rise and Fall of the Soviet Economy*，London：Longman，2003.

9. Philip Hanson，*From Stagnation to Catastroika：Commentaries on the Soviet Economy，1983—1991*，p.7.

10. Philip Hanson，*The Rise and Fall of the Soviet Economy*，pp.182—197.

11. 具体信息可见美国中央情报局的相关报告：Narkhoz 79，pp.220，229；Narkhoz 22—82，pp.9，227，233，257—9；Pravda，January 24，1982；January 23，1983。转引自：Philip Hanson，*From Stagnation to Catastroika：Commentaries on the Soviet Economy，1983—1991*，pp.10—11。

12. Philip Hanson，*From Stagnation to Catastroika：Commentaries on the Soviet*

Economy，1983—1991，p.9.

13. Ibid.，p.11.

14. Philip Hanson, *The Rise and Fall of the Soviet Economy*，pp.202—205.

15. Philip Hanson, *From Stagnation to Catastroika：Commentaries on the Soviet Economy，1983—1991*，p.16.

16. Ibid.，p.18.

17. Ibid.，p.26.

18. Ibid.，p.188.

19. Ibid.，p.189.

20. Philip Hanson, *The Rise and Fall of the Soviet Economy*，pp.225—229.

21. Philip Hanson, *From Stagnation to Catastroika：Commentaries on the Soviet Economy，1983—1991*，p.225.

22. Ibid.，p.208.

23. Philip Hanson, "Soviet Economic Reform：Perestroika or 'Catastroika'," *World Policy Journal*，Vol.8，No.2(Spring, 1991)，p.292.

24. Ibid.，p.295.

25. Ibid.，pp.289—290.

26. Philip Hanson, *From Stagnation to Catastroika：Commentaries on the Soviet Economy，1983—1991*，p.230.

27. Ibid.

28. Ibid.，pp.190—191.

29. Philip Hanson, "Soviet Economic Reform：Perestroika or 'Catastroika'," p.299.

30. Philip Hanson, "The Russian Economic Crisis and the Future of Russian Economic Reform," *Europe-Asia Studies*，Vol.51，No.7，1999，p.1142.

31. Ibid.

32. Douglas Sutherland and Philip Hanson, "Structural Change in the Economies of Russia's Regions," *Europe-Asia Studies*，Vol.48，No.3，1996，pp.367—370.

33. Philip Hanson, "The Russian Economic Crisis and the Future of Russian Economic Reform," p.1145.

34. Ibid.，p.1148.

35. Ibid.，pp.1149—1150.

36. Ibid.，p.1150.

37. Ibid.，p.1151.

38. Douglas Sutherland and Philip Hanson, "Structural Change in the Economies of Russia's Regions," pp.367—368.

39. Philip Hanson, "Russia to 2020," the Occasional Papers of Finmeccanica, edited by the Research Department of the Company, November 2009，p.8.

40. Philip Hanson, "The Russian Economic Recovery：Do Four Years of Growth Tell Us that the Fundamentals Have Changed?" *Europe-Asia Studies*，Vol.55，No.3，2003，p.366.

41. Philip Hanson, "Russia to 2020," pp.9—10.

42. Philip Hanson, "The Russian Economic Recovery：Do Four Years of Growth Tell Us that the Fundamentals have changed?" p.366.

43. Philip Hanson, "Russia to 2020," p.19.

44. Philip Hanson and Elizabeth Teague, "Russian Political Capitalism and its Environment," in David Lane and Martin Myant eds., Varieties of Capitalism in Post-Communist Countries, London and NY: Palgrave Macmillan, 2007, pp.149—163.对于这一时期俄罗斯商业环境的研究还可以参考 Philip Hanson and Elizabeth Teague, "Big Business and the State in Russia," Europe-Asia Studies, Vol.57, No.5, July 2005, pp.657—680。

45. Philip Hanson and Elizabeth Teague, "Russian Political Capitalism and its Environment," pp.153—155.

46. Philip Hanson and Elizabeth Teague, "Big Business and the State in Russia," pp.674—675.

47. Ibid., pp.674—677.

48. Philip Hanson and Elizabeth Teague, "Russian Political Capitalism and its Environment," p.150.

49. Ibid., pp.162—163.

50. Philip Hanson, "Russia to 2020," p.23.

51. Ibid., p.28.

52. Ibid., p.29.

53. Ibid., p.34.

54. Ibid., p.37.

55. Ibid., p.42.

56. Philip Hanson, "Managing the Economy," in Stephen White, Richard Sakwa and Henry Hale(eds.), Developments in Russian Politics 7, London: Palgrave Macmillan, 2010, pp.188—203.

57. 关于戴维·莱恩的相关信息,可以参考 http://cambridge.academia.edu/David-Lane。

58. 戴维·莱恩是当代英国新马克思主义代表人物之一,他对社会主义国家与世界体系之间的关系进行了深入的研究,由此形成了关于俄罗斯经济转型的论点。同时,莱恩对于中国问题也非常感兴趣,曾多次访问中国。2010 年 6 月,莱恩教授访问华东师范大学,并围绕着相关问题发表演讲。在此期间,笔者与莱恩教授进行了交流,莱恩先生也详细叙述了他的思想观念,在本书中笔者也将对此进行详细介绍。

59. David Lane, "Introduction: Two Outcomes of Transformation," in David Lane (ed.), The Transformation of State Socialism: System Change, Capitalism or Something Else?, London and New York: Palgrave Macmillan, 2007, p.9.

60. Ibid., p.10. 人类发展指数是莱恩最为常用的评价指数之一,他通过这一指数来评估经济转型对日常社会生活的影响,并将其作为解读转型的基本依据,这也是莱恩经济转型研究的基本特点。

61. Ibid., p.11.

62. 基尼指数(Gini Index)指将基尼系数乘以 100 作百分比表示,此处为方便作图采用该概念,其具体意义与基尼系数相同。

63. David Lane, "Introduction: Two Outcomes of Transformation," pp.14—15.

64. Ibid., pp.18—19.

65. David Lane, "Post-State Socialism: A Diversity of Capitalisms?" in David Lane and Martin Myant eds., Varieties of Capitalism in Post-Communist Countries, London and New York, 2007, p.13.

66. David Lane, "Introduction: Two Outcomes of Transformation," p.4.

67. David Lane, "Post-State Socialism: A Diversity of Capitalisms?" pp.22—23.

68. 关于莱恩教授 2010 年 6 月在华东师范大学的演讲内容，参见戴维·莱恩：《世界体系中的后苏联国家：欧盟新成员国、独联体成员国和中国之比较》，载《俄罗斯研究》2010 年第 5 期。

69. 戴维·莱恩：《世界体系中的后苏联国家：欧盟新成员国、独联体成员国和中国之比较》，载《俄罗斯研究》2010 年第 5 期，第 70 页。

70. David Lane, "Post-State Socialism：A Diversity of Capitalisms?" pp.35—36.

71. Ibid.，p.36.

72. Ibid.，pp.36—37.

73. David Lane, "Russia's Transition to Capitalism：The Rise of a World Power?" in Andrew Gamble and David Lane(eds.), *The European Union and World Politics：Consensus and Division*, London and New York：Palgrave Macmillan, 2009, p.65.

74. Ibid.，p.70.

75. 《财富》2010 年的最新数据显示，这种情况并没有特别明显的变化。

76. David Lane, "Russia's Transition to Capitalism：The Rise of a World Power?" p.68.

77. Ibid.，p.70.

78. Ibid.，p.71.

79. Ibid.，pp.71—72.

80. David Lane, "Post-State Socialism：A Diversity of Capitalisms?" p.37.

81. David Lane, "Russia's Transition to Capitalism：The Rise of a World Power?" p.72.

82. Ibid.，pp.73—74.

第五章

冷战后英国的俄罗斯历史研究

如果将英国社会科学比作一幅精美的图画，那么历史学便是这幅图画的底色。历史研究始终在英国社会科学研究中扮演着极其特殊的角色。在一代又一代历史学家多年坚持不懈的努力下，英国的历史学界诞生了一大批卓尔不群的优秀作品，始终站在国际史学的最前沿。更为重要的是，悠久的历史研究传统决定了整个国家社会科学的发展方向。历史学的精神在英国社会科学的思想演进和研究方法形成的过程中得到了充分的体现。从某种意义上说，史学传统建构了英国社会科学的认识论和方法论基础，坚持传统分析法和历史分析法也成为了当代英国学术研究最重要的特点。时至今日，历史学已经成为英国社会科学研究最重要的基础研究，影响着整个英国社会科学的发展。

英国作为一个具有深厚史学传统的国度，其史学界对俄罗斯历史始终保持着高度关注，对俄罗斯历史的研究可谓成绩斐然。早在冷战期间，国际关系理论的创始人之一爱德华·卡尔就是英国最重要的苏联史专家。他通过各种渠道，获得了相当数量的相关材料和数据，经过20多年的努力，最终完成了14卷本《苏俄史》。该书在国际学术界引起了轰动，成为各国学者研究苏联问题的必备文献。

冷战结束后，英国对俄罗斯历史领域的研究更加深入，对苏联和俄罗斯历史发展的分析和解读更加细致。同时，英国学者借助历史学的视角，针对苏联解体和俄罗斯转型等重大的时代问题，提出了独特且有解释力的概念和理论，对于俄罗斯转型研究的发展方向产生了深远的影响。英国历史学研究者秉持着中立的研究立场，以文献数据为基础，大胆假设，小心求证，在近20年的发展中硕果累累，获得了各国同行的普遍认可。

第一节 研究的基本状况

苏联解体之后,俄罗斯历史研究也进入了一个快速发展的新阶段。大量苏联时期的历史档案先后解密,使得史学界获得了前所未有的机遇,通过第一手材料的搜集和整理,很多困扰学术界多年的难题迎刃而解,修正、开拓和创新成为历史学研究的主题词。

在这个俄罗斯历史研究的黄金时代,英国学者同样取得了很大的进展。他们通过广泛地搜集材料,掌握了大量的第一手资料,使俄罗斯历史研究在短时期内获得了很大的进展。苏联解体之后,历史学的研究成果也出现了井喷的盛况。如图 5.1 所示,1993 年,《欧亚研究》杂志有 37.8% 的内容都与苏联、俄罗斯历史问题有关,在 1994 年、1996 年,历史研究所占的比例也超过了全部文章的四分之一。在 20 世纪 90 年代,尤其在 1997 年之前,苏联和俄罗斯历史问题研究是英国俄罗斯研究领域受到关注最多的问题之一。

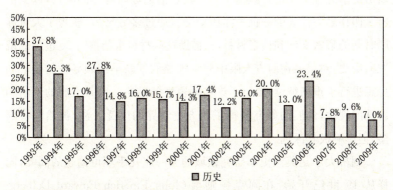

资料来源:作者自制,根据《欧亚研究》(*Europe-Asia Studies*)1993—2009 年文章发表情况统计。

图 5.1 冷战后英国学术界对于历史研究的关注度变化情况

1997 年以后,整个学术界对历史研究的关注度有所下降,论文所占比例也基本上保持在 15% 左右。尽管在个别年份,由于特殊原因[1],研究所占比例也曾出现反弹,但整体来说,到 2007 年之后,历史研究所占的比例已经基本稳定在 10% 以下。

以种variable进程反映了沙皇在一段时间的相思况发展之后,随着对解密资料的挖掘接近尾声,历史研究的热度逐渐降温,英国的俄罗斯研究的焦点也逐渐从历史问题转到现实问题上来。但英国学者对俄罗斯历史的探索始终没有中断,反而更加深入、更加细致,不断创造出更加辉煌的新成果。

有赖于英国学术界深厚的历史学传统,几乎所有的英国高校都会涉足历史学研究,很多机构都对俄罗斯历史问题有过非常深入的探索。其中,剑桥大学、牛津大学、伦敦大学和伦敦经济政治学院的学者作出了最为突出的贡献。

早在19世纪,牛津学派的出现开启了英国近代历史研究的先河,标志着英国历史学研究走上了专业化的道路。牛津学者将德国兰克学派严谨、扎实的史学研究方法和基本的学术规范引入英国,为英国历史学研究奠定了基础。多年以来,历代牛津学者始终奉行以资料为基础的英国史学传统,苦心钻研,取得了一个又一个的伟大成绩。

牛津大学历来重视俄罗斯问题,牛津大学的学者也在苏联和俄罗斯历史研究领域积极开疆拓土。尤其是借助苏联解体的契机,以罗伯特·谢伟思为代表的一批牛津历史学家通过多方努力,获得了大量苏联时期的解密文件和档案材料,并借助这些材料重新撰写20世纪的俄罗斯历史,对很多在西方人眼中非常神秘的苏联早期领导人的生平和思想进行了重新解读,得出了许多颠覆性的结论。因其大胆的论断和特殊的视角,他们的研究获得了西方史学界的广泛关注,虽然争议颇多,但影响极其深远。

剑桥大学是英国史学研究领域的另一座几乎不可逾越的高峰,同样从19世纪开始,在阿克顿勋爵(John Emerich Edward Dalberg-Acton, 1st Baron Acton)的领导下,剑桥大学很快成为英国历史研究的一面旗帜。从阿克顿主持编纂《剑桥近代史》开始,《剑桥史》系列就逐渐成为世界历史学界的重要标志,也成为了经典的代名词。

经过多年策划和组织,2006年,剑桥大学出版社正式出版了三卷本的《剑桥俄国史》(*The Cambridge History of Russia*)。《剑桥俄国史》一经推出,立即引起了广泛的反响,获得了国际学术界和出版界的高度评价。无论从研究的深度和广度还是国际影响力来看,《剑桥俄国史》已经奠定了它在俄罗斯通史研究领域中的经典地位,成为《剑桥史》系列作品中的重要组成部分,也是当代剑桥大学在俄罗斯历史研究领域最为突出的成果。

牛津与剑桥是英国历史学研究的两大高峰,无论是历史积累还是研究团队的整体实力,它们在英国学术界的地位都堪称无与伦比。相对而言,伦敦大学、伦敦经济政治学院,以及其他机构的历史研究则更多体现出自身的特色,善于深入研讨特定问题,为俄罗斯历史研究的大厦或添砖加瓦,或查漏补缺,它们的成绩和贡献一样不可小觑。

在俄罗斯思想文化史研究方面,伦敦大学伯克贝克学院(Birkbeck College)的奥兰多·费吉斯(Orlando Figes)可算是当代英国学者的杰出代表。费吉斯生于 1959 年,毕业于剑桥大学,1984 年至 1999 年在剑桥大学三一学院(Trinity College)任教,主要关注俄罗斯历史和文化领域的研究。他的研究更多地关注俄罗斯文化和日常社会生活,擅长观察在特定历史时期普通俄罗斯民众日常生活所反映出的深刻历史与文化价值,其代表作包括《娜塔莎之舞:俄罗斯文化史》[2]和《耳语者:斯大林时期苏联的私人生活》[3]等。因其独特的视野、细腻的笔触和优美的文字,费吉斯的研究获得了国际学术界和出版界的广泛赞誉,他的研究成果已经被译为 20 多种文字,在世界范围内发行,其中《娜塔莎之舞》更是被誉为当代国际俄罗斯文化史的压卷之作。

当然,除了传统意义上的经典历史学研究之外,冷战后英国的俄罗斯历史学家们还积极参与到苏联和俄罗斯转型问题的研究中来,使历史研究的视界获得了新的拓展。其中伦敦经济政治学院的多米尼克·列文对于"帝国"的研究是其中的杰出代表。

多米尼克·列文是当代英国著名历史学家,其关于罗曼诺夫王朝的研究在学界首屈一指,[4]同时他在苏联学领域也享有崇高的声望。因为从严格意义上说,列文是世界范围内唯一成功预测了苏联解体的学者。[5]

作为一个以沙俄帝国为研究重点的历史学家,列文对帝国的意义有着深入的理解。并且积极地将帝国的概念运用到苏联问题的研究中去,对苏联的解体进行了成功的预测。可以说,他有效地将历史学的思维方式和思想理念运用到苏联学当中,另辟蹊径,以新的研究范式获得了前所未有的成功。他曾经自信地说："从心理上讲，历史学家比苏联学家更容易想到这种观念，即苏联有朝一日可能会消失。历史学家们具有（至少应该具有）更长久的记忆和更广阔的视野，他们能够理解这种戏剧性的变革。而苏联学家们的想象力是非常贫乏的，他们的记忆最早能够上溯到 1917 年，最迟只能到 1953 年，即斯大林去世那一年。他们穷一生之力在研究苏联这个庞然大物，他们很难接受自己的研究对象其实已经是一个濒临灭绝的物种。"[6] 列文的成就深刻地证明了历史学对于转型研究的意义，也为当代俄罗斯研究开辟了一条以"帝国"为名的新研究路径。

归结起来，冷战后英国的俄罗斯历史研究既有对历史传统的坚持，又有很多突破与创新。从整体上看，大部分英国学者的研究始终坚持正统的史学路径，通过广泛搜集材料，以求真的精神重新探索历史事件的真相，并且以不同的研究视角、不同的体例，全面介绍苏联和俄罗斯的历史，在俄国通史、俄国文化史和苏联史等方面都有突出的成绩。

另一方面，以多米尼克·列文为代表的一部分更具开拓精神的历史学家已经不再满足于将自己的研究视野局限于单纯的历史研究领域，他们参与到当代俄罗斯转型研究中来，用历史学的方法开展现实问题研究，极大地拓展了当代转型理论的视野，为俄罗斯研究的发展进步作出了重要的贡献。

由于本章的研究主要围绕着转型问题展开，加之篇幅所限，因此对英国学者在传统俄罗斯研究领域的主要成果只能进行简要介绍，同时重点选取了多米尼克·列文对于帝国的研究来进行系统的分析和研究，以期从历史学的视角分析和解读苏联和俄罗斯的转型进程，同时全面理解英国史学界在俄罗斯研究领域的地位与贡献。

第二节　品读俄罗斯：后冷战时代的历史认知

冷战的结束开启了一个新的时代，也为历史学家冷静思考历史事件、重新反思苏联时代、展望俄罗斯未来的发展提供了难得的良机。在冷战结束后的 20 年时间里，英国历史学家针对俄罗斯历史中存在的不同问题，从不同的视角重新梳理和解读俄罗斯历史，并且在很多领域取得了非常突出的成就，以全新的方式展现了新时代英国学者对俄罗斯的历史认知。

一、罗伯特·谢伟思眼中的苏联领袖

罗伯特·谢伟思是牛津大学圣安东尼学院历史学教授，生于 1947年，曾就读于剑桥大学国王学院（King's College，Cambridge），在列宁格勒大学（Leningrad University）获得博士学位，曾在伦敦大学学院工作，1998 年加盟牛津大学圣安东尼学院，执教至今。他长期致力于苏联史的研究，尤其擅长十月革命至斯大林去世这一阶段的苏联历史问题，在国际学术界享有盛誉。

在谢伟思看来，共产党的领袖人物对苏联历史的发展进程有着异乎寻常的重大影响力，早期领导人的思想理念、政治体制乃至个人性格都对后来的苏联政治发展产生了很大的影响。然而，由于苏联对领导人过分的夸张和神化，研究者很难透过重重迷雾，看到一个个真实又鲜活的"人"。但如果没有对个人的解读，对于苏联政治的发展将永远难以得出最终的结论。因此，冷战结束后，他通过各种渠道，获得了大量第一手资料，努力解读苏联早期的政治领袖，使研究获得了极大的进展。经过长期的积累，2000 年之后，谢伟思先后出版了《列宁传》《斯大林传》和《托洛茨基传》，[7] 对苏联最重要的三位领袖人物的人生经历进行了重构，提出了很多"颠覆性"的看法。

在《列宁传》中，谢伟思既运用了心理学理论提供的分析工具，又注重社会和时代背景对列宁产生的影响。在研究中，他对列宁的出身和家庭背景给予了特别的关注，而且别出心裁地从列宁的私生活出发解读列宁的政治行为。在他的笔下，列宁被描述成一个暴力革命的狂热分子，"对于他的理论教条，他的党，以及他的革命无比骄傲，……（然而）对于这样一个一党专政的集权政府建立以后该何去何从则毫无预见"[8]。

在《斯大林传》和《托洛茨基传》中，谢伟思又一反西方学术界反斯大林、推崇托洛茨基的观点。他认为托洛茨基一直对自己的犹太人身份耿耿于怀，但他却竭尽全力逃避现实。托洛茨基和斯大林难分高下，即使是托洛茨基成为了列宁的继承人，也很难避免肃反和大饥荒的出现，两人对"一国社会主义"理论的接受程度也在伯仲之间。二者唯一的区别是在性格方面，托洛茨基具有知识分子式的傲慢，而斯大林更得人心。在谢伟思看来，西方学界的"托派分子"通过各种方式神化了托洛茨基。

谢伟思的观点非常独特，极具创新价值，在国际学术界和思想界产生了巨大的争议，也引发了国际学术界重新认知早期苏联领袖的浪潮，堪称这一时期历史学界历史人物研究的典范。然而，他的很多观点也由于过于标新立异而极具争议。因此，我们在研究的过程中，需要更加客观而全面地认识谢伟思的观点。当然，他文中的研究方法和在很多问题上的创新精神始终是值得我们学习和借鉴的。

二、奥兰多·费吉斯眼中的俄罗斯文化

所有俄罗斯问题的研究者都有一个共同的认知，即俄罗斯文化是这个世界上最神秘、最复杂，也是最有魅力的文化之一。任何试图勾勒和概括俄罗斯文化史的作品，都需要作者具有开阔的视野、冷静的头脑和异常丰富的学识。然而，奥兰多·费吉斯凭借着自己多年的学术积累和对俄罗斯细腻的观察，出色地诠释了俄罗斯文化演进的历史，完美地勾勒出俄罗斯文化的核心和主题，展现了俄罗斯文化异乎寻常的影响力。

托尔斯泰在他的伟大作品《战争与和平》中，有一个著名且非常美好的片段：娜塔莎·罗斯托夫（Natasha Rostov）和她的兄弟尼古拉被邀请到"大叔"在林间的小木屋做客，吃完午饭之后，"大叔"用俄罗斯传统的乐器奏响了乡间的音乐。娜塔莎和尼古拉立即被这优美的琴声吸引，并且随着悠扬的琴声自然而然地跳起了俄罗斯民间舞蹈。

托尔斯泰在文中感慨道：

> 这位法籍家庭女教师培养出来的小姐，是在何时何地吸收了法国披巾舞所缺乏的俄国风味和俄国气派的？而这正是大叔期待于娜塔莎的那种学不来教不会的俄罗斯风味和气派。娜塔莎刚一站稳，就得意洋洋，自命不凡，调皮而快乐地微微一笑。这时尼古

拉和所有在场的人最初担心她跳得不好的忧虑顿时消失殆尽,大家都兴致勃勃地欣赏着她。

娜塔莎跳舞的动作非常准确,丝毫不差,逗得阿尼西雅边递给她一条跳舞用的手巾,边笑得流出眼泪。她一直望着这位苗条、文雅、穿着绸缎丝绒衣裳、颇有教养的伯爵小姐,觉得她完全变成了另一个人,钦佩她竟能领会她阿尼西雅、她的父母和姑妈,以及凡是俄国人身上所具有的俄罗斯风味。[9]

在费吉斯看来,这个美好的片段,正是对俄罗斯文化内涵最为经典的阐释,欧洲式的贵族文化与流传于民间的俄罗斯本土文化在一个特定场合不期而遇。琴声唤醒了美丽的贵族少女心中的俄罗斯灵魂,她能够随着琴声翩翩起舞。这便是藏在俄罗斯民族内心深处难以改变的文化精神。

费吉斯认为,娜塔莎之舞正是俄罗斯文化的一个窗口:"在他们的心中,有两个对立的完全不同的世界:上层阶级的欧洲文化和农民阶级的俄罗斯文化。"[10]从 1698 年的彼得大帝改革以来,俄罗斯就开始了长达一百多年的对于欧洲文化模仿,从建筑、艺术、文学甚至语言方面都极力复制西方文化的各种要素。上层精英崇拜欧洲,思想和文化上全面欧化,甚至在日常生活中都以说法语为荣。彼得大帝将俄国的首都迁往圣彼得堡,于是,圣彼得堡成为了 18 世纪俄国文化的窗口,也是俄国精英层的心灵寄托。但在下层民众心中,俄国传统文化的地位始终至高无上,两个分裂的文化世界逐渐形成了。

1812 年的拿破仑战争改变了俄罗斯民族文化的走向。法国的入侵唤醒了俄罗斯民族的爱国主义精神,在爱国主义的旗帜下,贵族与农奴团结在一起共抗外敌。在这一时期,娜塔莎这一代的俄国贵族开始更多地寻求俄罗斯的民族文化认同。他们开始不再说法语而改说俄语,他们的服饰也更加俄罗斯化,在饮食习惯、民俗等方面也更加倾向于民族主义。真正的俄罗斯文学和艺术开始兴起,并且找到了自身的典型特征。俄罗斯文化不再是对欧洲文化的抄袭与模仿,民族文化的复兴终于成为了现实。

1917 年之后的俄罗斯文化走上了一条与众不同的发展道路,既保附了俄国历史的风俗与惯，从展现出一种明显的理想上义和革命上义的色彩。苏联时期的俄罗斯文化显示了一份极度的自信,对苏联的伟大无比自豪。然而,这种建立在虚幻的阶级情感之上的文化注定是难以持久的,而且由于苏联后期的限制,这一时期俄罗斯文化的建树也颇为有限。

在《娜塔莎之舞》中,费吉斯从纵向的历史视野和横向的议题设置两个角度出发,全面而深入地勾勒了俄罗斯文化的轮廓,成功地展示了俄罗斯文化中所蕴含的相互影响的"两个世界"。他坚定地认为,俄罗斯文化是多维异质的,而且充满了活力与变化。来自东方与西方的元素都在俄罗斯文化中留下了自己的烙印,因此,伟大的俄罗斯文化正是东方、西方和俄罗斯民族三者融合的产物,将会继续在世界文明的舞台上闪耀自己的光辉。

凭借着翔实的资料、卓越的观察、流畅的文字,费吉斯为全世界的读者呈现出一幅俄罗斯文化的完美画面,精确阐释了俄罗斯文化中的二元性特征,获得了各国研究者的一致认可。这本书现在已经成为当代英语世界俄罗斯文化史研究最重要的代表作之一,也被视为当代英国俄罗斯历史研究的重要标志性成果之一。

三、《剑桥俄国史》:通史研究的当代经典

在世界历史学界,《剑桥史》系列是创新和经典的代名词,已经成为英国史学国际地位的重要标志。经过多年策划和组织,2006 年,剑桥大学出版社正式出版了三卷本的《剑桥俄国史》。[11]《剑桥俄国史》一经推出,立即引起了广泛的反响。凭借着高水平的研究群体、扎实的学术功底、精确的文献资料,以及耐心细致的研究态度,《剑桥俄国史》迅速获得了国际学术界和出版界的一致认可,不同国家和地区的俄罗斯历史研究者都给予了高度的评价。短短几年间,《剑桥俄国史》就已奠定了它在俄罗斯通史研究领域中的经典地位,成为《剑桥史》系列作品中的又一成功范例。

《剑桥俄国史》共分为三卷,涵盖从古罗斯起源到 21 世纪的俄罗斯历史。伯明翰大学的莫琳·佩里、伦敦经济学院的多米尼克·列文和

芝加哥大学的罗纳德·萨尼（Ronald Suny）分别担任三卷主编。出版社和各卷主编联络并组织了强大的写作班子，参与写作的作者都称得上是俄罗斯历史研究领域的一流学者，强大的写作阵容从根本上保证了作品的质量。

《剑桥俄国史》将整个俄罗斯发展历史划分为三个阶段，第一卷主要涵盖从罗斯时代到 1689 年彼得一世掌权之前的俄罗斯历史；第二卷主要涉及 1689—1917 年的俄罗斯历史，即沙皇帝国的历史；第三卷是 20 世纪的俄罗斯历史，深入研究苏联时代的方方面面，并适当介绍了后苏联时期的相关内容。这种分类方式以俄罗斯成长为世界大国之后的历史为重点，尤其对帝国时期和苏联时期的俄罗斯史给予了更多的关注，同时也没有忽视早期俄罗斯社会、思想、宗教、地理、人口等方面因素对俄罗斯发展产生的深远影响。时代特征被深深地嵌入历史事件之中，并且通过不同的历史事件完美地展现出来。该书透过纷繁复杂的历史叙事，深入地探寻推动俄罗斯历史发展的内在动力。依托历史却不拘泥于历史，这样的安排使读者更容易理解近代俄罗斯历史发展的内在逻辑，也使得整个作品的理论深度进一步加强。

在具体的内容安排上，《剑桥俄国史》秉持了《剑桥史》系列作品的一贯特点，在写作方法上将编年史与专题史相结合，既展现了时间上的连续性，但又不完全机械地编年叙事，而是将各种专题史贯穿其中，以问题为导向，尽量突出影响俄罗斯发展的关键因素与重要命题。可以说，《剑桥俄国史》既是一部俄罗斯编年体通史，但又超过一般意义的通史叙述，将作者对俄罗斯历史发展线索的理解贯穿于整个作品之中，点明每一时期影响历史发展的核心概念。

《剑桥俄国史》是冷战后英国的俄罗斯历史学最重要的标志性成果之一，它的问世将英国的俄罗斯通史研究推进到一个新的高度。在全世界范围内，翻译和研讨《剑桥俄国史》的热潮已延续数年，至今仍然方兴未艾。《剑桥俄国史》的分段方式和内容设置被其他国家的很多研究机构和学者沿袭并模仿，已经成为当代世界范围内最重要的俄国通史书籍之一。

总而言之，在冷战结束后的 20 年中，英国历史学者通过认真细致的资料搜集和苦心孤诣的研究思考，在历史学的诸多问题上都取得了旧人瞩目的成绩。但英国学者并不满足于此,他们还将通过各种方式,运用历史学研究方法参与苏联与俄罗斯的转型问题研究,为转型理论开辟新的方向。

第三节 帝国的命运:历史学视野下的苏俄转型

多米尼克·列文是英国著名历史学家,也是当代英国最具国际影响力的俄罗斯问题专家之一,在沙俄史和苏联研究领域享有盛誉。列文是俄罗斯后裔,其家族在沙俄时代属于大贵族阶层,因为革命的爆发而移居英国。多米尼克·列文生于 1952 年,自幼受到良好教育[12],1973 年毕业于剑桥大学历史学专业,1973—1974 年曾以肯尼迪学者的身份赴哈佛大学访问学习,1978 年进入伦敦经济政治学院工作,2001 年当选英国科学院院士。此外,他还是德国洪堡基金会的"洪堡研究员"(Humboldt Fellow),并在日本东京大学和哈佛大学担任客座教授。[13]

多年来,列文笔耕不辍,著作等身,主要代表作品包括《帝国:俄罗斯帝国及其竞争对手》[14]、《剑桥俄国史》(第二卷)[15]、《俄国对抗拿破仑:1807—1814 年的欧洲战争》[16]等。在研究中,列文擅长运用历史比较分析的方法,从世界历史发展的大格局中找寻俄罗斯国家与民族变迁的方向,而且善于从人口、地缘、精英、帝国等特殊视角理解俄罗斯独特的发展轨迹和历史命运。他对沙俄历史的深入研究,使其对苏联最终的结局有着独到的深刻理解,并且作出了令人难以置信的准确预测。成功预言苏联解体,不仅为列文带来了很高的学术声誉,也迫使所有俄罗斯问题的研究者重新思考苏联研究中的很多基本观点和立场,极大地推进了当代国际俄罗斯研究的发展。这也成为了苏联学研究史上最令人津津乐道的故事之一。

作为当代最重要的英国历史学家之一,列文的研究范围相当广泛,对拿破仑战争和尼古拉二世等历史时期的相关问题也有着非常深入而透彻的研究。但由于篇幅所限,本节主要针对他在俄罗斯研究领域最有影响的"帝国"研究进行总结和概括,以期管中窥豹,理解和把握列文独特的帝国理论,并且进一步深入了解俄罗斯的历史与时代特征。

一、欧洲边缘的帝国

在研究者的眼中,俄罗斯是一个矛盾而多面的国家,找到一个理解俄罗斯历史的视角往往既复杂又困难。但在列文看来,俄罗斯始终是一个处于欧洲边缘的帝国,帝国特性和地缘政治的位置在某种意义上决定了俄罗斯的命运。

在列文的语境中,"帝国"并不是一个贬义词,而是"历史上一种最为常见的政治形式,从远古时期到 20 世纪一直存在"[17]。关于帝国的内涵,不同时期的观点大相径庭,但列文提出,帝国应该具有以下几个特征。首先,帝国必须是"能够在一定时期的国际关系中留下自己独特印记的大国……管辖着庞大的领土和人口"[18],管理巨大地理空间和协调多民族之间矛盾往往成为帝国最为棘手的难题。其次,"军事实力是创建和维持帝国的关键因素……大多数帝国都由一个理论上的专制君主和军事贵族阶层联合统治"[19]。尽管为了帝国的存续,很多情况下,帝国也会建立相应的官僚机构,但总的来说,"帝国都是非民主政体……帝国的统治并不依赖于人民的赞同"。最后,"帝国往往与世界性宗教和先进文化的传播存在某种联系",这也使帝国这一政治形式在世界文明史上产生了重要的影响。[20]

列文并没有试图用一个封闭的、排他的定义来描述帝国。他通过描述几个基本特征,勾勒出一个群体式的帝国形态。列文认为,历史上的罗马帝国、秦汉时期的中国、哈布斯堡王朝、奥斯曼土耳其,以及英国都属于帝国的范畴,都拥有典型的帝国政治形态,17 世纪以来的俄罗斯更是"当之无愧的帝国俱乐部成员"[21]。从领土扩张的角度来看,沙俄是世界历史上最成功的范例,从东欧、高加索到中亚、远东地区,其领土的广袤程度和国内多民族的复杂状况在世界范围内前所未有。从宗教和文化角度来讲,在沙俄时期,无论是东正教的传播,还是俄罗斯民族文化的发展都达到了很高的层次,进入 20 世纪以后,俄罗斯又成为共产主义意识形态的核心国家,亲手塑造了 20 世纪的世界格局。从政治体制来看,俄罗斯一直有强烈的威权主义传统,军事力量也一直是维持庞大国家的重要手段。从俄罗斯几百年的历史发展来看,帝国是其最基本的特征。

但另一方面，"沙俄的历史不仅属于整个帝国历史的一部分，更加特别的是，它也具有欧洲扩张的现代意义"[22]。在列文的宏观视野中，俄罗斯的扩张过程本身就是欧洲所代表的现代性向世界范围扩展的重要组成部分。"从某种意义上说，俄国的扩张依靠的是它所'进口'的欧洲制度、科技甚至军事和社会人才……这种扩张背后所依据的意识形态便是欧洲文明的'使命'……这种现象在 1917 年以后也没有改变。"[23]列文认为，包括马克思主义在内，俄罗斯（苏联）在器物和意识形态两个方面都从欧洲学习借鉴了很多内容，一直以来，俄罗斯都被认为是一个欧洲大国或者欧洲帝国，它根据欧洲大国的模式构建了自己的政权形式和国家的身份认同。

当然，欧洲对于俄罗斯的意义远不止于此。在列文的眼中，俄罗斯始终是一个处于欧洲大陆边缘的大陆国家，这种边缘的地理位置给俄罗斯带来了相当复杂的影响。

第一，欧洲边缘的地理位置使俄罗斯更容易成为一个强大的帝国。经过几个世纪的拉锯和战争，17 世纪以来的欧洲大陆处于均势的状态，各大国力量相对平衡，没有任何大国能够占据压倒性的优势。但与此同时，随着欧洲地区科技和文化的进步，尤其在工业革命之后，相对于亚非其他国家来说，欧洲的优势地位已经非常明显。相对于地处欧洲大陆核心区域的奥地利等国而言，位于欧洲边缘地带的俄罗斯具有先天的地理优势，更容易走上帝国扩张的道路。"在金帐汗国崩溃以及土耳其衰落之后，在南欧和西伯利亚留下了一个巨大的地缘政治真空地带。对这些空间和资源的控制是俄国作为欧洲大国必不可少的根基。"[24]对于俄国来说，只要在竞争中压倒同样处于边缘地带的土耳其，向东扩张并不是一个难题。作为欧洲一部分的俄国可以从欧洲大陆源源不断地吸收先进技术和思想，而作为伊斯兰教国家的土耳其却根本无法做到，因此，在长时间的竞争中土耳其的失败也就难以避免。在不断的扩张中，俄国逐渐成长为一个强大的帝国。

第二，边缘帝国的模式一定程度上决定了俄罗斯的政治特征。尽管在与土耳其、波兰、中国的竞争中可以稳占上风，但从经济实力的角度来说，俄罗斯仍然属于"欧洲边缘的第二世界（the Second World），更适合与意大利、西班牙而不是英国或者德国相提并论"[25]。作为另一个欧洲边缘的帝国，英国凭借经济上的突出地位，可以放心地对本国殖民地实行"间接管理"，即殖民地主要依靠本地居民进行管理，通过经济和贸易联系维持对帝国的控制。但俄罗斯由于在与欧洲的对比中处于绝对的弱势地位，因此无法通过经济的手段保证帝国周边地区始终具备足够的向心力。因此，为维护帝国的完整，它只能通过直接控制的方式来管理整个帝国，而"在治理帝国的时候，专制主义比自由民主容易得多"[26]。地缘和经济实力上的差异最终决定了俄罗斯帝国的政治特征，正如列文所说，"俄罗斯从本质上说是一个传统的军事和王朝帝国"，是一个典型的"独裁的、中央集权式的大陆帝国"[27]。

第三，边缘帝国的地位使俄罗斯必须面对来自欧洲的双重挑战。作为欧洲边缘的帝国，俄罗斯是欧洲均势体系重要的参与者，也被迫直接面对着来自欧洲的挑战。这种挑战既有国与国之间的竞争和冲突，又有意识形态领域的碰撞和冲击。由于欧洲各国在科技实力上普遍强于俄罗斯，为了维持帝国的利益和生存，俄罗斯必须维持帝国的规模，才可能有足够的力量在竞争中获胜。而且在竞争中，俄罗斯必须不断学习欧洲国家的先进技术和政治管理方式，提高国家的文明程度。但"随着现代化进程的深入，欧洲文明中民族主义和民主意识形态也自然传入（俄罗斯）帝国，从长期来看又影响了帝国的生存"[28]。对于俄罗斯这样一个欧洲边缘的帝国来说，欧洲的意义是非常复杂的，它既是"（帝国）模式的来源，又是学习的榜样，也是最主要的挑战"[29]。

列文坚信，俄罗斯首先是一个帝国，其次是一个位于欧洲边缘的帝国。"帝国"与"边缘"构成了列文对俄罗斯研究的基本立足点，从这两个观念出发，列文逐渐构建起一套完整的思想理论体系。

二、现代帝国的困境

在相当长的历史时期内，帝国是文明与现代化的同义语，"它代表着进步……引领着人类走向更高层次的文化、财富和自由"[30]。但列文指出，当历史进入 19 世纪后期，强大的帝国却不得不开始正视一个严酷的现实，即民族主义思想作为一种新的意识形态，民族国家作为一种新的政治形式，在欧洲迅速崛起，使得帝国模式陷入了进退维谷的尴尬困境。

民族的概念久已有之，但民族主义思想的形成则是启蒙运动之后的事情。列文认为，"民族主义成为一种学说始于 1789 年的法国大革命"[31]。民族主义学说认为，"主权属于民族国家（nation），换言之，属于公民的共同体（community of citizens）"[32]。法国大革命的深入和拿破仑战争将民族主义的理念传遍了整个欧洲大陆，通过语言、文化、历史等符号形成共同身份认同，以德国统一为标志，民族国家作为一种更加有效的政治形式在欧洲大陆逐渐发展壮大。

列文一针见血地指出："对于帝国来说，（民族主义和民族国家）是最值得警惕、最致命的理念。"[33] 一方面，多民族共存是帝国的基本特征，民族主义思想的兴起自然会唤醒帝国内部各少数民族对本民族自治和独立的渴望。对于像俄罗斯帝国这样有一百多个民族的庞大帝国来说，民族主义一旦兴起，必然成为帝国解体的祸根。另一方面，主权在民的思想更是彻底地质疑了皇帝和贵族的特殊地位。这种新意识形态的出现，极大地冲击了帝国模式的政治合法性，那种建立在"神圣使命或更高等级文化"[34]基础上的政治统治逐渐动摇。具有讽刺意味的是，正是帝国的全球扩张使得民族主义思想在世界范围内获得了广泛传播，殖民地精英通过在宗主国的学习，迅速理解和接受了这种观念，并且通过与本土文化传统结合，形成了强大的民族认同，逐渐在帝国内部产生了民族独立运动。

从外部来看，在民族主义思想全球传播的背景之下，以德国为代表的部分单一民族国家的保守派政治精英（如俾斯麦）开始积极主动地利用民族主义思想，极大地唤醒了民众的爱国热情，实现国家统一，构建了强大的现代民族国家，并且在世界范围内与帝国展开了激烈的竞争和对抗。由于双方代表着完全不同的政治模式和意识形态，这种竞争实际上已经超出了一般国家间竞争的范畴，显示出更多的意识形态和政治体制竞争的意义。如果帝国在这场竞争中落败，那么帝国的合法性就将丧失殆尽。帝国必须千方百计地保持自己的强大，才能维持自身的生存。但更为矛盾的是，为了保证帝国自身的强大，帝国就必须努力维持庞大的空间，控制多民族的人民，这样才能够为国际竞争提供足够的物质和人力资源。但这又会进一步激化民族矛盾，加速帝国解体。对于欧洲边缘的俄罗斯帝国来说，相对于欧洲大国，它在经济和技术上始终处于弱势地位。为了在大国竞争中获胜，它必须持续不断地向欧洲学习，从而推进本国的现代化进程。但现代化进程的推进又必然促进民族主义和自由民主思想在帝国境内的传播，从而瓦解知识分子和下层民众对帝国的忠诚，使这个多民族帝国陷入更加危险的境地。[35]

列文发现，"帝国所面对的最大困难就是它需要同时应对内部和外部两个方面的挑战，而它们带给帝国的影响却是完全相反的"[36]。"从内部来说，最大限度地去集权化、文化自由、分立制衡，以及由民众分享权力不仅是最人道和文明的政策，从长期来说，这也可能是限制民族矛盾的最佳手段。然而，这样的政策几乎不可能最大限度地调动国家的军事和财政资源，根本无法应对外部挑战。"[37]随着民族主义和民族国家的兴起，帝国模式无法有效应对国内外环境和思想的复杂变化，从而在国际竞争中进退失据、无所适从，这就是所谓的"现代帝国的困境"。

在面对民族主义所带来的困境时，古老的帝国都被迫选择自己认为最合理的应对策略，以争取维持帝国的生存。最常见的战略包括以下几种：第一，英国战略。"尽可能将帝国团结在核心民族周围"[38]，通过经济、文化的示范效应保持对殖民地的吸引力。这种方式在一定时间里延续了不列颠帝国的生命，但随着英国影响力的削弱，殖民体系自然解体。第二，哈布斯堡战略。采取适应性的战略，顺应国内多民族状况对帝国的政治要求，"将传统的威权主义帝国转变为一个多民族的联邦主义国家"[39]，奥地利帝国也发展成为奥匈帝国。这是一种影响深远的战略，从某种意义上说，欧洲共同体也奉行了同样的政治模式。但在19世纪末20世纪初的国际环境下，这种战略根本无法应对敌对国家的挑战，最终在第一次世界大战之后土崩瓦解。第三，奥斯曼战略。1918年之前，在对付亚美尼亚人的反叛时，土耳其帝国采取了"最极端最恐怖的战略，以种族灭绝的方式来摧毁那些对帝国内部的民族同质性产生威胁的人，从而保证帝国的生存"[40]。这种方式无异于饮鸩止渴，只会加速帝国的崩溃。

在列文看来，1850年以后，沙俄帝国就一直在疲于奔命地应对帝国的危机，沙皇和精英阶层努力通过各种方式维持帝国的生存。在经济政治方面,赋给予诸绕小数民族地区物质和政策上的优惠,又积极吸收地方政治精英参与中央政府,维持政权与地方贵族的联盟状态。[41] 同时,严厉打击乌克兰等地区的独立运动,阻止独立的地方民族意识形成,在组织上瓦解独立的地方自治团体。在思想文化方面,利用宗教、语言和传统文化习俗等,推动整个帝国民族意识的形成,并且试图将沙皇与俄罗斯的文化符号联系在一起,以维护沙皇的神圣光环。在民族运动方面,试图推动以俄罗斯、白俄罗斯和乌克兰为中心的核心民族认同,使之成为维护帝国稳定的中坚力量。并且通过对外战争的机会,维护和巩固政治合法性。[42]

尽管沙皇和帝国精英为了帝国的生存殚精竭虑,但仍然难以扭转帝国崩溃的命运。列文提出:"(与秩序和政治稳定相比)教育部门的重要性似乎低了很多,但这一部门却与语言、文化和民族认同关系最为密切,而恰恰是这一点最终决定了帝国的未来。"[43] 俄罗斯民族身份和社会认同的形成主要是通过教育实现的,但在 19 世纪末,俄国的学校并不完全由国家控制,知识分子,尤其是农村地区的小知识分子,对政权有着严重的敌视情绪,这种不满导致了俄罗斯民族认同的长期缺位。进入 20 世纪以后,帝国的困境不仅没有得到解决,反而越发严重了。[44] "俄国的社会和政治危机已经成为了沙皇政权最严峻的挑战。"[45] 由于沙皇政权长期以来对自由主义的反感和忽视,俄国国内的市民权利得不到保障,[46] 俄国知识分子对于沙皇政权早已深恶痛绝;这种情况逐步恶化,到了 1914 年,"大部分的俄国社会上层和中产阶级都已经对俄国的旧政权持不信任和疏远的态度"[47]。而同时俄国农民阶层所具有深厚的平等主义和集体主义传统也极大地影响了俄国城市工人,使得俄国形成了一股和欧洲一样强大的社会主义革命力量。"20 世纪的俄国社会已经严重分裂,沙皇政权和社会精英面对革命时,其脆弱性暴露无遗。"[48]

当 1917 年的危机到来时,尽管俄国军队并未在战场上被打败,但他们的大后方已经瓦解。列文指出,除了战时的经济困难,最重要的原因在于"在俄国精英和城市平民中,对沙皇政权的信任已经完全崩溃"[49],而当沙皇倒台之后,缺少了独裁政权、军队、警察等力量,虚弱的贵族和政治精英根本无力应对社会主义革命的冲击。1917—1918 年,沙皇的梦魇变成了现实,沙俄帝国解体了,它失去了芬兰、高加索、波罗的海诸省,乃至整个西部边境地区。但幸运的是,德国随即而来的失败使得整个东欧地区再次陷入了力量真空,当布尔什维克重新集结力量之后,他们仍有机会重建帝国。

在列文看来,从根本上说,"在这个时代,帝国的困境是无法解决的。民族主义已经成为今日最强大的意识形态,而帝国不可避免地站到了它的对立面,因此帝国无法逃脱毁灭的命运"。[50]但他同时指出,在1917年之后,为了应对这种难以解决的困境,俄罗斯选择了一条非常特殊的道路,从某种意义上说,这次选择也决定了20世纪世界历史发展的轨迹。

三、苏联的身份与命运

在苏联的政治语境中,从来没有承认过苏联是一个帝国。尤其是在列宁的文章中,帝国主义是资本主义发展的最高阶段,而苏联作为社会主义阵营的领袖,与帝国主义势不两立。这种划分方式也将自己与沙皇俄国截然分开,否认自己是沙俄帝国的继承人。但列文认为,苏联毫无疑问是一个帝国,而且是一个非常典型的帝国,苏联的历史是17世纪以来俄罗斯帝国历史的又一次重现,苏联衰落的历程也是现代帝国命运最完美的写照。

从表面上看,苏联抛弃了一切旧帝国的身份与符号,建立了一个以特殊意识形态为基础的新型国家。"阶级取代了民族,成为形成国家认同以及人民忠诚的关键"[51],民族主义则被视为一种错误的观念而遭到抛弃。意识形态得以重构,生活方式发生变化,而国内社会关系也实现了调整。

列文通过对苏联的分析,表达了这样的观点:"苏联的身份包括一种彻底的乐观主义、唯物主义和科学化的世界观……(苏联的身份)也代表着一些独一无二的符号和社会主义社会的生活习俗。……事实上,苏联的身份中也包含了革命之前很多方面的要素。"[52]列文指出:"新政权用一种宗教式的世界观取代了原有宗教的地位"[53];"苏联的意识形态,更加类似于一种早期的普世性一神教的传统观念,而不是东正教式的现实主义和势力均衡"[54]，同时吸收传统文化的相关要素，形成苏联的国家认同，通过完整的意识形态理论为政权提供合法性基础。苏联通过教育、政治运动、农业集体化等方式消除旧思想的影响，积极建立苏维埃价值观和社会生活方式，实现苏联的文化建构。在国家的工业化进程中，在斯大林时期成长起来的一代逐步形成了苏联社会的新中产阶级。他们受益于苏联的发展，对自己的苏联身份具有强烈的认同，并且由于冷战的影响，很少将自身的生活状况与其他国家进行对比。第二次世界大战的胜利更为苏联添上了伟大而神圣的光环，使其具有强烈的自豪感。这一群体构成了苏联政权的社会基础，在相当长的时间内保证了苏联社会的稳定。[55]

但从实质上说，根据列文对帝国的定义，苏联毫无疑问是一个帝国。首先，苏联拥有世界上最广阔的疆域，不仅继承了沙俄帝国的绝大部分领土（除芬兰以外），而且进一步将势力扩展到整个东欧地区。在苏联领土内，生活着数量庞大的不同宗教、不同民族、不同文化，以及不同经济发展水平的人口。其次，苏联的发展也是通过建立俄罗斯中央权威，再将势力不断向外扩展的过程。它对国内很多地区和卫星国的统治，尤其是对波罗的海三国、东欧各国的控制很大程度上依靠的是强大的军事力量。最后，也是最重要的，苏联不仅是冷战期间的超级大国，还是社会主义思潮无可争议的领袖。"苏联不仅仅包含了一种伟大的理念，更是挑战20世纪资本主义世界秩序的先锋"，在世界历史发展中产生了深远的影响。[56]

因此，在列文的研究中，苏联不仅继承了沙俄的领土和势力范围，继承了它扩张性的对外战略，也继承了它所对抗的敌人——更加富裕和强大的欧美现代化强国。当然，苏联与沙俄帝国之间也有非常明显的差异，但从帝国的角度看来，这种差异更应该被视为俄罗斯在面对现代帝国困境时一种独特的战略选择。也就是说，在面对现代民族主义的挑战时，苏联所选择的是"最为激进和野心勃勃的解决方案，即寻求一种新的超民族的身份认同……这种身份认同将与某种具有普世意义的救世宗教联系在一起"[57]。因此，社会主义革命对于俄罗斯来说，是对帝国身份的重新塑造。列文认为，明确苏联的帝国身份，对于理解苏联最终的命运至关重要，"如果苏联被界定为一个帝国，那么它的解体自然也就合情合理甚至是不可避免的了"[58]。

作为一个帝国,也作为俄罗斯历史在 20 世纪的延续,苏联既无法摆脱它处于欧洲边缘的状态,也无法回避现代帝国的困境。与沙俄时代一样,苏联也必须同时面对欧美民族国家所带来的强大的外部竞争和民族主义思想的内部挑战,"当然,在现实中,二者是相互重叠的"[59]。当苏联能够在国际竞争中获胜时,其政权合法性和内部民族问题都能够获得很好的协调。但当帝国无力应对竞争时,衰落与危机就将撼动帝国的根基,这便是 20 世纪 80 年代之后苏联不得不面对的困局。

在列文看来,苏联所面对的困难要比沙皇俄国大得多。一方面,20世纪 50 年代以后,民族主义和人民主权已经成为最强大的意识形态,在世界范围内深入人心。在这种环境下,帝国模式的合法性已经丧失殆尽。另一方面,随着苏联自身城市化和工业化的发展,苏联社会也发生了巨大的变化,现代化的深入、公民文化和权利意识的提高,以及对外部世界了解的增加,都构成了帝国生存的重大威胁。"从某种意义上说,如何将帝国秩序与现代化的挑战结合在一起,是现代帝国都必须面对的难题。"[60]

此外,对于苏联来说,它的困难还远不止于此。从苏联建立伊始,苏联及其所代表的意识形态就被赋予了一种现代性的意义。"在俄罗斯人和 1945 年之后独立的第三世界国家的人民心中,(社会主义)所代表的是另一条通向现代性的道路。"[61]这种充满了理想主义和乐观主义的理念满足了俄罗斯人心中对国家富强的强烈渴望,才使之能够在相当长的时间内压倒民族主义思想,成为新政权的合法性基础。[62]但与此同时,社会主义理念也为苏联设立了一个非常困难的目标——推翻世界资本主义体系。"对任何一个国家来说,这一目标都实在是太过宏大,更不用说是俄罗斯这样一个传统上经济远远落后于西欧的国家。"[63]

为了压倒民族主义思想、为苏联这个现代帝国提供足够强大的合法性基础,苏联的意识形态将国家的命运牢牢地绑在了意识形态竞争的战车之上。这就要求苏联政权对内必须创造一个有效的政治框架以包容多民族国家的复杂民族矛盾、多元种族、多元宗教和多元文化,对外必须保持强大的国家实力和经济发展水平,从而使自己代表现代性的力量。"国家的意识形态情政权的合法性与赢得对资本主义制度的竞争联系得如此紧密,以至于一旦苏联共产主义制度在外部竞争中失败,就可能会产生相当严重的内部影响。"[64] 所以,列文指出:"苏联衰落最基本的原因非常简单,帝国的核心意识形态失败了。"[65] 这是帝国体制非常有趣的一个现象,"帝国会因为对外敌的恐惧而兴起"[66],也会因为与外敌竞争的失败而衰落。帝国需要敌人,因为只有外部压力才能够使整个帝国体系找到目标,发挥出帝国的优势,并且通过胜利为帝国带来光荣和信任。但帝国又必须战胜敌人,尤其是奉行其他政治制度的敌人,否则帝国制度的合法性就无以为继。苏联的兴盛源于第二次世界大战辉煌的胜利,苏联的衰落也源于冷战后期的精疲力竭。到了20世纪80年代以后,苏联的核心意识形态再也无法掩盖它在经济等领域的无力,其过于理想化的预言注定将要面临挫折。苏联民众和精英层都失去了对苏联的意识形态和政治、经济体系的信任,"其他的意识形态,如民族主义、西方自由主义和资本主义开始迅速填补思想领域的真空,苏联的自信丧失殆尽"。[67]

列文进一步指出,虽然意识形态的失败是苏联衰落最重要的原因,但并非唯一的影响因素,而且苏联的衰落也并不意味着国家必然解体。如果有足够的时间加上足够小心的操作,尽管相当困难,但仍有可能实现国家转型。然而,在改革的过程中,以戈尔巴乔夫为首的苏联领导层却忽略了(或者说忘记了)苏联的"帝国身份",从而犯下了一连串的错误。

其一,他们没有意识到苏联内部仍然具有严重的民族问题。由于历史和人口迁移等原因,在波罗的海三国、乌克兰等地区都有强烈的反俄情绪。由于苏联并没有继续沙俄时期的分化政策,加之戈尔巴乔夫的放任,地方民族主义力量发展壮大起来,最终不可控制。

其二,他们忽略了帝国体制下中央与地方的复杂关系。从传统上看,苏联对于地方政权一直奉行"胡萝卜加大棒"的政策,"中央控制着地方官员的任免,并且为其提供保护、合法性和资源。"[68] 各加盟共和国的领导人都与中央政权唇齿相依,并且分享共同的思想观念。但戈尔巴乔夫推动的地方民主选举严重削弱了这种联系,地方政权的存在不再依赖中央授权,而是依赖于地方选民的同意,这使得中央与地方的关系失衡。在中央意识形态衰微的背景下,民族主义与地方政权很快结合在一起,使地方权力迅速扩大,本地精英很快控制了本地的资源和财政,地方走上了分裂主义的道路。

其三,民族主义和地方分离运动的出现极大地加重了作为帝国核心的俄罗斯的负担,使得俄罗斯人的心态发生了相当大的变化。"80年代中期以后,中东欧地区更像是苏联的负担而不是国家的财富"[69],俄罗斯人已经不愿意再以牺牲自己的福利为代价来维护苏联本国边缘地区的稳定。"大部分帝国能够生存下来,在某种程度上都源于帝国核心区域的人民为了帝国而作出的牺牲。"[70]但随着戈尔巴乔夫民主化改革的深入,俄罗斯人对帝国成本与收益的讨论也逐渐激烈,俄罗斯人越发坚信,自己生活的一切困难都是因为苏联帝国的存在。他们希望获得更好的生活状态,为此甚至不惜放弃庞大的帝国。选举制度给予了这种情绪表达的机会,结果便是俄罗斯人自己抛弃了帝国。[71]早在1990年5月,列文就曾经断言:"帝国最大的威胁就源于俄罗斯人对专制的反抗……但对于俄罗斯人来说,自由的代价必定就是国家的分裂,各加盟共和国的人民也不会再服从莫斯科的统治。"[72]

当然,列文也没有忘记戈尔巴乔夫个人因素的影响,他个人的选择对于改革的发展也有不小的作用。但总的来说,以戈尔巴乔夫为首的苏联精英对改革的进程过于自信,他们忘记了现代帝国所处的困境,放任民族主义的发展,最终无法改变国家分裂的结果。

长期以来,苏联解体一直是俄罗斯研究领域最具争议的问题,但作为这一问题最成功的预言者,列文认为,对于苏联命运的研究,宏观的历史视角才是合理的研究路径。如果从长周期的视野来看,从17世纪到20世纪末,俄罗斯的历史可以被看作三个类似的现代化周期。[73]

第一个周期可以被称为"赶超路易十四"。从17世纪初开始,为了成为一个军事强国,俄国全力学习欧洲,终于成为了一个真正的欧洲大国。打败拿破仑成为俄国这一时期最辉煌的胜利,但随后在尼古拉一世时期陷入了停滞,最终在克里米亚战败,国家陷入危机。

第二个周期被称为"赶超工业革命时代的西方",从19世纪50年代开始到20世纪70年代,亚历山大二世开始改革农奴制,俄国再次开始学习西方,这也使得俄国经历了1917年的帝国崩溃。1945年苏联对纳粹德国的胜利足以媲美市败争础色，但进入勃列日涅夫时代之后，国家再次陷入停滞。

第三个周期的目标是"使俄罗斯真正成为芯片和电脑时代的现代强国"，起点就是 20 世纪 80 年代戈尔巴乔夫改革。和上一个周期一样，苏联帝国也已经轰然倒塌，俄罗斯仍在复兴的道路上蹒跚而行。目前这一周期仍未结束，如何评价仍需时日。

"学习西方——帝国崩溃——重新崛起——陷入停滞——再次学习"，这似乎已经是俄罗斯现代化过程中无法改变的历史命运，而苏联的兴起、衰落到最终解体，只是这一历史周期的再一次重现。在现代化的进程中，作为欧洲边缘帝国的俄罗斯始终要向更加先进、更加发达的西方学习，才能够提高自身的国力。但每一次现代化的进程都必然带来与帝国传统相矛盾的思想和文化理念的冲击。"俄罗斯帝国历史的大部分时间都在努力使西方自由主义原则融入具有沙皇威权主义传统的政府体制中。"[74]但自由主义与威权主义之间的巨大矛盾使得这一进程无比艰难，而且对于帝国来说，"任何中央核心地区的激进变革都会最终影响边远地区的政治稳定"[75]，沙俄帝国无法解决这一矛盾，从而导致了帝国的崩溃，"而戈尔巴乔夫和苏联政治精英最终也因为忽视历史教训，成为了变革的牺牲品"[76]。尽管苏联努力在理论上割裂自己同历史的联系，但却无法在现实中回避自己必须面对的难题，也就根本无法改变同样的历史命运。

"苏联是最后一个伟大的旧式帝国。它是一个适应了 20 世纪的、现代化的、完美的帝国模板。"[77]它运用强大的意识形态武器，进行宗教式的社会动员，努力对抗现代帝国最大的敌人——民族主义。它在相当长的时间内曾取得了成功，但最终仍然不可避免地彻底失败。"也许部分原因是马克思列宁主义内在的缺陷，但更重要的是它所处的时代，在当今世界，任何帝国，即使是现代化的帝国，也已经是多余的东西了。"[78]

四、帝国之后的俄罗斯

"如果以帝国的解体为标准，苏联的解体相当不同寻常，甚至可以说是独一无二的。"[79]大部分帝国都在战争中失败或者被严重削弱，但苏联并没有这样的经历。更为关键的是,"俄罗斯本身在解构苏联帝国的过程中扮演了关键的角色"[80],俄罗斯人不再愿意为维持帝国而作出牺牲。可以说,对于 20 世纪后半叶的世界帝国来说,无论葡萄牙、法国、荷兰还是英国,都是因为无力维持帝国而被迫放弃,唯有俄罗斯是主动放弃了帝国,甚至可以说,白俄罗斯和中亚五国并不想独立,但俄罗斯却抛弃了它们。[81]

但事与愿违,帝国的解体并没有给俄罗斯带来迅速的发展,反而使俄罗斯陷入了更严重的困境。

在经济方面,由于激进改革遭遇挫折,俄罗斯经济出现了严重倒退,通货膨胀率居高不下。原有的统一的苏联经济体系瓦解,原苏联加盟共和国在能源、材料、人力、技术等生产要素供应方面严重失衡。[82]苏联工业的特点本身就是军事工业强大而民用工业弱小,在后冷战的环境下,军事工业的需求严重不足,这几乎导致了原苏联工业的整体崩溃;[83]"甚至在纯粹的经济领域,俄罗斯的帝国遗产也使得本就相当困难的体制转型雪上加霜"[84]。

在政治方面,俄罗斯同样也遇到了麻烦,北高加索地区的冲突同样蔓延到俄罗斯,使叶利钦政府陷入了车臣战争的泥潭。苏联末期的反戈尔巴乔夫阵营内部很快反目成仇,叶利钦与反对者的冲突从议会一直发展到莫斯科街头,最终在 1993 年爆发了流血的"十月事件"。高层的政治冲突也成为贯穿 20 世纪 90 年代俄罗斯政治的特征。[85]同时,由于中央政权力量被削弱,地方政权的发言权迅速扩大,少数在转型过程中获得巨额资本的商人在政治上也获得了巨大的影响力,俄罗斯特殊的寡头政治逐渐形成了。列文明确指出,这一时期的俄罗斯政治模式更加类似于某种封建贵族体制。[86]

在社会思想方面,帝国崩溃的影响更为明显。俄罗斯发现自己从一个超级大国跌落为一个发展中国家,而且陷入了异常艰难的转型过程。苏联身份的终结让新生的俄罗斯重新开始寻找新的历史时期中自己的身份认同。事实上,如果俄罗斯能够取得预想的经济成就,西方自由主义和资本主义将自然取代社会主义成为新的国家合法性的基础,[87]但经济和政治领域的失败造成的落差使得反西方思想再次兴起,[88]迫使这个国家再次诉诸民族主义。只有"通过俄罗斯民族的符号、记忆和组织机构，新生国家才能够获得更牢固的合法性认同"89。以日里诺夫斯基为代表的民族主义狂热在俄罗斯具有相当大的市场，而这种狂热对于转型国家来说是相当危险的。

尽管如此，列文始终认为，与其他帝国解体时的情形相比，历史对俄罗斯是相当宽容的，既没有出现大规模的内战，也没有出现残酷的种族和宗教迫害。尽管存在经济问题和民族主义的影响，但总体来说，特殊的苏联联邦制度保证了在国家解体的过程中领土和资本分割相对平稳。[90]

解体之后，原苏联各加盟共和国选择了不同的身份认同和发展道路，国家转型的速度与特点也截然不同。因此，任何试图使原苏联各加盟共和国重新统一的努力都注定难以实现，但各国仍然对俄罗斯未来可能的再次扩张表现出足够的警惕。尽管极端民族主义存在重新抬头的可能，然而，列文确信，皮诺切特式的军事独裁模式在俄罗斯并没有市场，俄罗斯也不会走上希特勒的老路，成为世界的威胁。[91]"俄罗斯的民族认同根深蒂固，而且源于浩瀚的传统文化"[92]，这样伟大的国家终将找到自己的民族身份。同时，当代国际环境已经发生根本变化，当代全球大国对抗极端民族主义的力量远远超过20世纪30年代对抗纳粹德国时的欧洲国家。"只要世界经济不再遭遇30年代经济危机时的灾难，资本主义和民主就将始终是世界主导性的政治模式，也是原苏联地区的人民对未来所向往的目标。"[93]此外，尽管在很长一段时间内，欧亚主义和反西方思想都会在俄罗斯社会中流行，但俄罗斯始终是欧洲文明的一部分，"俄罗斯的传统和文化更接近欧洲，而不是穆斯林或是亚洲儒家文化"[94]，它不会成为西方文明的挑战者。现在的俄罗斯国家实力仍然很弱，也无力奉行反西方的对外政策。因此，列文指出，未来的俄罗斯不会成为世界的威胁，也不会试图采取再造帝国这种得不偿失的行为。

"从沙俄帝国到苏联帝国，俄罗斯人在几个世纪的历史中一直试图追求自己的帝国梦想，最终却徒劳无功……而失败的结果可能需要至少一代人的努力才能最终弥合。"[95]迄今为止，俄罗斯的转型之路还远远没有完成，而且困难重重。但列文认为，这并不出人意料，实际上，所有欧洲边缘国家的发展都是如此，俄罗斯也不例外。[96]但他坚信，俄罗斯终将复兴,"但复兴之路可能非常缓慢而且相当痛苦"[97]。列文坚信,如何处理与原苏联加盟共和国的关系对俄罗斯未来的发展非常重要。"但从长远看,俄罗斯的命运很大程度上依靠的是目前美国主导的国际秩序的稳定"[98],因为只有如此才能为俄罗斯的能源和原料出口提供更大更稳定的市场,俄罗斯才能够获得复兴的机会。

尽管经历了痛苦和复杂的转型过程,但列文始终相信,帝国的终结对于俄罗斯来说是一件幸事。"对于俄罗斯人民来说,帝国是一个巨大的负担……在我们生活的这个时代,在任何情况下,传统帝国都已经是多余的东西。苏联帝国的衰落将会为俄罗斯描绘出更有希望的前景。"[99]同时,列文也认为,无论是不是帝国,俄罗斯始终是一个欧洲边缘的大国。俄罗斯终将融入核心欧洲,欧洲边缘的"第二世界"也终将消逝,这既是俄罗斯的理想,也应该是欧洲未来的希望。[100]

第四节　结论与评价

冷战结束后的 20 年时间,可以算得上是国际史学界在俄罗斯历史研究领域狂飙突进的年代。大量档案文献在相当短的时间内解密,各种困扰了历史学界多年的疑问迅速得到了解答。整个社会都怀着期盼的心态,希望能够了解被冷战冰封的东方世界,因此,俄罗斯历史研究一时间已成为显学,国际俄罗斯研究领域也掀起了一股史学研究的风暴。

作为最具史学传统和历史研究底蕴的国家,英国在这一时期的表现相当突出,学术界大量高水平的研究成果层出不穷,无论从议题选择、史料搜集还是社会影响等方面都达到了前所未有的高度。研究者苦心孤诣,从各个领域各个角度详细地剖析苏联和俄罗斯的历史发展,极大地推动了史学研究的发展。更重要的是,这一时期的英国史学家已经不能够满足于一般意义上以还原真实为目标的兰克式研究,他们更希望通过历史学的视角和工具为苏联转型这一当代问题提供解答。在很多历史学家眼中,从戈尔巴乔夫时期开始,"转型"就已经成为了苏联和俄罗斯研究的主题词。理解转型的根源、分析转型的过程,是冷战后俄罗斯研究最重要的使命。尽管其他学科也可以从各自的角度解释转型过程,但如果脱离了史学的视角和方法,就始终难以摆脱"就事论事"的窘境。只有依靠历史研究的视野和态度,才能够为冷战后的俄罗斯转型研究另辟蹊径,推动研究的全面提升。因此,英国的历史学家们始终积极参与俄罗斯转型问题的研究,试图运用历史学的方法解读苏联解体的宏大命题,并且取得了令人难以置信的成功。其中,以多米尼克·列文的帝国理论为代表的研究成果便是英国史学界对转型研究最为突出的贡献。

从研究议题上看,冷战后英国史学界对俄罗斯历史的关注几乎涵盖俄罗斯历史研究的所有阶段,其中对苏联史的重新解读固然是其重中之重,而对十月革命之前的沙俄改革、俄罗斯帝国历史乃至基辅罗斯时期的相关问题英国史学界也相当重视。对于俄罗斯历史的研究,英国学者不仅关注政治、军事等传统议题,对社会、文化、艺术等内容也都颇有研究。这种对俄罗斯历史发展进程的全方位探索使整个学科的研究深度和广度获得了空前的提升,对俄罗斯历史的认识也达到了一个新的层次。

从研究体例上看,冷战后英国史学界对俄罗斯的研究涉及了通史、断代史等多种体例。三卷本《剑桥俄国史》已经成为了当代英语世界最重要的俄罗斯历史著作之一,可以被视为俄罗斯通史领域的集大成之作,也是当代剑桥史系列的新经典。罗伯特·谢伟思的《20世纪俄罗斯史》[101]则是冷战后英国历史学界断代史的杰出代表,作者根据解密的苏联档案,重新解读苏联时期的历史,最大限度地还原历史的真实。这一系列的作品对读者了解苏联时代具有相当大的启发价值。以记述重要的历史人物为核心的纪传体作品在这一时期也层出不穷,让世界各国的读者对列宁、斯大林、托洛茨基、布哈林等苏联时期的政治人物的生平事迹有了更加深切和直观的了解,也打破了常年笼罩在他们身上的神秘和传奇的色彩,将其真正还原为历史中的个体,对重新评价历史人物意义重大。除此之外,冷战后英国学者在俄罗斯文化和艺术等领域也有很多重要的研究成果问世。[102]各种史学研究的体例在冷战后英国学者的研究中都有杰出代表,各种类型、各具特色的研究成果和学术观点相互交织、相互影响,全面推动了当代俄罗斯历史研究的发展。

从研究层次上看,冷战后英国史学界的研究也几乎涵盖了俄罗斯国家和社会生活的每个层次。以冷战史为主要研究对象的历史学家试图将俄罗斯的历史置于世界历史的发展大潮之中,从全球层次入手,自上而下地解读俄罗斯的发展进程。剑桥大学教授戴维·雷诺兹(David Reynolds)的《一个被分割的世界:1945 年以来的全球史》[103]可谓其中翘楚。当然,大部分的研究成果仍以国别史为主,即主要以俄罗斯历史为核心进行研究,其中的代表在前文已多有提及,不再赘述。另外,更值得一提的是,还有部分研究成果以特定地区或民族作为自己主要的研究对象,从地区视角出发,自下而上地解读俄罗斯的历史进程。[104]这种有趣的思路为俄罗斯历史研究提供了新的视野,也能够让读者从另一个角度观察俄罗斯。总的来说,冷战后英国学者在全球、国家和地区三个层次上,都取得了丰硕的成果,他们的研究也必将成为全球史学界的共同财富。

当然,如果仅仅从转型研究的视角来看,多米尼克·列文对俄罗斯帝国的研究始终是俄罗斯史学界在当代俄罗斯转型研究领域最重要的成果,其优长与短缺都值得所有俄罗斯问题的研究者深入分析和理解。

很明显,列文并非传统意义上的苏联学专家。纵观他的整个学术生涯,列文是一个典型的俄国史专家,罗曼诺夫王朝是他的主要研究对象。直到 1988 年,列文才真正开始关注苏联问题,但也正因为如此,他的研究具有了更加鲜明的个人特点。列文对苏联的思考以历史比较研究为基础,凭借扎实的历史学功底和深邃的洞察力,他敏锐地发现戈尔巴乔夫时期苏联面对的困境与 20 世纪初的沙皇俄国非常类似,而且注意到戈尔巴乔夫改革也与沙俄时期的改革几无二致。因此,1990 年初,他就已经明确预言,苏联将难以逃脱解体的命运。[105]

以对沙皇俄国和苏联的研究为基础,列文进一步完善和拓展了他的"帝国"理论,引起了学术界尤其是俄罗斯研究领域的广泛关注。从研究方法上看,一方面,可能是受到年鉴学派长时段研究的影响,他善于通过帝国身份、地缘位置、人口民族分布、宗教信仰等方面的研究,将苏联和新生俄罗斯联邦的问题纳入到宏观的俄罗斯帝国历史的发展过程中,以独特的历史视野分析国际政治领域的当代问题,形成了很多独具特色的理论观点。另一方面,他继续坚持历史比较研究的方法,分析和比较历史上不同时期的帝国,试图通过帝国这种特殊的政治形式重新解读介多国别史甚至欧洲史,从而构建一套具有普遍意义的帝国理论。列文对苏联的研究打破了传统苏联学较为狭隘的研究框架和实证主义、理性选择理论的窠臼,为当代俄罗斯研究领域开辟了一条全新的研究思路。[106]

但从学理上分析,列文的帝国研究中也存在许多值得进一步讨论的问题:

首先,对帝国的界定不够清晰。为了避免在定义上过多纠缠,列文采取了描述而非界定的方式来确定帝国的概念。这固然避免了一定的麻烦,但却使帝国理论存在基础不牢的风险。在研究中,列文选取了俄罗斯帝国、英帝国、奥斯曼土耳其帝国和奥地利哈布斯堡帝国,也提及了古代罗马帝国和中华帝国。但却无法解释清楚为何殖民时期的法国、德国、美国以及 20 世纪中叶以后的中国等不在帝国的行列之中。其中争议最大的就是对当代美国的定位,除了选举制度以外,美国完全符合列文描述的帝国的所有特征,而且当代美国的国际行为也体现出很多传统帝国的特点。列文自己也意识到了这一问题,[107]却仍然坚持将美国排除在帝国之外。然而,在他的研究中,即使英国民主化之后,也仍然没有改变其帝国的身份。这未免有双重标准之嫌,也使帝国理论的普遍性和现实性受到影响。

其次,历史比较研究的方法存在争议。列文对帝国的研究始终是通过比较的方法来进行的:纵向上,将俄罗斯、苏联的发展与历史上的沙俄帝国进行对比,以寻找其内在的一致性与延续性;横向上,将不同历史时期的俄罗斯帝国与英帝国、奥地利哈布斯堡帝国和奥斯曼土耳其帝国进行对比,以寻找不同文化和不同地缘条件下帝国之间的共性与差异。但迄今为止,这种研究方法仍然存在不少争议。因为各国的历史发展本身都具有相对的特殊性,不同帝国的发展道路都是独一无二的。尽管运用历史比较研究的方法可以在宏观方面提出特别的观点和视角,但在进一步深入研究的过程中,不同帝国之间的可比性始终是备受争议的问题。在研究过程中,列文用了很大篇幅来解释不同帝国之间的共同特点,试图建立帝国的一般发展轨迹,但始终难以摆脱以俄罗斯为帝国标准的特点。这也造成了他的帝国理论解释俄罗斯问题颇为有效,但在解释其他帝国的问题时却显得力不从心。

最后，明显的欧洲中心主义。尽管是俄罗斯后裔，但列文对俄罗斯政治和文化的认知仍然展现出明显的欧洲中心主义的特点。在他的研究中，将俄罗斯、西班牙、意大利、土耳其等国都看作欧洲边缘国家，称之为"第二世界"，并以此为出发点分析其历史、政治、文化。从某种意义上说，这种方式对这些国家内在的文化自觉和本土思想必定会有所忽视。而且他的划分方式实际上将新教国家作为核心欧洲，而将天主教与东正教国家视为欧洲边缘地区，对构建一般性的帝国理论来说，这种划分并非最佳选择，在分析非欧洲基督教帝国时将面临更多难题。

此外，列文旁征博引，能够给予读者很丰富的信息和材料，但有时显得论证不够直接和集中，对现象的描述较为丰富，对原因的解释略显语焉不详，[108]在部分历史材料运用方面也存在一些争议，[109]这些问题都需要我们在研究中去关注和分析。

总而言之，尽管列文曾经在苏联解体问题上作出了惊人的预测，但其帝国理论仍然存在许多内在缺陷，甚至有评论者直言，"列文还远远没有完成那些野心勃勃的目标"[110]。然而，正如钱宾四先生所言："大凡一家学术的地位和价值，全恃其在当时学术界上，能不能提出几许有力量的问题，或者与以解答。"[111]而多米尼克·列文教授正是这样一个提问者，在苏联解体、冷战结束这样一个重要的历史时期，他提出了以帝国视角解释俄罗斯问题这一宏大命题。虽然目前其价值还主要体现在俄罗斯研究领域，一般性的帝国理论仍未能形成，但他为后来的研究者指明了一个非常有价值的研究方向，并已经为这一理论打下了坚实的基础。列文的帝国研究不仅是当代英国俄罗斯研究领域最具特点的理论观点之一，而且也在国际学术界产生了深远的影响。深入研究和理解列文的帝国理论、辩证地学习列文的研究方法和视角，无论对中国俄罗斯问题的研究还是对中俄之间的外交实践而言，都具有非常重要的意义。

必须再次强调的是，冷战后英国学术界对俄罗斯转型的研究远不止于此，由于篇幅所限，相当一部分精彩的论述和作品无法为读者一一呈现。凭借着深厚的学术底蕴和思想传统，在冷战后历史研究的热潮之下，英国的俄罗斯历史研究获得了充分的发展，不仅在史学研究领域成果斐然，而且对苏联和俄罗斯转型问题研究也提出了独到而深刻的见解，成为当代国际俄罗斯研究领域的一朵奇葩。

作为英国最重要的学术传统之一，历史研究在冷战后英国的俄罗斯研究领域一直具有非常独特的地位，对俄罗斯研究产生的影响持久而深远。如果不能够深入研究英国学术界的历史学传统和历史研究方法，便很难理解历代英国学者的理论关切和思想根源。可以说，只有理解英国的历史研究，才能够真正读懂英国学者，才能够真正理解英国的俄罗斯研究。因此，我们只有通过广泛的学习、研讨和诠释，体会英国历史研究的深刻内涵，才能够真正把握英国学术体系的思想精华，这对正处于学习和发展过程中的中国俄苏研究来说，可谓至关重要，需要得到学术界和相关机构足够的重视。

注释

1. 例如 2006 年，历史研究的比例达到了 23.4%，这主要是因为这一年正值波匈事件 50 周年，历史学家发表了大量纪念和讨论文章。

2. Orlando Figes, *Natasha's Dance：A Cultural History of Russia*, New York：Metropolitan Books，2002.

3. Orlando Figes, *The Whisperers：Private Life in Stalin's Russia*, New York：Metropolitan Books，2007.

4. 因为在这一领域的非凡造诣，他也成为《剑桥俄国史》第二卷(帝国时期)的主编。

5. 尽管也有其他学者和评论人曾经谈及苏联将会解体，但大多数情况下都没有任何理论依据，也没有任何客观依据，往往只是一种基于意识形态和个人情绪的宣泄式预言。只有列文的预言是以严格的学术研究为基础，并且没有掺杂个人感情的因素。因此，可以说，在严格的学术意义上，只有列文是苏联解体的预言者。

6. Dominic Lieven, *Empire：The Russian Empire and Its Rivals*, New Haven and London：Yale University Press，2000. p.viii.

7. Robert Service, *Lenin：A Biography*, London：Macmillan，2000；Robert Service, *Stalin：A Biography*, London：Macmillan，2004；Robert Service, *Trotsky：A Biography*, London：Macmillan，2009.

8. Robert Service, *Lenin：A Biography*, p.10.

9. Orlando Figes, *Natasha's Dance：A Cultural History of Russia*, pp.xxv—xxvi. 中译文引自[俄]列夫·托尔斯泰：《战争与和平》(第二册)，草婴译，上海：上海文艺出版社 2007 年版，第 535 页。

10. Ibid., p.xxvii.

11. Maureen Perrie(ed.), *The Cambridge History of Russia：Volume I, From Early Rus' to 1689*, Cambridge：Cambridge Press，2006；Dominic Lieven(ed.), *The Cambridge History of Russia：Volume II, Imperial Russia, 1689—1917*, Cambridge：

Cambridge University Press, 2006; Ronald Suny(ed.), *The Cambridge History of Russia*: *Volume III*, *The Twenty Century*, Cambridge: Cambridge University Press, 2006.

12. 列文家族在英国学术界一直享有盛誉,列文兄妹三人均为英国著名学者,妹妹埃琳娜·列文(Elena Lieven)是曼彻斯特大学的心理学教授,弟弟阿纳托尔·列文(Anatol Lieven)任职于新美国基金会(New America Foundation),也是当代著名国际问题专家。

13. 关于多米尼克·列文教授的简介,可参考伦敦政治经济学院的相关网页:http://www2.lse.ac.uk/ internationalHistory/whosWho/academicStaff/lieven.aspx。另外,也可参考其他网站的相关介绍:http://en.wikipedia.org/wiki/Dominic_Lieven。

14. Dominic Lieven, *Empire*: *The Russian Empire and Its Rivals*.

15. Dominic Lieven (ed.), *The Cambridge History of Russia*: *Volume II*, *Imperial Russia*, *1689—1917*.

16. Dominic Lieven, *Russia Against Napoleon*: *The Battle for Europe*, *1807 to 1814*, London: Allen Lane, 2009.

17. Dominic Lieven (ed.), *The Cambridge History of Russia*: *Volume II*, *Imperial Russia*, *1689—1917*, p.9.

18. Dominic Lieven, *Empire*: *The Russian Empire and Its Rivals*, p.xi.

19. Dominic Lieven (ed.), *The Cambridge History of Russia*: *Volume II*, *Imperial Russia*, *1689—1917*, p.9.

20. Ibid.

21. Ibid.

22. Ibid., p.10.

23. Ibid.

24. Dominic Lieven, "Empire on Europe's Periphery: Russian and Western Comparisons," in Alexei Miller and Alfred J.Rieber(eds), *Imperial Rule*, Budapest and New York: Central European University Press, 2004, p.136.

25. Ibid., p.138.

26. Dominic Lieven, "Crisis in the Soviet Union—The Historical Perspective," *The World Today*, Vol.46, No.5(May, 1990), p.90

27. Dominic Lieven, "Empire on Europe's Periphery: Russian and Western Comparisons," p.138.

28. Ibid., p.146.

29. Dominic Lieven (ed.), *The Cambridge History of Russia*: *Volume II*, *Imperial Russia*, *1689—1917*, p.14.

30. Dominic Lieven, "The Russian Empire and the Soviet Union as Imperial Politics," *Journal of Contemporary History*, Vol.30, No.4(Oct., 1995), p.607.

31. Dominic Lieven, *Empire*: *The Russian Empire and Its Rivals*, p.48.

32. Ibid.

33. Ibid., p.49.

34. Ibid.

35. 列文在很多文章中都提到了这一点,参见 Dominic Lieven(ed.), *The Cambridge History of Russia*: *Volume II*, *Imperial Russia*, *1689—1917*, pp. 9—26; Dominic Lieven, *Empire*: *The Russian Empire and Its Rivals*, pp.45—55; Dominic Lieven, "Dilemmas of Empire 1850—1918: Power, Territory Identity," *Journal of Contemporary History*, Vol.34, No. 2 (Apr., 1999), pp. 163—200; Dominic Lieven, "Empire on

Europe's Periphery, Russian and Western Comparisons," pp.100—149。

36. Dominic Lieven, "Dilemmas of Empire 1850—1918: Power, Territory Identity," p.196.

37. Ibid., pp.196—197.

38. Dominic Lieven (ed.), *The Cambridge History of Russia: Volume II, Imperial Russia, 1689—1917*, pp.20—21.

39. Ibid. p.21.

40. Dominic Lieven, *Empire: The Russian Empire and Its Rivals*, p.51.

41. Ibid., p.275.

42. Ibid., pp.280—283.

43. Ibid., p.275.

44. Ibid., p.284.

45. Ibid.

46. Dominic Lieven (ed.), *The Cambridge History of Russia: Volume II, Imperial Russia, 1689—1917*, p.24.

47. Dominic Lieven, *Empire: The Russian Empire and Its Rivals*, p.285.

48. Ibid.

49. Ibid., p.286.

50. Dominic Lieven, "Dilemmas of Empire 1850—1918: Power, Territory Identity," p.196.

51. Dominic Lieven, "Russian, Imperial and Soviet Identities," *Transactions of the Royal Historical Society*, Sixth Series, Vol.8, (1998), p.264.

52. Ibid., p.267.

53. Ibid., p.264.

54. Ibid., p.265.

55. 参见:Dominic Lieven, *Empire: The Russian Empire and Its Rivals*, pp.307—308; Dominic Lieven, "Russian, Imperial and Soviet Identities," p.267。

56. Dominic Lieven, *Empire: The Russian Empire and Its Rivals*, pp.288—289.

57. Ibid., p.51.

58. Dominic Lieven, "The Russian Empire and the Soviet Union as Imperial Politics," p.608.

59. Dominic Lieven, *Empire: The Russian Empire and Its Rivals*, p.329.

60. Ibid., p.330.

61. Dominic Lieven, "Russian, Imperial and Soviet Identities," p.265.

62. Ibid.

63. Dominic Lieven, *Empire: The Russian Empire and Its Rivals*, p.331.

64. Ibid.

65. Ibid., p.332.

66. Ibid.

67. Ibid.

68. Ibid., p.335.

69. Ibid., p.332.

70. Ibid., p.336.

71. Dominic Lieven, "The Russian Empire and the Soviet Union as Imperial Politics," p.627.

72. Dominic Lieven, "Crisis in the Soviet Union—The Historical Perspective," p.91.

73. Dominic Lieven, *Empire: The Russian Empire and Its Rivals*, pp.299—300.

74. Ibid., p.302.

75. Dominic Lieven, "Crisis in the Soviet Union—The Historical Perspective," p.91.

76. Dominic Lieven, *Empire: The Russian Empire and Its Rivals*, p.302.

77. Ibid., p.410.

78. Ibid.

79. Ibid., p.336.

80. Ibid., p.379.

81. Ibid., p.380.

82. Ibid., p.404.

83. Ibid., p.405.

84. Ibid.

85. Ibid., p.396.

86. Ibid., p.406.

87. Ibid., pp.386—387.

88. Ibid., p.397.

89. Dominic Lieven, "Russian, Imperial and Soviet Identities," p.268.

90. Dominic Lieven, *Empire: The Russian Empire and Its Rivals*, p.388.

91. Ibid., pp.407—408.

92. Ibid., p.408.

93. Ibid., p.421.

94. Ibid., p.409.

95. Dominic Lieven, "The Russian Empire and the Soviet Union as Imperial Politics," p.628.

96. Dominic Lieven (ed.), *The Cambridge History of Russia: Volume II, Imperial Russia, 1689—1917*, p.25.

97. Dominic Lieven, *Empire: The Russian Empire and Its Rivals*, p.408.

98. Ibid., p.422.

99. Dominic Lieven (ed.), *The Cambridge History of Russia: Volume II, Imperial Russia, 1689—1917*, pp.25—26.

100. Ibid., p.26.

101. Robert Service, *A History of Twentieth-Century Russia*, London: Penguin books, 1997.

102. 例如,奥兰多·费吉斯对俄罗斯文化的研究就很具有代表性。参见 Orlando Figes, *Natasha's Dance: A Cultural History of Russia*。

103. David Reynolds, *One World Divisible: A Global History since 1945*, New York: Norton, 2000.

104. 例如对西伯利亚史的研究,参见 Igor Naumov, David Collins, *The History of Siberia*, London: Routledge, 2006。

105. Dominic Lieven, "Crisis in the Soviet Union—The Historical Perspective," p.93.

106. Dominic Lieven, *Empire: The Russian Empire and Its Rivals*, p.viii.

107. Dominic Lieven, "Empire on Europe's Periphery: Russian and Western Comparisons", p.133.

108. John P. LeDonne, "Reviews of Books," *The International History Review*, Vol.23, No.4(Dec., 2001), p.903.

109. Edward J.Lazzerini, "Book Reviews," *Russian Review*, Vol.61, No.2(Apr., 2002), p.312.

110. Ibid.

111. 钱穆:《阳明学述要》,北京:九州出版社 2010 年版,第 1 页。

第六章

冷战后英国的俄罗斯外交研究

作为昔日的超级大国,苏联外交战略的任何微妙变化都会对世界格局的发展和演变产生重大的影响,因此,苏联的外交政策历来都是苏联学研究的重要组成部分。随着苏联解体、冷战终结,保持了40多年的两极格局土崩瓦解。在失去了超级大国的地位之后,俄罗斯被迫开始了重塑自身国际地位和调整国际战略的艰巨任务。在艰难的转型过程中,俄罗斯的对外战略也显得随波逐流、摇摆不定,针对在俄罗斯外交领域出现的纷繁复杂的现象,各国学者展开了广泛的研究。然而,由于外交问题本身非常复杂,而且受管理体制的限制,对外交决策和外交战略的研究始终存在着缺乏第一手资料和不熟悉决策内情的限制,所以虽言者甚众,但往往都只能浅尝辄止。

尽管面对诸多困境,英国学者仍然在这一领域取得了相当出色的成绩。他们利用各种方式,极尽可能地获取俄罗斯外交决策的信息,并且努力去粗取精、去伪存真、抽丝剥茧,尽量还原俄罗斯外交的进程,从中勾勒出转型时期俄罗斯外交战略的基本特征,并且评估俄罗斯外交的基本走向以及对世界其他各国的潜在影响。

凭借深厚的学术积累、科学的研究方法、丰富的研究资料,以及对外交事务的娴熟把握,英国学者在近20年的研究中已经形成了一批内容充实、观点深刻并且具有良好学术预见性的研究成果,在国际学术界产生了广泛的影响,极大地推动了俄罗斯外交研究的深入,对于中国俄罗斯研究的进展也颇有借鉴意义。

第一节 研究的基本状况

苏联解体之后,英国学者就一直保持着对俄罗斯外交问题的广泛关注。如图 6.1 所示,冷战结束以后,英国学者对外交问题的研究基本上保持在所有研究成果的 5%—10% 之间。在一些较为特殊的年份,英国学术界对俄罗斯外交的关注度也会出现比较明显的上升,例如2001 年,由于"9•11"事件的发生,俄罗斯与美国的双边关系出现了明显改善,这一年英国学术界对俄罗斯外交的关注度明显提升,外交研究所占的比例达到了 10.9%。又如 2007 年,普京在慕尼黑安全会议上发表了一系列针对美国的强硬表态,美俄关系再次跌入了低谷,各种"新冷战"的论调在新闻媒体上层出不穷,这一年英国学术界也再次对俄罗斯外交给予了更多的关注,比例达到了 9.8%。

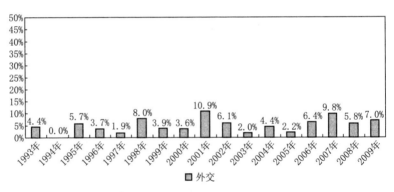

资料来源:作者自制,根据《欧亚研究》(*Europe-Asia Studies*)1993—2009年文章发表情况统计。

图 6.1 冷战后英国学术界对外交问题的关注度变化情况

仅从数量上说,英国学术界对俄罗斯外交的关注并不在整个俄罗斯研究领域中占据主要地位,与政治、经济等主要问题相比,在大学任职的研究者对外交问题的重视程度偏低。但需要注意的是,对外交问题的研究始终在英国学术界占有一席之地,相关研究群体基本保持稳定,对俄罗斯外交的发展进行持续的探索和研究。而且,很多以俄罗斯政治为主要研究对象的学者,都对俄罗斯外交问题保持着关注。一旦出现重大的突发外交事件,很多学者都会迅速作出反应,从而出现了图 6.1 显示的结果。

从研究机构来说,因为研究的特点不同,智库机构对外交问题的关注程度明显高于大学类研究机构。在英国学术界,对俄罗斯外交研究最为深入的机构当属皇家国际问题研究所。

皇家国际问题研究所是英国历史最悠久也最负盛名的国际问题研究机构。在 1919 年的巴黎和会上,各国决定成立一个国际问题研究所为政府提供咨询,因此,1920 年,根据英王乔治五世的命令,皇家国际问题研究所成立。该研究所是一个独立的研究机构,通过学术会议、演讲讨论,以及出版书籍和刊物促进对国际问题的了解和研究。

多年以来,皇家国际问题研究所对俄罗斯外交的研究倾注了极大的热情。早在 20 世纪 70—80 年代,皇家国际问题研究所就设立了苏联外交政策研究中心,并且聘请了大量具有深厚学术功底的学者来完成相关的外交课题研究。在苏联解体之后,皇家国际问题研究所仍然没有放松对俄罗斯东欧问题的研究,并且通过俄罗斯与欧亚项目继续推进俄罗斯外交问题的研究。多年来该研究所围绕不同时期俄罗斯外交的发展发表了大量研究报告,也出版了一大批具有相当学术影响力的研究成果。[1]

从研究主题来说,英国对俄罗斯外交的研究主要集中在三个方面。其一,是对俄罗斯外交战略的分析和讨论。这类研究主要以转型时期俄罗斯外交政策的发展和演变为研究对象,通过全方位、多层次的分析,研究俄罗斯外交战略的制定和实施过程,总结俄罗斯外交政策的特点及形成原因。其二,是对俄罗斯与西方关系的研究。这方面的研究主要以俄罗斯与美国、欧洲关系为主,大多数英国学者侧重于研究欧洲一体化进程不断深入、欧盟和北约不断东扩的背景下,俄欧、俄美双边关系和俄美欧多边关系将出现怎样的新发展,欧洲又该如何应对俄罗斯可能带来的挑战。其三,是对俄罗斯与中国关系的讨论。在西方学术界和新闻媒体中,经常将中俄战略协作伙伴关系理解为一种挑战美国霸权的新型同盟关系。但英国学者在深入研究之后,认为中俄关系的内容是非常复杂的,很难武断地得出结论,只有进一步深入挖掘,才能够准确地理解中俄关系的本质内容。除此之外,英国学者对后冷战时代的特征也有自己较为独特的见解。

从具体研究者来说,笔者认为,在冷战后英国的俄罗斯外交研究领域中,皇家国际问题研究所俄罗斯与欧亚项目前负责人波波·罗最具有代表性。

波波·罗 1959 年生于澳大利亚,在牛津大学获得硕士学位,在墨尔本大学获得博士学位,曾长期从事外交工作(1995—1999 年),担任过澳大利亚驻俄罗斯副大使(Deputy Head of Mission at the Australian Embassy in Moscow)。2000 年后,波波·罗前往英国工作,从事俄罗斯东欧问题的研究,先后担任英国著名的独立研究机构皇家国际问题研究所(Royal Institute of International Affairs at Chatham House)的俄罗斯与欧亚项目负责人,以及英国欧洲改革中心(Centre for European Reform)的俄罗斯和中国项目主任。虽然并未加入英国国籍,但他始终活跃在英国学术圈,因此也被视为当代英国俄罗斯研究的重要代表人物。他曾在莫斯科卡内基中心(Carnegie Moscow Center)担任访问学者,也是华东师范大学俄罗斯研究中心的特约研究员,与中国学术界保持着密切的关系。尽管拥有众多显赫的头衔,但从本质上说,他并不隶属于任何组织和机构,是一位独立而自由的学者。[2]

波波·罗的主要研究兴趣是俄罗斯外交和中俄关系,最具影响的作品包括《便利轴心——莫斯科、北京和新的地缘政治》[3]和《后苏联时期的俄罗斯外交政策》[4]等。他围绕着转型时期的俄罗斯外交展开研究,深入而细致地探讨了在国际体系变迁的背景下俄罗斯会如何处理与西方、与中国的关系,并提出了卓有见地的观点。由于他曾长期从事外交工作,对俄罗斯外交系统的运作方式和特点了如指掌,因此可以很好地避免学院派外交研究中不切实际的现象。同时他也在著名学府接受了严格的学术训练,能够通过理论工具归纳和总结复杂多变的外交现象,得出具有理论意义的研究结论,这样就保证了他能够将自己的外交经验上升到理论层次,而不至于混同于一般的现象论述。而且,相对独立和超然的地位使他可以更加客观和中立地分析各种现象,能够去伪存真,从复杂现象中找到问题的症结所在。他在研究的过程中重视特定观念的作用,同时对外交事务中的复杂性和不可预测性给予充分的考量。波波·罗对俄罗斯外交的研究具有很强的灵活性和时效性,能够产生良好的社会效果,对外交实践具有很强的指导意义,在国际学术界有很大的影响力。

除此之外,在老一代学者中,斯蒂芬·怀特对俄罗斯与欧洲关系的研究建树颇丰,伦敦政治经济学院的罗伊·艾利森[5]在俄罗斯军事外交领域的研究也获得了国际同行的广泛认可。[6]记者出身的爱德华·卢卡斯对"新冷战"的渲染,以及肯特大学教授理查德·萨科瓦对"冷和平"观念的阐述都可以被视为当代英国学术界在外交研究领域的重要成果。

总的来说,英国学者深厚的理论功底和丰富的实践经验使得他们对冷战后俄罗斯外交问题的研究在国际学界独树一帜。分析和总结英国学者具有代表性的思想和观点,可以让我们对冷战后英国俄罗斯外交研究的特点和方法有一个更加清晰和全面的认识。

由于篇幅所限,本章主要围绕着波波·罗教授的俄罗斯外交研究展开论述,同时适当介绍其他有代表性的观点。

第二节　幻觉与现实:叶利钦时代的俄罗斯外交

冷战结束以后,叶利钦成为俄罗斯的新领袖。在他面前的,已不再是一个世界强权,而只是一个内外交困的转型大国。苏联的解体使得俄罗斯的经济、政治地位受到很大影响,俄罗斯失去了超级大国地位,其外交在20世纪90年代进入了一个困惑和彷徨的时期。除了转型所带来的困境外,这一时期的俄罗斯社会也对自己的身份定位和自己在国际事务中所扮演的角色产生了迷茫。因此,叶利钦时期可以说是一个困惑的时期,这一时期的俄罗斯外交呈现出很多混乱的现象和矛盾的逻辑。叶利钦时期的俄罗斯外交虽然在学术界引发了一定程度的关注,但由于其复杂性和矛盾性反复交织,学者们的研究大多流于表面,对很多基本问题也都莫衷一是。

在波波·罗看来,这种现象的出现并不是偶然的,由于叶利钦时期的俄罗斯外交中充斥着幻觉(illusion)和神话创造(mythmaking),研究者必须从复杂的现象之中抽丝剥茧,才找到隐藏着的真实(reality)。而由于外交事务的复杂性和保密性,学院派的研究者很难深入掌握其内部的奥秘。因此，凭借着大量的外交阅历和理论素养，结合自己在俄罗斯的外交实践中经历，波波·罗对叶利钦时期俄罗斯外交的特点及其形成的原因进行了深入剖析。

波波·罗认为，叶利钦时期的俄罗斯精英层存在着明显矛盾的两种心理状态：其一，对变革的渴望。秉持这种观念的俄罗斯精英希望在俄罗斯社会生活的方方面面能够有一次彻底的革命，清除一切旧体制的影响，并且在俄罗斯建立起全新的价值观和身份认同。其二，则是对稳定的重新认可，这部分人认为并非一切旧的东西都毫无价值，过去的很多原则和实践经验都是值得保留的。这种观念主要源于对激进改革可能带来社会失控的担忧，以及对无尽改革的厌倦，持这种观念的精英们往往希望能够找到一条中间道路，从而实现国家的平稳过渡。[7]

这两种思想趋势带来的张力，致使俄罗斯在相当长的时间里对于本国身份和国家发展目标的认识都是模糊的。尽管叶利钦一直是以改革派的身份被人们所认识，但在他执政期间，理念冲突和他独特的个性使俄罗斯陷入了一种急躁的政治环境中，国内改革受制于立法机构和执行机构长期的冲突，对政治腐败等严重的问题缺乏足够的重视。

这种内在价值观念上的矛盾反映在俄罗斯的外交实践中，就形成了这一时期俄罗斯外交独有的特征。根据波波·罗的总结，至少有以下几个方面。

第一，断裂性（sectionalized）。由于内部共识的缺失，政治精英阶层对外交政策的理解存在严重分歧，以至于在一些关键问题上缺乏统一的认识，最基本的分歧包括俄罗斯的身份及其在国际上的地位、后冷战时代世界的主要特点等。这种一致性的缺乏造成了俄罗斯在外交政策的制定上经常出现矛盾，任何政策选择都会面临来自不同方面的批评和制衡；在外交选择上总是反复无常，缺乏必要的逻辑和持续性，在处理与西方关系和其他重要问题时经常前后矛盾。更重要的是，叶利钦为了巩固和扩张总统个人权力，往往采取分而治之的政治策略。这些举动都严重影响了俄罗斯外交优先目标的实现，导致俄罗斯往往在一些不重要的地区性问题上纠缠不休，始终无法确定自己的外交目标和利益所在，自然也无法有效维护俄罗斯的国家利益。[8]

第二，政治化（politicization）。苏联解体之后，俄罗斯国内对俄罗斯在国际社会应该扮演的角色和所处的地位缺乏共识。加之身处转型的困难时期,政治不稳定和经济危机时时刻刻都在威胁着叶利钦政权。在这种环境下,叶利钦政府很难制定出具有远见的外交战略,难以应对长期的国际体系演变和社会经济危机。俄罗斯在外交活动中更多地体现出对具体情势变化非常敏感并据此作出应激性和临时性反应的特征;而且在每一次外交决策过程中,往往都会受到国内政治情势的影响,并且根据政治交易的结果作出最终的决定。这种过度政治化的外交政策使得俄罗斯外交政策的制定和执行过程步履维艰,而且也给俄罗斯与国际社会的关系带来了更多不确定性。[9]

第三,波将金式的神话(Potemkinization)[10]。从执政伊始,叶利钦政府就将太多的时间和能量投入到制造神话的工作中去。叶利钦试图展示俄罗斯已经走出了苏联的阴影,成为了西方的合作者,而且俄罗斯仍然是一个有力量的世界强国,像过去一样,足以实现自己的战略目标。在这一时期,俄罗斯外交部门热衷于创造很多夸张的概念和观点,但是这些漂亮的词语和概念根本无法指导俄罗斯外交政策的执行。虽然它们在不同时期可以起到迎合公众的作用,在特定时期也会缓解俄罗斯政治精英层的内部矛盾,但对于外交实践来说毫无意义。更具体地讲,这些概念和神话几乎充斥了俄罗斯外交的每一个领域,其中最明显的包括独联体的优先地位、对"多极化"和"多边主义"毫无节制地吹捧,以及强调俄罗斯在执行"平衡性"的外交政策等等。俄罗斯永远在编造这些神话,而他国政府和不明就里的研究者往往都会被这些漂亮的言辞干扰,从而无法准确理解俄罗斯真正的外交选择。[11]

第四,意识形态多元化。苏联解体后,原本统一的意识形态瓦解,但新的主流意识形态并未形成。因此,后苏联时期意识形态多元化的特点在俄罗斯外交制定方面的影响力显露无遗。自由主义议程强调俄罗斯应融入西方世界,且经济利益应该成为外交政策的主导因素;帝国传统认为俄罗斯外交应以独联体国家为核心;大国意识形态坚持俄罗斯应该巩固自己作为国际政治大国的地位;"独立自主"的思想则要求俄罗斯外交政策应保持"多元化"。任何一个国家的外交政策都应该主要集中于追求有限的优先目标,但在叶利钦时期多种意识形态都能够对俄罗斯的外交政策选择产生影响。最终形成的结果只能是,外交政筹很多时候都被迫成为不同利益团体之间妥协式的权直之计。[11]

第五，地缘政治仍然占据主导地位。冷战结束后，无论在西方国家还是在俄罗斯，都有很多人认为地缘政治因素已经过时，经济目标将成为未来国家外交政策最主要的影响因素。对于这一点，叶利钦和俄罗斯精英层也在一定程度上有所认识，并且也作出了一定的政策调整。但毫无疑问，这一时期对俄罗斯外交最关键的影响因素依然是传统的地缘政治。俄罗斯始终将关注点更多地放在传统的石油、军事和安全问题上，而且叶利钦时期的俄罗斯政治精英始终相信，零和博弈、均势和势力范围才是国际关系的基本特征。一系列国际事件的发生，使他们的认识更加难以改变。无论是导弹防御系统问题、北约东扩，还是科索沃危机，都使得俄罗斯外交决策者对冷战后美国和西方的对外战略选择保持着足够的警惕。尽管在后冷战时代，俄罗斯与西方国家的地缘政治竞争已经不再像冷战时期那样尖锐，但在其外交决策和实践中，地缘政治因素仍然凌驾于其他要素之上，发挥着至关重要的作用。[13]

第六，西方中心主义（Westerncentrism），但并非亲西方（pro-Western）政策。尽管在叶利钦时期，俄罗斯外交领域存在很多蓄意制造的欧亚主义神话，俄罗斯政府在很多公开场合也不断强调独联体在俄罗斯外交中的特殊地位，但西方国家在俄罗斯的世界观中占据主要地位这一点是毫无疑问的。纵观整个20世纪90年代，俄美关系都是俄罗斯外交活动中最重要的组成部分，影响着俄罗斯外交的议程。作为俄罗斯外交最大的外部因素，无论是处理与国际货币基金组织关系、削减战略性武器谈判，还是处理重大的地区与国际事件，甚至俄罗斯民族身份的重新形成过程，都无法回避美国因素的作用。但在实际交往中，俄罗斯并非奉行亲西方的政策，在很多情况下，与西方国家的矛盾和冲突也会非常尖锐。然而，西方中心主义是俄罗斯外交活动的基本思路，并且对后苏联时代俄罗斯的身份认同和国际地位的形成具有不可替代的作用。

第七，默认的实用主义（Pragmatics by default）。一般来说，外交政策应该具有战略性和长期性。但由于俄罗斯国内不同意识形态和不同利益集团之间持续的相互倾轧，叶利钦时代的俄罗斯政府在外交政策上一直没有形成基本的共识。因此在决策时，唯一可以被共同接受的原则,只有最低层次的风险规避(avoidance of risk)。恰恰是这种结果,使俄罗斯非常偶然地走上了实用主义的道路,我们只能称之为"默认的实用主义"[14]。尽管这种尴尬的状况使俄罗斯的外交活动缺乏明确的方向和足够的创造力,却也规避了潜在的灾难性后果。虽然整个叶利钦时期,俄罗斯的外交行为都乏善可陈,缺乏足够的成功作为亮点,但正是由于这种特殊的"实用主义",俄罗斯外交也没有犯重大的错误,至少避免了俄罗斯国际地位的进一步衰退。

第八,普京担任总统之后,俄罗斯的外交战略显示出一些微妙的变化,呈现出一些"安全化"(securitization)、制度化的特征。在波波·罗看来,普京时期的很多变革都是表面文章(stylistic),而非实质性(substantive)的调整。叶利钦时期外交的基本特征在改头换面之后仍然延续,但是在普京时期,俄罗斯的外交行为开始有了一个较为固定的目标指向,即重新开始追求俄罗斯作为一个地区和全球大国的地位。在一定程度上,这也可以被看作叶利钦时期俄罗斯外交政策的延续和拓展。[15]

在波波·罗看来,理解俄罗斯尤其是叶利钦时代俄罗斯的外交是相当困难的事情,"我们会进入一个充斥着烟雾和假象的环境,在这里,幻觉和制造出来的神话已经成为了真实世界的一部分"[16]。如果仅仅依据能够找到的文献性资料进行研究,很容易陷入真真假假的信息和相互矛盾的评论中不可自拔。想要理解俄罗斯外交就必须深入到具体外交活动中,需要熟知俄罗斯外交官员口中的真话与谎言的差别,深谙莫斯科的外交官圈子中的流言蜚语,而这一点并不容易做到。作为一位外交官出身的学者,波波·罗的观点不仅来源于文献资料和评论观点,更来自他多年驻莫斯科的外交生涯中的亲身理解和感受。在外交和战略研究领域,只有在学术与非学术资源之间找到平衡点,并且通过直接的交流和考察与理论研究相结合的方法,才能够更好地把握外交政策的核心,才能够得出真正有意义、有价值的结论。

第三节　就事论事:普京时代的俄罗斯与西方关系

2000 年,弗拉基米尔·普京当选俄罗斯总统,俄罗斯正式进入了普京时代。在普京执任期间，俄罗斯外交经历了机其复杂而又波澜起伏的发展过程。俄罗斯与西方国家的关系在"9·11"事件之后达到了顶峰，一度可谓亲密无间。然而几年之内，由于一系列事件的发生，这种友好关系又迅速降温，俄罗斯与西方国家的关系由高峰陡然滑向低谷。面对这种巨大的转变，波波·罗认为，如果仅仅将其归结为特定事件造成的结果，显然是对外交行为的曲解，根本没有触及问题的实质。基于这种观点之上的任何结论，都不可能具有很强的说服力，遑论理论和实践上的意义。这种现象的出现，离不开普京时期俄罗斯对外政策的调整，只有站在中立的感情立场之上，深入分析普京体制的特点与普京时代俄罗斯外交政策的目标和走向，才能够准确理解俄罗斯外交过程中这种异乎寻常的状态，进一步制定出合理的应对策略。

在波波·罗看来，从 2000 年到 2003 年，俄罗斯外交经历了一次相当大的进化（evolution）过程。但这种变化的出现，并非是"9·11"事件所导致的，而是普京有意识的战略选择。在当选总统之后，普京一直在有目的、有意识地调整着俄罗斯的外交政策走向，并且很快就取得了较大的成果。普京成功地"在很短的时间内重建了俄罗斯自信的外交政策，并且令人惊讶地使其从饮鸩止渴转变为具有坚实的权力和政治基础的状态"[17]。"9·11"事件的发生给了普京一个千载难逢的机会，这种外部因素的影响力使其能够顺利地推动俄罗斯外交向西方中心主义转变。俄罗斯的政治经济议程在潜移默化中发生了变革，对外政策的目标变得更加符合俄罗斯的实力和利益，而且呈现出更多现实主义的特征。然而，与此同时，这种变革也加快了普京体制的形成，俄罗斯的发展更加依赖个人而非制度的特点也在这一时期初露端倪。

然而，好景不长，俄罗斯与西方关系的改善并没有延续太久。以 2003 年的尤科斯事件为标志，俄罗斯与西方的关系开始逐渐恶化；2004 年，乌克兰"橙色革命"爆发，使双方关系的恶化进一步加速。在评价这些问题时，研究者往往更加重视这些特定事件所造成的负面影响，但波波·罗认为，从某种意义上说，这些特定事件的发生具有偶然性，其核心还是在于俄罗斯外交政策的微妙变化。普京刚刚接管国家权力时，需要一个良好的国际环境以保证国内政治经济的稳定过渡。但随着其权力的巩固、俄罗斯经济形势好转，普京对国内政治权力的布局也逐渐完成,在多种政治运作下,俄罗斯逐渐形成了一个以普京为核心的"软"威权主义体制。[18]这种体制的形成改变了俄罗斯国内政治的运行模式,也改变了俄罗斯对外政策的基本走向。大约从 2005 年开始,俄罗斯逐步重新树立起大国的自信,开始执行更加积极的对外政策。[19]俄罗斯与西方的关系也越来越难以恢复,在这期间值得注意的事件包括 2007 年普京在慕尼黑会议上的讲话,以及很多俄罗斯越来越强硬的外交和军事表态。直到 2008 年 8 月,俄罗斯与格鲁吉亚的战争爆发,这种矛盾冲突达到了顶峰,双方的关系滑到谷底。可以说,"俄格冲突以来,俄罗斯与西方的关系比 20 世纪 80 年代中期以来的任何一个时期都要糟糕"[20]。

在波波·罗眼中,经历了国家实力的恢复和发展以及政治体系的重构之后,普京治下的俄罗斯结束了叶利钦时期的混乱与争论,逐步明确了自己对外战略的目标与方向。[21]

首先,推动俄罗斯在世界上的影响力最大化。在普京时期,俄罗斯试图恢复其作为一个全球大国的作用和地位。在普京的概念中,所谓全球大国,一方面是要恢复俄罗斯在原苏联空间内的特殊地位,另一方面则是要保证俄罗斯有能力影响重大国际问题的解决,在重大国际问题的处理上不被其他世界大国忽视。根据这样的目标,俄罗斯必须在东欧、中亚和高加索地区问题上具有最重要的发言权,并且不容美国和其他西方国家染指这些地区。另外,借助政治、能源、经济及其他手段,努力在中东、东北亚等热点地区发挥自身的影响力。

其次,建立起一种现代的、后冷战时期的身份认同。重塑俄罗斯的身份是苏联解体后俄罗斯的目标,这种身份的重构对于俄罗斯对外政策的制定和调整至关重要。整个叶利钦时期,俄罗斯的政治精英始终在为这种身份认同争吵不休,然而,在普京时期,通过政治体系和社会生活的重构,俄罗斯初步完成了身份认同的重构。它保留了市场经济和西方民主制度的基本模式,但以俄罗斯传统的欧亚主义观点加以调整,使其更加适应普京体制的需要。可以说,这种身份的核心仍是西方式的,但并不是完全被动地接受西方的规范,而是通过对西方模式的重新解读使自己的全球身份合法化,并且通过欧亚主义的外衣彰显俄罗斯民族和国家的特殊性,使其获得国内社会的普遍认同,甚至希望成为心理中价与文化的标准。这种对国家身份的重新构建体现了俄罗斯对大国地位的强烈渴望,它希望自己的身份和大国地位能够被西方国家接受,并且将自己作为与美国平等的世界大国。

最后,按照自己的方式与西方发展平等的建设性关系。实际上,与西方交恶并非普京所愿,俄罗斯始终期待与西方建立起一种建设性的关系。但是这种建设性的合作关系必须按照俄罗斯自己的方式建立,而且俄罗斯与西方必须处于平等的地位。俄罗斯对世界大国的地位的追求始终没有改变,在俄罗斯人看来,他们并不是冷战的失败者,因此,俄罗斯不能容忍西方以恩人和监督者自居,难以接受西方国家对俄罗斯盛气凌人、指手画脚的态度,更不可能接受西方"小伙伴"的地位。西方化是俄罗斯外交始终不变的基本方向,俄罗斯并不希望与西方长期进行战略对抗,也并不认为与中国或其他新兴国家的合作可以取代与西方的关系。但如果西方国家不改变自己的立场,俄罗斯也不可能曲意逢迎,当前这种准对抗局面将始终难以改变。

在波波·罗看来,俄罗斯与西方对抗的严重程度,很大程度上是被媒体和舆论过分地夸大了。其实,双方既没有意识形态上的冲突,又没有对等的经济、军事实力,甚至可以说这种对抗其实并不存在。因为在目前的情况下,双方的实际冲突是很难发生的。普京的理想是希望俄罗斯最终成为一个"现代大国",这一目标本身就暗藏将西方作为俄罗斯发展的基本模式的意义,而且在当代世界,这一目标能否实现,很大程度上取决于俄罗斯与西方国家的关系好坏。俄罗斯的发展离不开西方,俄罗斯也不可能脱离当代世界体系另起炉灶。因此,俄罗斯与西方国家之间始终存在合作的基础。但由于长期缺乏积极的互动和战略互信,双方关系的改善将是一个非常漫长且极不平衡的过程。[22]

2008年爆发的全球金融危机重创了俄罗斯经济,使俄罗斯体制的弊端凸显,俄罗斯至今也没有走出危机。在这种情况下,普京的支持率也大幅下滑。但波波·罗在2009年即已指出,普京政权的基础仍是非常稳固的,短期内不可能发生大的变动,而且俄罗斯当代政治体制的弹性足以应付经济危机带来的困难。尽管西方研究者和媒体往往喜欢热炒梅德韦杰夫和普京的矛盾,并且对梅德韦杰夫赋予很多不切实际的幻想,但在波波·罗看来,梅普二人在媒体和镜头前展现的"矛盾"和

"不和"大部分都属于二人有意为之,以此显示俄罗斯政权的"民主"特征。普京主导的俄罗斯体制并没有因为领导人的更替而发生改变,因此,在这种环境下,俄罗斯的外交政策也不会出现实质性的转变。波波·罗同时强调,即使在最好的运行情况下,俄罗斯外交政策也是一个古怪的混合物,其中永远包含着自吹自擂、缺乏自信的因素,同时也展现出务实主义的特征。在经济危机的情况下,俄罗斯政权会有更加强烈的不安全感,俄罗斯可能会对外界的刺激更为敏感,反应更为激烈。因此,在金融危机的条件下,俄罗斯不仅不会改变较为强硬的外交路线,甚至会因为误解和敏感而引发更多的冲突。[23]

通过详细的考察和分析,波波·罗坚信,在处理对俄关系的时候,西方国家必须放弃那种乐观的胜利主义心态,也必须抛弃那些不切实际的幻想。西方国家不可能重新塑造一个完全符合西方标准的新国家,更不应过分夸大西方对俄罗斯的影响力,而低估俄罗斯自身观念、历史、地理和文化因素的作用。那样的话,"任何试图安抚普京政权的努力最终都会弄巧成拙"[24]。俄罗斯对外政策的根源在于以普京为核心的俄罗斯政治体制,具有其内在的一致性,外界的各种影响对于俄罗斯的政策选择并没有决定性的作用。

正因如此,波波·罗认为,在处理与俄罗斯的关系问题上,"西方国家的政策不应该建立在'俄罗斯人会怎样反应'的基础上,而应该着眼于'是否能解决我们面对的挑战'的基础上"[25]。他将这种方式命名为"就事论事"(case-by-case)的解决路径。在他看来,无论是处理北约东扩、导弹防御系统还是高加索问题都是如此,西方国家不应以挑衅和刺激俄罗斯为自己的政策出发点,也不应仅仅因为俄罗斯的反对就调整政策。如果这项政策确实有助于西方国家解决安全或其他方面的问题,那么即使俄罗斯强烈反对,也应该继续执行。反之,如果不会解决任何问题,那么就无需继续。总之,不应该以对抗俄罗斯作为政策的目标。因为西方国家应该认识到,俄罗斯并不像它们看上去那样强大,但也并不像有时看起来那么虚弱。

由于俄罗斯外交政策可能会变得更加易变而又不可预测,因此,在这种情况下,西方制定外交政策时需要避免诉诸那些没有实际意义的理论前提,只有通过"就事论事"的方式来处理对俄关系,才能够最大限度地避免谈判或激化矛盾。随着金融危机影响的进一步深入,在未来几年内,西方与俄罗斯的关系将会变得更加复杂。对此,西方国家必须保持足够的心理准备,也许耐心比其他一切政策选择都更加重要。

第四节 "便利轴心":中俄战略协作 伙伴关系的当代意义

在俄罗斯外交的版图中,中国始终是重要的组成部分,中俄关系的好坏对俄罗斯政治、经济、安全、外交等领域的活动将产生直接而巨大的影响。苏联解体之后,中俄两国迅速建立了外交关系,伴随着俄罗斯对外政策的不断调整,中俄关系也持续升温。到了 20 世纪 90 年代中后期,中俄战略协作伙伴关系逐渐形成,并且在中俄两国的共同努力下持续巩固和发展。这种新形势下的伙伴关系已经成为中国和俄罗斯对外战略的重要组成部分,推动了双边合作进一步深入,在国际舞台上发挥着越来越重要的作用。在冷战后国际环境复杂而深刻的变化过程中,中俄战略协作伙伴关系经历了严峻的考验,却始终保持着旺盛的生命力和强大的影响力,中俄两国这种特殊的战略合作关系已经成为了冷战结束后最行之有效的双边合作模式之一。

中俄战略协作伙伴关系的不断深入发展,同样引起了西方学术界和舆论界极大的关注。研究者和评论者从各自不同的立场与视角出发,对这种特殊关系进行了各种各样的阐述,希望能够更加深刻地理解中俄战略合作的本质。但是,大部分西方学者的研究往往只将目光集中在中俄战略协作伙伴协议的个别字句上,断章取义地解读中俄之间的合作关系。他们经常试图将中俄合作的目标理解为建立一种"新的多极秩序",推动"国际关系民主化"进程,并且以此取代当前美国主导的国际秩序。更有甚者,还有部分学者将中俄战略协作伙伴关系与第二次世界大战时期的轴心国同盟进行类比,将其视为冷战后的新型反美同盟体系。这种带有明显意识形态色彩的研究当然不可能理解中俄关系的实质。在这种情况下,波波·罗教授通过相当长时间的研究和积累,以及大量同中俄两国学者和外交官的访谈,最终形成了自己具有鲜明特色的研究成果。凭借其扎实而深入的研究,其成果一经推出便受到了西方学术界和舆论界的广泛关注，并且很快成为当代英语世界在中俄关系研究领域最具代表性的观点之一。[26]

波波·罗详细分析了中俄伙伴关系的内容与特点，并且运用大量直接材料分析中俄关系的表象与实质。在他看来，中俄战略协作伙伴关系的结构是非常复杂的，任何抽象的理论模型都不足以概括两国之间的复杂关系。两国关系远非部分西方学者所说的反西方同盟，更不是所谓的"邪恶轴心"。与叶利钦时代的俄罗斯外交类似，中俄战略协作伙伴关系在双方的表述中存在很多华而不实的辞藻，在排除这些干扰之后，两国关系的实质是一种建立在务实和便利基础上的合作关系。他给这种关系赋予了一个特殊的名词——"便利轴心"。概括起来，在这种条件下的中俄关系的特点可以被归结为以下几个方面。

第一，正常关系（normal）。中俄之间发展的是一种"正常"的双边关系，这是两国关系中最重要的特点。中俄关系就像当代世界的大部分双边关系一样，既有积极的一面，又有消极的一面。换言之，中俄两国的"战略伙伴关系，并不是一种'新型的双边关系'，而只是相当常见的结构、类型和思想"[27]莫斯科和北京都秉承着现实主义的思想观点处理双边关系，双方都意识到两国关系中存在着问题，甚至在特殊条件下还会产生冲突，但两国都能够从现实主义的角度出发，尽量控制这些问题而不使其恶化，继续与对方打交道。虽然在表面上有很多夸张的承诺，但实际上双方都只是在冷静地处理双边事务。中俄两国与其说是在思想意识上有所趋同，还不如说是双方都只是从自己的国家利益出发。双方的合作关系是基于利益而非共同价值观基础上的合作关系，只是一种正常的国与国关系，并不存在太多的特殊性。

第二，地缘政治占据主导地位（the primacy of geopolitics）。[28]在中俄战略合作中，尽管经济、文化等因素也发挥着相当重要的影响作用，但地缘政治因素始终在两国领导层的国际观念中占据核心位置。由于历史和国际环境等多方面的原因，当前处于执政地位的中国和俄罗斯的政治精英都成长于冷战时期，在现实主义战略文化熏陶的环境中走上政治舞台。因此，在他们的视野中，国与国之间严酷的竞争仍然是当代世界和国际政治活动中不变的法则，权力关系远远凌驾于普世价值之上。尽管在两国的外交实践中，也经常使用很多具有现代性意义的概念，但无论运用何种概念，他们试图描述的始终是传统国际政治的内容。在合作的过程中，双方也仍然是以地缘政治的视角思考两国之间的关系。俄罗斯仰仗的是自己在能源市场的优势，中国则更加依靠自己快速发展的经济和广阔的市场。在这种条件下，在两国各自的外交战略中，处理与西方国家的关系始终处于外交议程中的优先地位。

第三，有限的伙伴关系（a limited partnership）。波波·罗认为，"对于中俄两国关系的密切程度不应该有过多的幻想"[29]。中俄两国之间的战略伙伴关系是真实的，但这种伙伴关系也是极为有限的。无论从范围、深度还是相互信任方面看，这种伙伴关系的有限性都不容忽视。尽管近年来获得了很大的进展，但到目前为止，两国合作伙伴关系最重大的缺陷仍是缺乏实质性内容，这一问题至今没有获得根本性的改善。无论从数量还是质量上看，中俄两国的贸易与经济联系远不如中美贸易、中欧贸易或者俄欧贸易那样紧密。在格鲁吉亚战争等很多重大的国际问题上，双方也存在很大分歧。虽然多年以来双方签署了诸多合作协议，但往往都缺乏实质内容，而且在执行方面也少有进展。其实，"这暗示着双方的合作只是走走过场"[30]。形式大于实质，这是中俄两国战略协作伙伴关系中无法回避的重大问题。

第四，不对称（asymmetry）。多年以来，中俄两国都在为充实战略协作伙伴关系而努力，但始终收效甚微。其实，两国战略合作关系中实质性内容的缺失很大程度上是源于双方实力逐渐增长的不对称性，无论从观念、利益还是能力方面来看都是如此。普京时期俄罗斯外交政策的优先目标是恢复俄罗斯作为世界大国的地位，因此它努力恢复自己在原苏联范围内的战略优势，并试图以平等伙伴的身份发展与其他主要大国的关系。但中国并不认为俄罗斯在世界事务中有如此大的影响力，因此在外交实践中也并没有把俄罗斯看作一个真正的世界大国。这就造成了一个失衡的结果，即俄罗斯始终坚持它野心勃勃的外交政策，但中国却不能将其看作一个主要的全球性伙伴，也并不想成为其反西方计划的同盟军。两国在一般原则上总是能够很快达成一致，但在涉及具体的战略目标时便出现了明显的分歧。随着中国的迅速崛起，俄罗斯对中国的担心与日俱增。这种不对称的发展持续下去，将最终导致俄罗斯把中国视为一个未来的威胁，而中国则会将俄罗斯视为一个不可靠的合作伙伴。[31]

第五,脆弱的友谊(a fragile friendship)。从 20 世纪 90 年代开始,中俄关系摆脱了冷战所带来的历史困境,进入了迅速发展的新时期。然而,尽管发展的速度已经相当迅猛,但两国关系的基础仍然非常脆弱。中俄之间缺乏强有力的经济纽带,也没有共同的价值观念和协调的外交战略,两国关系的发展始终面临倒退的风险。由于两国实力增长严重不对称,因此,未来可能出现的力量失衡局面将使双方心中的疑虑情绪不可避免,中俄关系更像是基于现实基础上的相互利用而不是拥有共同价值观的合作伙伴。由于担心未来可能出现的中国威胁,俄罗斯必定会在全球和地区问题上寻找新的战略支点。反过来,这也会更加坚定中国对俄罗斯伙伴地位有限性的判断,其实,透过很多虚浮的表象来看,中俄双方的友谊实际上是相当脆弱的。[32]

通过以上分析,波波·罗认为,中俄当前的战略伙伴关系实际上可以被归纳为一种基于战略方便而形成的特殊关系,即所谓的"便利轴心"[33]。"便利轴心"的概念意味着中俄伙伴关系是一种"策略的、工具性的权宜之计和机会主义式的战略安排"[34]。具体来讲,双方无论在战略中心、战略方向、关注焦点还是世界观等方面都存在明显差异。在普京时代,俄罗斯的外交政策是极其"外向"的,竭尽全力建构自己的大国地位。而冷战后的中国外交则始终是"内向"的,关注的是国内的现代化问题。[35]俄罗斯的外交活动充满了内在的帝国传统,而中国的外交则是功利主义的典型表现。双方的合作完全建立在利益需要的基础上,共同价值观的缺失始终是中俄两国战略伙伴关系中难以克服的问题。[36]

"便利轴心"的概念同时也强调中俄两国的合作中有更多的实用主义特点,而并非明确的战略合作关系。中俄战略协作伙伴关系的发展很大程度上受到国际环境变化的影响和制约。联结中俄两国伙伴关系的主要纽带是一系列防御性的议程:保持边界的稳定和互信;共同抵制西方价值观的冲击;在伊朗、朝鲜和中亚等问题上维护共同利益等。可以说,构成中俄"便利轴心"的主要内容是"反对的关系"(anti-relationship),双方的主要目的是通过合作应对共同的挑战,而从未试图通过两国的合作创造新的结构和机制。[37]因此,中俄战略协作伙伴关系根本俄不上是对西方国家的挑战。

当前中俄战略合作的特点与 19 世纪的大国合作更加类似,面对后冷战时代充满变革的国际环境,合作有利于中俄两国获得自己需要的利益。俄罗斯需要中国作为自己战略平衡的手段,以便应对可能的挑战,从而使自己的外交政策选择最大化,提升俄罗斯在国际事务中的影响力。中国也需要维持良好的中俄关系,以保证稳定的石油和天然气供应,获得更先进的军事技术,并保证自己周边地区的稳定。这种传统的战略合作模式在当代更加敏感和灵活的新地缘政治环境下将逐渐力不从心。

波波·罗坚持认为:从发展趋势来看,中俄两国在实力对比上将会进一步失衡,力量对比关系逐渐向中国一方倾斜。随着中国逐步成为全球性大国,俄罗斯在中国外交战略选择上也将被进一步边缘化。近年来,中俄在中亚地区的利益矛盾趋向表面化,一旦世界能源结构出现新的变化,中俄关系中的经济基础将越来越弱。加之中俄之间缺乏稳定的心理和文化基础,而且俄罗斯社会对中国的担心始终没有消除,随着中国实力的增强,中国威胁的观点在俄罗斯也颇有市场。中俄两国很难长期维持较高层次的战略合作关系,从战略合作走向战略紧张(strategic tension)将是中俄关系未来最有可能的前景。[38]

当然,波波·罗同时也强调,尽管中俄关系可能将在未来逐步降温,但目前中俄之间的分歧仍然是非常有限的,而且双方领导层都能够有意识地将这种分歧控制在一定的范围内,并且努力通过合作对话加以调整。在目前的情况下,中俄两国的合作并不构成对西方世界的挑战,而且这种合作本身也是两国与西方关系的一种有益补充。中俄之间保持稳定的合作关系不仅不会威胁现有的国际秩序,而且将有力地促进当代世界的和平与稳定发展。实际上,西方真正要关心的不应该是中俄战略合作是否会对西方主导的国际制度构成挑战,更多地应该关注这样一种传统的合作模式能否在全球化世界中继续延续下去。[39]正如波波·罗所说的,"当中俄关系走到顶点的时候,也就是战略协作向战略分歧转变的开始"[40],一旦中俄关系再次走向对抗,才是世界和平真正的威胁。

第五节 "新冷战"VS"冷和平"：
后冷战时代的国际格局

冷战结束以后,俄罗斯并未像很多西方学者所预期的那样,成为西方世界亲密无间的合作伙伴。恰恰相反,竞争、较量甚至冲突在相当长的时间内成为了俄罗斯与西方国家关系的主题词。迟迟无法结束的转型过程使后冷战时代的国际格局充满了变数,而构成这一问题的核心正是当代国际格局中的俄罗斯与西方国家的复杂关系。针对这一宏大命题,各国学者提出了多种设想和观点。在这一问题上,英国学术界存在两种针锋相对的观点,即以爱德华·卢卡斯的观点为代表的"新冷战"(The New Cold War)观点和以理查德·萨科瓦的研究为代表的"冷和平"(The Cold Peace)观点。

爱德华·卢卡斯是英国著名的记者和专栏作家,也是重要的俄罗斯问题专家。他长期为《经济学家》(*Economist*)杂志撰写评论文章,并且凭借犀利的笔触和鲜明而强烈的反普京立场获得了学术界和舆论界的关注,被普遍认为是英国对俄强硬路线的代表人物。

卢卡斯认为,"现在的俄罗斯已经成为了直接的威胁,不仅是对俄罗斯人民的威胁,也是对外部世界的威胁"[41]。随着普京地位的巩固,从戈尔巴乔夫时期开始的俄罗斯改革进程正面临着被颠覆的危险。当前,无论是国内政治还是国际战略,俄罗斯都正在回归苏联轨道,对西方模式越来越多地显示出傲慢的态度。

当苏联解体之时,西方世界一片欢呼,自然地认为在叶利钦——西方眼中的改革派——的领导下,俄罗斯将很快成为西方式的"正常"国家。但出乎旁观者的意料,从叶利钦时期开始,改革就出现了偏差。整个20世纪90年代,俄罗斯政治混乱,腐败盛行,寡头专权。俄罗斯政治很快便开始出现了威权主义色彩,包括叶利钦和他的亲信在内,都已经不再奉行亲西方政策。这种情形到了普京时期发展到了极致。凭借他执政初期获得的支持,普京召回了他在克格勃时期的诸多同僚,组成了一个完全忠于他本人的新的执政集团,采取各种方式扩大总统权力,使国家杜马和地方政权名存实亡。普京在自己的执政时期,"终结了叶利钦时期的混乱，但同时也抛弃了叶利钦具有积极意义的遗产"[42]。在现在俄罗斯领导人的眼中，在叶利钦时期，俄罗斯已经试验了西方价值观。"往好了说，是西方价值观念不适应俄罗斯本土的情况。往坏了说，西方价值观就是一种卑鄙的安排，它极大地削弱了俄罗斯，从而巩固西方霸权体系。"[43]因此，俄罗斯正在寻找自己的道路，可控制的政治体系、强大的总统制，以及对外部世界的强硬态度正是这种俄罗斯道路的基础。

在卢卡斯看来，这种脱离西方发展道路的选择使俄罗斯必定走向衰落，俄罗斯也注定将成为西方世界的威胁。在普京和他的克格勃同事的领导下，俄罗斯对内限制言论和结社自由，对外在政治、外交乃至军事领域更加咄咄逼人，当前的世界格局已经构成了"新冷战"的局面。

事实上，由于实力虚弱，俄罗斯已经很难在军事领域成为西方的威胁，当前的"新冷战"主要集中在金钱、自然资源、外交和宣传领域。[44]克里姆林宫通过全面的金钱攻势，造就了一个充满腐败和贿赂的国际商业环境，很多外国投资者都被利润诱惑，投入了俄罗斯的怀抱，使俄罗斯在"新冷战"中获得了更多的市场份额。同时，俄罗斯也将自己所拥有的石油、天然气，以及相应的管道资源作为武器，试图构建一个以俄罗斯为核心的供求体系，进一步限制欧洲的外交选择空间，让银行（banks）去完成苏联必须用坦克（tanks）完成的任务。[45]

此外，俄罗斯也在努力运用外交手段扩大自己的国际影响力。一方面，努力拉拢委内瑞拉、伊朗、叙利亚等反西方国家；另一方面，也在分化瓦解西方国家之间的团结，通过各种手段在西欧和北美之间制造鸿沟。"缺乏法治的俄罗斯式民族主义与依法治理的西方多元主义构成了新冷战中的对抗性的两种意识形态"[46]，俄罗斯已经在多个领域开始了精心的布局，但当前的西方仍然陶醉于冷战的胜利，并没有清醒地认识到"新冷战"已经重燃战火，如果西方国家不能够认清当前的国际格局，仍然在中东等地区问题上毫无意义地消耗着自己的国家实力和道德优势，20世纪30年代绥靖政策的悲剧注定将会再次上演。

爱德华·卢卡斯危言耸听的观点在西方舆论界所产生的影响是难以估量的。这种带有预言性质的分析文章很好地迎合了西方国家中流行的反普京情绪，获得了一片赞誉之声。但从学理上分析，他的论述显然带有过多的主观色彩,而且对于很多问题的解释含混不清,并且过于喜欢使用煽动性的语言,对于很多事件的解读也略显武断,有明显的断章取义之嫌。因此,卢卡斯的观点在获得欢呼和掌声的同时,也遭受了诸多批评和质疑。不断有学者从更为理性和宏观的视角出发,提出自己对当前国际格局的见解。其中,在英国学术界,以理查德·萨科瓦构建的"冷和平"观点最为独树一帜。[47]

萨科瓦认为,俄罗斯的对外政策选择经历了四个阶段。[48] 1993—1996 年,科济列夫奉行"带有大国主义的国际自由主义"外交政策,希望将俄罗斯融入国际社会和寻求大国地位的双重目标结合起来。1996—1999 年,普利马科夫坚持"竞争实用主义"外交政策,主张推动多极化进程,在保持与西方的合作关系基础上保持自己的竞争力。1999—2007 年,在普京领导下,俄罗斯采取了"新现实主义"的外交政策,试图超越竞争逻辑,强调建立真正多边平等互利的国际机制,融入新时代的欧洲和全球体系的过程中。但俄罗斯必须同时实现国家在外交政策上的自主。2007 年之后,由于种种原因,俄罗斯逐渐趋向"新修正主义"的外交政策,虽然没有完全选择对抗的方式挑战国际秩序,但对自身地位的要求越发强烈。

尽管在不同时期的具体政策选择上存在一定差异,但萨科瓦相信俄罗斯外交政策的基调是由转型时期的特点所决定的。正如前文所述,他认为俄罗斯转型的历程是一个"双重适应"的过程。反映在外交领域,就是俄罗斯一面试图接受国际体系和规范以融入世界,一面坚持自身大国地位以维护自我的身份认同。这两种目标之间存在巨大的张力,但却同时构成了俄罗斯外交政策不可分割的两面。在外交活动中,俄罗斯认为"主权国家为其政治行为负责是必不可少的。同样,俄罗斯坚持以自己的节奏走向民主,拒绝以美国人的方式或以准宗教式的狂热抬高自由民主的理念"[49]。实际上,冷战结束以来,俄罗斯外交政策的核心并没有发生根本的变化,这种由转型所引起的内在非对称性始终存在。

但是西方国家并没有深刻理解转型时代俄罗斯的内在矛盾与利益要求的合理性。更为严重的是,它们甚至没有意识到双方在如何认知冷战结果方面存在的巨大差异。实际上,"冷战本质上是以一种不对称的方式终结的"[50]，俄罗斯放弃了冷战的结构和对抗性的意识形态，但冷战的另一方却仍然保留着。而且在俄罗斯人看来，是他们的主动选择结束了世界的分裂和对抗，他们并不是冷战的失败者，他们有权利在冷战后的世界获得应有的尊重和地位。但在西方国家看来，冷战的结束是西方所代表的意识形态的最终胜利，作为胜利者，它们有权监督另一方的转型，而且将俄罗斯在原苏联地区对特殊地位的追求视为非法的行为。这种外部的非对称性又成为了事实上的双重标准，一旦与俄罗斯国内政治相结合，无疑会进一步强化俄罗斯的负面认识。"西方缺乏令人信服的理论来理解俄罗斯的诉求"[51]，最终导致了对俄关系问题上的重大失败。

从结构层面来说，"当前的国际体系尚没有一个机制能够接纳崛起的大国"[52]。尽管俄罗斯可以接受国际体系的现状，并且可以承诺加入现行国际体系而不去改变它，"但是即便如此，俄罗斯以积极和平等的身份加入现行国际体系仍然会导致体系的变化"[53]。加之内外不对称性的加剧，以至于冷战结束至今，全球也未能出现一个全面的、稳定的、包容性的国际体系。萨科瓦将这种状态称为"冷和平"。

通过对萨科瓦文章的整理，"冷和平"被认为具有下列特征。[54]

第一，"冷和平"是一种不稳定的地缘政治休战状态，通常发生在两次战争期间，缺乏稳定的政治规则框架。一方的"失败"不被认为是合法的，而"胜利"的另一方的地位也不能得到巩固。

第二，"冷和平"状态下，双方会刻意回避直接冲突的发生。尽管冷战时期的冲突行为模式会再次出现，但行为体会拒绝接受并批驳这种行为逻辑。这也是"冷和平"与冷战的最大差异。

第三，"冷和平"的根源是对特定历史时期特殊性的不同理解。价值体系的对立和对普世性价值缺乏共识是"冷和平"存在的深层原因。

在萨科瓦看来，"冷和平"状态上一次出现两次世界大战之间，所谓"20年危机"就是"冷和平"的另一种解释。从结构上说，"冷和平"是一种不稳定的过渡状态，它的长期存在往往意味着冲突爆发的风险不断积累。在这种局面下，"俄罗斯正在逐渐转变为一个特殊的修正主义国家"[55]，西方已经错失了将它纳入国际体系的机会，而我们的世界也将走进一个充满对抗和混乱的新时代。

面对同样的政治和外交事件,作为反普京主义者的爱德华·卢卡斯和普京主义者的代表理查德·萨科瓦得出了大相径庭的结论。这既体现了外交问题的内在复杂性,也反映出当前英国学术界对俄罗斯的矛盾心态。当然,国际格局问题是国际研究领域最为宏大的问题之一,不同研究者基于不同的立场和观念,对国际格局的描述始终是见仁见智,很难达成统一共识。这种差异和论争为读者提供了充分的选择余地和进一步思考的空间,也称得上是当代英国学术界开放性特征的完美体现。

第六节　结 论 与 评 价

外交事务是非常复杂的,很多外交活动的细节与操作的过程往往不能够在第一时间被公开披露。因此,尽管身处局外的旁观者也可以对外交活动倾注热情并给予关注,但由于严重的信息不对称,很多研究者几乎不可避免地局限于对国际新闻的重新编辑和解读,他们对实际外交活动中很多重要的环节和程序缺乏了解,提出的观点和主张也大多沦为纸上谈兵,往往下笔千言而离题万里。

正是由于外交研究存在这样的特征,尽管大部分严肃的国际问题研究者都对这一领域保持着足够的关注,却不会以此作为自己主要的研究对象。因此,每一年份的俄罗斯外交问题研究都会保持一定的比例,但始终难以成为英国俄罗斯研究最主要的研究领域(如图 6.1所示)。

因为同样的原因,在英国学术界,智库机构在外交研究领域具有相对的优势。与高校研究机构热衷于更理论化的研究方式相比,它们的研究更加注重时效性和现实性,因此,它们在研究课题的选择上倾向于更加灵活、更加紧迫的现实问题,对各国政策的变化和调整也更为敏感,这一点对于外交问题的研究来说至关重要。除此之外,智库机构为了保持研究的前沿性和准确性,往往能够尽一切努力深入挖掘相关的学术资源,通过各种方式与外交实践保持密切的接触,并且积极吸收现任或前任外交官员加入研究机构,利用他们熟悉外交内情、掌握第一手资料的优势,最大限度地推进研究的进一步深入。在实践中,这种做法取得了很好的效果，智库机构用自己的思想特点，研究方法和理据点风格，塑造了冷战后的俄罗斯外交研究的"行业标准"。当代英国学术界在外交研究领域的主要代表人物大多都有智库研究机构的工作背景。

以波波·罗为例，他虽然是澳大利亚人，但长期在英国工作，主要通过英国学术和出版机构发表自己的研究成果，并且成为欧洲改革研究中心、皇家国际事务研究所的重要成员，因此也被视为英国斯拉夫研究的重要代表人物之一。[56]与很多传统的英国学者不同，波波·罗从未在大学任教，而是走了一条"从使馆到智库"的发展路线。多年的外交工作经历和皇家国际事务研究所的熏陶，也造就了他典型的研究方法和论文风格，即"分析面面俱到，论点简洁而有说服力，可读性很强"[57]。由于智库机构的实践性要求，他的主要研究工作都围绕着俄罗斯外交活动展开，对俄罗斯发展的方向与过程始终保持着密切的关注，随时根据新的现象和思想对自己的研究进行补充或调整，并且能够对未来的发展和走向给出富有预见性的分析和评论。在智库机构研究特点的影响下，他的研究始终保持着足够的灵活性与前沿性，取得了丰硕的成果，并且形成了独特的个人特色。

此外，其他在外交研究领域具有影响力的学者，如理查德·萨科瓦、安德鲁·伍德等也都曾经或正在为智库机构工作，在他们的研究成果中我们可以看到智库机构的研究方法所产生的重大影响。

从研究路径来看，冷战后英国的俄罗斯外交研究与美国当代主流国际关系理论有着明显的差异。

一方面，英国学者的研究比较重视俄罗斯社会和精英层面的心理和思想状态，很明显地受到政治心理学的影响。在英国学者眼中，俄罗斯外交决策的过程，很大程度上是由俄罗斯政治精英的思想和特定历史时期俄罗斯国内主要的社会思潮所决定的。因此，在研究的过程中，必须对俄罗斯国内政治有深刻的理解，以此把握俄罗斯的外交决策过程。同时根据俄罗斯政治精英的心理发展状况，分析和理解俄罗斯在特定时期的外交决策倾向和特征，并且据此解读俄罗斯外交活动的言行。只有如此，才能够去伪存真，透过冗长而晦涩的官方文献，把握俄罗斯外交政策的实质内容。

另一方面，英国学者较为重视政策的历史延续性和文化因素的影响力。重视历史研究方法是英国学派的基本传统,在俄罗斯研究领域也概莫能外。因此在外交问题的研究中,他们仍然努力通过对历史和现实情况的叙述来分析问题。同时也比较重视俄罗斯文化对社会舆论环境产生的影响,并且重视在这种环境下主观因素所发挥的作用。英国学派对历史研究方法的重视使得所有的研究者都更加重视对第一手材料的搜集和掌握,也保证了研究者言之有据和言之有物。英国学者主张以现实叙事而非抽象的理论模型作为研究的基本依据,而且通过总结现实材料对既有理论进行了修正和调整。凡此种种都反映出传统英国研究方法仍保持着旺盛的生命力,在当代国际问题研究中发挥着独特的作用。

从研究立场来看,在外交研究领域英国学术界的思想观点非常明显地分为相互对立的三派。

第一,极端反俄派。

2003年以后,以爱德华·卢卡斯的"新冷战"为代表的极端反俄观点逐渐在英国舆论界兴起,2007年以后影响力空前膨胀,几乎占据了英国新闻传媒的绝大部分版面,在学术界也有一定的市场。

在极端反俄派眼中,普京的崛起代表着克格勃系统重新主宰了俄罗斯的权力舞台,俄罗斯的民主发展将出现严重的倒退。这一派学者也认定,普京最终将使俄罗斯重新回到苏联时期的对外战略,通过种种手段削弱西方国家的力量,为苏维埃势力重新控制世界作好准备。所以,在他们看来,俄罗斯所有的外交选择都是对西方主导下的国际秩序的挑战,充满了阴谋与诡诈。因此,一方面,他们"矢志不渝"地通过新闻媒体批评普京政府,而且将俄罗斯改变的希望寄托在梅德韦杰夫身上,主动炒作梅普矛盾,给梅德韦杰夫戴上自由主义者的帽子,希望能够从内部瓦解普京政权。另一方面,他们也积极推动西方国家以强硬的手段执行对俄战略,以某种对抗的方式推动俄罗斯国内政治的转变。"新冷战"就是他们对俄立场最基本的概括。

第二,亲俄派。

尽管在英国国内,反俄立场在媒体和舆论中更有市场,但亲俄派观点也并没有销声匿迹。部分持亲俄立场的学者构成了这种观点的主力,其中萨科瓦是主要的代表人物。

亲俄派观点对普京的看法较为温和，对普京时期俄罗斯对外战略也给予了更多正面的理解。这一派学者比较喜欢从西方对俄政策的失误中寻找 20 世纪 90 年代俄罗斯与西方关系恶化的原因，非常关注俄罗斯经济转型失败对俄罗斯社会思潮的影响；在某种意义上，他们以同情的态度看待俄罗斯较为强硬的外交立场。

当然，在整个英国社会中，亲俄派的力量始终比较微弱，亲俄派观点并不是英国社会的主流思想，与铺天盖地的反俄观点相比，只能说是聊胜于无。但这种观点的存在本身就代表了英国社会另一种潜在的声音，代表着某种变革的可能性，因此仍然值得重视。

第三，客观中立派。

虽然在舆论界各种思想和立场始终争论不休，但在英国学术界，中立派仍然是最主流的研究立场。

大部分的研究者都能够尽量保证自己中立的研究立场，希望能够以客观公正的心态看待俄罗斯外交活动中出现的种种现象，既能够肯定俄罗斯发展过程中的积极成果，又能够一针见血地指出俄罗斯外交中存在的幻觉与神话。在很多重大问题上，这部分学者基本上也能够不随波逐流，不受各种舆论风潮的影响，客观地分析俄罗斯外交中的种种问题。无论是对俄罗斯与西方的关系，还是对中俄关系，他们都能够以平和与冷静的态度加以审视，并且得出较为深刻和卓有见地的观点。

当然，值得注意的是，尽管英国学者在研究中尽量维持中立的价值观，但智库研究的特点使其不可避免地从西方利益的视角看待俄罗斯问题，对俄罗斯很多利益诉求的理解程度较低，而且时常倾向于对俄罗斯的行为加以控制。这也难免会影响到其结论的客观性。[58] 所以说这种"中立"永远是相对的，真正的"中立客观"在现实中是一种难以实现的理想境界。

总而言之，在冷战结束后，英国学术界对俄罗斯外交的研究达到了很高的水准，研究成果不仅非常丰富，而且极具前沿性与实用性。通过对英国学者学术成果的分析和总结，我们更加深刻地了解了当代英国学术界在俄罗斯外交领域的思想观点和研究方法。英国学者对俄罗斯外交的研究深入而细致，很多观点都受到广泛关注，尤其是对中俄关系的研究,在国际学术界产生了很大的影响。这种站在第三方立场的观点客观地分析了中俄关系发展过程中的成就与不足,对于中俄关系的研究和发展不无裨益。除此之外,我们还可以通过分析外交领域的研究成果了解冷战后英国学界和社会舆论不同的立场,以便更好地把握当代英国社会的流行思潮,并且也可以更为深入地了解当代英国智库研究系统的学术水准、研究方式、基本的发展状况,以及智库系统与大学研究机构在国际问题研究领域的主要差别。这对促进中国国际研究智库的发展具有非常积极的意义,对中国国际问题研究体制的进一步完善也有颇多借鉴。

注释

1. 从本书中提到的相关参考书籍就可看出,以"查塔姆研究所"名义出版的作品在英国的俄罗斯外交研究中占据着非常重要的地位。

2. 关于波波·罗教授的个人简介,来源于他写给华东师大俄罗斯研究中心的自我介绍。在公开信息渠道,可参见其他学术机构和学术论坛的介绍,如 http://www.ata-sac.org/globsec2011/speakers/bobo_lo/和 http://2010. therussiaforum .com/forum/speakers/bobo-lo/等。波波·罗教授在华期间,笔者与他有过多次交流,他也为本书的写作提供了很多参考资料,特此致谢。

3. Bobo Lo, *Axis of Convenience: Moscow, Beijing and the New Geopolitics*, London: Chatham House, 2008.

4. Bobo Lo, *Russian Foreign Policy in the Post-Soviet Era*, London: Macmillan, 2002.

5. 2011 年 9 月罗伊·艾利森离开伦敦经济政治学院,加盟牛津大学圣安东尼学院。但由于他目前的全部成果均在伦敦经济政治学院时完成,因此,本书暂且将其算作伦敦经济政治学院的学者,特此说明。

6. Roy Allison, Margot Light and Stephen White, *Putin's Russia and the Enlarge Europe*, London: Chatham House, 2006.

7. Bobo Lo, *Russian Foreign Policy in the Post-Soviet Era*, London: Macmillan, 2002, p.3.

8. Ibid., pp.5, 13—23.

9. Ibid., p.7.

10. Potemkinization 的意思是"表面文章",这一概念来源于叶卡特琳娜二世时期,其宠臣波将金为了炫耀自己领地的富足,不惜成本在女皇视察的必经之路旁边建起一批豪华的假村庄。波波·罗在这里使用这一概念,具有讽刺的意味。

11. Bobo Lo, *Russian Foreign Policy in the Post-Soviet Era*, pp. 66—96.

12. Ibid., pp.40—62.

13. Ibid., pp.98—118.

14. Ibid., pp.151—154.

15. Ibid., pp.157—170.

16. Ibid., p.1.

17. Bobo Lo, *Vladimir Putin and the Evolution of Russian Foreign Policy*, London: Chatham House, 2003, p.11.

18. Bobo Lo, "Russia's Crisis: What It Means for Regime Stability and Moscow's Relations with the World," Research Reporter in Centre for European Reform, Feb. 2009, p.1.

19. Bobo Lo, "Russia and The West: Problems and Opportunities," UNISCI discussion papers of Royal Institute of International Affairs, May. 2005, pp.1—2.

20. 波波·罗于 2009 年 5 月 21 日在华东师范大学的演讲。

21. Bobo Lo, *Vladimir Putin and the Evolution of Russian Foreign Policy*, pp. 129—133.

22. 波波·罗于 2009 年 5 月 21 日在华东师范大学的演讲。

23. Bobo Lo, "Russia's Crisis: What It Means for Regime Stability and Moscow's Relations with the World," pp.3—5.

24. Ibid., p.7.

25. Ibid., p.8.

26. 参见 Bobo Lo, *Axis of Convenience: Moscow, Beijing and the New Geopolitics*, 此书至今仍然在皇家国际问题研究所网站上的成果介绍栏占据醒目的位置。

27. Bobo Lo, *Axis of Convenience: Moscow, Beijing and the New Geopolitics*, p.175.

28. Ibid., pp.175—176.

29. Ibid., p.2.

30. Ibid., p.178.

31. Ibid., p.179.

32. Ibid., p.180.

33. Ibid., p.3.

34. Ibid., p.194.

35. Bobo Lo, "China's 'Permanent Reset': Moving Away from Static Policy," *Russia in Global Affairs*, 15 Oct.2010, p.21.

36. Bobo Lo, "The Long Sunset of Strategic Partnership: Russia's Evolving China Policy," *International Affairs*, Vol.82, No.2(2004), p.309.

37. Bobo Lo, *Axis of Convenience: Moscow, Beijing and the New Geopolitics*, p.5.

38. Ibid., p.192.

39. Ibid., p.195.

40. Bobo Lo, "The Long Sunset of Strategic Partnership: Russia's Evolving China Policy," p.309.

41. Edward Lucas, *The New Cold War: Putin's Russia and the Threat to the West*, London: Macmillan, 2008, p.2.

42. Ibid., p.8.

43. Ibid.

44. Ibid., p.10.

45. Ibid., p.11.

46. Ibid., p.14.

47. 实际上,"冷和平"这一概念并非萨科瓦首创。早在 1995 年,俄罗斯时任外长科济列夫就提出过这一概念。参见 Andrei Kozyrev, "Partnership or Cold Peace?" *Foreign*

Policy，No.99(Summer 1995)，pp.3—14。萨科瓦的贡献主要体现在从学理意义上更为深刻地解读这一概念，并且将其作为当前国际格局的基本特征。

48. 理查德·萨科瓦:《冷和平:解读俄罗斯与西方的关系》，载《俄罗斯研究》2010年第6期，第21—24页。这篇文章是萨科瓦为2010年7月26—31日在瑞典斯德哥尔摩举行的第八届国际中东欧研究理事会(ICCEES)大会准备的会议论文。论文中文版已由《俄罗斯研究》杂志独家刊发，对此文的引用均来自中文版。

49. Richard Sakwa，"'New Cold War' or Twenty Years' Crisis?: Russia and International Politics，" *International Affairs*，Vol.84，No.2(Mar. 2008)，p.260.

50. Ibid.，p.249.

51. Ibid.，p.260.

52. Ibid.，p.251.

53. Ibid.，p.248.

54. 理查德·萨科瓦:《冷和平:解读俄罗斯与西方的关系》，第27页。此处引用时进行了归类整理。

55. 理查德·萨科瓦:《冷和平:解读俄罗斯与西方的关系》，第35页。

56. 从他的作品中可以看出，波波·罗学术思想的形成受到莱斯利·霍姆斯(Leslie Holmes)、亚历克斯·博拉夫达和戴维·莱恩等英国学者非常大的影响。可以说，除了国籍以外，他就是一个典型的英国学者。这也体现了英国学术界的开放性特征。

57. Dov Lynch，"Book Reviews of Vladimir Putin and the Evolution of Russian Foreign Policy，" *International Affairs*，Vol.79，No.4(2003)，p.921.

58. 例如，波波·罗本人一直强调价值中立，但在他的文章中，往往将"西方国家"和"世界"混同起来，而"就事论事"这一观点也有明显的单边主义印记。其他英国学者也都或多或少有类似的问题。实际上，不论英国学者主观上多么希望做到客观中立，他们不可能完全超越自身的思想立场。西方国家的利益始终是英国学者的最高关切，我们在研究时也必须注意这一问题。

第七章

结论：“英国学派”的思想谱系与时代特征

经历了 400 多年的积累和传承，在后冷战时代复杂多变的国际环境中，英国学者凭借着自己的智慧与汗水，辛勤浇灌了俄罗斯研究这片争奇斗艳的学术花园，也在国际学术界形成了极具影响力的“英国学派”。在前六章的研究内容中，我们系统地回顾了英国俄罗斯研究的发展历史，归纳了冷战后英国俄罗斯研究领域的基本状况，分门别类地概括了冷战后英国学者的主要研究成果和理论观点，并且初步展示了他们在不同领域、不同议题的研究中存在的观点差异与学术争论，根据不同类别对冷战后英国俄罗斯研究不同领域的具体问题进行了详细的分析和研究，对英国学者的研究有了一个较为完整的认知与判断。

在结束各个领域的具体研究、获得了更为丰富的信息之后，我们研究和思考的视角必须重新回归整个学科研究的层次。通过对已有知识的解读和剖析，我们可以为冷战后英国的俄罗斯研究勾画一张微妙而精致的思想图谱，从而透过复杂冗长的叙述，更有效地为读者描述冷战后英国俄罗斯研究的思想内涵和理论差异。同时，通过既有的研究，我们也可以比较准确地分析冷战后英国俄罗斯研究的优长与短缺，更加清楚地归纳和总结英国俄罗斯研究的时代特征。通过对英国俄罗斯研究思想谱系和时代特征的总结，我们能够更加深刻地思考所谓“英国学派”的全球价值与时代意义，对中国俄罗斯研究的未来发展也能够有所借鉴和参考。

第一节　冷战后英国俄罗斯研究的思想谱系

近年来，随着中英两国学术界的交往日益密切，英国学者在俄罗斯研究领域的很多代表性成果已在中文学术刊物上多有介绍,诸多经典书籍的中文版也先后问世。但如果希望从具体而分散的观点介绍提升到对英国俄罗斯研究的整体认知,借助"谱系"研究方法就很有必要。

按照中国传统观念,所谓"谱系",指的是对家族世系或者其他代际传承过程的详细记载。在现代思想研究领域,"思想谱系"(spectrum)则具有更加具体的涵义。按照佩里·安德森(Perry Anderson)的说法,所谓"思想谱系"研究,就是将分属政治领域左、中、右三派的思想派别和思想家们之间的定位和边界分析清楚。[1]思想谱系研究可以比较全面地展示特定时间、特定范围内不同思想观念的分布情况,可以更准确地表现出不同思想理念之间存在的微妙差异和相互争鸣的过程。因此,绘制当代英国俄罗斯研究的"思想谱系",指的是将当代较有代表性的学者及其观点按照某些原则和标准进行分类,根据观点的二维象限分布状态,总结目前在英国学术界存在的观点差异,并且分析这些差异背后所展现的思想脉络。绘制该谱系也将为读者提供一个理解当代英国俄罗斯研究的综合视角。

结合当前英国学界的现实状况,我们选取"情感倾向"和"研究路径"两个关键要素作为分析英国俄罗斯研究思想谱系的基本维度。研究者对俄罗斯的情感倾向被设定为坐标系的横轴,向左延伸表明研究者对俄罗斯正面的情感倾向更加强烈,即所谓的"亲俄派"(pro-Russian);向右延伸则表明研究者对俄罗斯的感受较为负面,即所谓的"反俄派"(anti-Russian)。研究者所选取的基本研究路径被设定为纵轴,如果研究者在研究过程中更依赖理论研究路径,则会出现在坐标系的上方,反之,如果研究者在研究过程中更多使用传统经验的方法,则会出现在坐标系下方。

为了实现对英国学者思想谱系的构建,我们选取了 10 名在当前俄罗斯研究的各个领域最为活跃的学者作为当代英国俄罗斯研究的代表,他们是:

阿奇·布朗,牛津大学教授,政治与历史问题专家;

理查德·萨科瓦,肯特大学教授,政治问题专家;

斯蒂芬·怀特,格拉斯哥大学教授,政治问题专家;

戴维·莱恩,剑桥大学教授,经济问题专家;

菲利普·汉森,伯明翰大学教授,经济问题专家;

罗伊·艾利森,牛津大学教授,政治与军事问题专家;

多米尼克·列文,伦敦政治经济学院教授,历史学家;

罗伯特·谢伟思,牛津大学教授,历史学家;

波波·罗,皇家国际问题研究所原研究员,外交问题专家;

爱德华·卢卡斯,专栏作家,政治与外交问题专家。

上述 10 位学者来自不同研究机构,他们的研究方法及对俄态度各不相同,他们的观点我们在前文中已经有了较多介绍。他们在研究成果中所展示出来的不同思想观念,最终构成了英国学者在俄罗斯研究领域的基本思想谱系图。

如图 7.1 所示,根据感情倾向和研究路径的具体差异,10 位学者因自身的研究特点分别落位于思想谱系图的不同位置。他们所处的位置较为自然地形成了五个大体上相对集中的区域(图 7.1 中 A—E 的位置)。这种状况非常清晰地反映了目前英国学术界在对待俄罗斯问题

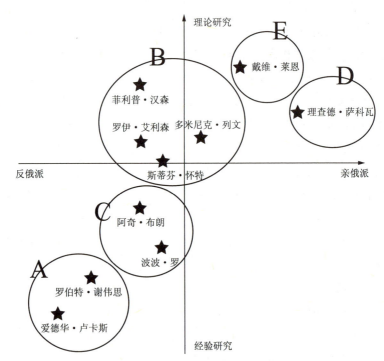

图 7.1　冷战后英国俄罗斯研究主要学者的思想谱系

上的五种不同立场。每种立场的背后都有非常深刻的思想传统和社会基础,每一种立场也都有重要学者作为其在思想理论界的阐述者和代理人。随着俄罗斯转型的深入,尤其在普京执政以后,立场和观点之间的差别在英国社会中体现得越来越明显,并且对英国政府的对外事务决策也产生了微妙的影响。

从谱系图的整体状况看,在当前的英国社会中,批评和反对俄罗斯政府的声音占据绝对的主导地位。无论选择何种研究路径,反俄情绪都是弥漫于学术界和舆论界的主流话语。尽管存在少数学者始终对俄罗斯抱有同情的心态,然而,他们往往只能够通过特定的抽象标准和理论分析的方式对俄罗斯和普京政权的意义及合法性进行论证,任何经验或数据似乎都很难成为他们观点的注解,也因此造就了图中第四象限内的一片空白。

即便如此,我们也不能够简单地将当代英国的俄罗斯研究单纯地看作一场反俄反普京的大合唱。事实上,在不同的领域和不同的人群之间,观点和看法的互动过程相当微妙,亲俄派的声音也并非想象中那样微弱。不同立场的群体之间存在着明显的差异,也存在着许多内在的联系,值得进一步深入剖析。

具体而言,冷战后英国的俄罗斯研究领域较为活跃的思想群体包括以下几类。

一、A组:强硬反对派

持强烈反俄立场的强硬反对派是当前英国国内影响最大的团体之一。英国国内的强烈反俄思想可以追溯到20世纪20年代。十月革命以后,大批沙皇俄国的流亡者前往英国,在英国国内宣传反苏维埃的观念,在英国社会中产生了很大的反响。从此以后,强烈反苏的思想就成为英国内部的重要力量,尤其在冷战期间,反苏思想成为英国国内的主要社会情绪,其影响一直延续至今。

1991年,苏联解体,强硬反对派将冷战的结束视为自己努力的成果,因此曾对后苏联时期俄罗斯的发展寄予极大的期望。但随着俄罗斯政治转型的深入,尤其是在普京执政之后,强硬反对派重拾对俄罗斯的强烈批评态度。他们认为俄罗斯已经成为一个由克格勃势力和少数"新贵族"掌控的国家,对内是一个以威权主义为基本特征的政府,对外则是仇视西方的帝国政权。他们将俄罗斯视为西方乃至人类自由的最大威胁,认为俄罗斯将对邻国主权和地区稳定造成严重的破坏。

基于这种认知,强硬反对派在对俄政策方面主张对俄罗斯的任何挑衅都应该以强硬姿态作出回应。例如,西方应该继续推动北约东扩,并且随时吸收有意愿加入北约的新成员;要尽快推进导弹防御系统的建设,全面遏制俄罗斯可能的军事威胁;在能源管道的建设上要尽量绕开俄罗斯,欧洲应尽快寻找可替代的资源供应者;在乌克兰和格鲁吉亚,应该继续维护亲西方政权的存在,并且反击俄罗斯的一切阴谋。此外,他们还希望利用各种方式,支持俄罗斯内部的反对派对普京政权发起挑战,从而促进俄罗斯的人权和法治。

强硬反对派对俄罗斯的研究多集中于政治、外交、历史等领域,在研究方法上往往都比较擅长经验研究法,广泛搜集和整理研究资料,通过叙述自然形成结论。其研究成果大多资料翔实,语言生动,具有很强的说服力。目前,强硬反对派在英国学术界最重要的代表人物当属历史学家罗伯特·谢伟思和《经济学家》杂志的专栏作家爱德华·卢卡斯。谢伟思教授集中研究苏联领袖,他的作品运用了很多新材料,但通过许多材料的组合,他也有意识地将苏联领导人描述成为那种狂热、暴怒甚至有精神疾病的人,从而达到将苏维埃政权妖魔化的目的。[2]卢卡斯不仅在其撰写的报纸和杂志的社论文章中对普京和俄罗斯进行了尖锐的批评,还在他的代表作《新冷战:普京治下的俄罗斯及其对西方的威胁》[3]一书中,极度夸大普京的克格勃背景以及普京与苏联政权的关系,并且将普京政权描写为一个腐败、黑暗、嗜杀、充满了阴谋诡计和排外思想的间谍集团,将其视为西方世界的巨大威胁,并且号召各国放弃绥靖思想,重新准备迎接"新冷战"的到来。强硬反对派的研究成果极大地迎合了部分英国社会群体的反俄情绪,在英国舆论场中具有很大的影响力。

二、B组:中间理论派

强硬反对派在舆论场中影响巨大,但强烈的感情色彩和意识形态因素显然容易对研究的客观性造成干扰。尽管大部分英国学者在情感倾向方面对俄罗斯的转型趋势持负面看法,对于俄罗斯政治转型的过程也不乏批评的声音,但从整体上说,其研究仍然处于相对理性的范围内,而且也都能够较为客观地评价俄罗斯的现状。因此,他们更多选择运用学理方法开展俄罗斯研究,在情感倾向上尽可能追求中立。本类型的研究者属于英国对俄研究的主流,可以称之为中间理论派。

与强硬派相比,中间理论派更好地继承了英国学术界严谨的学术立场和客观的精神,更多地显示出专业学者的风范。从情感维度来看,中间理论派大体上持有较为温和的反俄观念,主要是依据经典民主理论的标准对当代俄罗斯政治体制中的很多现象提出负面评价;从研究路径维度来看,中间理论派则更多地采用理论研究的方式,运用多种理论工具分析当代俄罗斯的转型过程。中间理论派涉及学科较多,理论化程度根据学科不同而有所差异。其中,以菲利普·汉森的俄罗斯经济转型研究为代表的经济学研究理论化程度最高;斯蒂芬·怀特等在政治研究领域的成果则比较平衡地使用了理论研究和经验研究的方法;而多米尼克·列文等学者对俄罗斯历史的研究更多地体现出了对俄罗斯历史和社会的同情,并且努力建构理论化观点。总的来说,在英国学术界比较活跃的大部分学院派学者都属于中间理论派。他们思想活跃,对相关议题讨论广泛、思考深入,研究成果丰富多样,在学术圈影响力巨大,代表着英国对俄研究的主流思想。

但中间理论派的研究者大多缺少外交实践和媒体宣传的经验,研究内容的理论化程度较高,对政策研究兴趣不高,尤其是对外交战略方面的问题涉猎较少,政策影响力往往相对有限。而且,由于研究的理论化程度较高,在结论表述方面不易与社会舆论形成共鸣,客观上限制了其社会影响力的发挥。

三、C组:中间反对派

在强硬反对派与中间理论派之间还存在一个特殊的群体。这一群体的学者在情感倾向和研究路径两个维度上都与强硬反对派有相似之处,但在研究结论和政策选择方面却又存在明显不同。这一群体在很名方面同普遍硬派对当代俄罗斯的看法，甚至在一定程度上也同意硬派对俄罗斯的分析，但是在他们看来，要应对这一切，就需要更加认真和全面地分析国际环境和俄罗斯本身，在战略选择上也需要更加灵活，更加具有战略眼光。从总体上说，他们属于反对派阵营，但在方法和思想上又呈现出很多中间派的现实主义色彩，因此被称为"中间反对派"。

中间反对派的思想渊源也可以追溯到20世纪初英国的反苏情绪，但在社会舆论反苏的声浪中，那些实际参与英国对苏外交的资深外交官和对苏联有更深刻理解的资深学者们注意到，尽管苏联政权在很多方面都不能够令人感到愉悦，但作为世界政治的重要行为体，英国仍然不得不与苏联政权继续交往甚至加强合作。因此，确认当今俄罗斯政权存在的问题，但从理智而非感情因素出发，更加灵活地处理俄罗斯事务，便成为中间反对派的基本信条。

就现实情况而言，他们认为俄罗斯的政治结构是存在威权主义色彩的，而且也基本同意俄罗斯正在对邻国采取帝国式的态度，但正因为这样，西方国家才更应该采取务实的、以利益为核心的行为模式。西方不能够以想象的、理想主义的方式来期待俄罗斯在未来出现突然的改变，而是应该调整其对俄罗斯国际行为的期望，以现实的态度来看待俄罗斯。

中间反对派中的很多人都曾经亲身经历甚至参与过对俄外交，因此提出的应对策略和解决方案都更有现实意义。目前在英国学术界，牛津大学的阿奇·布朗、澳大利亚前驻俄副大使波波·罗，以及英国前驻俄大使罗德里克·布拉斯维特(Rodric Braithwaite)可以被看作中间反对派的代表人物。他们在很多方面对俄罗斯提出了批评，但与强硬派相比较为务实温和。阿奇·布朗通过自己多年的研究，热烈赞颂戈尔巴乔夫的历史功绩，而对普京时代的俄罗斯保持着比较谨慎的批评态度。波波·罗等学者则在外交研究中提出"就事论事"(case-by-case)的原则，认为应根据自身利益而非俄罗斯的反应作出决策。西方国家需要采取选择性接触的方式，与俄罗斯就相关问题展开对话，从而实现自身的战略目标。

中间反对派的成员多为现实主义者，他们完全承认俄罗斯与西方之间存在的利益冲突。而且在他们看来,俄罗斯人也是现实主义者,通过引诱和施压促使俄罗斯与西方国家对话合作是完全可能的。与强硬反对派相比,他们对俄罗斯事务更加熟悉,也更加冷静务实。与中间理论派相比,他们更加关注当代世界体系中的国际交往活动,也更加擅长实际问题的研究。这一群体尽管在社会舆论和思想理论界的影响比起前述两个群体来都略显逊色,但在英国政府的外交决策过程中却受到了更多的青睐,其思想和观点对英俄关系的走向有着重要的影响。

四、D组:亲俄派

如果说前面三个群体的观点属于英国社会对俄罗斯的主流认知,那么其他两个群体则是英国国内的少数派。

在英国社会中,亲俄的思想理念同样由来已久,即便在苏联时期,英国国内的社会主义者和左派人士也都保持着对苏联的好感和认同。[4]在20世纪90年代,由于激进转型给俄罗斯带来了巨大的混乱和痛苦,部分英国学者对俄罗斯的状况表现出了深切的同情。在普京执政后,围绕着如何评价普京时代的俄罗斯这一问题,英国学术界出现了明显的分歧,逐渐形成了新的少数派。

随着普京体制逐渐成形,大多数英国学者更多地注意到普京体制对俄罗斯民主政治和私人财产权的负面影响,但在少部分学者看来,普京对当代俄罗斯发展所产生的总体影响是正面而积极的。这少部分学者认为,普京为俄罗斯带来了久违的政治稳定、经济增长和民族自信心,并且极大地扩展了俄罗斯的国际影响力,使俄罗斯重新作为大国返回到世界政治舞台上来。更重要的是,他们虽然承认关于普京的争议,但始终坚信普京本质上是一位民主的政治家,并且遵守宪法的规定。他的目标是将俄罗斯建设成为一个现代的、民主的国家,目前之所以强化国家对社会的控制,是因为只有这样才能将俄罗斯从20世纪90年代即叶利钦时代的混乱和苦难中解救出来。由于对普京治下的俄罗斯保持着积极的看法和较好的评价,这一派学者在英国社会被视为"亲俄派",或者说"亲普京派"(Putinites)。

亲俄派的学者往往较多地强调俄罗斯的特殊性,而且对于英国社央对俄罗斯政治的很多批评进行反驳。在他们看来,现在俄罗斯的舆论环境并不比90年代更不自由。90年代是少数寡头控制了俄罗斯的传媒,现在虽然国家对媒体也有所控制,但仍然比90年代更加开放。在他们看来,普京之所以在当政两届之后让位给梅德韦杰夫,恰恰说明普京对促进俄罗斯民主是非常认真的。他们相信俄罗斯最终将成为一个现代的民主国家。亲俄派的学者在研究中更多地选取理论研究的路径,对俄罗斯不同时代的政治转型过程进行不同的理论分类和判断。在英国学术界,最具影响力的亲俄派学者是理查德·萨科瓦,他的代表作是《普京:俄罗斯的选择》(*Putin*:*Russia's Choice*),其思想观点从作品的名称上即可看出端倪。[5]而且萨科瓦拥有很大的理论抱负,他希望通过自己的努力,能够排除意识形态因素的干扰,对普京体制进行真正学理意义上的解读,并且希望能够为俄罗斯未来的发展找到方向。

五、E组:新左翼理论派

如果说亲俄派更多地属于普京时代的新鲜事物,那么新左翼理论派就应该算是冷战时代的重要"遗产"了。

正如同他们的名字一样,这一群体与英国悠久的左翼思想传统有着非常深刻的联系。20世纪50年代末60年代初,以著名刊物《新左翼评论》创刊为标志,英国左翼思想在知识分子中获得了广泛传播,由此逐渐形成稳定的左翼思想家群体。这一群体的研究成果也成为西方马克思主义理论的重要组成部分。

由于左翼思想与社会主义理论之间存在着无法割裂的内在联系,多年以来,英国左翼理论家一直都对苏联和俄罗斯问题保持着密切的关注。苏联解体之后,尽管后苏联时代的俄罗斯已经完全放弃了社会主义的发展路径,但英国左翼思想家仍然继续坚持以左翼理论的标准检验和评价俄罗斯转型的过程,并且对苏联和俄罗斯发展的历史进行深刻的反思。很多当代著名的左翼思想家,例如霍布斯鲍姆(Eric Hobsbawm)、佩里·安德森等都曾积极参与过关于俄罗斯问题的讨论。秉持着左翼理论的学者坚持左派传统,通过左翼理论分析和评论俄罗斯社会的当代发展。经过几十年的发展,现在已经在英国学术界形成了一个规模较小但极为稳定的群体,即新左翼理论派。

新左翼理论派尽管对俄罗斯目前的发展状况也颇有微词,但其感情色彩上始终难以摆脱左翼理论中根深蒂固的亲俄情绪。在研究方法上,他们始终坚持以理论研究为主,并且从经典的社会主义或新马克思主义理论出发,分析当代俄罗斯发展进程中的种种问题。他们的研究视角与众不同,观点和结论也较为独特,代表了英国社会一个特殊群体的思想观念。其中,剑桥大学的戴维·莱恩教授以世界体系理论对俄罗斯政治精英和经济转型问题展开了深入的研究。因其重视平等、社会利益等新马克思主义理论的要素,所以对俄罗斯转型进程的评论在学术界独具特色;作为一种少数派的声音,也非常值得世界各国的学者认真倾听。

当然,图 7.1 所展示的思想谱系只是一种宏观的概括,实际上,英国学者看待俄罗斯的观点往往因其家庭出身、工作环境、教育背景乃至个人性格的不同而千差万别。涉及具体问题时,不同研究者也可能会根据特定情势调整自己的观点。因此,谱系只能作为一种参考,不能将其绝对化,更不能将其作为研究和判断实际问题的标准。毫无疑问,批评和反对是当代英国社会和学术界对俄罗斯的主流声音。尤其在社会舆论领域,对普京体制的极端反对压倒了其他一切声音。但在学术界,尽管反对者同样占据大多数,但是批评的声音相对理性温和,而且也有部分学者保持着中立甚至亲俄的态度。在外交决策领域,虽然受到社会舆论和个人情感因素的影响,决策者内心可能会对俄罗斯持批判的态度,但在国家行动上往往奉行实用主义,这也符合政治行为的现实要求。更重要的是,现存的思想谱系并不是静态的,随着时间和情势的变化,各派观点也会随着现实情境的变迁而发生相应的变化。所以,无论何时,当我们试图对英国学者的思想倾向进行概括时,都需要以发展的眼光作出谨慎而具体的分析。

第二节 冷战后英国俄罗斯研究的时代特征

凝聚了 400 多年岁月的沉淀和积累,经历了冷战结束后 20 多年的曲折前行,英国学者在继承传统的基础上,积极开拓,勇于创新。在国际局势风云变幻的局面下,凭借学者们的经验、智慧和努力,英国的俄罗斯研究发展成为当代国际斯拉夫研究领域最有影响力的学术共同体之一。独特的历史传统和发展轨迹赋予了英国俄罗斯研究丰富的色彩,展现了鲜明的时代特征。

第一,英国学者在俄罗斯研究方面的思想与方法深深植根于不列颠的民族特性和经验主义哲学传统。

从整体上看,英国的俄罗斯研究仍然承袭了从贝克莱、休谟时代起源的英国经验论的思想传统,强调一切知识来源于经验,对所有被赋予先验意义的概念和理论都保持谨慎的批判态度。经验主义认识论将研究视为基于经验的基础上对各种知识和要素之间相互关系的建构,主体与客体、事实状态与价值判断完全无法割裂。[6]

作为经验哲学的大本营,英国的学术传统奉行的是典型的经验论研究方法,这也使英国的俄罗斯研究拥有了盎格鲁—撒克逊民族的典型特征。在这种认识论的指导下,英国学者重视俄罗斯民族文化特性和思想发展的内在轨迹,能够放开历史的视野,努力去探寻俄罗斯人神秘多变的精神世界。传统的英国学者在研究方法的选择上受到整体主义思想影响,擅长运用历史学、哲学、国际法等传统人文学科的思想和理论去理解和诠释政治问题,在研究过程中重视个人性格、思想观念、历史背景等因素对宏观事件发展产生的影响。他们能够深刻理解历史发展的多元性和复杂性特征,广泛运用综合分析、历史叙述和分类比较等经典研究模式,对个人在特定历史情境中选择的可能性和必然性进行剖析。

即便是在行为主义和量化分析工具得到广泛运用的今天,新一代英国学者在思想层面上仍然保持着浓厚的人文主义精神,会将抽象的科学化研究与俄罗斯民族历史与文化背景结合起来,寻找冰冷的数字与逻辑背后所蕴含的温度和精巧。

在这种思维方式的引领下,大部分英国学者文风简练、犀利,能够通过简洁明快的语言叙述非常复杂深刻的议题。英国学者往往能够在社会科学研究中展现出深刻的思想内涵和扎实的学术功底;许多优秀学者都擅长跨学科研究,这使得他们的成果往往同时具有多学科价值,获得世界各国研究者的重视和青睐。

英国的俄罗斯研究历史悠久,源远流长,在几百年的历史中,其研究议题与研究方法也随着时代的变迁不断创新和进步,对研究对象的认知也经历了复杂深刻的改变。但作为英国学术沃土上成长起来的重要区域性研究领域,英国俄罗斯研究的根基始终是英国的民族特性与哲学传统。它们赋予英国的俄罗斯研究以独到的风骨,汇聚起整个研究的思想内核。也正是由于英国的俄罗斯研究拥有这样坚实的基础,才能够在百年的风浪中不断开拓进取,搭建起恢弘的学术大厦,为全球学术界提供有关俄罗斯社会变迁的重要认知与思想。

第二,开放兼容的帝国传统与相对超然的国际地位,是英国俄罗斯研究持续稳定发展的基本条件。

英国的俄罗斯研究能够在数百年的时间里始终保持稳定发展,并且能够不断产生引领时代的新思想与新理念,与英国的帝国传统和相对超然的国际地位关系密切。

帝国传统给予了英国俄罗斯研究界开放和兼容的态度。多年以来,英国学术共同体始终保持着开放的姿态,热情欢迎来自世界各地的学者,使共同体始终保持激情与活力。会说58种语言的哈罗德·威廉斯生于新西兰,以赛亚·伯林生于拉脱维亚,乔治·奥威尔生于印度,而英国苏联学的标志性人物亚历克·诺夫则是生于圣彼得堡的俄国人。在当代英国学界,这种开放的状态依然如故,多米尼克·列文是沙俄大贵族后裔,波波·罗则是长期在英国工作的澳大利亚人。

英国学界开放与兼容的心态还体现在对不同研究思想的宽容态度上。虽然英国当代的社会舆论整体呈现反俄倾向,社会舆论对俄罗斯和普京的批评之声不绝于耳,但在俄罗斯学术研究领域,亲俄派和左翼学者的观点无论在研究还是发表上都很少受到限制,其论点也仍然能够很快被学者和公众所知。整个学术界总体上可以心平气和地接受关于俄罗斯问题的辩论,并且认真倾听少数派的声音。

当然,英国俄罗斯研究的稳定发展也与英国相对超然的地理位置和政治地位密切相关。作为孤悬于欧洲大陆之外的岛国,英国同俄罗斯之间保持着非常微妙的政治关系。双方既没有真正意义上的政治对抗,也没有形成较高水平的合作。两国之间双边贸易额很小,相互依赖程度较低且缺乏战略互信。英国长期奉行以英美特殊关系为核心的外交政策,对俄罗斯则采取相对冷淡的外交姿态。由于英国国家实力所限,在俄罗斯外交战略中所处的位置也并不算非常重要。英俄之间的双边关系长期保持稳定,但却始终在较低水平上徘徊。

然而,这种外交层面的相对冷淡却无意中给英国学者提供了更广阔的空间,使他们能够在更加宽松的环境中开展研究。因为双方外交关系相对冷淡,英国学者不需要在研究中受到本国外交政策和很多实用主义观点的干扰。特殊的超然地位更使其能够最大限度地摆脱意识形态和政治因素的干扰,更加冷静地观察和理解俄罗斯社会,更容易得出理性和客观的研究结论。

曾经的帝国传统造就了英国学术界开放与中立的心态,来自世界各地的优秀学者将多元思想和多元文化带到了英国,经过广泛的学习与吸收、长期的争论与融合,当代英国俄罗斯研究百花齐放、百家争鸣的局面最终形成。英国俄罗斯研究的学者更倾向于回避狭隘的民族主义视角,以普世心态看待俄罗斯社会的发展。这种开放多元、兼容并蓄的精神保证了英国俄罗斯研究多年来的稳定发展,成为国际学术界的宝贵财富。

第三,英国学者能够以多种方式对英国的对俄外交战略产生微妙影响。

英国俄罗斯研究的影响并不仅局限于学术界,很多英国学者都试图用自己的研究成果为政府和企业提供决策咨询。囿于英国政治体制,英国学者的大部分观点还无法直接转化为外交决策。总结起来,目前英国学者对国家外交决策过程产生影响的路径主要有以下三种。

其一,通过有政府官员参加的学术研讨会或二轨会议,向政府机构推介学术界卓有见地的观点,在获得政府机关的认可之后,学者将有机会直接参与政策制定的研讨,并且影响最终的决策。其中20世纪80年代中期,阿奇·布朗参与撒切尔政府对苏外交决策的过程就是这种模式最典型的案例。1983年9月8日,在一场有撒切尔夫人和内阁主要成员参加的学术研讨会中,布朗教授向与会者详细介绍了当时还不为西方所知的戈尔巴乔夫。他将戈尔巴乔夫描述为苏共政治局中最具国际视野、思想最开放的成员,并且断言他将是苏联未来的政坛领袖,可以为苏联与西方关系开辟新的局面。布朗的观点对撒切尔夫人启发很大,戈尔巴乔夫迅速成为英国政府对苏外交中的重点关注目标。1984 年,尚未成为苏联领导人的戈尔巴乔夫访问英国,布朗再次受邀前往唐宁街 10 号,深入参与接待工作。可以说,布朗的观点在 80 年代英国政府制定对苏外交战略的过程中发挥了重要作用。

其二,英国式的微缩"旋转门"。受制于英国政治体制和行政制度,学者获得美国式"旋转门"的机会有限。然而,在经济、外交等专业性较强的领域,部分顶尖学者仍有可能以咨询顾问的身份进入政府部门短期任职,直接参与政治活动。例如,早在第一次世界大战期间,因为战争需要,英国政府就曾经征召利物浦大学俄罗斯研究院院长伯纳德·佩尔斯参与对俄外交事务。而在 20 世纪 90 年代之后,英国政府也为经济领域的相关专家提供过类似的短期职务,菲利普·汉森就曾经受邀担任英国在联合国欧洲经济委员会的代表,并在英国财政部短暂任职。当然,由于这种职务的临时性,其工作多以咨询和信息分析为主。

其三,通过积极参与智库机构的研究项目,以研究报告的方式提出意见和建议,间接参与政府的政策研讨。在英国的学术研究体系中,皇家国际问题研究所是一个非常特殊的机构。虽然它在名义上是一个独立的研究机构,但实际上从成立之初就与英国政府保持着密切的联系。很多外交官在退出公职之后都受到邀请,参与该机构的研究工作,其研究成果对于政府在外交方面的决策仍有一定的影响。多年以来,很多英国学者都以各种方式参与其研究项目。目前,理查德·萨科瓦、亚历克斯·博拉夫达等多位英国俄罗斯研究领域的代表人物,都以兼职研究员的身份参与该所斯拉夫欧亚项目的工作,通过这种方式影响英俄关系的发展。

第四,英国的俄罗斯研究也存在很多难以改变的痼疾。

一方面,由于经济因素的渗透,公正与客观的立场正在受到挑战。社会资金的注入为学术研究提供了有力的支持,这也是冷战后英国的俄罗斯研究快速发展的重要条件之一。但资本的影响力也有可能使得原本客观的研究失去自己的独立地位。根据波波·罗教授的说法,在当代西方,俄罗斯研究这样充满争议和分歧的领域往往会受到很多外部因素的干扰,特定的政治、思想和商业利益都会影响研究的结果。"对俄罗斯的研究日益以政策为导向,大学、研究机构和智库不断向基系、政府、身边组织和企业部门寻求赞助，以下使得跟去。它们需要展示它们的研究是'意义重大'的工作。"[7]所以，关于俄罗斯的研究就不可避免地都更注重提出"特定"的观点，而不是进行客观分析。资本的力量从各个方面全方位地削弱学术研究的中立地位，这种愈演愈烈的趋势可能使未来英国的俄罗斯研究产生方向性的偏差。

另一方面，从本质上说，英国学者的研究并没有改变其西方中心主义的思想根基。尤其是在政治和外交议题的研究中，存在着将西方模式神圣化，并以西方的价值观和道德标准评判俄罗斯和其他非西方国家的现象。例如，英国学者在描述俄罗斯追求自身利益和西方国家追求自身利益时，往往都表现出不同的态度。在英国学者对俄罗斯的许多解读和评论中也可以发现明显的双重标准痕迹。另外，除了少数左派理论家之外，英国学者对共产主义理论的态度往往都有所偏颇。上述缺点也需要我们在学习和研究的过程中加以重视，应当以扬弃的态度看待英国学者的很多结论，择其善者而从之，其不善者而改之。

第三节 "英国学派"与中国俄罗斯研究的发展

在国际研究领域中，"英国学派"是一个响亮而充满荣耀的名字，其巨大的影响力让任何研究者都无法忽视。[8]出于对这一称号的尊重，我们也愿意沿用"英国学派"的名字来称呼不列颠岛上的众多研究机构和学者群体。

事实上，在俄罗斯研究领域使用"英国学派"的说法并不特别准确。一般而言，从外在条件来看，学派的形成往往需要构建一些特殊的学术组织或机制，以特定机构为组织核心，拥有特定的学术刊物和公认的代表人物，从而构成一个相对排他的学术共同体，有时甚至存在非常明显的学术传承关系。从内部条件来看，真正意义上的学派必定会形成一些内化的、典型的学术特征，或在思想理念方面拥有一致的认识，或是奉行共同的理论研究范式，抑或是在研究方法或研究议题上相对集中，并且可以形成大体类似的结论和共识。按照这样的标准，在俄罗斯研究领域，从未形成严格意义上的"英国学派"。英国学者在研究过程中更加重视个人自由与独立的精神，有组织的合作研究在所有成果中所占比例相对较少[9]。而且研究机构分散在全国各地,研究侧重点各有不同,在研究议题的选择上各具特色,思想观点更是百家争鸣、辩论不休,从未有任何理论范式在学界长期占据压倒性的地位,"学派"层次的建设更是无从谈起。

英国学者没有将自己看作一个专门的学术流派。他们从未强调过自己英国学者的身份,更没有刻意去构建某种英国式的理论范式。尽管特定的民族性格与思想传统使得英国学者在思维方式和文化背景方面存在着某些共同倾向,但具体到俄罗斯研究领域,最后凝结于整个研究群体内心深处的共识其实只是那开放、多元与包容的精神。

开放多元一直是英国学界的基本特征,学界以开放的立场欢迎着来自不同地区,不同学科的思想和理念,以多元的精神包容着各种竞争性的学说,并将学者们的独特个性与思想差异视为该领域百花齐放和百家争鸣局面的根源。英国学者从未将自己视为一个排他性的群体,永远以包容的心态欢迎着来自不同地区、不同学科的思想、理念和方法。他们并不是一个特殊的"学派",他们的思想本身就是西方主流学术思想的核心组成部分。他们与来自世界各国的顶尖学者一起,引领着国际斯拉夫研究发展的方向,共同推动着国际俄罗斯研究走向新的未来。

尽管不是严格意义上的"英国学派",但作为一个拥有共同意趣的学术共同体,在时代的波折面前,英国学者能够以团结的精神和无畏的勇气共同面对时代变迁所带来的巨大挑战。面对苏联解体的冲击,几十年研究积累的资料成果和理论范式在一夜之间失去了意义,社会则充斥着对苏联学预测失灵的责难,以及种种未知的挑战。对于前景的担忧与恐惧虽然难以避免,但是更多的英国学者却展现出过人的勇气和智慧,直面挑战,迎难而上,利用苏联解体带来的机会,积极搜集研究资料,确定研究目标,调整研究方向,合理布局,重建新的研究体系,抢占后冷战时代的学术制高点。经过 20 年的发展,冷战后英国的俄罗斯研究界已经重新形成了完善的学术网络和研究体系,进一步巩固并提升了自己在国际学术界的重要地位。

平心而论,冷战后英国的俄罗斯研究虽然取得了非常出色的成绩,但与 19 世纪末 20 世纪初或者冷战时期相比,仍然存在着不小的差距,研究机构馆减、机会关注度下降、俄语教育萎缩等问题依然困扰英国学界。但我坚信,未来英国的俄罗斯研究一定会突破瓶颈,迎来更加辉煌的新时代。因为"英国的俄罗斯研究"这几个字代表的从来都不仅仅是一群人,或者一堆书籍和文章,英国的俄罗斯研究展示给世人的是一种代代传承的精神,这种精神是对学术的崇敬、对真理的渴求、对分歧的宽容,以及对俄罗斯文化和人民深深的热爱。

在 20 世纪 90 年代,中国的俄罗斯研究也遭遇到了同样的挑战,东欧剧变和苏联解体使得 80 年代在中国社会科学领域盛极一时的苏东问题研究失去了目标,甚至学科存在的意义都受到了严峻的挑战。研究机构面临转型压力,同仁刊物严重萎缩,国际影响力明显下降。尽管在一些局部领域和特定议题方面也有所进展,但毋庸讳言,从全面的学科建设角度而言,冷战结束后的中国俄罗斯研究整体上的发展无法令人满意。[10]

"他山之石,可以攻玉",积极学习、善于学习一直是中国历代学人最为珍贵的品质。面对同样的难题,面对同样的挑战,英国学者的成功经验值得中国学术界认真学习与借鉴。我们需要学习英国学者面对困境迎难而上的勇气;我们需要学习英国学者积极创新、勇于变革的智慧;我们需要学习英国学界精细而有效的学术体系;我们更需要学习英国学者开放多元、兼容并蓄的学术精神。虽然不需人云亦云,更加不应将英国和西方学者的观点奉为圭臬,但认清现实困境、努力学习西方学界的先进经验,是促进中国的俄罗斯研究实现跨越式发展的必由之路。通过学习和模仿,了解国际学术的前沿思想,与当代国际学术界接轨,能够与西方学者在同一语境下进行对话,是一切未来发展的基础和前提。在中国崛起的时代大背景下,国际研究和地区研究热潮很快就会在中国大地再次兴起,中国的俄罗斯研究必将迎来新的发展机遇。只有在知识与思想上都作好充分的准备,我们才能够勇敢而自信地迎接中国的俄罗斯研究走向跨越式发展的新时代,这既是海外俄苏研究系列研究项目的根本目标,也是当代中国学者必须肩负的历史使命。

注释

1. [英]佩里·安德森:《思想的谱系:西方思想左与右》,袁银传等译,北京:社会科学文献出版社 2010 年版,前言第 1 页。

2. Robert Service, *Lenin: A Biography*, London: Macmillan, 2000; Robert Service, *Stalin: A Biography*, London: Macmillan, 2004; Robert Service, *Trotsky: A Biography*, London: Macmillan, 2009.

3. Edward Lucas, *The New Cold War: Putin's Russia and the Threat to the West*, London: Macmillan, 2008.

4. 新左翼理论派与这里所说的亲俄派的思想根源都可以追溯到英国左派思想传统,但目前两派所显示出的研究方法和发展思路显然已经分道扬镳。

5. 近年来萨科瓦教授对普京的评价也有所改变。不过在和萨科瓦教授的直接交流中,他的一句话给笔者留下了非常深刻的印象:"批评普京是这个世界上最简单的事情之一,但理解当代俄罗斯为什么会成为现在的模样,则是非常困难的。"这句话在很大程度上也代表了英国国内亲俄派的思想根源。

6. 参见[英]洛克:《人类理解论》,谭善明、徐文秀译,西安:陕西人民出版社 2007 年版。

7. 波波·罗教授于 2009 年 9 月在华东师大的演讲。此外,在笔者和他的交谈中,他特别强调了这一缺陷的存在。

8. 实际上,即使在国际关系理论研究领域,"英国学派"存在与否也充满了争议。而且,将"English School"译为"英国学派"本身就存在问题。这一名词实际上更多地指涉在 20 世纪 60—80 年代以伦敦政治经济学院为中心的一批学者的学术观点,就其本意而言,该词应该被翻译为"英格兰学派"。然而,时至今日,"英国学派"已经成为中国国际关系领域的一个专有名词,本书也就约定俗成地继续使用,但这并不代表笔者赞同这种以国别划分学派的方法,更不意味着笔者赞同"英国学派"的说法,特此说明。

9. 除了《剑桥俄国史》等少数作品外,英国学者的研究基本上都是个人独立创作,由特定机构组织的合作研究较少,这与日本等国的研究方式形成了鲜明的对比。

10. 有学者在评价 20 世纪 90 年代的中国俄苏研究状况时,直接使用了"危机阶段"这种说法。参见杨成:《中国俄苏研究的范式重构与智识革命——基于学术史回顾和比较研究的展望》,载《俄罗斯研究》2011 年第 1 期,第 22 页。

附录 1

《欧亚研究》(*Europe-Asia Studies*)
1993—2009 年文章目录

1993 年：

Vol.45，No.1，1993.

William V.Wallace, From Soviet Studies to Europe-Asia Studies(pp.3—6)

Daniel Tarschys, The Success of a Failure: Gorbachev's Alcohol Policy, 1985—88(pp.7—25)

George Ginsburgs, The Jurisdictional Scope of Soviet Criminal Law: Ideological and Policy Determinants(pp.27—55)

Francesco Benvenuti, Industry and Purge in the Donbass, 1936—37(pp.57—78)

Marko Simoneti, A Comparative Review of Privatisation Strategies in Four Former Socialist Countries(pp.79—102)

Milos Pick, Quo Vadis. Homo Sapiens? Results and Alternatives for the Transformation Strategy of the CSFR(pp.103—114)

Rosalind Marsh, The Death of Soviet Literature: Can Russian Literature Survive? (pp.115—139)

Mark Harrison, Soviet Economic Growth since 1928: The Alternative Statistics of G.I.Khanin(pp.141—167)

Stephen White, Ol'Ga Kryshtanovskaya, Public Attitudes to the KGB: A Research Note(pp.169—175)

Vol.45，No.2，1993.

Stephen Lewarne, Legal Aspects of Monetary Policy in the Former Soviet Union(pp.193—209)

Ales Capek, Gerald W.Sazama, Czech and Slovak Economic Relations(pp.211—235)

Ben Slay, The Dilemmas of Economic Liberalism in Poland(pp.237—257)

William A. Clark, Crime and Punishment in Soviet Officialdom, 1965—90 (pp.259—279)

William Zimmerman, Michael L. Berbaum, Soviet Military Manpower Policy in the Brezhnev Era: Regime Goals, Social Origins and "Working the System"(pp.281—302)

Michael Jabara Carley, End of the "Low, Dishonest Decade": Failure of the Anglo-Franco-Soviet Alliance in 1939(pp.303—341)

John Howard Wilhelm, The Soviet Economic Failure: Brutzkus Revisited (pp.343—357)

Vol.45, No.3, 1993.

Stephen R. Burant, International Relations in a Regional Context: Poland and Its Eastern Neighbours—Lithuania, Belarus, Ukraine(pp.395—418)

Richard Rose, Contradictions between Micro-and Macro-Economic Goals in Post-Communist Societies(pp.419—444)

Jacek Rostowski, Problems of Creating Stable Monetary Systems in Post-Communist Economies(pp.445—461)

Zeljko Bogetic, The Role of Employee Ownership in Privatisation of State Enterprises in Eastern and Central Europe(pp.463—481)

Fyodor I. Kushnirsky, Lessons from Estimating Military Production of the Former Soviet Union(pp.483—503)

Vicki L. Hesli, Arthur H. Miller, The Gender Base of Institutional Support in Lithuania, Ukraine and Russia(pp.505—532)

John L. Scherer, Michael Jakobson, The Collectivisation of Agriculture and the Soviet Prison Camp System(pp.533—546)

Vol.45, No.4, 1993.

R. W. Davies, Soviet Military Expenditure and the Armaments Industry, 1929—33: A Reconsideration(pp.577—608)

Sergei Manezhev, Free Economic Zones in the Context of Economic Changes in Russia(pp.609—625)

Jan Adam, Transformation to a Market Economy in the Former Czechoslovakia(pp.627—645)

Barnabas Racz, The Socialist-Left Opposition in Post-Communist Hungary(pp.647—670)

James Richter, Re-Examining Soviet Policy towards Germany in 1953(pp. 671—691)

Andrew Wilson, Artur Bilous, Political Parties in Ukraine(pp.693—703)

Janina Frentzel-Zagorska, Krzysztof Zagorski, Polish Public Opinion on Privatisation and State Interventionism(pp.705—728)

Peter Lentini, A Note on Women in the CPSU Central Committee, 1990 (pp.729—736)

Vol.45, No.5, 1993.

Mark Galeotti, Perestroika, Perestrelka, Pereborka: Policing Russia in a Time of Change(pp.769—786)

Anne White, Charity, Self-Help and Politics in Russia, 1985—91(pp.787—810)

Eric Lohr, Arkadii Volsky's Political Base(pp.811—829)

Ramesh Thakur, The Impact of the Soviet Collapse on Military Relations with India(pp.831—850)

Kenneth D. Slepyan, The Limits of Mobilisation: Party, State and the 1927 Civil Defence Campaign(pp.851—868)

Sabrina Petra Ramet, Slovenia's Road to Democracy(pp.869—886)

Egon Zizmond, Slovenia—One Year of Independence(pp.887—905)

Gramoz Pashko, Obstacles to Economic Reform in Albania(pp.907—921)

Kazimierz Poznanski, Pricing Practices in the CMEA Trade Regime: A Reappraisal(pp.923—930)

Vol.45, No.6, 1993.

Gerhard Wettig, Moscow's Acceptance of NATO: The Catalytic Role of German Unification(pp.953—972)

Pal Kolsto, Andrei Edemsky, Natalya Kalashnikova, The Dniester Conflict: Between Irredentism and Separatism(pp.973—1000)

Lucjan T. Orlowski, Indirect Transfers in Trade among Former Soviet Union Republics: Sources, Patterns and Policy Responses in the Post-Soviet Period(pp.1001—1024)

Gabor Bakos, After COMECON: A Free Trade Area in Central Europe? (pp.1025—1044)

Yudit Kiss, Lost Illusions? Defence Industry Conversion in Czechoslovakia, 1989—92(pp.1045—1069)

Lee Kendall Metcalf, The Impact of Foreign Trade on the Czechoslovak Economic Reforms of the 1960s(pp.1071—1090)

Michael Gelb, "Karelian Fever": The Finnish Immigrant Community during Stalin's Purges(pp.1091—1116)

1994 年:

Vol.46, No.1, 1994.

Richard Rose, Christian Haerpfer, Mass Response to Transformation in Post-Communist Societies(pp.3—28)

Rasma Karklins, Explaining Regime Change in the Soviet Union(pp.29—45)

Roman Solchanyk, The Politics of State Building: Centre-Periphery Relations in Post-Soviet Ukraine(pp.47—68)

Andrus Park, Ethnicity and Independence: The Case of Estonia in Comparative Perspective(pp.69—87)

Stanislaw Gomulka, Economic and Political Constraints during Transition (pp.89—106)

Clayton Black, Party Crisis and the Factory Shop Floor: Krasnyi Putilovets and the Leningrad Opposition, 1925—26(pp.107—126)

Igor Hajek, Czech Culture in the Cauldron(pp.127—142)

Vol.46, No.2, 1994.

Simon Clarke, Peter Fairbrother, Vadim Borisov, Petr Bizyukov, The Privatisation of Industrial Enterprises in Russia: Four Case-Studies(pp.179—214)

Stephen K.Wegren, Rural Reform and Political Culture in Russia(pp.215—241)

Mark Harrison, GDPs of the USSR and Eastern Europe: Towards an Interwar Comparison(pp.243—259)

Ian Bremmer, The Politics of Ethnicity: Russians in the New Ukraine(pp.261—283)

Stephen White, Ian McAllister, Olga Kryshtanovskaya, El'tsin and His Voters: Popular Support in the 1991 Russian Presidential Elections and after (pp.285—303)

Gordon M. Hahn, Opposition Politics in Russia(pp.305—335)

Garabed Minassian, The Bulgarian Economy in Transition: Is There Anything Wrong with Macroeconomic Policy? (pp.337—351)

Vol.46, No.3, 1994.

Robert V.Barylski, The Russian Federation and Eurasia's Islamic Crescent (pp.389—416)

Pekka Sutela, Insider Privatisation in Russia: Speculations on Systemic Change(pp.417—435)

David Lane, Cameron Ross, The Social Background and Political Allegiance of the Political Elite of the Supreme Soviet of the USSR: The Terminal Stage, 1984 to 1991(pp.437—463)

Jeffrey Surovell, Gorbachev's Last Year: Leftist or Rightist? (pp.465—487)

Slavo Radosevic, The Generic Problems of Competitiveness at Company Level in the Former Socialist Economies: The Case of Croatia(pp.489—503)

Jorg Roesler, Privatisation in Eastern Germany—Experience with the Treuhand(pp.505—517)

Nicholas Eberstadt, Demographic Shocks in Eastern Germany, 1989—93

(Vol.46—No.3)

Alec Nove, Terror Victims—Is the Evidence Complete? (pp.535—537)

Vol.46, No.4, 1994.

Steve Smith, Writing the History of the Russian Revolution after the Fall of Communism(pp.563—578)

Roger D.Markwick, Catalyst of Historiography, Marxism and Dissidence: The Sector of Methodology of the Institute of History, Soviet Academy of Sciences, 1964—68(pp.579—596)

Jeffrey Kopstein, Ulbricht Embattled: The Quest for Socialist Modernity in the Light of New Sources(pp.597—615)

Peter Konecny, Chaos on Campus: The 1924 Student Proverka in Leningrad(pp.617—635)

David L.Hoffmann, Land, Freedom, and Discontent: Russian Peasants of the Central Industrial Region prior to Collectivisation(pp.637—648)

Maria Zezina, Crisis in the Union of Soviet Writers in the Early 1950s(pp.649—661)

Vincent Barnett, As Good as Gold? A Note on the Chervonets(pp.663—669)

Michael Ellman, S.Maksudov, Soviet Deaths in the Great Patriotic War: A Note(pp.671—680)

Jim Riordan, The Strange Story of Nikolai Starostin, Football and Lavrentii Beria(pp.681—690)

Vol.46, No.5, 1994.

Jan Winiecki, East-Central Europe: A Regional Survey. The Czech Republic, Hungary, Poland and Slovakia in 1993(pp.709—734)

Yves G.Van Frausum, Ulrich Gehmann, Jurgen Gross, Market Economy and Economic Reform in Romania: Macroeconomic and Microeconomic Perspectives(pp.735—756)

Lisa Godek, The State of the Russian Gold Industry(pp.757—777)

Paul G. Lewis, Political Institutionalisation and Party Development in Post-Communist Poland(pp.779—799)

Voytek Zubek, The Reassertion of the Left in Post-Communist Poland (pp.801—837)

Peter Rutland, Democracy and Nationalism in Armenia(pp.839—861)

Alec Nove, A Gap in Transition Models? A Comment on Gomulka(pp.863—869)

Stanislaw Gomulka, A Gap in Transition Models?: A Reply (pp.871—873)

Vol. 46, No. 6, 1994.

Karla Brom, Mitchell Orenstein, The Privatised Sector in the Czech Republic: Government and Bank Control in a Transitional Economy (pp. 893—928)

Judith S. Kullberg, The Ideological Roots of Elite Political Conflict in Post-Soviet Russia (pp. 929—953)

Andrei Kuznetsov, Economic Reforms in Russia: Enterprise Behaviour as an Impediment to Change (pp. 955—970)

Juliet Ellen Johnson, The Russian Banking System: Institutional Responses to the Market Transition (pp. 971—995)

Judit Karsai, Mike Wright, Accountability, Governance and Finance in Hungarian Buy-Outs (pp. 997—1016)

Barbara Skinner, Identity Formation in the Russian Cossack Revival (pp. 1017—1037)

Yves Bourdet, Fiscal Policy under Transition: The Case of Laos (pp. 1039—1056)

Vol. 46, No. 7, 1994.

Oleg Kharkhordin, Theodore P. Gerber, Russian Directors' Business Ethic: A Study of Industrial Enterprises in St Petersburg, 1993 (pp. 1075—1107)

Peter Rutland, Privatisation in Russia: One Step forward; Two Steps Back? (pp. 1109—1131)

James Hughes, Regionalism in Russia: The Rise and Fall of Siberian Agreement (pp. 1133—1161)

Peter Kirkow, Regional Politics and Market Reform in Russia: The Case of the Altai (pp. 1163—1187)

Gabor Bakos, Hungarian Transition after Three Years (pp. 1189—1214)

Alexander Vinnikov, The End of Soviet Power in St Petersburg: An Insider's View (pp. 1215—1230)

Vol. 46, No. 8, 1994.

Yurii Goland, Currency Regulation in the NEP Period (pp. 1251—1296)

Boris A. Starkov, The Trial That Was Not Held (pp. 1297—1315)

J. D. Smele, White Gold: The Imperial Russian Gold Reserve in the Anti-Bolshevik East, 1918—? (An Unconcluded Chapter in the History of the Russian Civil War) (pp. 1317—1347)

James D. White, National Communism and World Revolution: The Political Consequences of German Military Withdrawal from the Baltic Area in 1918—19 (pp. 1349—1369)

Geoffrey Roberts, Moscow and the Marshall Plan: Politics, Ideology and the Onset of the Cold War, 1947(pp.1371—1386)

Mary Buckley, Krest' Yanskaya Gazeta and Rural Stakhanovism(pp.1387—1407)

Melanie Ilic, Soviet Women Workers and Menstruation: A Research Note on Labour Protection in the 1920s and 1930s(pp.1409—1415)

1995 年:

Vol.47, No.1, 1995.

Nils R.Muiznieks, The Influence of the Baltic Popular Movements on the Process of Soviet Disintegration(pp.3—25)

Andrus Park, Russia and Estonian Security Dilemmas(pp.27—45)

Yves G. Van Frausum, Industrial Restructuring in Romania: Diagnosis and Strategies(pp.47—65)

Oles M.Smolansky, Ukraine's Quest for Independence: The Fuel Factor (pp.67—90)

Vicki L. Hesli, Public Support for the Devolution of Power in Ukraine: Regional Patterns(pp.91—121)

Kenneth Ka-Lok Chan, Poland at the Crossroads: The 1993 General Election(pp.123—145)

Ajay Patnaik, Agriculture and Rural Out-Migration in Central Asia, 1960—91(pp.147—169)

Vol.47, No.2, 1995.

Richard Sakwa, The Russian Elections of December 1993(pp.195—227)

Marko Bojcun, The Ukrainian Parliamentary Elections in March-April 1994(pp.229—249)

Barnabas Racz, Istvan Kukorelli, The "Second-Generation" Post-Communist Elections in Hungary in 1994(pp.251—279)

Peter Kneen, Science in Shock: Russian Science Policy in Transition (pp.281—303)

Dinko Dubravcic, Entrepreneurial Aspects of Privatisation in Transition Economies(pp.305—316)

Mihaly Laki, Opportunities for Workers' Participation in Privatisation in Hungary: The Case of the Eger Flour Mill(pp.317—335)

Steven J.Main, The Red Army and the Soviet Military and Political Leadership in the Late 1920s: The Case of the "Inner-Army Opposition of 1928" (pp.337—355)

Vol.47, No.3, 1995.

Vladimir Mau, Perestroika: Theoretical and Political Problems of Economic Reforms in the USSR(pp.387—411)

Vincent Barnett, A Long Wave Goodbye: Kondrat'ev and the Conjuncture Institute, 1920—28(pp.413—441)

William S. Logan, Russians on the Red River: The Soviet Impact on Hanoi's Townscape, 1955—90(pp.443—468)

Evan Kraft, Stabilising Inflation in Slovenia, Croatia and Macedonia: How Independence Has Affected Macroeconomic Policy Outcomes(pp.469—492)

Michael Palairet, "Lenin" and "Brezhnev": Steel Making and the Bulgarian Economy, 1956—90(pp.493—505)

Kari Liuhto, Foreign Investment in Estonia: A Statistical Approach(pp.507—525)

Janice Bell, Jacek Rostowski, A Note on the Confirmation of Podkaminer's Hypothesis in Post-Liberalisation Poland(pp.527—530)

Vol.47, No.4, 1995.

Richard Lotspeich, Crime in the Transition Economies(pp.555—589)

Matthew Wyman, Stephen White, Bill Miller, Paul Heywood, Public Opinion, Parties and Voters in the December 1993 Russian Elections(pp.591—614)

Gennadii Bordyugov, The Policy and Regime of Extraordinary Measures in Russia under Lenin and Stalin(pp.615—632)

Janos Timar, Particular Features of Employment and Unemployment in the Present Stage of Transformation of the Post-Socialist Countries(pp.633—649)

Igor Egorov, The Transformation of R&D Potential in Ukraine(pp.651—668)

Mark Kramer, Polish Workers and the Post-Communist Transition, 1989—93(pp.669—712)

Vol.47, No.5, 1995.

Lowell Barrington, The Domestic and International Consequences of Citizenship in the Soviet Successor States(pp.731—763)

John Gibson, Anna Cielecka, Economic Influences on the Political Support for Market Reform in Post-Communist Transitions: Some Evidence from the 1993 Polish Parliamentary Elections(pp.765—785)

Yudit Kiss, Sink or Swim? Central European Defence Industry Enterprises in the Aftermath of the Cold War(pp.787—812)

Eugene Huskey, The Rise of Contested Politics in Central Asia: Elections in Kyrgyzstan, 1989—90(pp.813—833)

Viktor Petrenko, Ol'ga Mitina, Ruth Brown, The Semantic Space of Russian Political Parties on a Federal and Regional Level(pp.825—857)

Evgeni Peev, Separation of Ownership and Control in Transition: The Case of Bulgaria(pp.859—875)

Stephen K.Wegren, Rural Migration and Agrarian Reform in Russia: A Research Note(pp.877—888)

Vol.47, No.6, 1995.

Paul W. Goldschmidt, Legislation on Pornography in Russia (pp. 909—922)

Peter Kirkow, Regional Warlordism in Russia: The Case of Primorskii Krai(pp.923—947)

Daniel Treisman, The Politics of Soft Credit in Post-Soviet Russia (pp.949—976)

David Kerr, The New Eurasianism: The Rise of Geopolitics in Russia's Foreign Policy(pp.977—988)

Jan Adam, The Transition to a Market Economy in Hungary(pp.989—1006)

Fiona Coulter, Christopher Heady, Colin Lawson, Stephen Smith, Fiscal Systems in Transition: The Case of the Czech Income Tax(pp.1007—1023)

William M.Reisinger, Arthur H.Miller, Vicki L.Hesli, Political Norms in Rural Russia: Evidence from Public Attitudes(pp.1025—1042)

Svetlana V.Onegina, The Resettlement of Soviet Citizens from Manchuria in 1935—36: A Research Note(pp.1043—1050)

Vol.47, No.7, 1995.

Gail Osherenko, Property Rights and Transformation in Russia: Institutional Change in the Far North(pp.1077—1108)

Igor Lipovsky, The Deterioration of the Ecological Situation in Central Asia: Causes and Possible Consequences(pp.1109—1123)

Stephen R.Burant, Foreign Policy and National Identity: A Comparison of Ukraine and Belarus(pp.1125—1144)

Sarah Birch, Electoral Behaviour in Western Ukraine in National Elections and Referendums, 1989—91(pp.1145—1176)

Geoffrey Evans, Stephen Whitefield, Social and Ideological Cleavage Formation in Post-Communist Hungary(pp.1177—1204)

Margarida Ponte Ferreira, The Liberalisation of East-West Trade: An Assessment of Its Impact on Exports from Central and Eastern Europe(pp.1205—1223)

John W.Long, Searching for Sidney Reilly: The Lockhart Plot in Revolutionary Russia, 1918(pp.1225—1241)

Vol.47，No.8，1995.

Antonio Sanchez-Andres，The Transformation of the Russian Defence Industry(pp.1269—1292)

Cynthia A. Roberts，Planning for War: The Red Army and the Catastrophe of 1941(pp.1293—1326)

Charles E. Clark，Literacy and Labour: The Russian Literacy Campaign within the Trade Unions，1923—27(pp.1327—1341)

Anne White，The Memorial Society in the Russian Provinces(pp.1343—1366)

Sarah Ashwin，"There's No Joy Any More": The Experience of Reform in a Kuzbass Mining Settlement(pp.1367—1381)

Ian D.Thatcher，Alec Nove: A Bibliographical Tribute(pp.1383—1410)

1996 年:

Vol.48，No.1，1996.

Vladimir Mikhalev. Social Security in Russia under Economic Transformation(pp.5—25)

Paul Kubicek，Variations on a Corporatist Theme: Interest Associations in Post-Soviet Ukraine and Russia(pp.27—46)

David L. Bartlett，Democracy，Institutional Change，and Stabilisation Policy in Hungary(pp.47—83)

George Blazyca，Ryszard Rapacki，Continuity and Change in Polish Economic Policy: The Impact of the 1993 Election(pp.85—100)

Marjorie Mandelstam Balzer，Uliana Alekseevna Vinokurova，Nationalism，Interethnic Relations and Federalism: The Case of the Sakha Republic (Yakutia) (pp.101—120)

Kari Liuhto，Entrepreneurial Transition in Post-Soviet Republics: The Estonian Path(pp.121—140)

David Moon，Estimating the Peasant Population of Late Imperial Russia from the 1897 Census: A Research Note(pp.141—153)

Vol.48，No.2，1996.

Tony Kemp-Welch，Khrushchev's "Secret Speech" and Polish Politics: The Spring of 1956(pp.181—206)

Vladimir Mau，The Road to Perestroika: Economics in the USSR and the Problems of Reforming the Soviet Economic Order(pp.207—224)

Frederic J.Fleron，Jr.，Post-Soviet Political Culture in Russia: An Assessment of Recent Empirical Investigations(pp.225—260)

Robert Biezenski，The Struggle for Solidarity 1980—81: Two Waves of Leadership in Conflict(pp.261—284)

Ed Clark, Anna Soulsby, The Re-Formation of the Managerial Elite in the Czech Republic(pp.285—303)

Roumiana Deltcheva, New Tendencies in Post-Totalitarian Bulgaria: Mass Culture and the Media(pp.305—315)

Stephen K. Wegren, Understanding Rural Reform in Russia: A Response to Reisinger(pp.317—329)

Vol.48, No.3, 1996.

Douglas Sutherland, Philip Hanson, Structural Change in the Economies of Russia's Regions(pp.367—392)

Vladimir Shlapentokh, Early Feudalism. The Best Parallel for Contemporary Russia(pp.393—411)

Helga A.Welsh, Dealing with the Communist past: Central and East European Experiences after 1990(pp.413—428)

James Watson, Foreign Investment in Russia: The Case of the Oil Industry(pp.429—455)

Kieran Williams, New Sources on Soviet Decision Making during the 1968 Czechoslovak Crisis(pp.457—470)

David Wedgwood Benn, The Russian Media in Post-Soviet Conditions (pp.471—479)

Ian D.Thatcher, Trotsky Studies. After the Crash: A Brief Note(pp.481—485)

Vol.48, No.4, 1996.

David Lane, The Transformation of Russia: The Role of the Political Elite (pp.535—549)

James Hughes, Patrimonialism and the Stalinist System: The Case of S.I. Syrtsov(pp.551—568)

Mary Buckley, The Untold Story of Obshchestvennitsa in the 1930s (pp.569—586)

Daniel R.Kempton, The Republic of Sakha(Yakutia): The Evolution of Centre-Periphery Relations in the Russian Federation(pp.587—613)

Max Spoor, Mongolia: Agrarian Crisis in the Transition to a Market Economy(pp.615—628)

Fareed M.A.Hassan, R.Kyle Peters, Jr., The Structure of Incomes and Social Protection during the Transition: The Case of Bulgaria(pp.629—646)

Keith Snavely, The Welfare State and the Emerging Non-Profit Sector in Bulgaria(pp.647—662)

Vol.48, No.5, 1996.

Olga Kryshtanovskaya, Stephen White, From Soviet Nomenklatura to

Russian Elite(pp.711—733)

Igor Birman, Gloomy Prospects for the Russian Economy(pp.735—750)

Robert J.Brym, Re-Evaluating Mass Support for Political and Economic Change in Russia(pp.751—765)

Laure Despres, The Economic Planning and Management of the Tyl in the Soviet Armed Forces(pp.767—782)

Leonas Sabaliunas, Comparative Perspectives on Judicial Review in Lithuania(pp.783—795)

Peter Kenway, Eva Klvacova, The Web of Cross-Ownership among Czech Financial Intermediaries: An Assessment(pp.797—809)

J.David Brown, Excess Labour and Managerial Shortage: Findings from a Survey in St.Petersburg(pp.811—835)

Steven J. Main, Stalin in June 1941: A Comment on Cynthia Roberts (pp.837—839)

Vol.48, No.6, 1996.

Stefan Hedlund, Niclas Sundstrom, The Russian Economy after Systemic Change(pp.887—914)

David Dyker, The Computer and Software Industries in the East European Economies. A Bridgehead to the Global Economy? (pp.915—930)

David Kerr, Opening and Closing the Sino-Russian Border: Trade, Regional Development and Political Interest in North-East Asia(pp.931—957)

Steven Rosefielde, Stalinism in Post-Communist Perspective: New Evidence on Killings, Forced Labour and Economic Growth in the 1930s(pp.959—987)

Stephen Lovell, Ogonek: The Crisis of a Genre(pp.989—1006)

Vincent Barnett, Trading Cycles for Change: S.A.Pervushin as an Economist of the Business Cycle(pp.1007—1025)

Vol.48, No.7, 1996.

Paul S. Pirie, National Identity and Politics in Southern and Eastern Ukraine (pp.1079—1104)

Shahram Akbarzadeh, Why Did Nationalism Fail in Tajikistan? (pp.1105—1129)

Mark Sandle, The Final Word: The Draft Party Programme of July/August 1991(pp.1131—1150)

Steven Coe, Struggles for Authority in the NEP Village: The Early Rural Correspondents Movement, 1923—1927(pp.1151—1171)

Andrei Kuznetsov, Olga Kuznetsova, Privatisation, Shareholding and the Efficiency Argument: Russian Experience(pp.1173—1185)

Tomasz Mickiewicz, The Spatial Dimension of Transformation: Time

Pattern and Ownership Factors on the Micro Level(pp.1187—1201)

Valentin Kudrov, On the Alternative Statistics of G. Khanin(pp.1203—1217)

Vol.48, No.8, 1996.

Yoram Gorlizki, Anti-Ministerialism and the USSR Ministry of Justice, 1953—56: A Study in Organisational Decline(pp.1279—1318)

Stephen Wheatcroft, The Scale and Nature of German and Soviet Repression and Mass Killings, 1930—45(pp.1319—1353)

N. S. Simonov, "Strengthen the Defence of the Land of Soviets": The 1927 "War Alarm" and Its Consequences(pp.1355—1364)

David R.Stone, Tukhachevsky in Leningrad: Military Politics and Exile, 1928—31(pp.1365—1386)

Melanie Ilic, Women Workers in the Soviet Mining Industry: A Case-Study of Labour Protection(pp.1387—1401)

Birgit Beumers, Commercial Enterprise on the Stage: Changes in Russian Theatre Management between 1986 and 1996(pp.1403—1416)

1997 年：

Vol.49, No.1, 1997.

Marc Ellingstad, The Maquiladora Syndrome: Central European Prospects(pp.7—21)

Frank Stolze, The Central and East European Currency Phenomenon Reconsidered(pp.23—41)

Peter Kirkow, Local Self-Government in Russia: Awakening from Slumber? (pp.43—58)

Galina Luchterhandt, Politics in the Russian Province: Revda and Kinel' (pp.59—87)

Tamara J.Resler, Dilemmas of Democratisation: Safeguarding Minorities in Russia, Ukraine and Lithuania(pp.89—106)

Voytek Zubek, The Eclipse of Walesa's Political Career(pp.107—124)

Rumy Husan, Industrial Policy and Economic Transformation: The Case of the Polish Motor Industry(pp.125—139)

Vol.49, No.2, 1997.

M.Steven Fish, The Predicament of Russian Liberalism: Evidence from the December 1995 Parliamentary Elections(pp.191—220)

Csaba Mako, Agnes Simonyi, Inheritance, Imitation and Genuine Solutions(Institution Building in Hungarian Labour Relations)(pp.221—243)

Joanna Kotowicz-Jawor, Katarzyna Zukrowska, Enterprise Investment as a Measure of Adjustment to Macrostabilisation Policy(pp.245—258)

Michael Ellman, Vladimir Kontorovich, The Collapse of the Soviet System and the Memoir Literature(pp.259—279)

Gordon M. Hahn, The First Reorganisation of the CPSU Central Committee Apparat under Perestroika(pp.281—302)

Erik Andre Andersen, The Legal Status of Russians in Estonian Privatisation Legislation 1989—1995(pp.303—316)

Vol.49, No.3, 1997.

Mark Harrison, R.W.Davies, The Soviet Military-Economic Effort during the Second Five-Year Plan(1933—1937)(pp.369—406)

Philip Hanson, Samara: A Preliminary Profile of a Russian Region and Its Adaptation to the Market(pp.407—429)

Alastair McAuley, The Determinants of Russian Federal-Regional Fiscal Relations: Equity or Political Influence? (pp.431—444)

David A.Dyker, Learning the Game—Technological Factors of Economic Transformation(pp.445—461)

Michael Kaser, Securing the Market System after Transition(pp.463—467)

Roy D.Laird, Kolkhozy, the Russian Achilles Heel: Failed Agrarian Reform(pp.469—478)

Marie Lavigne, The Political Economy of Socialism: What Is Left? (pp.479—486)

Archie Brown, Alec Cairncross, Alec Nove, 1915—1994: An Appreciation (pp.487—497)

Mark Harrison, Comment: Stalinism in Post-Communist Perspective (pp.499—502)

Stephen G.Wheatcroft, A Further Note of Clarification on the Famine, the Camps and Excess Mortality(pp.503—505)

Vol.49, No.4, 1997.

Hubert Gabrisch, Eastern Enlargement of the European Union: Macroeconomic Effects in New Member States(pp.567—590)

Vladimir Tikhomirov, Capital Flight from Post-Soviet Russia(pp.591—615)

Gerald M. Easter, Redefining Centre. Regional Relations in the Russian Federation: Sverdlovsk Oblast'(pp.617—635)

Paul Kubicek, Regionalism, Nationalism and Realpolitik in Central Asia (pp.637—655)

Richard Pomfret, The Economic Cooperation Organization: Current

Status and Future Prospects(pp.667—667)

Vojmir Franicevic, Evan Kraft, Croatia's Economy after Stabilisation (pp.669—691)

Richard C.Harmstone, John F. Patackas, Jr., Unearthing a Root Cause of Soviet Economic Disintegration(pp.693—703)

Keith Howe, Margarita Mihaylova, A Further Test of Podkaminer's Hypothesis: The Case of Post-Liberalisation Bulgaria(pp.705—709)

Vol.49, No.5, 1997.

Stephen White, Matthew Wyman, Sarah Oates, Parties and Voters in the 1995 Russian Duma Election(pp.767—798)

Richard Rose, Evgeny Tikhomirov, William Mishler, Understanding Multi-Party Choice: The 1995 Duma Election(pp.799—823)

Gregory V. Krasnov, Josef C. Brada, Implicit Subsidies in Russian-Ukrainian Energy Trade(pp.825—843)

Graham Smith, Andrew Wilson, Rethinking Russia's Post-Soviet Diaspora: The Potential for Political Mobilisation in Eastern Ukraine and North-East Estonia(pp.845—864)

Vladimir Shlapentokh, Bonjour, Stagnation: Russia's Next Years (pp. 865—881)

Valentin Kudrov, The Comparison of the USSR and USA Economies by IMEMO in the 1970s(pp.883—904)

Vol.49, No.6, 1997.

Stephen K.Wegren, Land Reform and the Land Market in Russia: Operation, Constraints and Prospects(pp.959—987)

Beth Mitchneck, Restructuring Russian Urban Budgets: 1991—1995 (pp.989—1015)

James Hughes, Sub-National Elites and Post-Communist Transformation in Russia: A Reply to Kryshtanovskaya & White(pp.1017—1036)

Francesco Benvenuti, The "Reform" of the NKVD, 1934 (pp. 1037—1056)

Mladen Lazic, Laslo Sekelj, Privatisation in Yugoslavia(Serbia and Montenegro)(pp.1057—1070)

Michael Palairet, Metallurgical Kombinat Smederevo 1960—1990: A Case Study in the Economic Decline of Yugoslavia(pp.1071—1101)

Vol.49, No.7, 1997.

William Tompson, Old Habits Die Hard: Fiscal Imperatives, State Regulation and the Role of Russia's Banks(pp.1159—1185)

Michael S. Borish, Wei Ding, Michel Noel, The Evolution of the State-Owned Banking Sector during Transition in Central Europe(pp.1187—1208)

Frank Stolze, Changing Foreign Trade Patterns in Post-Reform Czech Industry(1989—1995): Empirical Evidence(pp.1209—1235)

Wu Zengxian, How Successful Has State-Owned Enterprise Reform Been in China? (pp.1237—1262)

Janice Bell, Unemployment Matters: Voting Patterns during the Economic Transition in Poland, 1990—1995(pp.1263—1291)

Andrew Wilson, The Ukrainian Left: In Transition to Social Democracy or Still in Thrall to the USSR? (pp.1293—1316)

Robert Conquest, Victims of Stalinism: A Comment(pp.1317—1319)

Vol.49, No.8, 1997.

Roy L. Prosterman, Robert G. Mitchell, Bradley J. Rorem, Prospects for Family Farming in Russia(pp.1383—1407)

Junior R. Davis, Understanding the Process of Decollectivisation and Agricultural Privatisation in Transition Economies: The Distribution of Collective and State Farm Assets in Latvia and Lithuania(pp.1409—1432)

Hilary Appel, Voucher Privatisation in Russia: Structural Consequences and Mass Response in the Second Period of Reform(pp.1433—1449)

Kathleen Young, Unemployment Benefits in St. Petersburg: The Poverty Link? (pp.1451—1470)

Leonid I. Nesterov, National Wealth Estimation in the USSR and the Russian Federation(pp.1471—1484)

Georgi M. Derluguian, Serge Cipko, The Politics of Identity in a Russian Borderland Province: The Kuban Neo-Cossack Movement, 1989—1996(pp.1485—1500)

Flemming Splidsboel-Hansen, The Official Russian Concept of Contemporary Central Asian Islam: The Security Dimension(pp.1501—1517)

1998 年:

Vol.50, No.1, 1998.

Roderick Martin, Central and Eastern Europe and the International Economy: The Limits to Globalisation(pp.7—26)

Tanya Frisby, The Rise of Organised Crime in Russia: Its Roots and Social Significance(pp.27—49)

Pal Kolsto, Anticipating Demographic Superiority: Kazakh Thinking on Integration and Nation Building(pp.51—69)

Bruno Dallago, Milica Uvalic, The Distributive Consequences of Nationalism: The Case of Former Yugoslavia(pp.71—90)

Kathryn Hendley, Struggling to Survive, A Case Study of Adjustment at a Russian Enterprise(pp.91—119)

Harold Lemel, Rural Land Privatisation and Distribution in Albania: Evidence from the Field(pp.121—140)

Janusz Maciaszek, Katarzyna Mikolajczyk, Barbara M. Roberts, Some Consequences of Eliminating Unprofitable Output: Evidence from Polish Enterprises(pp.141—152)

Vol.50, No.2, 1998.

Gerard Snel, "A(More) Defensive Strategy": The Reconceptualisation of Soviet Conventional Strategy in the 1980s(pp.205—239)

Antonio Sanchez-Andres, Privatisation, Decentralisation and Production Adjustment in the Russian Defence Industry(pp.241—255)

Margarita Mercedes Balmaceda, Gas, Oil and the Linkages between Domestic and Foreign Policies: The Case of Ukraine(pp.257—286)

Stephen Shulman, Cultures in Competition: Ukrainian Foreign Policy and the "Cultural Threat" from Abroad(pp.287—303)

John Miller, Settling Accounts with a Secret Police: The German Law on the Stasi Records(pp.305—330)

Garabed Minassian, The Road to Economic Disaster in Bulgaria(pp.331—349)

Vol.50, No.3, 1998.

Suha Bolukbasi, The Controversy over the Caspian Sea Mineral Resources: Conflicting Perceptions, Clashing Interests(pp.397—414)

James Alexander, Uncertain Conditions in the Russian Transition: The Popular Drive towards Stability in a "Stateless" Environment(pp.415—443)

Rob Ferguson, Will Democracy Strike Back? Workers and Politics in the Kuzbass(pp.445—468)

Linda Fuller, The Socialist Labour Process, the Working Class, and Revolution in the German Democratic Republic(pp.469—492)

Johanna Granville, Hungary, 1956: The Yugoslav Connection(pp.493—517)

Jeremy Smith, The Georgian Affair of 1922—Policy Failure, Personality Clash or Power Struggle? (pp.519—544)

Vol.50, No.4, 1998.

Judyth L.Twigg, Balancing the State and the Market: Russia's Adoption of Obligatory Medical Insurance(pp.583—602)

Bert Van Selm, Economic Performance in Russia's Regions(pp.603—618)

Neil J.Melvin, The Consolidation of a New Regional Elite: The Case of

Omsk 1987—1995(pp.619—650)

Ase B.Grodeland, Tatyana Y.Koshechkina, William L. Miller, "Foolish to Give and Yet More Foolish Not to Take". In-Depth Interviews with Post-Communist Citizens on Their Everyday Use of Bribes and Contacts(pp.651—677)

Stephen Lovell, Publishing and the Book Trade in the Post-Stalin Era: A Case-Study of the Commodification of Culture(pp.679—698)

Markku Lonkila, The Social Meaning of Work: Aspects of the Teaching Profession in Post-Soviet Russia(pp.699—712)

Vol.50, No.5, 1998.

Pamela Jordan, The Russian Advokatura(Bar) and the State in the 1990s (pp.765—791)

Joel M.Ostrow, Procedural Breakdown and Deadlock in the Russian State Duma: The Problems of an Unlinked Dual-Channel Institutional Design (pp.793—816)

Mirella W.Eberts, The Roman Catholic Church and Democracy in Poland (pp.817—842)

Andrew Barnes, What's the Difference? Industrial Privatisation and Agri-cultural Land Reform in Russia, 1990—1996(pp.843—857)

Robert McIntyre, Regional Stabilisation Policy under Transitional Period Conditions in Russia: Price Controls, Regional Trade Barriers and other Local-Level Measures(pp.859—871)

D.L.Brandenberger, A.M.Dubrovsky, "The People Need a Tsar": The Emergence of National Bolshevism as Stalinist Ideology, 1931—1941(pp.873—892)

Daniel Treisman, Deciphering Russia's Federal Finance: Fiscal Appeasement in 1995 and 1996(pp.893—906)

Vol.50, No.6, 1998.

Oleg Kharkhordin, First Europe-Asia Lecture—Civil Society and Orthodox Christianity(pp.949—968)

Michael Urban, Remythologising the Russian State(pp.969—992)

Vera Tolz, Forging the Nation: National Identity and Nation Building in Post-Communist Russia(pp.993—1022)

Geoffrey Evans, Stephen Whitefield, The Evolution of Left and Right in Post-Soviet Russia(pp.1023—1042)

Michael J. Bradshaw, Peter Kirkow, The Energy Crisis in the Russian Far East: Origins and Possible Solutions(pp.1043—1063)

Gregory Brock, Public Finance in the ZATO Archipelago(pp.1065—1081)

Vol.50, No.7, 1998.

David Kerr, Problems in Sino-Russian Economic Relations (pp. 1133—1156)

William Tompson, The Politics of Central Bank Independence in Russia (pp.1157—1182)

Peter Kneen, Physics, Genetics and the Zhdanovshchina(pp.1183—1202)

Derek Watson, STO(The Council of Labour and Defence) in the 1930s (pp.1203—1227)

Serhy Yekelchyk, The Making of a "Proletarian Capital": Patterns of Stalinist Social Policy in Kiev in the Mid-1930s(pp.1229—1244)

Mike Bowker, The Wars in Yugoslavia: Russia and the International Community(pp.1245—1261)

Sebastjan Strasek, The Solovene Economy and Monetary Convergence(pp. 1263—1274)

Vol.50, No.8, 1998.

Grigory Ioffe, Tatyana Nefedova, Environs of Russian Cities: A Case Study of Moscow(pp.1325—1356)

Fred Halliday, Zahir Tanin, The Communist Regime in Afghanistan 1978—1992: Institutions and Conflicts(pp.1357—1380)

Laszlo Csaba, A Decade of Transformation in Hungarian Economic Policy: Dynamics, Constraints and Prospects(pp.1381—1391)

Graham Smith, Russia, Multiculturalism and Federal Justice(pp.1393—1411)

Roger Charlton, Roddy McKinnon, Lukasz Konopielko, Pensions Reform, Privatisation and Restructuring in the Transition: Unfinished Business or Inappropriate Agendas? (pp.1413—1446)

John Ainsworth, Sidney Reilly's Reports from South Russia, December 1918—March 1919(pp.1447—1470)

1999 年：

Vol.51, No.1, 1999.

Nanci Adler, Life in the "Big Zone": The Fate of Returnees in the Aftermath of Stalinist Repression(pp.5—19)

Sarah L. O'Hara, Tim Hannan, Irrigation and Water Management in Turkmenistan: Past Systems, Present Problems and Future Scenarios(pp.21—41)

Mikhail A.Alexseev, Vladimir Vagin, Russian Regions in Expanding Europe: The Pskov Connection(pp.43—64)

Gerhard Schusselbauer, Privatisation and Restructuring in Economies in Transition: Theory and Evidence Revisited(pp.65—83)

Svante E.Cornell, International Reactions to Massive Human Rights Violations: The Case of Chechnya(pp.85—100)

Paul Hare, Mikhail Lugachev, Higher Education in Transition to a Market Economy: Two Case Studies(pp.101—122)

Bernadette Andreosso-O'Callaghan, Wei Qian, Technology Transfer: A Mode of Collaboration between the European Union and China(pp.123—142)

Vol.51, No.2, 1999.

Vojtech Mastny, The Soviet Non-Invasion of Poland in 1980—1981 and the End of the Cold War(pp.189—211)

Simon Clarke, Inna Donova, Internal Mobility and Labour Market Flexibility in Russia(pp.213—243)

Dmitry Gorenburg, Regional Separatism in Russia: Ethnic Mobilisation or Power Grab? (pp.245—274)

Geir Flikke, Patriotic Left-Centrism: The Zigzags of the Communist Party of the Russian Federation(pp.275—298)

Mary Buckley, Was Rural Stakhanovism a Movement? (pp.299—314)

Stephen G.Wheatcroft, Victims of Stalinism and the Soviet Secret Police: The Comparability and Reliability of the Archival Data. Not the Last Word(pp. 315—345)

Vol.51, No.3, 1999.

Richard Sakwa, Mark Webber, The Commonwealth of Independent States, 1991—1998: Stagnation and Survival(pp.379—415)

Christian Von Hirschhausen, What Infrastructure Policies for Post-Socialist Eastern Europe? Lessons from the Public Investment Programmes (PIP) in the Baltic Countries(pp.417—432)

Olga Kuznetsova, Andrei Kuznetsov, The State as a Shareholder: Responsibilities and Objectives(pp.433—445)

Joan Debardeleben, Attitudes towards Privatisation in Russia (pp.447—465)

Byung-Yeon Kim, Svetlana Sidorenko-Stephenson, Economic Experience and Market Commitment in the 1996 Russian Presidential Election(pp.467—482)

Ralph Croizier, The Avant-Garde and the Democracy Movement: Reflections on Late Communism in the USSR and China(pp.483—513)

Vol.51, No.4, 1999.

Oleg Khlevnyuk, R.W.Davies, The End of Rationing in the Soviet Union, 1934—1935(pp.557—609)

Katherine E. Graney, Education Reform in Tatarstan and Bashkortostan: Sovereignty Projects in Post-Soviet Russia(pp.611—632)

Jarko Fidrmuc, Trade Diversion in "Left-Outs" in Eastward Enlargement of the European Union: The Case of Slovakia(pp.633—645)

Paal Sigurd Hilde, Slovak Nationalism and the Break-Up of Czechoslovakia (pp.647—665)

Geoffrey Swain, The Disillusioning of the Revolution's Praetorian Guard: The Latvian Riflemen, Summer-Autumn 1918(pp.667—686)

Alan Ingram, "A Nation Split into Fragments": The Congress of Russian Communities and Russian Nationalist Ideology(pp.687—704)

V.A.Bazhanov, A Note on A.S.Panarin's Revansh Istorii(pp.705—708)

Vol.51, No.5, 1999.

Vadim Volkov, Violent Entrepreneurship in Post-Communist Russia (pp.741—754)

Darrell Slider, Pskov under the LDPR: Elections and Dysfunctional Federalism in One Region(pp.755—767)

George Sanford, Parliamentary Control and the Constitutional Definition of Foreign Policy Making in Democratic Poland(pp.769—797)

George Blazyca, Polish Socioeconomic Development in the 1990s and Scenarios for EU Accession(pp.799—819)

Orjan Sjoberg, Tiit Tammaru, Transitional Statistics: Internal Migration and Urban Growth in Post-Soviet Estonia(pp.821—842)

Junior R. Davis, Angela Gaburici, Rural Finance and Private Farming in Romania(pp.843—869)

Birgit Beumers, Cinemarket, or the Russian Film Industry in "Mission Possible"(pp.871—896)

Vol.51, No.6, 1999.

Vladimir Gel'Man, Second Europe-Asia Lecture. Regime Transition, Uncertainty and Prospects for Democratisation: The Politics of Russia's Regions in a Comparative Perspective(pp.939—956)

Hans-Henning Schroder, Claudia Bell, El'tsin and the Oligarchs: The Role of Financial Groups in Russian Politics between 1993 and July 1998 (pp.957—988)

Christian Haerpfer, Cezary Milosinski, Claire Wallace, Old and New Security Issues in Post-Communist Eastern Europe: Results of an 11 Nation Study(pp.989—1011)

Donald Filtzer, The Standard of Living of Soviet Industrial Workers in the Immediate Postwar Period, 1945—1948(pp.1013—1038)

Andrew Wilson, Sarah Birch, Voting Stability, Political Gridlock: Ukraine's 1998 Parliamentary Elections(pp.1039—1068)

Sven Gunnar Simonsen, Inheriting the Soviet Policy Toolbox: Russia's Dilemma over Ascriptive Nationality(pp.1069—1087)

John Keep, Wheatcroft and Stalin's Victims: Comments(pp.1089—1092)

Vol.51, No.7, 1999.

Philip Hanson, The Russian Economic Crisis and the Future of Russian Economic Reform(pp.1141—1166)

Vladimir Shlapentokh, Social Inequality in Post-Communist Russia: The Attitudes of the Political Elite and the Masses(1991—1998)(pp.1167—1181)

Fran Markowitz, Not Nationalists: Russian Teenagers' Soulful A-Politics (pp.1183—1198)

Nigel Swain, Agricultural Restitution and Co-operative Transformation in the Czech Republic, Hungary and Slovakia(pp.1199—1219)

Geoffrey Pridham, Complying with the European Union's Democratic Conditionality: Transnational Party Linkages and Regime Change in Slovakia, 1993—1998(pp.1221—1244)

Yoram Gorlizki, Rules, Incentives and Soviet Campaign Justice after World War II(pp.1245—1265)

Pauline Jones Luong, Erika Weinthal, The NGO Paradox: Democratic Goals and Non-Democratic Outcomes in Kazakhstan(pp.1267—1284)

Frederick Derrick, Charles Scott, Ene Kolbre, Estonian Dwelling Owners' Association and Maintenance Policy: The Conflict of Policy Goals and Incentives(pp.1285—1294)

Vol.51, No.8, 1999.

Grigorii V.Golosov, From Adygeya to Yaroslavl: Factors of Party Development in the Regions of Russia, 1995—1998(pp.1333—1365)

Kimitaka Matsuzato, Local Elites under Transition: County and City Politics in Russia 1985—1996(pp.1367—1400)

Aleks Szczerbiak, Interests and Values: Polish Parties and Their Electorates(pp.1401—1432)

G.Khanin, N.Suslov, The Real Sector of the Russian Economy: Estimation and Analysis(pp.1433—1454)

Thomas G.Schrand, The Five-Year Plan for Women's Labour: Constructing Socialism and the "Double Burden", 1930—1932(pp.1455—1478)

Robert Conquest, Comment on Wheatcroft(pp.1479—1483)

2000 年.

Vol.52, No.1, 2000.

Simon Clarke, Veronika Kabalina, The New Private Sector in the Russian Labour Market(pp.7—32)

Albert Resis, The Fall of Litvinov: Harbinger of the German-Soviet Non-Aggression Pact(pp.33—56)

Laslo Sekelj, Parties and Elections: The Federal Republic of Yugoslavia. Change without Transformation(pp.57—75)

John Anderson, Creating a Framework for Civil Society in Kyrgyzstan(pp. 77—93)

Andrei Rogachevskii, The Murder of General Rokhlin(pp.95—110)

Hilary Appel, John Gould, Identity Politics and Economic Reform: Examining Industry-State Relations in the Czech and Slovak Republics(pp.111—131)

Colin Lawson, Douglas Saltmarshe, Security and Economic Transition: Evidence from North Albania(pp.133—148)

Richard Pomfret, Transition and Democracy in Mongolia(pp.149—160)

Vol.52, No.2, 2000.

Vladimir Tikhomirov, The Second Collapse of the Soviet Economy: Myths and Realities of the Russian Reform(pp.207—236)

Stephen K. Wegren, Socioeconomic Transformation in Russia: Where Is the Rural Elite? (pp.237—271)

Paul Kubicek, Regional Polarisation in Ukraine: Public Opinion, Voting and Legislative Behaviour(pp.273—294)

Martin Aberg, Putnam's Social Capital Theory Goes East: A Case Study of Western Ukraine and L'viv(pp.295—317)

Barnabas Racz, The Hungarian Socialists in Opposition: Stagnation or Renaissance(pp.319—347)

Hill Kulu, Tiit Tammaru, Ethnic Return Migration from the East and the West: The Case of Estonia in the 1990s(pp.349—369)

Vol.52, No.3, 2000.

Sharon Werning Rivera, Elites in Post-Communist Russia: A Changing of the Guard? (pp.413—432)

Frank Gregory, Gerald Brooke, Policing Economic Transition and Increasing Revenue: A Case Study of the Federal Tax Police Service of the Russian Federation 1992—1998(pp.433—455)

Bartlomiej Kaminski, Industrial Restructuring as Revealed in Hungary's Pattern of Integration into European Union Markets(pp.457—487)

Edward Schatz, The Politics of Multiple Identities: Lineage and Ethnicity in Kazakhstan(pp.489—506)

Phillip J. Bryson, Gary C. Cornia, Fiscal Decentralisation in Economic Transformation: The Czech and Slovak Cases(pp.507—522)

Steven M.Eke, Taras Kuzio, Sultanism in Eastern Europe: The Socio-Political Roots of Authoritarian Populism in Belarus(pp.523—547)

Anthony Heywood, Soviet Economic Concessions Policy and Industrial Development in the 1920s: The Case of the Moscow Railway Repair Factory (pp.549—569)

Vol.52, No.4, 2000.

William Tompson, Financial Backwardness in Contemporary Perspective: Prospects for the Development of Financial Intermediation in Russia(pp.605—625)

Kathryn Hendley, Peter Murrell, Randi Ryterman, Law, Relationships and Private Enforcement: Transactional Strategies of Russian Enterprises (pp.627—656)

Nonna Barkhatova, Russian Small Business, Authorities and the State (pp.657—676)

Derek Watson, Molotov's Apprenticeship in Foreign Policy: The Triple Alliance Negotiations in 1939(pp.695—722)

Martin Myant, Brian Slocock, Simon Smith, Tripartism in the Czech and Slovak Republics(pp.723—739)

Ilean Cashu, The Politics and Policy Trade-Offs of Reforming the Public Pension System in Post-Communist Moldova(pp.741—757)

Vol.52, No.5, 2000.

Laszlo Csaba, Between Transition and EU Accession: Hungary at the Millennium(pp.805—827)

Merje Feldman, Urban Waterfront Regeneration and Local Governance in Tallinn(pp.829—850)

Tomasz Zarycki, Politics in the Periphery: Political Cleavages in Poland Interpreted in Their Historical and International Context(pp.851—873)

John Ishiyama, Candidate Recruitment, Party Organisation and the Communist Successor Parties: The Cases of the MSzP, the KPRF and the LDDP (pp.875—896)

Antonio Sanchez-Andres, Restructuring the Defence Industry and Arms Production in Russia(pp.897—914)

Graham Tan, Transformation versus Tradition: Agrarian Policy and Government-Peasant Relations in Right-Bank Ukraine 1920—1923(pp.915—937)

Royal R.Henke, A Separate Space?: Karakalpak Nationalism and Devolution in Post-Soviet Uzbekistan(pp.939—953)

Vol.52, No.6, 2000.

Serguei Oushakine, Third Europe-Asia Lecture. In the State of Post-Soviet Aphasia: Symbolic Development in Contemporary Russia (pp. 991—1016)

Sarah Birch, Interpreting the Regional Effect in Ukrainian Politics(pp.1017—1041)

John S.Dryzek, Leslie Holmes, The Real World of Civic Republicanism: Making Democracy Work in Poland and the Czech Republic(pp.1043—1068)

Richard Andrew Hall, Theories of Collective Action and Revolution: Evidence from the Romanian Transition of December 1989(pp.1069—1093)

Terry Cox, Laszlo Vass, Government-Interest Group Relations in Hungarian Politics since 1989(pp.1095—1114)

Perry Biddiscombe, Unternehmen Zeppelin: The Deployment of SS Saboteurs and Spies in the Soviet Union, 1942—1945(pp.1115—1142)

S.G.Wheatcroft, The Scale and Nature of Stalinist Repression and Its Demographic Significance: On Comments by Keep and Conquest(pp.1143—1159)

Vol.52, No.7, 2000.

Christine S.Lipsmeyer, Reading between the Welfare Lines: Politics and Policy Structure in Post-Communist Europe(pp.1191—1211)

Gertrud R.Schrieder, Jurgen Munz, Raimund Jehle, Rural Regional Development in Transition Economies: The Case of Romania(pp.1213—1235)

Krystyna Iglicka, Ethnic Division on Emerging Foreign Labour Markets in Poland during the Transition Period(pp.1237—1255)

Mary Schaeffer Conroy, Health Care in Prisons, Labour and Concentration Camps in Early Soviet Russia, 1918—1921(pp.1257—1274)

Michael Jabara Carley, Episodes from the Early Cold War: Franco-Soviet Relations, 1917—1927(pp.1275—1305)

Luc Duhamel, Justice and Politics in Moscow 1983—1986: The Ambartsumyan Case(pp.1307—1329)

Stefan Bojnec, Restructuring and Marketing Strategies at Macro and Micro Levels: The Case of Slovenia(pp.1331—1348)

Gregory Brock, The ZATO Archipelago Revisited—Is the Federal Government Loosening Its Grip? A Research Note(pp.1349—1360)

Vol.52, No.8, 2000.

Neil Robinson, The Economy and the Prospects for Anti-Democratic Development in Russia(pp.1391—1416)

Michael Ellman, The Russian Economy under El'tsin(pp.1417—1432)

Steven Rosefielde, The Civilian Labour Force and Unemployment in the Russian Federation(pp.1433—1447)

Lynne Viola, A Tale of Two Men: Bergavinov, Tolmachev and the Bergavinov Commission(pp.1449—1466)

Lavinia Stan, Lucian Turcescu, The Romanian Orthodox Church and Post-Communist Democratisation(pp.1467—1488)

Lisheng Zhu, The Problem of the Intelligentsia and Radicalism in Higher Education under Stalin and Mao(pp.1489—1513)

Melanie Ilic, The Great Terror in Leningrad: A Quantitative Analysis(pp. 1515—1534)

Eduard Ponarin, The Prospects of Assimilation of the Russophone Populations in Estonia and Ukraine: A Reaction to David Laitin's Research(pp.1535—1541)

2001 年:

Vol.53, No.1, 2001.

Allen C. Lynch, The Realism of Russia's Foreign Policy(pp.7—31)

Andrei Yakovlev, "Black Cash" Tax Evasion in Russia: Its Forms, Incentives and Consequences at Firm Level(pp.33—55)

Edwin Poppe, Louk Hagendoorn, Types of Identification among Russians in the "Near Abroad"(pp.57—71)

Dmitry Gorenburg, Nationalism for the Masses: Popular Support for Nationalism in Russia's Ethnic Republics(pp.73—104)

Robert Bruce Ware, Enver Kisriev, Ethnic Parity and Democratic Pluralism in Dagestan: A Consociational Approach(pp.105—131)

Sarah Badcock, "We're for the Muzhiks' Party!" Peasant Support for the Socialist Revolutionary Party during 1917(pp.133—149)

Vincent Barnett, Calling up the Reserves: Keynes, Tugan-Baranovsky and Russian War Finance(pp.151—169)

Vol.53, No.2, 2001.

Stefan Hedlund, Property without Rights: Dimensions of Russian Privatisation(pp.213—237)

Iulia Shevchenko, Grigorii V. Golosov, Legislative Activism of Russian Duma Deputies, 1996—1999(pp.239—261)

Luke March, For Victory? The Crises and Dilemmas of the Communist Party of the Russian Federation(pp.263—290)

Yoram Gorlizki, Stalin's Cabinet: The Politburo and Decision Making in the Post-War Years(pp.291—312)

Martin Horak, Environmental Policy Reform in the Post Communist Czech Republic: The Case of Air Pollution(pp.313—327)

Kevin Murphy, Opposition at the Local Level: A Case Study of the Hammer and Sickle Factory(pp.329—350)

Vol.53, No.3, 2001.

Grigory Ioffe, Tatyana Nefedova, Russian Agriculture and Food Processing: Vertical Cooperation and Spatial Dynamics(pp.389—418)

Richard Rose, Neil Munro, Stephen White, Voting in a Floating Party System: The 1999 Duma Election(pp.419—443)

Julie Hessler, Postwar Normalisation and Its Limits in the USSR: The Case of Trade(pp.445—471)

Alexander Agadjanian, Revising Pandora's Gifts: Religious and National Identity in the Post-Soviet Societal Fabric(pp.473—488)

Serhii Plokhy, The Ghosts of Pereyaslav: Russo-Ukrainian Historical Debates in the Post-Soviet Era(pp.489—505)

Vol.53, No.4, 2001.

Alexander Sokolowski, Bankrupt Government: Intra-Executive Relations and the Politics of Budgetary Irresponsibility in El'tsin's Russia(pp.541—572)

Lowell W.Barrington, Erik S.Herron, Understanding Public Opinion in Post-Communist States: The Effects of Statistical Assumptions on Substantive Results(pp.573—594)

Yudit Kiss, Defence Industry Consolidation in East Central Europe in the 1990s(pp.595—611)

Manfred Füllsack, Official Figures and Unofficial Realities: Employment Rates and Their Significance in Russia(pp.613—625)

Michael Kaser, Economic Continuities in Albania's Turbulent History(pp.627—637)

Vol.53, No.5, 2001.

R.A.Clarke, R.W.Davies, J.D.White, Obituary: Jacob Miller 1912—2000 (pp.669—673)

Vladimir Kontorovich, Economists, Soviet Growth Slowdown and the Collapse(pp.675—695)

Anton Steen, The Question of Legitimacy: Elites and Political Support in Russia(pp.697—718)

Matthew Hyde, Putin's Federal Reforms and Their Implications for Presidential Power in Russia(pp.719—743)

Tim Haughton, HZDS: The Ideology, Organisation and Support Base of

Havel's Country"? (pp.1193—1219)

Michael Ellman, The Soviet 1937 Provincial Show Trials: Carnival or Terror? (pp.1221—1233)

Hsiu-Ling Wu, Chien-Hsun Chen, An Assessment of Outward Foreign Direct Investment from China's Transitional Economy(pp.1235—1254)

2002 年:

Vol.54, No.1, 2002.

Jan Winiecki, The Polish Generic Private Sector in Transition: Developments and Characteristics(pp.5—29)

Allen C. Lynch, Roots of Russia's Economic Dilemmas: Liberal Economics and Illiberal Geography(pp.31—49)

Derek Watson, Molotov, the Making of the Grand Alliance and the Second Front 1939—1942(pp.51—85)

Vladimir Pigenko, Charles R.Wise, Trevor L.Brown, Elite Attitudes and Democratic Stability: Analysing Legislators' Attitudes towards the Separation of Powers in Ukraine(pp.87—107)

Eiki Berg, Local Resistance, National Identity and Global Swings in Post-Soviet Estonia(pp.109—122)

Halim Kara, Reclaiming National Literary Heritage: The Rehabilitation of Abdurauf Fitrat and Abdulhamid Sulaymon Cholpan in Uzbekistan(pp.123—142)

Vol.54, No.2, 2002.

Stephen White, Ian McAllister, Margot Light, John Löwenhardt, A European or a Slavic Choice? Foreign Policy and Public Attitudes in Post-Soviet Europe(pp.181—202)

Geoffrey Pridham, The European Union's Democratic Conditionality and Domestic Politics in Slovakia: The Mečiar and Dzurinda Governments Compared (pp.203—227)

Bill Bowring, Austro-Marxism's Last Laugh?: The Struggle for Recognition of National-Cultural Autonomy for Rossians and Russians(pp.229—250)

Joseph F. Fletcher, Boris Sergeyev, Islam and Intolerance in Central Asia: The Case of Kyrgyzstan(pp.251—275)

Štefan Bojnec, Payments, Insolvency and Finance during Economic Transformation: Slovenia on the Way to European Union Accession(pp.277—297)

Jo Crotty, Economic Transition and Pollution Control in the Russian Federation: Beyond Pollution Intensification? (pp.299—316)

Vol.54, No.3, 2002.

Juliane Fürst, Prisoners of the Soviet Self?: Political Youth Opposition in Late Stalinism(pp.353—375)

Flemming Splidsboel-Hansen, Past and Future Meet: Aleksandr Gorchakov and Russian Foreign Policy(pp.377—396)

Caroline Brooke, Soviet Musicians and the Great Terror(pp.397—413)

Anna Fournier, Mapping Identities: Russian Resistance to Linguistic Ukrainisation in Central and Eastern Ukraine(pp.415—433)

Frane Adam, Matevž Tomšič, Elite(Re)configuration and Politico-Economic Performance in Post-Socialist Countries(pp.435—454)

Andrew T.Green, Comparative Development of Post-Communist Civil Societies(pp.455—471)

Sheila Fitzpatrick, A Response to Michael Ellman(pp.473—476)

Vol.54, No.4, 2002.

Kathleen M.Dowley, Brian D.Silver, Social Capital, Ethnicity and Support for Democracy in the Post-Communist States(pp.505—527)

Natalia Letki, Lustration and Democratisation in East-Central Europe (pp.529—552)

Aleks Szczerbiak, Dealing with the Communist Past or the Politics of the Present? Lustration in Post-Communist Poland(pp.553—572)

Catriona Kelly, "A Laboratory for the Manufacture of Proletarian Writers": The Stengazeta(Wall Newspaper), Kul'turnost' and the Language of Politics in the Early Soviet Period(pp.573—602)

Paul Kubicek, Civil Society, Trade Unions and Post-Soviet Democratisation: Evidence from Russia and Ukraine(pp.603—624)

Erik S.Herron, Causes and Consequences of Fluid Faction Membership in Ukraine(pp.625—639)

Vol.54, No.5, 2002.

Donna Bahry, Ethnicity and Equality in Post-Communist Economic Transition: Evidence from Russia's Republics(pp.673—699)

Paul Chaisty, Petra Schleiter, Productive but Not Valued: The Russian State Duma, 1994—2001(pp.701—724)

Katharina Müller, Old-Age Security in the Baltics: Legacy, Early Reforms and Recent Trends(pp.725—748)

Charles Woolfson, Matthias Beck, Remapping Labour Rights: The Case of Transitional Lithuania(pp.749—769)

Nebojša Vladisavljević, Nationalism, Social Movement Theory and the Grass Roots Movement of Kosovo Serbs, 1985—1988(pp.771—790)

Longlow Inbrianse, The Paltie States in Talwan's Post Cold War "Flexible Diplomacy"(pp.791—810)

Vol.54, No.6, 2002.

Olga Shevchenko, "Between the Holes": Emerging Identities and Hybrid Patterns of Consumption in Post-Socialist Russia(pp.841—866)

R.W. Davies, Oleg Khlevnyuk, Stakhanovism and the Soviet Economy (pp.867—903)

Joel C.Moses, Political-Economic Elites and Russian Regional Elections 1999—2000: Democratic Tendencies in Kaliningrad, Perm and Volgograd(pp.905—931)

William Tompson, Putin's Challenge: The Politics of Structural Reform in Russia(pp.933—957)

Alexei Izyumov, Leonid Kosals, Rosalina Ryvkina, Yurii Semagin, Market Reforms and Regional Differentiation of Russian Defence Industry Enterprises(pp.959—974)

Andrei Rogachevskii, Homo Sovieticus in the Library(pp.975—988)

Vol.54, No.7, 2002.

Timothy Frye, Capture or Exchange? Business Lobbying in Russia(pp.1017—1036)

Tomila Lankina, Local Administration and Ethno-Social Consensus in Russia(pp.1037—1053)

Judith Pallot, Forced Labour for Forestry: The Twentieth Century History of Colonisation and Settlement in the North of Perm "Oblast"(pp.1055—1083)

Sveinung Eikeland, Larissa Riabova, The Battle for Resource Rent: Securing the Profit from Forest and Fish Resources in Northern Russia Post-1990 (pp.1085—1100)

Henry E.Hale, Rein Taagepera, Russia: Consolidation or Collapse? (pp.1101—1125)

Petr Pavlínek, Domestic Privatisation and Its Effects on Industrial Enterprises in East-Central Europe: Evidence from the Czech Motor Component Industry(pp.1127—1150)

Michael Ellman, Soviet Repression Statistics: Some Comments (pp. 1151—1172)

Vol.54, No.8, 2002.

Iulia Shevchenko, Who Cares about Women's Problems? Female Legislators in the 1995 and 1999 Russian State Dumas(pp.1201—1222)

Geir Hønneland, Anne-Kristin Jørgensen, Implementing Russia's International Environmental Commitments: Federal Prerogative or Regional Concern?

（pp.1223—1240）

Jack Bielasiak, Determinants of Public Opinion Differences on EU Accession in Poland(pp.1241—1266)

Kimitaka Matsuzato, Elites and the Party System of Zakarpattya Oblast': Relations among Levels of Party Systems in Ukraine(pp.1267—1299)

Dirk J. Bezemer, Credit Markets for Agriculture in the Czech Republic (pp.1301—1317)

Tim Haughton, Vladimír Mečiar and His Role in the 1994—1998 Slovak Coalition Government(pp.1319—1338)

2003 年：

Vol.55, No.1, 2003.

Yudit Kiss, System Changes, Export-Oriented Growth and Women in Hungary(pp.3—37)

Geoffrey Swain, Deciding to Collectivise Latvian Agriculture(pp.39—58)

John Howard Wilhelm, The Failure of the American Sovietological Economics Profession(pp.59—74)

Koen Schoors, The Fate of Russia's Former State Banks: Chronicle of a Restructuring Postponed and a Crisis Foretold(pp.75—100)

James Toole, Straddling the East-West Divide: Party Organisation and Communist Legacies in East Central Europe(pp.101—118)

Steven D.Roper, Florin Fesnic, Historical Legacies and Their Impact on Post-Communist Voting Behaviour(pp.119—131)

Andrew Konitzer-Smirnov, Jurisdictional Voting in Russia's Regions: Initial Results from Individual-Level Analyses(pp.133—153)

Vol.55, No.2, 2003.

Yurii Goland, A Missed Opportunity: On Attracting Foreign Capital(pp.179—216)

Stephen Shulman, The Role of Economic Performance in Ukrainian Nationalism(pp.217—239)

Andrew Yorke, Business and Politics in Krasnoyarsk Krai(pp.241—262)

Jennifer A.Yoder, Decentralisation and Regionalisation after Communism: Administrative and Territorial Reform in Poland and the Czech Republic(pp.263—286)

Robert Bruce Ware, Enver Kisriev, Werner J.Patzelt, Ute Roericht, Political Islam in Dagestan(pp.287—302)

Michael Haynes, Counting Soviet Deaths in the Great Patriotic War: A Note(pp.303—309)

Vol.55, No.3, 2003.

Joan De Bardeleben, Fiscal Federalism and How Russians Vote(pp.339—363)

Philip Hanson, The Russian Economic Recovery: Do Four Years of Growth Tell Us That the Fundamentals Have Changed? (pp.365—382)

Stephen White, Ian McAllister, Putin and His Supporters(pp.383—399)

Pete Glatter, Continuity and Change in the Tyumen' Regional Elite 1991—2001(pp.401—435)

Bryon J.Moraski, Electoral System Design in Russian Oblasti and Republics: A Four Case Comparison(pp.437—468)

Steven Rosefielde, The Riddle of Post-War Russian Economic Growth: Statistics Lied and Were Misconstrued(pp.469—481)

Vol.55, No.4, 2003.

Lynn D. Nelson, Irina Y. Kuzes, Political and Economic Coordination in Russia's Federal District Reform: A Study of Four Regions(pp.507—520)

Yulia Sinyagina-Woodruff, Russia, Sovereign Default, Reputation and Access to Capital Markets(pp.521—551)

Claudio Morrison, Gregory Schwartz, Managing the Labour Collective: Wage Systems in the Russian Industrial Enterprise(pp.553—574)

Zoe Knox, The Symphonic Ideal: The Moscow Patriarchate's Post-Soviet Leadership(pp.575—596)

Venelin I.Ganev, The Bulgarian Constitutional Court, 1991—1997: A Success Story in Context(pp.597—611)

Gulnaz Sharafutdinova, Paradiplomacy in the Russian Regions: Tatarstan's Search for Statehood(pp.613—629)

Hiroaki Kuromiya, "Political Youth Opposition in Late Stalinism": Evidence and Conjecture(pp.631—638)

Vol.55, No.5, 2003.

Thomas F.Remington, Majorities without Mandates: The Russian Federation Council since 2000(pp.667—691)

Mihály Laki, Opportunities for Property Acquisition and Some Characteristics of Big Entrepreneurs in Post-Socialist Hungary(pp.693—709)

Brad Williams, The Criminalisation of Russo-Japanese Border Trade: Causes and Consequences(pp.711—728)

Aleks Szczerbiak, Old and New Divisions in Polish Politics: Polish Parties' Electoral Strategies and Bases of Support(pp.729—746)

Barnabas Racz, The Left in Hungary and the 2002 Parliamentary Elections (pp.747—769)

Edwin Poppe, Louk Hagendoorn, Titular Identification of Russians in Former Soviet Republics(pp.771—787)

Juliane Fürst, Re-Examining Opposition under Stalin: Evidence and Context: A Reply to Kuromiya(pp.789—802)

Vol.55, No.6, 2003.

Rosaria Puglisi, Clashing Agendas? Economic Interests, Elite Coalitions and Prospects for Co-Operation between Russia and Ukraine(pp.827—845)

Stephen K. Wegren, David J. O'Brien, Valeri V. Patsiorkovski, Russia's Rural Unemployed(pp.847—867)

Susan A.Crate, The Great Divide: Contested Issues of Post-Soviet Viliui Sakha Land Use(pp.869—888)

Louis Skyner, Property as Rhetoric: Land Ownership and Private Law in Pre-Soviet and Post-Soviet Russia(pp.889—905)

Andrei Kuznetsov, Olga Kuznetsova, Institutions, Business and the State in Russia(pp.907—922)

Paul Gregory, Soviet Defence Puzzles: Archives, Strategy and Underfulfilment(pp.923—938)

Mark Harrison, Counting Soviet Deaths in the Great Patriotic War: Comment(pp.939—944)

Michael Haynes, Clarifying Excess Deaths and Actual War Deaths in the Soviet Union during World War II: A Reply(pp.945—947)

Vol.55, No.7, 2003.

Vladimir Shlapentokh, Hobbes and Locke at Odds in Putin's Russia(pp.981—1007)

Grigory Ioffe, Understanding Belarus: Questions of Language(pp.1009—1047)

Joel C. Moses, Voting, Regional Legislatures and Electoral Reform in Russia(pp.1049—1075)

Oleh Protsyk, Troubled Semi-Presidentialism: Stability of the Constitutional System and Cabinet in Ukraine(pp.1077—1095)

Martin Ferry, The EU and Recent Regional Reform in Poland(pp.1097—1116)

Victor Peskin, Mieczysław P. Boduszyński, International Justice and Domestic Politics: Post-Tudjman Croatia and the International Criminal Tribunal for the Former Yugoslavia(pp.1117—1142)

Vol.55, No.8, 2003.

Per Botolf Maurseth, Divergence and Dispersion in the Russian Economy

Lerna K. Yanik, The Politics of Educational Exchange: Turkish Education in Eurasia(pp.293—307)

Hiroaki Kuromiya, Re-Examining Opposition under Stalin: Further Thoughts (pp.309—314)

Vol.56, No.3, 2004.

Rudra Sil, Cheng Chen, State Legitimacy and the(In)significance of Democracy in Post-Communist Russia(pp.347—368)

Luke March, Russian Parties and the Political Internet(pp.369—400)

Clare McManus-Czubińska, William L. Miller, Radosław Markowski, Jacek Wasilewski, When Does Turnout Matter? The Case of Poland(pp.401—420)

Pieter Vanhuysse, East European Protest Politics in the Early 1990s: Comparative Trends and Preliminary Theories(pp.421—438)

Nick Baron, Stalinist Planning as Political Practice: Control and Repression on the Soviet Periphery, 1935—1938(pp.439—462)

Steven Rosefielde, Post-War Russian Economic Growth: Not a Riddle: A Reply(pp.463—466)

Vol.56, No.4, 2004.

Adam N. Stulberg, The Federal Politics of Importing Spent Nuclear Fuel: Inter-Branch Bargaining and Oversight in the New Russia(pp.491—520)

Růžena Vintrová, The CEE Countries on the Way into the EU: Adjustment Problems: Institutional Adjustment, Real and Nominal Convergence(pp.521—541)

Helen M. Morris, President, Party and Nationality Policy in Latvia, 1991—1999(pp.543—569)

Hyung-min Joo, Voices of Freedom: Samizdat(pp.571—594)

Kazuhiro Kumo, Soviet Industrial Location: A Re-Examination(pp.595—613)

Vol.56, No.5, 2004.

Oleh Protsyk, Ruling with Decrees: Presidential Decree Making in Russia and Ukraine(pp.637—660)

Olena Nikolayenko, Press Freedom during the 1994 and 1999 Presidential Elections in Ukraine: A Reverse Wave? (pp.661—686)

Antonio Sánchez-Andrés, Arms Exports and Restructuring in the Russian Defence Industry(pp.687—706)

Benjamin Tromly, The Leningrad Affair and Soviet Patronage Politics, 1949—1950(pp.707—729)

Peter Pastor, Hungarian-Soviet Diplomatic Relations 1935—1941: A Failed

Rapprochement(pp.731—750)

James Morris, The Polish Terror: Spy Mania and Ethnic Cleansing in the Great Terror(pp.751—766)

Vol.56, No.6, 2004.

Roman David, Transitional Injustice? Criteria for Conformity of Lustration to the Right to Political Expression(pp.789—812)

James R.Kluegel, David S.Mason, Fairness Matters: Social Justice and Political Legitimacy in Post-Communist Europe(pp.813—834)

Ray Taras, Olga Filippova, Nelly Pobeda, Ukraine's Transnationals, Far-Away Locals and Xenophobes: The Prospects for Europeanness(pp.835—856)

Sonja Luehrmann, Mediated Marriage: Internet Matchmaking in Provincial Russia(pp.857—875)

Beryl Nicholson, The Tractor, the Shop and the Filling Station: Work Migration as Self-Help Development in Albania(pp.877—890)

Czeslaw Tubilewicz, Breaking the Ice: The Origins of Taiwan's Economic Diplomacy towards the Soviet Union and Its European Allies(pp.891—906)

Vol.56, No.7, 2004.

Rebecca Kay, Working with Single Fathers in Western Siberia: A New Departure in Russian Social Provision(pp.941—961)

Mary Schaeffer Conroy, The Soviet Pharmaceutical Industry and Dispensing, 1945—1953(pp.963—991)

Henry E.Hale, Yabloko and the Challenge of Building a Liberal Party in Russia(pp.993—1020)

Vladimir Gel'man, The Unrule of Law in the Making: The Politics of Informal Institution Building in Russia(pp.1021—1040)

Csaba Nikolenyi, Strategic Co-Ordination in the 2002 Hungarian Election (pp.1041—1058)

Hsiu-Ling Wu, Chien-Hsun Chen, The Prospects for Regional Economic Integration between China and the Five Central Asian Countries(pp.1059—1080)

Vol.56, No.8, 2004.

Zsuzsa Kapitány, György Molnár, Inequality and Income Mobility in Hungary, 1993—1998(pp.1109—1129)

Asif A.Siddiqi, Russians in Germany: Founding the Post-War Missile Programme(pp.1131—1156)

Sirke Mäkinen, Russia's Integrity: Russian Parties of Power and the Yabloko Association on Russo-Chechen Relations, 1999—2001 (pp. 1157—

1189)

Ruth Deyermond, The State of the Union: Military Success, Economic and Political Failure in the Russia-Belarus Union(pp.1191—1205)

Geir Flikke, From External Success to Internal Collapse: The Case of Democratic Russia(pp.1207—1234)

Graham H. Roberts, Convergent Capitalisms? The Internationalisation of Financial Markets and the 2002 Russian Corporate Governance Code(pp.1235—1248)

2005 年:

Vol.57, No.1, 2005.

Andrew Konitzer-Smirnov, Serving Different Masters: Regional Executives and Accountability in Ukraine and Russia(pp.3—33)

Julie Wilhelmsen, Between a Rock and a Hard Place: The Islamisation of the Chechen Separatist Movement(pp.35—59)

Bruno Schönfelder, Judicial Independence in Bulgaria: A Tale of Splendour and Misery(pp.61—92)

Nancy Maveety, Vello Pettai, Government Lawyers and Non-Judicial Constitutional Review in Estonia(pp.93—115)

Gabriel Bădescu, Paul E. Sum, Historical Legacies, Social Capital and Civil Society: Comparing Romania on a Regional Level(pp.117—133)

Youngok Kang-Bohr, Appeals and Complaints: Popular Reactions to the Party Purges and the Great Terror in the Voronezh Region, 1935—1939(pp.135—154)

Vol.57, No.2, 2005.

Grigory Ioffe, The Downsizing of Russian Agriculture(pp.179—208)

Mark Kramer, Guerrilla Warfare, Counterinsurgency and Terrorism in the North Caucasus: The Military Dimension of the Russian-Chechen Conflict (pp.209—290)

Lucian Turcescu, Lavinia Stan, Religion, Politics and Sexuality in Romania (pp.291—310)

Robert Koulish, Hungarian Roma Attitudes on Minority Rights: The Symbolic Violence of Ethnic Identification(pp.311—326)

Alexander C. Diener, Kazakhstan's Kin State Diaspora: Settlement Planning and the Oralman Dilemma(pp.327—348)

Vol.57, No.3, 2005.

Richard Sakwa, The 2003—2004 Russian Elections and Prospects for Democracy(pp.369—398)

Iulia Shevchenko, Easy Come, Easy Go, Ministerial Turnover in Russia, 1990—2004(pp.399—428)

Anne White, Gender Roles in Contemporary Russia: Attitudes and Expectations among Women Students(pp.429—455)

Anastasia Gnezditskaia, "Unidentified Shareholders": The Impact of Oil Companies on the Banking Sector in Russia(pp.457—480)

Andrey Makarychev, Pskov at the Crossroads of Russia's Trans-Border Relations with Estonia and Latvia: Between Provinciality and Marginality (pp.481—500)

Vol.57, No.4, 2005.

Peter J. Söderlund, Electoral Success and Federal-Level Influence of Russian Regional Executives(pp.521—541)

Chris Corrin, Transitional Road for Traffic: Analysing Trafficking in Women from and through Central and Eastern Europe(pp.543—560)

Louis Skyner, Rehousing and Refinancing Russia: Creating Access to Affordable Mortgaging(pp.561—581)

Robert Bruce Ware, Recent Russian Federal Elections in Dagestan: Implications for Proposed Electoral Reform(pp.583—600)

Michael Share, Clash of Worlds: The Comintern, British Hong Kong and Chinese Nationalism, 1921—1927(pp.601—624)

Andrew J.Brown, The Germans of Germany and the Germans of Kazakhstan: A Eurasian Volk in the Twilight of Diaspora(pp.625—634)

Vol.57, No.5, 2005.

Philip Hanson, Elizabeth Teague, Big Business and the State in Russia (pp.657—680)

Markku Lonkila, Anna-Maria Salmi, The Russian Work Collective and Migration(pp.681—703)

John Round, Rescaling Russia's Geography: The Challenges of Depopulating the Northern Periphery(pp.705—727)

Irina Mukhina, "The Forgotten History": Ethnic German Women in Soviet Exile, 1941—1955(pp.729—752)

Kimitaka Matsuzato, Magomed-Rasul Ibragimov, Islamic Politics at the Sub-Regional Level in Dagestan: Tariqa Brotherhoods, Ethnicities, Localism and the Spiritual Board(pp.753—779)

Vol.57, No.6, 2005.

Rudiger Ahrend, William Tompson, Unnatural Monopoly: The Endless Wait for Gas Sector Reform in Russia(pp.801—821)

Michael Ellman, The Role of Leadership Perceptions and of Intent in the Soviet Famine of 1931—1934(pp.823—841)

Jesús Crespo-Cuaresma, Jarko Fidrmuc, Maria Antoinette Silgoner, On the Road: The Path of Bulgaria, Croatia and Romania to the EU and the Euro (pp.843—858)

Richard Pomfret, Kazakhstan's Economy since Independence: Does the Oil Boom offer a Second Chance for Sustainable Development? (pp.859—876)

Ivan Katchanovski, Small Nations but Great Differences: Political Orientations and Cultures of the Crimean Tatars and the Gagauz(pp.877—894)

David R.Marples, Europe's Last Dictatorship: The Roots and Perspectives of Authoritarianism in "White Russia"(pp.895—908)

Vol.57, No.7, 2005.

Elena A.Chebankova, The Limitations of Central Authority in the Regions and the Implications for the Evolution of Russia's Federal System(pp.933—949)

Vladimir Shlapentokh, Russia's Demographic Decline and the Public Reaction(pp.951—968)

Cristina Chiva, Women in Post-Communist Politics: Explaining Under-Representation in the Hungarian and Romanian Parliaments(pp.969—994)

Alan Renwick, Modelling Multiple Goals: Electoral System Preferences in Hungary in 1989(pp.995—1019)

Vlad Ivanenko, The Statutory Tax Burden and its Avoidance in Transitional Russia(pp.1021—1045)

David R.Stone, The First Five-Year Plan and the Geography of Soviet Defence Industry(pp.1047—1063)

Ol'ga Kryshtanovskaya, Stephen White, Inside the Putin Court: A Research Note(pp.1065—1075)

Vol.57, No.8, 2005.

Nanci Adler, The Future of the Soviet past Remains Unpredictable: The Resurrection of Stalinist Symbols Amidst the Exhumation of Mass Graves (pp.1093—1119)

Stephen White, Political Disengagement in Post-Communist Russia: A Qualitative Study(pp.1121—1142)

Dinissa Duvanova, Jakub Zielinski, Legislative Accountability in a Semi-Presidential System: Analysis of the Single-Member District Elections to the Russian State Duma(pp.1143—1167)

Anna Likhtenchtein, Natalia Yargomskaya, Duverger's Equilibrium under Limited Competition: Russia's Parliamentary Elections(pp.1169—1188)

Thomas Ambrosio, The Russo-American Dispute over the Invasion of Iraq: International Status and the Role of Positional Goods(pp.1189—1210)

Christopher Burton, Soviet Medical Attestation and the Problem of Professionalisation under Late Stalinism, 1945—1953(pp.1211—1229)

2006 年:

Vol.58, No.1, 2006.

Rudiger Ahrend, Russia's Post-Crisis Growth: Its Sources and Prospects for Continuation(pp.1—24)

Grigorii V.Golosov, Disproportionality by Proportional Design: Seats and Votes in Russia's Regional Legislative Elections, December 2003—March 2005 (pp.25—55)

Stephen Deets, Public Policy in the Passive-Aggressive State: Health Care Reform in Bosnia-Hercegovina 1995—2001(pp.57—80)

Claire Wallace, Rossalina Latcheva, Economic Transformation outside the Law: Corruption, Trust in Public Institutions and the Informal Economy in Transition Countries of Central and Eastern Europe(pp.81—102)

Jamie Miller, Soviet Cinema, 1929—41: The Development of Industry and Infrastructure(pp.103—124)

Vol.58, No.2, 2006.

Martin Myant, Simon Smith, Regional Development and Post-Communist Politics in a Czech Region(pp.147—168)

Joachim Zweynert, Economic Ideas and Institutional Change: Evidence from Soviet Economic Debates 1987—1991(pp.169—192)

Brian D.Taylor, Law Enforcement and Civil Society in Russia(pp.193—213)

Marta Dyczok, Was Kuchma's Censorship Effective? Mass Media in Ukraine before 2004(pp.215—238)

Dóra Györffy, Governance in a Low-Trust Environment: The Difficulties of Fiscal Adjustment in Hungary(pp.239—259)

Emmanuel Karagiannis, Political Islam in Uzbekistan: Hizb Ut-Tahrir Al-Islami(pp.261—280)

Vol.58, No.3, 2006.

Mihály Laki, Júlia Szalai, The Puzzle of Success: Hungarian Entrepreneurs at the Turn of the Millennium(pp.317—345)

Irene McMaster, Czech Regional Development Agencies in a Shifting Institutional Landscape(pp.347—370)

Paradorn Rangsimaporn, Interpretations of Eurasianism: Justifying Russia's Role in East Asia(pp.371—389)

Maria Popova, Watchdogs or Attack Dogs? The Role of the Russian Courts and the Central Election Commission in the Resolution of Electoral Disputes(pp.391—414)

Ellu Saar, Marge Unt, Self-Employment in Estonia: Forced Move or Voluntary Engagement? (pp.415—437)

Zvi Lerman, Dragoş Cimpoieş, Land Consolidation as a Factor for Rural Development in Moldova(pp.439—455)

Vol.58, No.4, 2006.

William Pyle, Collective Action and Post-Communist Enterprise: The Economic Logic of Russia's Business Associations(pp.491—521)

Jonathan Murphy, Illusory Transition? Elite Reconstitution in Kazakhstan, 1989—2002(pp.523—554)

David R.Marples, Stepan Bandera: The Resurrection of a Ukrainian National Hero(pp.555—566)

Marjorie Mandelstam Balzer, The Tension between Might and Rights: Siberians and Energy Developers in Post-Socialist Binds(pp.567—588)

Marc Jansen, Nikita Petrov, Mass Terror and the Court: The Military Collegium of the USSR(pp.589—602)

Leontina Hormel, Caleb Southworth, Eastward Bound: A Case Study of Post-Soviet Labour Migration from a Rural Ukrainian Town(pp.603—623)

Vol.58, No.5, 2006.

Scott Radnitz, Weighing the Political and Economic Motivations for Migration in Post-Soviet Space: The Case of Uzbekistan(pp.653—677)

Marie-Elisabeth Baudoin, Is the Constitutional Court the Last Bastion in Russia against the Threat of Authoritarianism? (pp.679—699)

Michael Gentile, Örjan Sjöberg, Intra-Urban Landscapes of Priority: The Soviet Legacy(pp.701—729)

Terry D. Clark, Eglė Verseckaitė, Alvidas Lukošaitis, The Role of Committee Systems in Post-Communist Legislatures: A Case Study of the Lithuanian Seimas(pp.731—750)

Olga Pisarenko, The Acculturation Modes of Russian Speaking Adolescents in Latvia: Perceived Discrimination and Knowledge of the Latvian Language(pp.751—773)

Vol.58, No.6, 2006.

Johan Engvall, The State under Siege: The Drug Trade and Organised Crime in Tajikistan(pp.827—854)

Ruta Aidis, Tomasz Mickiewicz, Entrepreneurs, Expectations and

Business Expansion: Lessons from Lithuania(pp.855—880)

Camilla Jensen, Foreign Direct Investment and Economic Transition: Panacea or Pain Killer? (pp.881—902)

Bettina Renz, Putin's Militocracy? An Alternative Interpretation of Siloviki in Contemporary Russian Politics(pp.903—924)

Csilla Kiss, The Misuses of Manipulation: The Failure of Transitional Justice in Post-Communist Hungary(pp.925—940)

Vol.58, No.7, 2006.

Frances Millard, Poland's Politics and the Travails of Transition after 2001: The 2005 Elections(pp.1007—1031)

Andrei Yakovlev, The Evolution of Business: State Interaction in Russia: From State Capture to Business Capture? (pp.1033—1056)

Hege Toje, Cossack Identity in the New Russia: Kuban Cossack Revival and Local Politics(pp.1057—1077)

Andrei P.Tsygankov, If Not by Tanks, Then by Banks? The Role of Soft Power in Putin's Foreign Policy(pp.1079—1099)

Zsolt Enyedi, Accounting for Organisation and Financing. A Comparison of Four Hungarian Parties(pp.1101—1117)

Lavinia Stan, Lucian Turcescu, Politics, National Symbols and the Romanian Orthodox Cathedral(pp.1119—1139)

Vol.58, No.8, 2006.

Terry Cox, 1956: Discoveries, Legacies and Memory(pp.iii—xvi)

János M. Rainer, 1956: The Mid-Twentieth Century Seen from the Vantage Point of the Beginning of the Next Century(pp.1189—1198)

Gábor Gyáni, Memory and Discourse on the 1956 Hungarian Revolution (pp.1199—1208)

James Mark, Antifascism, the 1956 Revolution and the Politics of Communist Autobiographies in Hungary 1944—2000(pp.1209—1240)

Eszter Balázs, Phil Casoar, An Emblematic Picture of the Hungarian 1956 Revolution: Photojournalism during the Hungarian Revolution (pp. 1241—1260)

Tony Kemp-Welch, Dethroning Stalin: Poland 1956 and Its Legacy(pp.1261—1284)

Krzysztof Persak, The Polish: Soviet Confrontation in 1956 and the Attempted Soviet Military Intervention in Poland(pp.1285—1310)

Attila Szakolczai, The Main Provincial Centres of the 1956 Revolution: Györ and Miskolc(pp.1311—1328)

Karl E. Loewenstein, Re-Emergence of Public Opinion in the Soviet

Union: Khrushchev and Responses to the Secret Speech(pp.1329—1345)

Nigel Swain, The Fog of Hungary's Negotiated Revolution (pp. 1347—1375)

2007 年:

Vol.59, No.1, 2007.

Vladimir Shlapentokh, China in the Russian Mind Today: Ambivalence and Defeatism(pp.1—21)

Eva-Clarita Onken, The Baltic States and Moscow's 9 May Commemoration: Analysing Memory Politics in Europe(pp.23—46)

Joachim Zweynert, Conflicting Patterns of Thought in the Russian Debate on Transition: 1992—2002(pp.47—69)

Andrew Barnes, Extricating the State: The Move to Competitive Capture in Post-Communist Bulgaria(pp.71—95)

Steven D. Roper, The Differential Impact of State Finance on the Romanian Party System(pp.97—109)

Manuel Palazuelos-Martinez, The Structure and Evolution of Trade in Central and Eastern Europe in the 1990s(pp.111—135)

Vol.59, No.2, 2007.

Oleg Golubchikov, Re-Scaling the Debate on Russian Economic Growth: Regional Restructuring and Development Asynchronies(pp.191—215)

Åse Berit Grødeland, "Red Mobs", "Yuppies", "Lamb Heads" and Others: Contacts, Informal Networks and Politics in the Czech Republic, Slovenia, Bulgaria and Romania(pp.217—252)

Nick Megoran, On Researching "Ethnic Conflict": Epistemology, Politics, and a Central Asian Boundary Dispute(pp.253—277)

Elena Chebankova, Putin's Struggle for Federalism: Structures, Operation, and the Commitment Problem(pp.279—302)

Lucian N. Leustean, Constructing Communism in the Romanian People's Republic. Orthodoxy and State, 1948—49(pp.303—329)

Vol.59, No.3, 2007.

J.Paul Goode, The Puzzle of Putin's Gubernatorial Appointments(pp.365—399)

Alexander Libman, Regionalisation and Regionalism in the Post-Soviet Space: Current Status and Implications for Institutional Development(pp.401—430)

Martin Myant, Economic Transformation in the Czech Republic: A Qualified Success(pp.431—450)

Liviu Andreescu, The Construction of Orthodox Churches in Post-Communist Romania(pp.451—480)

Sébastien Peyrouse, Nationhood and the Minority Question in Central Asia. The Russians in Kazakhstan(pp.481—501)

Peter W.Rodgers, "Compliance or Contradiction"? Teaching "History" in the "New" Ukraine. A View from Ukraine's Eastern Borderlands(pp.503—519)

Vol.59, No.4, 2007.

James Toole, The Historical Foundations of Party Politics in Post-Communist East Central Europe(pp.541—566)

Matteo Fumagalli, Framing Ethnic Minority Mobilisation in Central Asia: The Cases of Uzbeks in Kyrgyzstan and Tajikistan(pp.567—590)

Sergei Shubin, Networked Poverty in Rural Russia(pp.591—620)

Nina Caspersen, Belgrade, Pale, Knin: Kin-State Control over Rebellious Puppets? (pp.621—641)

Andrew D. Buck, Elite Networks and Worldviews during the Yel'Tsin Years(pp.643—661)

Vol.59, No.5, 2007.

Atsushi Ogushi, Why Did CPSU Reform Fail? The 28th Party Congress Reconsidered(pp.709—733)

Beth Mitchneck, Governance and Land Use Decision-Making in Russian Cities and Regions(pp.735—760)

Jane Hardy, The New Competition and the New Economy: Poland in the International Division of Labour(pp.761—777)

Kimitaka Matsuzato, Muslim Leaders in Russia's Volga-Urals: Self-Perceptions and Relationship with Regional Authorities(pp.779—805)

Tatiana Kostadinova, The Impact of Finance Regulations on Political Parties: The Case of Bulgaria(pp.807—827)

Vol.59, No.6, 2007.

Anne White, Internal Migration Trends in Soviet and Post-Soviet European Russia(pp.887—911)

Stuart Burch, David J.Smith, Empty Spaces and the Value of Symbols: Estonia's "War of Monuments" from Another Angle(pp.913—936)

Kieran Williams, The Growing Litigiousness of Czech Elections(pp.937—959)

Peter Håkansson, Fredrik Sjöholm, Who Do You Trust? Ethnicity and Trust in Bosnia and Herzegovina(pp.961—976)

Sharon Fisher, John Gould, Tim Haughton, Slovakia's Neoliberal Turn (pp.977—998)

Elizabeth Waters, Betsy Thom, Alcohol, Policy and Politics in Kazakhstan

(pp.999—1023)

Vol.59, No.7, 2007.

John F.Young, Gary N.Wilson, The View from below: Local Government and Putin's Reforms(pp.1071—1088)

Kenneth Wilson, Party Finance in Russia: Has the 2001 Law "On Political Parties" Made a Difference? (pp.1089—1113)

Eamonn Butler, Hungary and the European Union: The Political Implications of Societal Security Promotion(pp.1115—1144)

Elizabeth White, After the War Was over: The Civilian Return to Leningrad(pp.1145—1161)

Michael Kaznelson, Remembering the Soviet State: Kulak Children and Dekulakisation(pp.1163—1177)

Pinar İpek, The Role of Oil and Gas in Kazakhstan's Foreign Policy: Looking East or West? (pp.1179—1199)

Bernd Rechel, The "Bulgarian Ethnic Model": Reality or Ideology? (pp.1201—1215)

Vol.59, No.8, 2007.

Nadezhda Azhgikhina, The Struggle for Press Freedom in Russia: Reflections of a Russian Journalist(pp.1245—1262)

Daphne Skillen, The Next General Elections in Russia: What Role for the Media? (pp.1263—1278)

Sarah Oates, The Neo-Soviet Model of the Media(pp.1279—1297)

Hedwig De Smaele, Mass Media and the Information Climate in Russia (pp.1299—1313)

Katja Koikkalainen, The Local and the International in Russian Business Journalism: Structures and Practices(pp.1315—1329)

Galina Miazhevich, Official Media Discourse and the Self-Representation of Entrepreneurs in Belarus(pp.1331—1348)

Aglaya Snetkov, The Image of the Terrorist Threat in the Official Russian Press: The Moscow Theatre Crisis (2002) and the Beslan Hostage Crisis (2004)(pp.1349—1365)

Natalia Rulyova, Domesticating the Western Format on Russian TV: Subversive Glocalisation in the Game Show Pole Chudes(The Field of Miracles) (pp.1367—1386)

Jennifer R.Cash, The Social Role of Artists in Post-Soviet Moldova: Cultural Policy, Europeanisation, and the State(pp.1405—1427)

Monica Ciobanu, Romania's Travails with Democracy and Accession to the European Union(pp.1429—1450)

2000 年:

Vol.60, No.1, 2008.

Joel C. Moses, Who Has Led Russia? Russian Regional Political Elites, 1954—2006(pp.1—24)

Timothy Edmunds, Intelligence Agencies and Democratisation: Continuity and Change in Serbia after Milošević(pp.25—48)

Richard Rose and Neil Munro, Do Russians See Their Future in Europe or the CIS? Do Russians See Their Future in Europe or the CIS? (pp.49—66)

Ian McAllister, Stephen White, Voting "Against All" in Postcommunist Russia(pp.67—87)

Christopher J.Gerry, Tomasz M.Mickiewicz, Inequality, Democracy and Taxation: Lessons from the Post-Communist Transition(pp.89—111)

Steven D.Roper, From Semi-Presidentialism to Parliamentarism: Regime Change and Presidential Power in Moldova(pp.113—126)

Erik Van Ree, Reluctant Terrorists? Transcaucasian Social-Democracy, 1901—1909(pp.127—154)

Vol.60, No.2, 2008.

Graeme Gill, "Lenin Lives": Or Does He? Symbols and the Transition from Socialism(pp.173—196)

Jan Drahokoupil, The Investment-Promotion Machines: The Politics of Foreign Direct Investment Promotion in Central and Eastern Europe(pp.197—225)

Marcin Dąbrowski, Structural Funds as a Driver for Institutional Change in Poland(pp.227—248)

David Cashaback, Assessing Asymmetrical Federal Design in the Russian Federation: A Case Study of Language Policy in Tatarstan(pp.249—275)

Liudmila G.Novikova, Northerners into Whites: Popular Participation in the Counter-Revolution in Arkhangel'sk Province, Summer-Autumn 1918(pp.277—293)

Gwendolyn Sasse, The European Neighbourhood Policy: Conditionality Revisited for the EU's Eastern Neighbours(pp.295—316)

Céline Francis, "Selective Affinities": The Reactions of the Council of Europe and the European Union to the Second Armed Conflict in Chechnya(1999—2006) (pp.317—338)

Vol.60, No.3, 2008.

Louk Hagendoorn, Edwin Poppe, Anca Minescu, Support for Separatism in Ethnic Republics of the Russian Federation(pp.353—373)

Geir Flikke, Pacts, Parties and Elite Struggle: Ukraine's Troubled Post-

Orange Transition(pp.375—396)

Petr Kratochvíl, The Discursive Resistance to EU-Enticement: The Russian Elite and(The Lack of) Europeanisation(pp.397—422)

Geoffrey Pridham, Status Quo Bias or Institutionalisation for Reversibility?: The EU's Political Conditionality, Post-Accession Tendencies and Democratic Consolidation in Slovakia(pp.423—454)

Eugenia Belova, Valery Lazarev, Secret Public Finance: Revenues and Expenditures of the Soviet Communist Party, 1938—1965(pp.455—482)

Pål Kolstø, Helge Blakkisrud, Living with Non-Recognition: State-and Nation-Building in South Caucasian Quasi-States(pp.483—509)

Vol.60, No.4, 2008.

Nathaniel Copsey, Remembrance of Things past: The Lingering Impact of History on Contemporary Polish-Ukrainian Relations(pp.531—560)

Mihai Varga, How Political Opportunities Strengthen the Far Right: Understanding the Rise in Far-Right Militancy in Russia(pp.561—579)

Zoltan Barany, Civil-Military Relations and Institutional Decay: Explaining Russian Military Politics(pp.581—604)

Valentina Feklyunina, Battle for Perceptions: Projecting Russia in the West (pp.605—629)

Terry D.Clark, Diana Jurgelevičiūtė, "'Keeping Tabs' on Coalition Partners": A Theoretically Salient Case Study of Lithuanian Coalitional Governments(pp.631—642)

Balihar Sanghera, Aibek Ilyasov, The Social Embeddedness of Professions in Kyrgyzstan: An Investigation into Professionalism, Institutions and Emotions (pp.643—661)

Vol.60, No.5, 2008.

Mats-Olov Olsson, The Russian Virtual Economy Turning Real: Institutional Change in the Arkhangel'sk Forest Sector(pp.707—738)

Susanne Wengle, Michael Rasell, The Monetisation of l'Goty: Changing Patterns of Welfare Politics and Provision in Russia(pp.739—756)

Juraj Buzalka, Europeanisation and Post-Peasant Populism in Eastern Europe(pp.757—771)

Michael Urban, "I Never Had a Political Career": Russian Political Actors on Politics and Morality(pp.773—790)

Maria Spirova, Europarties and Party Development in EU-Candidate States: The Case of Bulgaria(pp.791—808)

Pál Germuska, Military-Economic Planning in Socialist Hungary: The History of the General Organisational Department of the National Planning Offinn, 1948—1971(pp.809—830)

Vol.60, No.6, 2008.

Richard Sakwa, Putin's Leadership: Character and Consequences (pp. 879—897)

Alfred B.Evans, Jr., Putin's Legacy and Russia's Identity(pp.899—912)

Vladimir Gel'Man, Party Politics in Russia: From Competition to Hierarchy(pp.913—930)

Ian McAllister, Stephen White, "It's the Economy, Comrade!" Parties and Voters in the 2007 Russian Duma Election(pp.931—957)

Thomas Remington, Patronage and the Party of Power: President-Parliament Relations under Vladimir Putin(pp.959—987)

Elena Chebankova, Adaptive Federalism and Federation in Putin's Russia (pp.989—1009)

Leslie Holmes, Corruption and Organised Crime in Putin's Russia(pp.1011—1031)

Oxana Gaman-Golutvina, Changes in Elite Patterns(pp.1033—1050)

Peter Rutland, Putin's Economic Record: Is the Oil Boom Sustainable? (pp.1051—1072)

Andrei Kazantsev, Russian Policy in Central Asia and the Caspian Sea Region(pp.1073—1088)

Angela E.Stent, Restoration and Revolution in Putin's Foreign Policy(pp.1089—1106)

Fyodor Lukyanov, Russia-EU: The Partnership That Went Astray(pp.1107—1119)

Vol.60, No.7, 2008.

Markku Lonkila, The Internet and Anti-Military Activism in Russia(pp.1125—1149)

Julie A. George, Minority Political Inclusion in Micheil Saakashvili's Georgia(pp.1151—1175)

Heiko Pleines, Manipulating Politics: Domestic Investors in Ukrainian Privatisation Auctions 2000—2004(pp.1177—1197)

Emil Souleimanov, Ondrej Ditrych, The Internationalisation of the Russian-Chechen Conflict: Myths and Reality(pp.1199—1222)

Yasuhiro Matsui, Stalinist Public or Communitarian Project? Housing Organisations and Self-Managed Canteens in Moscow's Frunze Raion(pp.1223—1246)

Hasan Ali Karasar, The Partition of Khorezm and the Positions of Turkestanis on Razmezhevanie(pp.1247—1260)

Vol.60, No.8, 2008.

Babken V. Babajanian, Social Capital and Community Participation in Post-Soviet Armenia: Implications for Policy and Practice(pp.1299—1319)

Thomas Ambrosio, Catching the "Shanghai Spirit": How the Shanghai Cooperation Organization Promotes Authoritarian Norms in Central Asia(pp.1321—1344)

Jeffrey W. Hahn, Igor Logvinenko, Generational Differences in Russian Attitudes Towards Democracy and the Economy(pp.1345—1369)

Iván Major, Technical Efficiency, Allocative Efficiency and Profitability in Hungarian Small and Medium-Sized Enterprises: A Model with Frontier Functions(pp.1371—1396)

Denis J. B. Shaw, Jonathan D. Oldfield, Scientific, Institutional and Personal Rivalries among Soviet Geographers in the Late Stalin Era(pp.1397—1418)

Natalia Leshchenko, The National Ideology and the Basis of the Lukashenka Regime in Belarus(pp.1419—1433)

Vol.60, No.9, 2008.

Anne White, Temporary Migration and Community Cohesion: The Nature and Impact of Migration from East-Central to Western Europe: Editor's Introduction (pp.1463—1465)

Anne White, Louise Ryan, Polish "Temporary" Migration: The Formation and Significance of Social Networks(pp.1467—1502)

Tim Elrick, The Influence of Migration on Origin Communities: Insights from Polish Migrations to the West(pp.1503—1517)

Christin Hess, The Contested Terrain of the Parallel Society: The Other Natives in Contemporary Greece and Germany(pp.1519—1537)

Andreas Heinrich, Under the Kremlin's Thumb: Does Increased State Control in the Russian Gas Sector Endanger European Energy Security? (pp.1539—1574)

Stephen Bloom, Which Minority Is Appeased? Coalition Potential and Redistribution in Latvia and Ukraine(pp.1575—1600)

Vol.60, No.10, 2008.

Laura Cashman, Remembering 1948 and 1968: Reflections on Two Pivotal Years in Czech and Slovak History(pp.1645—1658)

Vilém Prečan, Dimensions of the Czechoslovak Crisis of 1967—1970(pp.1659—1676)

Stefan Auer, 1938 and 1968, 1939 and 1969, and the Philosophy of Czech History from Karel H.Mácha to Jan Patočka(pp.1677—1696)

Martin Mymnt, New Research on February 1948 in Czechoslovakia(pp.1697—1715)

Mary Heimann, The Scheming Apparatchik of the Prague Spring(pp.1717—1734)

Maud Bracke, French Responses to the Prague Spring: Connections, (Mis)perception and Appropriation(pp.1735—1747)

Riikka Nisonen-Trnka, The Prague Spring of Science: Czechoslovak Natural Scientists Reconsidering the Iron Curtain(pp.1749—1766)

Libora Oates-Indruchová, The Limits of Thought?: The Regulatory Framework of Social Sciences and Humanities in Czechoslovakia(1968—1989) (pp.1767—1782)

Scott Brown, Prelude to a Divorce? The Prague Spring as Dress Rehearsal for Czechoslovakia's "Velvet Divorce"(pp.1783—1804)

Juraj Marušiak, The Normalisation Regime and Its Impact on Slovak Domestic Policy after 1970(pp.1805—1825)

Charles Sabatos, Criticism and Destiny: Kundera and Havel on the Legacy of 1968(pp.1827—1845)

2009 年:

Vol.61, No.1, 2009.

Holley E.Hansen, Vicki L.Hesli, National Identity: Civic, Ethnic, Hybrid, and Atomised Individuals(pp.1—28)

Jennifer B.Barrett, Cynthia Buckley, Gender and Perceived Control in the Russian Federation(pp.29—49)

Geoffrey Pridham, Securing the Only Game in Town: The EU's Political Conditionality and Democratic Consolidation in Post-Soviet Latvia(pp.51—84)

Jo Crotty, Making a Difference? NGOs and Civil Society Development in Russia(pp.85—108)

Anja Franke, Andrea Gawrich, Gurban Alakbarov, Kazakhstan and Azerbaijan as Post-Soviet Rentier States: Resource Incomes and Autocracy as a Double "Curse" in Post-Soviet Regimes(pp.109—140)

Dušan Drbohlav, Eva Janská, Illegal Economic and Transit Migration in the Czech Republic: A Study of Individual Migrants' Behaviour(pp.141—156)

Vol.61, No.2, 2009.

Kataryna Wolczuk, Implementation without Coordination: The Impact of EU Conditionality on Ukraine under the European Neighbourhood Policy(pp.187—211)

Mary Buckley, Public Opinion in Russia on the Politics of Human Trafficking(pp.213—248)

Kathleen Collins, Economic and Security Regionalism among Patrimonial

Authoritarian Regimes: The Case of Central Asia(pp.249—281)

Alan Holiman, The Case of Nord-Ost: Dubrovka and the Search for Answers(pp.283—311)

Monica Ciobanu, Criminalising the Past and Reconstructing Collective Memory: The Romanian Truth Commission(pp.313—336)

Vol.61, No.3, 2009.

Tullio Buccellato, Tomasz Mickiewicz, Oil and Gas: A Blessing for the Few. Hydrocarbons and Inequality within Regions in Russia(pp.385—407)

Ulrike Ziemer, Narratives of Translocation, Dislocation and Location: Armenian Youth Cultural Identities in Southern Russia(pp.409—433)

Peter Vermeersch, National Minorities and International Change: Being Ukrainian in Contemporary Poland(pp.435—456)

Stephen Aris, The Shanghai Cooperation Organisation: "Tackling the Three Evils". A Regional Response to Non-Traditional Security Challenges or an Anti-Western Bloc? (pp.457—482)

Mariya Y.Omelicheva, Reference Group Perspective on State Behaviour: A Case Study of Estonia's Counterterrorism Policies(pp.483—504)

Vol.61, No.4, 2009.

Paula M. Pickering, Explaining Support for Non-Nationalist Parties in Post-Conflict Societies in the Balkans(pp.565—591)

Elana Wilson Rowe, Who Is to Blame? Agency, Causality, Responsibility and the Role of Experts in Russian Framings of Global Climate Change(pp.593—619)

Slavo Radosevic, Research and Development, Competitiveness and European Integration of South Eastern Europe(pp.621—650)

Timothy Blauvelt, Status Shift and Ethnic Mobilisation in the March 1956 Events in Georgia(pp.651—668)

Vol.61, No.5, 2009.

Maya Atwal, Evaluating Nashi's Sustainability: Autonomy, Agency and Activism(pp.743—758)

Stacy Closson, State Weakness in Perspective: Strong Politico-Economic Networks in Georgia's Energy Sector(pp.759—778)

Andrew Stickley, Sara Ferlander, Tanya Jukkala, Per Carlson, Olga Kislitsyna, Ilkka Henrik Mäkinen, Institutional Trust in Contemporary Moscow (pp.779—796)

Vincent Barnett, Keynes and the Non-Neutrality of Russian War Finance during World War One(pp.797—812)

Kiril Feferman, A Soviet Humanitarian Action?: Centre, Periphery and the Evacuation of Refugees to the North Caucasus, 1941—1942(pp.813—831)

Evert Faber van der Meulen, Gas Supply and EU-Russia Relations(pp.833—856)

Andrew Konitzer, Jelena Grujić, An Electorate Adrift: Refugees and Elections in Post-Milošević Serbia(pp.857—874)

Vol.61, No.6, 2009.

Gabriella Ilonszki, Introduction: A Europe Integrated and United—But Still Diverse? (pp.913—919)

Heinrich Best, History Matters: Dimensions and Determinants of National Identities among European Populations and Elites(pp.921—941)

Miguel Jerez-Mir, José Real-Dato, Rafael Vázquez-García, Identity and Representation in the Perceptions of Political Elites and Public Opinion: A Comparison between Southern and Post-Communist Central-Eastern Europe (pp.943—966)

Irmina Matonytė, Vaidas Morkevičius, Threat Perception and European Identity Building: The Case of Elites in Belgium, Germany, Lithuania and Poland(pp.967—985)

Mladen Lazić, Vladimir Vuletić, The Nation State and the EU in the Perceptions of Political and Economic Elites: The Case of Serbia in Comparative Perspective(pp.987—1001)

Spyridoula Nezi, Dimitri A.Sotiropoulos, Panayiota Toka, Explaining the Attitudes of Parliamentarians towards European Integration in Bulgaria, Greece and Serbia: Party Affiliation, "Left-Right" Self-placement or Country Origin? (pp.1003—1020)

Zdenka Mansfeldová, Barbora Špicarová Stašková, Identity Formation of Elites in Old and New Member States(With a Special Focus on the Czech Elite) (pp.1021—1040)

Gabriella Ilonszki, National Discontent and EU Support in Central and Eastern Europe(pp.1041—1057)

György Lengyel, Borbála Göncz, Elites' Pragmatic and Symbolic Views about European Integration(pp.1059—1077)

Vol.61, No.7, 2009.

Sally N.Cummings, Inscapes, Landscapes and Greyscapes: The Politics of Signification in Central Asia(pp.1083—1093)

Anna Matveeva, Legitimising Central Asian Authoritarianism: Political Manipulation and Symbolic Power(pp.1095—1121)

Erica Marat, Nation Branding in Central Asia: A New Campaign to Present Ideas about the State and the Nation(pp.1123—1136)

Eric M. McGlinchey, Searching for Kamalot: Political Patronage and

Youth Politics in Uzbekistan(pp.1137—1150)

Stuart Horsman, Michael Romm's "Ascent of Mount Stalin": A Soviet Landscape? (pp.1151—1166)

Michael Denison, The Art of the Impossible: Political Symbolism, and the Creation of National Identity and Collective Memory in Post-Soviet Turkmenistan(pp.1167—1187)

Sarah S.Amsler, Promising Futures? Education as a Symbolic Resource of Hope in Kyrgyzstan(pp.1189—1206)

William Fierman, Identity, Symbolism, and the Politics of Language in Central Asia(pp.1207—1228)

Asel Murzakulova, John Schoeberlein, The Invention of Legitimacy: Struggles in Kyrgyzstan to Craft an Effective Nation-State Ideology(pp.1229—1248)

Laura L.Adams, Assel Rustemova, Mass Spectacle and Styles of Governmentality in Kazakhstan and Uzbekistan(pp.1249—1276)

Madeleine Reeves, Materialising State Space: "Creeping Migration" and Territorial Integrity in Southern Kyrgyzstan(pp.1277—1313)

John Heathershaw, Tajikistan's Virtual Politics of Peace(pp.1315—1336)

Vol.61, No.8, 2009.

Enzo Loner, Pierangelo Peri, Ethnic Identification in the Former Soviet Union: Hypotheses and Analyses(pp.1341—1370)

Tim Haughton, For Business, for Pleasure or for Necessity? The Czech Republic's Choices for Europe(pp.1371—1392)

Yuko Adachi, Subsoil Law Reform in Russia under the Putin Administration(pp.1393—1414)

Hiroaki Kuromiya, Georges Mamoulia, Anti-Russian and Anti-Soviet Subversion: The Caucasian-Japanese Nexus, 1904—1945(pp.1415—1440)

Rafael Fernández, Some Scenarios for Russian Oil Exports up to 2020 (pp.1441—1459)

Vol.61, No.9, 2009.

Chris Hann, Mathijs Pelkmans, Realigning Religion and Power in Central Asia: Islam, Nation-State and(Post) Socialism(pp.1517—1541)

Brian P. Hinote, William C. Cockerham, Pamela Abbott, Post-Communism and Female Tobacco Consumption in the Former Soviet States(pp.1543—1555)

Alexander M. Danzer, Battlefields of Ethnic Symbols. Public Space and Post-Soviet Identity Formation from a Minority Perspective(pp.1557—1577)

Vladimir Kontorovich, Alexander Wein, What Did the Soviet Rulers Maximise? (pp.1579—1601)

Danica Fink Hafner, Mitja Hafner-Fink, The Determinants of the Success of Transitions to Democracy(pp.1603—1625)

Mikołaj Stanek, Patterns of Romanian and Bulgarian Migration to Spain (pp.1627—1644)

Dina Rome Spechler, Martin C.Spechler, A Reassessment of the Burden of Eastern Europe on the USSR(pp.1645—1657)

Vol.61, No.10, 2009.

Jackie Gower, Graham Timmins, Introduction: The European Union, Russia and the Shared Neighbourhood(pp.1685—1687)

Derek Averre, Competing Rationalities: Russia, the EU and the 'Shared Neighbourhood'(pp.1689—1713)

Stefan Gänzle, EU Governance and the European Neighbourhood Policy: A Framework for Analysis(pp.1715—1734)

Martin Dangerfield, The Contribution of the Visegrad Group to the European Union's "Eastern" Policy: Rhetoric or Reality? (pp.1735—1755)

Hiski Haukkala, Lost in Translation? Why the EU has Failed to Influence Russia's Development(pp.1757—1775)

Rick Fawn, "Bashing about Rights"? Russia and the "New" EU States on Human Rights and Democracy Promotion(pp.1777—1803)

Tuomas Forsberg, Antti Seppo, Power without Influence? The EU and Trade Disputes with Russia(pp.1805—1823)

Mikhail Filippov, Diversionary Role of the Georgia-Russia Conflict: International Constraints and Domestic Appeal(pp.1825—1847)

附录 2
英国俄罗斯研究的相关机构及网址

1. 英国斯拉夫和东欧研究协会
British Association for Slavonic and East European Studies，BASEES
http://www.basees.org/

2. 皇家国际问题研究所
Royal Institute of International Affairs，Chatham House
www.chathamhouse.org/

3. 牛津大学圣安东尼学院俄罗斯与欧亚研究中心
Russian and Eurasian Center，REC
http://www.rees.ox.ac.uk/

4. 格拉斯哥大学俄罗斯、中欧、东欧研究中心
Center for Russian Central and East European Studies，CRCEES
http://www.gla.ac.uk/schools/socialpolitical/crcees/

5. 伯明翰大学俄罗斯东欧研究中心
Centre for Russian and East European Studies，CREES
http://www.birmingham.ac.uk/schools/government-society/departments/
russian-east-european-studies/index.aspx

6. 伦敦大学学院斯拉夫东欧研究院
School of Slavonic and East European Studies，SSEES
http://www.ssees.ucl.ac.uk/

7. 谢菲尔德大学巴赫金研究中心
Bakhtin Centre
http://www.shef.ac.uk/bakhtin

8. 爱丁堡大学认识科学与卡佛罗斯中心
Princess Dashkova Russian Center
http://www.ed.ac.uk/schools-departments/literatures-languages-cultures/dash-kova/

9. 伦敦政治经济学院国际关系系
Department of International Relation
http://www.lse.ac.uk/internationalRelations/Home.aspx

10. 诺丁汉大学俄罗斯和斯拉夫研究系
Department of Russian and Slavonic Studies
http://www.nottingham.ac.uk/slavonic/index.aspx

11. 剑桥大学社会与政治学系
Department of Sociology and Political Science
http://www.sociology.cam.ac.uk/

12. 肯特大学政治与国际关系学院
School of Politics and International Relations
http://www.kent.ac.uk/politics/

参 考 文 献

外文参考文献

（一）著作类

Allison, R., Light, M., White, S., *Putin's Russia and the Enlarged Europe*, London: Blackwell, 2006.

Allison, R., Jonson, L., *Central Asian Security: The New International Context*, Washington D. C., Brookings/Royal Institute of International Affairs, 2001.

Allison, R., Bluth, C., *Security Dilemmas in Russia and Eurasia*, London: Royal Institute of International Affairs, 1998.

Allison, R., Malcolm, N., Pravda, A., Light, M., *Internal Factors in Russian Foreign Policy*, Oxford: Oxford University Press, 1996.

Allison, R. ed., *Challenges for the Former Soviet South*, Washington D. C.: Brookings/Royal Institute of International Affairs, 1996.

Allison, R. ed., *Radical Reform in Soviet Defense Policy*, London: Macmillan, 1992.

Allison, R., Williams, P., *Superpower Competition and Crisis Prevention in the Third World*, Cambridge: Cambridge University Press, 1990.

Allison, R., *The Soviet Union and the Strategy of Non-Alignment in the Third World*, Cambridge: Cambridge University Press, 1988.

Allison, R., *Finland's Relations with the Soviet Union: 1944—1984*, London: Macmillan with St. Antony's College, 1985.

Berlin, I., *Karl Marx: His Life and Environment*, London: Thornton Butterworth, 1939. 4th ed., Oxford: Oxford University Press, 1978.

Berlin, I., *Russian Thinkers* (co-edited with Aileen Kelly), London: Hogarth Press, 1978. 2nd ed. London: Penguin, 2008.

Berlin, I., *The Soviet Mind: Russian Culture under Communism*, Washington D.C.: Brookings Institution Press, 2004.

Brown, A., *Soviet Politics and Political Science*, London: MacMillan, 1974.

317

Brown, A., Gray, J., *Political Culture and Political Change in Communist States*, London: Macmillan, 1977.

Brown, A., Fennell, J., Kaser, M., Willetts, H. T. (eds), *The Cambridge Encyclopedia of Russia and the Soviet Union*, Cambridge: Cambridge University Press, 1982.

Brown, A., ed., *Political Culture and Communist Studies*, London: Macmillan, 1984.

Brown, A., ed., *Political Leadership in the Soviet Union*, London: Macmillan, 1989.

Brown, A., ed., *Biographical Dictionary of the Soviet Union*, London: Weidenfeld & Nicolson, 1990.

Brown, A., ed., *New Thinking in Soviet Politics*, London: Macmillan, 1992.

Brown, A., *The Gorbachev Factor*, Oxford: Oxford University Press, 1996.

Brown, A., ed., *Contemporary Russian Politics: A Reader*, Oxford: Oxford University Press, 2001.

Brown, A., Shevtsova, L., eds., *Gorbachev, Yeltsin, and Putin: Political Leadership in Russia's Transition*, New York: Carnegie Endowment for International Peace, 2001.

Brown, A., ed., *The Demise of Marxism-Leninism in Russia*, London: Palgrave, 2004.

Brown, A., *Seven Years that Changed the World: Perestroika in Perspective*, Oxford: Oxford University Press, 2007.

Brown, A., *The Rise and Fall of Communism*, Bodley Head: Random House, 2009.

Barry, B., Brown, A., Hayward, J., eds., *The British Study of Politics in the Twentieth Century*, Oxford: Oxford University Press, 1999.

Carr, E.H., *Nationalism and After*, London: Macmillan, 1945.

Carr, E.H., *The Soviet Impact on the Western World*, London: Macmillan, 1946.

Carr, E.H., *A History of Soviet Russia*, Collection of 14 volumes, London: Macmillan, 1950—1978.

Carr, E. H., *German-Soviet Relations Between the Two World Wars, 1919—1939*, London: Geoffrey Cumberlege, 1952.

Carr, E.H., *1917 Before and After*, London: Macmillan, 1969.

Carr, E. H., *The Russian Revolution: From Lenin to Stalin (1917—1929)*, London: Macmillan, 1979.

Carr, E.H., *From Napoleon to Stalin and Other Essays*, New York: St. Martin's Press, 1980.

Carr, E. H., *The Bolshevik Revolution*, *1917—1923*, Volume 1, London: Macmillan, 1950.

Carr, E. H., *The Bolshevik Revolution*, *1917—1923*, Volume 2, London: Macmillan, 1950.

Carr, E. H., *The Bolshevik Revolution*, *1917—1923*, Volume 3, London: Macmillan, 1952.

Carr, E.H., *The Interregnum*, *1923—1924*, London: Macmillan, 1954.

Carr, E. H., *Socialism in One Country*, *1924—1926*, Volume 1, London: Macmillan, 1954.

Carr, E. H., *Socialism in One Country*, *1924—1926*, Volume 2, London: Macmillan, 1958.

Carr, E.H., *Socialism in One Country*, *1924—1926*, Volume 3, Part 1, London: Macmillan, 1958.

Carr, E.H., *Socialism in One Country*, *1924—1926*, Volume 3, Part 2, London: Macmillan, 1964.

Carr, E.H., *Foundations of a Planned Economy*, *1926—1929*, Volume 1, Part 1, London: Macmillan, 1969.

Carr, E.H., *Foundations of a Planned Economy*, *1926—1929*, Volume 1, Part 2, London: Macmillan, 1971.

Carr, E.H., *Foundations of a Planned Economy*, *1926—1929*, Volume 2, London: Macmillan, 1976.

Carr, E.H., *Foundations of a Planned Economy*, *1926—1929*, Volume 3, Part 1, London: Macmillan, 1978.

Carr, E.H., *Foundations of a Planned Economy*, *1926—1929*, Volume 3, Part 2, London: Macmillan, 1978.

Carr, E.H., *Foundations of a Planned Economy*, *1926—1929*, Volume 3, Part 3, London: Macmillan, 1978.

Cooper, J., K. Dexter and M. Harrison, *The Numbered Factories and other Establishments of Soviet Defence Industry*, *1928—1967: A Guide*, *Part I, Factories and Shipyards*, The University of Birmingham, Centre for Russian and East European Studies, Soviet Industrialisation Project Series, Occasional Paper No.2, 1999.

Elana Wilson Rowe and Stina Torjesen, eds., *The Multilateral Dimension in Russian Foreign Policy*, London and New York: Routledge, 2009.

Figes, O., *Peasant Russia*, *Civil War: The Volga Countryside in Revolution*, *1917—21*, London: Weidenfeld & Nicolson, 1989.

Figes, O., *A People's Tragedy: Russian Revolution 1891—1924*, London: Pimlico, 1996.

Figes, O., *With Boris Kolonitskii: Interpreting the Russian Revolution: The Language and Symbols of 1917*, New Haven: Yale University Press, 1999.

Figes, O., *Natasha's Dance: A Cultural History of Russia*, New York, Penguin, 2002.

Figes, O., *The Whisperers: Private Life in Stalin's Russia*, London: Allen Lane, 2007.

Figes, O., *Crimea: The Last Crusade*, London: Allen Lane, 2010.

Hanson, P., *Advertising and Socialism: the Nature and Extent of Consumer Advertising in the Soviet Union, Poland, Hungary, and Yugoslavia*, New York: International Arts and Sciences Press, 1974.

Hanson, P., *From Stagnation to Catastroika: Commentaries on the Soviet Economy, 1983—1991*, New York: Praeger, 1992.

Hanson, P., *Regional Economic Change in Russia*, E.Elgar, 2000.

Hanson, P., *This Side of Despair: How the Movies and American Life Intersected during the Great Depression*, New Jersey: Fairleigh Dickinson University Press, 2008.

Hanson, P., *Trade and Technology in Soviet-Western Relations*, New York: Columbia University Press, 1981.

Hanson, P., *USSR: Foreign Trade Implications of the 1976—80 Plan*, London: Economist Intelligence Unit, 1976.

Hanson, P., *Western Economic Statecraft in East-West Relations: Embargoes, Sanctions, Linkage, Economic Warfare, and Détente*, London: Routledge & Kegan Paul, 1988.

Lane, D., *Elites and Political Power in the USSR*, Aldershot: Edward Elgar, 1988.

Lane, D., *Labour and Employment in the USSR*, Brighton: Wheatsheaf Books, 1986.

Lane, D., *Politics and Society in the USSR*, London: M.Robertson, 1978.

Lane, D., *Soviet Economy and Society*, New York: University Press, 1985.

Lane, D., *Russia in Flux: the Political and Social Consequences of Reform*, Aldershot: Edward Elgar, 1992.

Lane, D., *Soviet Economy and Society*, New York: New York University Press, 1985.

Lane, D., *Soviet Labour and the Ethic of Communism: Full Employment and the Labour Process in the USSR*, Brighton: Westview Press, 1987.

Lane, D., *The End of Social Inequality?: Class, Status, and Power under State Socialism*, London: Allen & Unwin, 1982.

Lane, D., *Soviet Society under Perestroika*, Boston: Unwin Hyman, 1990.

Lane, D., *The Roots of Russian Communism: A Social and Historical Study of Russian Social-democracy, 1898—1907*, London: Martin Robertson, 1975.

Lane, D., *The Socialist Industrial State: Towards a Political Sociology of State Socialism*, London: Allen & Unwin, 1976.

Lane, D., O'Dell, Ann, F., *The Soviet Industrial Worker: Social Class, Education, and Control*, London: M.Robertson, 1978.

Lane, D., *The Transformation of State Socialism: System Change, Capitalism or Something Else?* London: Macmillan, 2007.

Lane, D., Cameron, R., *The Transition from Communism to Capitalism: Ruling Elites from Gorbachev to Yeltsin*, London: Macmillan, 1999.

Lane, D., Myant, M., *Varieties of Capitalism in Post-communist Countries*, London: Macmillan, 2007.

Lieven, D., *Russia and the Origins of the First World War*, London: Macmillan, 1983.

Lieven, D., *Russia's Rulers under the Old Regime*, New Haven: Yale University Press, 1989.

Lieven, D., *The Aristocracy in Europe, 1815—1914*, New York: Columbia University Press, 1992.

Lieven, D., *Nicholas II*, New York: St. Martin's Press, 1993.

Lieven, D., *Empire: The Russian Empire and Its Rivals*, New Haven: Yale University Press, 2000.

Lieven, D., ed., *The Cambridge History of Russia: Volume II, Imperial Russia, 1689—1917*, Cambridge: Cambridge University Press, 2006.

Lo, Bobo, *Russian Foreign Policy in the Post-Soviet Era: reality, illusion, and mythmaking*, London: Macmillan, 2002.

Lo, Bobo, *Soviet Labour Ideology and the Collapse of the State*, London & New York: Macmillan Press and St. Martin's Press, 2000.

Lo, Bobo, *Vladimir Putin and the Evolution of Russian Foreign Policy*, London: Blackwell, 2003.

Lo, Bobo, *Axis of Convenience: Moscow, Beijing, and the New Geopolitics*, Washington D. C.: Brookings Institution Press, 2008.

Lucas, E., *The New Cold War: Putin's Russia and the Threat to the West*, London: Macmillan, 2008.

Naumov, I., Collins, D., *The History of Siberia*, London: Routledge, 2006.

Nove, A., *The Soviet Economic System*, London: G.Allen & Unwin, 1977.

Nove, A., *Stalinism and After*, London: Allen & Unwin, 1975.

Nove, A., *An Economic History of the U. S. S. R.*, London: Allen Lane, 1969.

Nove, A., *The Economics of Feasible Socialism*, London: G.Allen & Unwin, 1983.

Nove, A., *Stalinism and after: The Road to Gorbachev*, Boston: Unwin Hyman, 1989.

Nove, A., Nuti, D.M., *Socialist Economics: Selected Readings*, Harmondoworth, Penguin, 1977

Nove, A., *Political Economy and Soviet Socialism*, London: G.Allen & Unwin, 1979.

Perrie, M., ed., *The Cambridge History of Russia: Volume I, From Early Rus' to 1689*, Cambridge: Cambridge Press, 2006.

Pravda, A., *Reform and Change in the Czechoslovak Political System: January-August 1968*, Beverly Hills: Sage Publications, 1973.

Pravda, A., Duncan, P., *Soviet-British Relations since the 1970s*, Cambridge: Cambridge University Press, 1990.

Pravda, A., Hasegawa, T., eds., *Perestroika: Soviet Domestic and Foreign Policies*, London: Sage Publications, 1990.

Pravda, A., *The End of the Outer Empire*, London: Sage Publications, 1992.

Pravda, A., Malcolm, N., Allison, R., Light, M., *Internal Factors in Russian Foreign Policy*, Oxford: Oxford University Press, 1996.

Pravda, A., Zielonka, J., *Democratic Consolidation in Eastern Europe: International and Transnational Factors*, Oxford: Oxford University Press, 2001.

Pravda, A., ed., *Leading Russia. Putin in Perspective: Essays in Honour of Archie Brown*, Oxford and New York: Oxford University Press, 2005.

Reynolds, D., *One World Divisible: A Global History since 1945*, New York: Norton, 2000.

Sakwa, R., *The Quality of Freedom: Putin, Khodorkovsky and the Yukos Affair*, Oxford: Oxford University Press, 2009.

Sakwa, R., *Putin: Russia's Choice*, London: Routledge, 2004.

Sakwa, R., *Putin: Russia's Choice*, 2nd edition, London: Routledge, 2008.

Sakwa, R., *Russian Politics and Society, Fourth Edition*, completely rewritten and reorganized, London: Routledge, 2008.

Sakwa, R., *Russian Politics and Society, Third Edition*, completely rewritten and reorganized, London: Routledge, 2002.

Sakwa, R., *The Rise and Fall of the Soviet Union*, London: Routledge, 1999.

Sakwa, R., *Soviet Politics in Perspective*, London: Routledge, 1998.

Sakwa, R., *Russian Politics and Society, Second Edition*, completely rewritten and reorganized, London: Routledge, 1996.

Sakwa, R., *Russian Politics and Society*, London: Routledge, 1993.

Sakwa, R., Allan, P., *Gorbachev and His Reforms, 1985—1990*, London: Simon and Schuster, 1990.

Sakwa, R., *Soviet Politics: An Introduction*, London: Routledge, 1989.

Sakwa, R., *Soviet Communists in Power: A Study of Moscow During the Civil War, 1918—1921*, London: Macmillan, 1988.

Service, R., *The Bolshevik Party in Revolution 1917—23: A Study in Organizational Change*, London: Macmillan, 1979.

Service, R., *The Penguin History of Modern Russia From Tsarism to the 21st Century*, London: Penguin, 1997.

Service, R., *A History of Modern Russia, from Nicholas II to Putin*, London: Penguin, 1998.

Service, R., *A History of Twentieth-Century Russia*, Harvard: Harvard University Press, 1999.

Service, R., *The Russian Revolution, 1900—27 (Studies in European History)*, London: Macmillan, 1999.

Service, R., *Lenin: A Biography*, London: Macmillan, 2000.

Service, R., *Russia: Experiment with a People*, Harvard: Harvard University Press, 2002.

Service, R., *A History of Modern Russia, from Nicholas II to Putin, Second edition*, London: Penguin, 2003.

Service, R., *Stalin: A Biography*, London: Macmillan, 2004.

Service, R., *Comrades!: A History of World Communism*, London: Macmillan, 2008.

Service, R., *Trotsky: A Biography*, London: Macmillan, 2009.

Suny, R., ed., *The Cambridge History of Russia: Volume III, The Twenty Century*, Cambridge: Cambridge University Press, 2006.

White, S., Sakwa, R., Hale, H.E., *Developments in Russian Politics 7*, London: Macmillan, 2009.

White, S., Gitelman, Z., Sakwa, R., *Developments in Russian Politics 6*, Durham: Duke University Press, 2005.

White, S., Pravda, A., Gitelman, Z., *Developments in Russian Politics 5*, Durham: Duke University Press, 2001.

White, S., Pravda, A., Gitelman, Z., *Developments in Russian Politics 4*, Durham: Duke University Press, 1998.

White, S., *Britain and the Bolshevik Revolution: A Study in the Politics of Diplomacy, 1920—1924*, London: Macmillan, 1979.

White, S., *Communism and Its Collapse*, London: Routledge, 2001.

White, S., *Communist and Postcommunist Political Systems: An Introduction*, New York: St. Martin Press, 1990.

White, S., *Communist Political Systems: An Introduction*, London: Macmillan, 1982.

White, S., *Developments in Central and East European politics 2*, London: Macmillan, 1993.

White, S., *Developments in Russian Politics*, London: Macmillan, 2010.

White, S., *Gorbachev and after*, Cambridge: Cambridge University Press, 1992.

White, S., *Gorbachev in Power*, Cambridge: Cambridge University

Press, 1990.

White, S., Pravda, A., *Ideology and Soviet Politics*, London: Macmillan, 1988.

White, S., *Media, Culture and Society in Putin's Russia*, London: Macmillan, 2008.

White, S., *Political and Economic Encyclopedia of the Soviet Union and Eastern Europe*, London: Longman Current Affairs, 1990.

White, S., *Politics and the Ruling Group in Putin's Russia*, London: Macmillan, 2008.

White, S., *Russia's New Politics: the Management of a Postcommunist Society* Cambridge: Cambridge University Press, 2000.

White, S., *The Origins of Detente: the Genoa Conference and Soviet-Western Relations, 1921—1922*, Cambridge: Cambridge University Press, 1985.

White, S., *The Politics of the Postcommunist World*, Farnham: Ashgate, 2001.

(二) 论文与报告类

Allison, Roy, "Strategic Reassertion in Russia's Central Asia Policy," *International Affairs* (Royal Institute of International Affairs 1944—), Vol.80, No.2, Israeli-Palestinian Conflict(Mar., 2004), pp.277—293.

Allison, Roy, "Regionalism, Regional Structures and Security Management in Central Asia," *International Affairs* (Royal Institute of International Affairs 1944—), Vol.80, No.3, Regionalism and the Changing International Order in Central Eurasia(May, 2004), pp.463—483.

Brown, Archie, "Eastern Europe: 1968, 1978, 1998," *Daedalus*, Vol.108, No.1, Looking for Europe(Winter, 1979), pp.151—174.

Brown, Archie, "Pluralismo, poder y el sistema político soviético: una perspectiva comparativa," *Foro Internacional*, Vol.23, No.2(90)(Oct.-Dec., 1982), pp.146—182.

Brown, Archie, "The Soviet Succession: From Andropov to Chernenko," *The World Today*, Vol.40, No.4(Apr., 1984), pp.134—141.

Brown, Archie, "Political Science in the Soviet Union: A New Stage of Development?" *Soviet Studies*, Vol.36, No.3(Jul., 1984), pp.317—344.

Brown, Archie, "Political Science in the USSR," *International Political Science Review / Revue internationale de science politique*, Vol.7, No.4, Politics and the Media(1986), pp.443—481.

Brown, Archie, "Change in the Soviet Union," *Foreign Affairs*, Vol.64, No.5(Summer, 1986), pp.1048—1065.

Brown, Archie, "Soviet Political Developments and Prospects," *World Policy Journal*, Vol.4, No.1(Winter, 1986/1987), pp.55—87.

Brown, Archie, "Political Change in the Soviet Union," *World Policy Journal*, Vol.6, No.3(Summer, 1989), pp.469—501.

Brown, Archie, Cairncross, Alec, Nove, Alec, "1915—1994: An Appreciation," *Europe-Asia Studies*, Vol.49, No.3(May, 1997), pp.487—497.

Brown, Archie, "The Soviet Union: Reform of the System or Systemic Transformation?" *Slavic Review*, Vol.63, No.3(Autumn, 2004), pp.489—504.

Carr, E.H., "Radek's 'Political Salon' in Berlin 1919, "*Soviet Studies*, Vol.3(April 1952), pp.411—430.

Carr, E.H., "Stalin," *Soviet Studies*, Volume 5, July 1953, pp.1—7.

Carr, E.H., "Some Notes on Soviet Bashkiria," *Soviet Studies*, Vol.8 (January 1957), pp.217—235.

Carr, E.H., "The Origin and Status of the Cheka," *Soviet Studies*, Vol.10 (July 1958), pp.1—11.

Carr, E.H., "Pilnyak and the Death of Frunze," *Soviet Studies*, Vol.10 (October 1958), pp.162—164.

Carr, E.H., "Editorial Changes in Stalin's Speech of 9 July 1928," *Soviet Studies*, Vol.16,(January 1965), pp.339—340.

Carr, E. H., "The Zinoviev Letter," *The Historical Journal*, Vol.22 (March 1979), pp.209—210.

Cooper, Julian, "The Military and Higher Education in the USSR," *Annals of the American Academy of Political and Social Science*, Vol.502, Universities and the Military(Mar., 1989), pp.108—119.

Cooper, Julian, "Conversion Is Dead, Long Live Conversion!" *Journal of Peace Research*, Vol.32, No.2(May, 1995), pp.129—132.

Cooper, Julian, "Of BRICS and Brains: Comparing Russia with China, India and Other Populous Emerging Economies," *Eurasian Geography and Economics*, Vol.47, No.3, 2006, pp.241—270.

Cooper, Julian, "Can Russia Compete in the Global Economy?" *Eurasian Geography and Economics*, Vol.47, No.4, 2006, pp.407—442.

Cooper, Julian, "No Safe Haven," *The World Today* (November 2008), pp.23—27.

Figes, Orlando, "Collective Farming and the 19th-Century Russian Land Commune: A Research Note," *Soviet Studies*, Vol.38, No.1(Jan., 1986), pp.89—97.

Figes, Orlando, "The Village and Volost Soviet Elections of 1919," *Soviet Studies*, Vol.40, No.1(Jan., 1988), pp.21—45.

Figes, Orlando, "The Red Army and Mass Mobilization during the Russian Civil War 1918—1920," *Past & Present*, No.129(Nov., 1990), pp.168—211.

Figes, Orlando, "The Russian Revolution of 1917 and Its Language in the Village," *Russian Review*, Vol.56, No.3(Jul., 1997), pp.323—345.

Hanson, Philip, "The Amortisation Problem in Soviet Retail Trade," *Soviet Studies*, Vol.14, No.4(Apr., 1963), pp.347—364.

Hanson, Philip, "The Soviet Union and World Shipping," *Soviet Studies*, Vol.22, No.1(Jul., 1970), pp.44—60.

Hanson, Philip, "The Rise of the Soviet Merchant Marine," *The World Today*, Vol.26, No.3(Mar., 1970), pp.130—136.

Hanson, Philip, "East-West Comparisons and Comparative Economic Systems," *Soviet Studies*, Vol.22, No.3(Jan., 1971), pp.327—343.

Hanson, Philip, "Soviet Imports of Primary Products: A Case-Study of Cocoa," *Soviet Studies*, Vol.23, No.1(Jul., 1971), pp.59—77.

Hanson, Philip, "Rejoinder to Professor Bergson," *Soviet Studies*, Vol.23, No.2(Oct., 1971), pp.296—301.

Hanson, Philip, "Mieczkowski on Consumption and Politics: A Comment," *Soviet Studies*, Vol.30, No.4(Oct., 1978), pp.553—556.

Hanson, Philip, "Economic Constraints on Soviet Policies in the 1980s," *International Affairs* (Royal Institute of International Affairs 1944—   ), Vol.57, No.1(Winter, 1980—1981), pp.21—42.

Hanson, Philip, "Success Indicators Revisited: The July 1979 Soviet Decree on Planning and Management," *Soviet Studies*, Vol.35, No.1(Jan., 1983), pp.1—13.

Hanson, Philip, "The CIA, the TsSU and the Real Growth of Soviet Investment," *Soviet Studies*, Vol.36, No.4(Oct., 1984), pp.571—581.

Hanson, Philip, "Economic Aspects of Helsinki," *International Affairs* (Royal Institute of International Affairs 1944—   ), Vol.61, No.4(Autumn, 1985), pp.619—629.

Hanson, Philip, "Soviet Foreign Trade and Europe in the Late 1980s," *The World Today*, Vol.42, No.8/9(Aug-Sep., 1986), pp.144—146.

Hanson, Philip, "Soviet Real Investment Growth: A Reply to Bergson," *Soviet Studies*, Vol.39, No.3(Jul., 1987), pp.425—430.

Hanson, Philip, "Alexander Zinoviev on Stalinism: Some Observations on 'The Flight of Our Youth'," *Soviet Studies*, Vol.40, No.1(Jan., 1988), pp.125—135.

Hanson, Philip, "Soviet Economic Reform: Perestroika or 'Catastroika'?" *World Policy Journal*, Vol.8, No.2(Spring, 1991), pp.289—318.

Hanson, Philip, "Samara: A Preliminary Profile of a Russian Region and Its Adaptation to the Market," *Europe-Asia Studies*, Vol.49, No.3(May, 1997), pp.407—429.

Hanson, Philip, "The Russian Economic Crisis and the Future of Russian Economic Reform," *Europe-Asia Studies*, Vol.51, No.7(Nov., 1999), pp.1141—1166.

Hanson, Philip, "The Russian Economic Recovery: Do Four Years of

Growth Tell Us That the Fundamentals Have Changed?" *Europe-Asia Studies*, Vol.55, No.3(May, 2003), pp.365—382.

Hanson, Philip, "The Politics of Inner City Identity in 'Do the Right Thing'," *South Central Review*, Vol.20, No.2/4(Summer-Winter, 2003), pp.47—66.

Hanson, Philip, "Canute in the Kremlin," *The World Today*, Vol.61, No.2(Feb., 2005), pp.24—25.

Hanson, Philip, "Elizabeth Teague, Big Business and the State in Russia," *Europe-Asia Studies*, Vol.57, No.5(Jul., 2005), pp.657—680.

Hanson, Philip, "The Russians Are Here," *The World Today*, Vol.62, No.4(Apr., 2006), pp.22—23.

Hanson, Philip, "Russia to 2020," the Occasional Papers of Finmeccanica, edited by the Research Department of the Company, November 2009.

Kryshtanovskaya, Olga, White, Stephen, "From Soviet Nomenklatura to Russian Elite," *Europe-Asia Studies*, Vol.48, No.5(Jul., 1996), pp.711—733.

Kryshtanovskaya, Olga, White, Stephen, "Inside the Putin Court: A Research Note," *Europe-Asia Studies*, Vol.57, No.7(Nov., 2005), pp.1065—1075.

Lane, David, "The Russian Social Democratic Labour Party in St. Petersburg, Tver and Ashkhabad, 1903—1905," *Soviet Studies*, Vol.15, No.3 (Jan., 1964), pp.331—344.

Lane, David, "Ideology and Sociology in the U.S.S.R.," *The British Journal of Sociology*, Vol.21, No.1(Mar., 1970), pp.43—51.

Lane, David, "Ethnic and Class Stratification in Soviet Kazakhstan, 1917—39," *Comparative Studies in Society and History*, Vol.17, No.2 (Apr., 1975), pp.165—189.

Lane, David, "The Transformation of Russia: The Role of the Political Elite," *Europe-Asia Studies*, Vol.48, No.4(Jun., 1996), pp.535—549.

Lieven, Dominic, "Pro-Germans and Russian Foreign Policy 1890—1914," *The International History Review*, Vol.2, No.1(Jan., 1980), pp.34—54.

Lieven, Dominic, "Bureaucratic Authoritarianism in Late Imperial Russia: The Personality, Career and Opinions of P.N.Durnovo," *The Historical Journal*, Vol.26, No.2(Jun., 1983), pp.391—402.

Lieven, Dominic, "The Russian Ruling Elite under Nicholas II. Career Patterns," *Cahiers du Monde russe et soviétique*, Vol.25, No.4(Oct.-Dec., 1984), pp.429—454.

Lieven, Dominic, "Crisis in the Soviet Union—The Historical Perspective," *The World Today*, Vol.46, No.5(May, 1990), pp.90—93.

Lieven, Dominic, "El Fin del Antiguo Régimen Soviético," *Política Exterior*, Vol.5, No.22(Autumn, 1991), pp.147—159.

Lieven, Dominic, "Western Scholarship on the Rise and Fall of the Soviet

Regime: The View from 1000," *Journal of Contemporary History*, Vol 29, No.2(Apr., 1994), pp.195—227.

Lieven, Dominic, "The Russian Empire and the Soviet Union as Imperial Polities," *Journal of Contemporary History*, Vol.30, No.4(Oct., 1995), pp. 607—636.

Lieven, Dominic, "Russian, Imperial and Soviet Identities," *Transactions of the Royal Historical Society*, *Sixth Series*, Vol.8,(1998), pp.253—269.

Lieven, Dominic, "Dilemmas of Empire 1850—1918: Power, Territory, Identity," *Journal of Contemporary History*, Vol.34, No.2(Apr., 1999), pp.163—200.

Lo, Bobo, "No Compromise," *The World Today*, Vol.58, No.12(Dec., 2002), pp.13—14.

Lo, Bobo, "Vlad the Mighty?" *The World Today*, Vol.59, No.3(Mar., 2003), pp.13—15.

Lo, Bobo, "Crisis? What Crisis?" *The World Today*, Vol.59, No.5 (May, 2003), pp.25—26.

Lo, Bobo, "Uncivil State," *The World Today*, Vol.59, No.11(Nov., 2003), pp.22—24.

Lo, Bobo, "Putin's Pivot: Why Russia Is Looking East," *Foreign Affairs*, July 31, 2013.

Lo, Bobo, "The Long Sunset of Strategic Partnership: Russia's Evolving China Policy," *International Affairs* (Royal Institute of International Affairs 1944—   ), Vol.80, No.2, Israeli-Palestinian Conflict(Mar., 2004), pp.295—309.

Lo, Bobo, "A People's Trauma," *The World Today*, Vol.60, No.10 (Oct., 2004), pp.4—7.

Lo, Bobo, "Mullahs, Militants, Missiles," *The World Today*, Vol.60, No.11(Nov., 2004), pp.15—17.

Lo, Bobo, "Russia and The West: Problems and Opportunities," UNISCI discussion papers of Royal Institute of International Affairs, May. 2005.

Lo, Bobo, "Putin's Oriental Puzzle," *The World Today*, Vol.61, No.12 (Dec., 2005), pp.15—16.

Lo, Bobo, "Russia's Crisis: What It Means For Regime Stability and Moscow's Relations with the World," Research Reporter in Centre for European Reform, Feb., 2009.

Lo, Bobo, "China's 'Permanent Reset': Moving Away from Static Policy," *Russia in Global Affairs*, 15 Oct. 2010.

Nove, Alec, "La Politique Agricole Soviétique," *Cahiers du Monde russe et soviétique*, Vol.1, No.4(Jul.-Dec., 1960), pp.637—650.

Nove, Alec, "Soviet Agriculture Marks Time," *Foreign Affairs*, Vol.40, No.4(Jul., 1962), pp.576—594.

Nove, Alec, "The Industrial Planning System: Reforms in Prospect," *Soviet Studies*, Vol.14, No.1(Jul., 1962), pp.1—15.

Nove, Alec, "Internal Economies," *The Economic Journal*, Vol. 79, No.316(Dec., 1969), pp.847—860.

Nove, Alec, "Soviet Agriculture under Brezhnev," *Slavic Review*, Vol.29, No.3(Sep., 1970), pp.379—410.

Nove, Alec, "The Agricultural Surplus Hypothesis: A Comment on James R. Millar's Article," *Soviet Studies*, Vol.22, No.3(Jan., 1971), pp.394—401.

Nove, Alec, "'Market Socialism' and Its Critics," *Soviet Studies*, Vol.24, No.1(Jul., 1972), pp.120—138.

Nove, Alec, "A Note on Trotsky and the 'Left Opposition', 1929—31," *Soviet Studies*, Vol.29, No.4(Oct., 1977), pp.576—589.

Nove, Alec, "Does the Soviet Union Have a Planned Economy? A Comment," *Soviet Studies*, Vol.32, No.1(Jan., 1980), pp.135—137.

Nove, Alec, "New Light on Trotskii's Economic Views," *Slavic Review*, Vol.40, No.1(Spring, 1981), pp.84—97.

Nove, Alec, "The New Soviet Five-Year Plan," *The World Today*, Vol.37, No.5(May, 1981), pp.168—171.

Nove, Alec, "Soviet Agriculture: New Data," *Soviet Studies*, Vol. 34, No.1(Jan., 1982), pp.118—122.

Nove, Alec, "Income Distribution in the USSR: A Possible Explanation of Some Recent Data," *Soviet Studies*, Vol.34, No.2(Apr., 1982), pp.286—288.

Nove, Alec, "When Is a Price Increase Not a Price Increase?" *Soviet Studies*, Vol.34, No.3(Jul., 1982), pp.440—442.

Nove, Alec, "A Note on Agricultural Costs and Kolkhoz Revenues," *Soviet Studies*, Vol.35, No.2(Apr., 1983), pp.238—239.

Nove, Alec, "The Class Nature of the Soviet Union Revisited," *Soviet Studies*, Vol.35, No.3(Jul., 1983), pp.298—312.

Nove, Alec, "A Note on Errors and Their Causes," *Soviet Studies*, Vol.37, No.2(Apr., 1985), pp.276—280.

Nove, Alec, "Some Statistical Puzzles Examined," *Soviet Studies*, Vol. 38, No.1(Jan., 1986), pp.98—102.

Nove, Alec, "'A Capitalist Road to Communism': A Comment," *Theory and Society*, Vol.15, No.5(Sep., 1986), pp.673—678.

Nove, Alec, "A Reply to Wolf and Birman," *Soviet Studies*, Vol.39, No.1 (Jan., 1987), pp.129—130.

Nove, Alec, "Soviet Real Investment Growth: Are Investment Volume Statistics Overstated? A Reply to Bergson," *Soviet Studies*, Vol. 39, No. 3 (Jul., 1987), pp.431—433.

Nove, Alec, "'Radical Reform', Problems and Prospects," *Soviet Stud-*

ies, Vol.30, No.3(Jul., 1987), pp.452—467.

Nove, Alec, "Stalinism: Revisionism Reconsidered," *Russian Review*, Vol.46, No.4(Oct., 1987), pp.412—417.

Nove, Alec, "A Further Note on Hidden Inflation and Its Statistical Consequences," *Soviet Studies*, Vol.40, No.1(Jan., 1988), pp.136—138.

Nove, Alec, "Rosefielde on Birman. A Comment," *Soviet Studies*, Vol.40, No.4(Oct., 1988), pp.640—643.

Nove, Alec, "How Many Victims in the 1930s? I," *Soviet Studies*, Vol.42, No.2(Apr., 1990), pp.369—373.

Nove, Alec, "How Many Victims in the 1930s? II," *Soviet Studies*, Vol.42, No.4(Oct., 1990), pp.811—814.

Nove, Alec, "'Allocational Efficiency': Can It Be So?" *Soviet Studies*, Vol.43, No.3(1991), pp.575—579.

Nove, Alec, "Terror Victims. Is the Evidence Complete?" *Europe-Asia Studies*, Vol.46, No.3(1994), pp.535—537.

Nove, Alec, "A Gap in Transition Models? A Comment on Gomulka," *Europe-Asia Studies*, Vol.46, No.5(1994), pp.863—869.

Nove, Alec, "What Went Wrong with André Gunder Frank," *Review of International Political Economy*, Vol.1, No.2(Summer, 1994), pp.345—350.

Pravda, Alex, "Some Aspects of the Czechoslovak Economic Reform and the Working Class in 1968," *Soviet Studies*, Vol.25, No.1(Jul., 1973), pp.102—124.

Pravda, Alex, "Gierek's Poland: Five Years On," *The World Today*, Vol.32, No.7(Jul., 1976), pp.270—278.

Pravda, Alex, "Czechoslovakia: The Legacy of 1968," *The World Today*, Vol.32, No.8(Aug., 1976), pp.282—286.

Pravda, Alex, "Poland 1980: From 'Premature Consumerism' to Labour Solidarity," *Soviet Studies*, Vol.34, No.2(Apr., 1982), pp.167—199.

Pravda, Alex, "Trade Unions in East European Communist Systems: Toward Corporatism?" *International Political Science Review/Revue internationale de science politique*, Vol.4, No.2, Interest Intermediation: Toward New Corporatism(s)(1983), pp.241—260.

Sakwa, Richard, "The Commune State in Moscow in 1918," *Slavic Review*, Vol.46, No.3/4(Autumn-Winter, 1987), pp.429—449.

Sakwa, Richard, "The Russian Elections of December 1993," *Europe-Asia Studies*, Vol.47, No.2(Mar., 1995), pp.195—227.

Sakwa, Richard, "Subjectivity, Politics and Order in Russian Political Evolution," *Slavic Review*, Vol.54, No.4(Winter, 1995), pp.943—964.

Sakwa, Richard, "The Struggle for the Constitution in Russia and the Triumph of Ethical Individualism," *Studies in East European Thought*, Vol.48, No.2/4, Conceptions of Legality and Ethics in Nineteenth-Century and Twentieth-

Century Russian Thought(Sep., 1996), pp.115—157.

Sakwa, Richard, Webber, Mark, "The Commonwealth of Independent States, 1991—1998: Stagnation and Survival," *Europe-Asia Studies*, Vol.51, No.3(May, 1999), pp.379—415.

Sakwa, Richard, "Postcommunist Studies: Once Again through the Looking Glass(Darkly)?" *Review of International Studies*, Vol.25, No.4(Oct., 1999), pp.709—719.

Sakwa, Richard, "The 2003—2004 Russian Elections and Prospects for Democracy," *Europe-Asia Studies*, Vol.57, No.3(May, 2005), pp.369—398.

Sakwa, Richard, "From Revolution to Krizis: The Transcending Revolutions of 1989—91," *Comparative Politics*, Vol.38, No.4(Jul., 2006), pp.459—478.

Sakwa, Richard, "Passing the Baton," *The World Today*, Vol.63, No.11 (Nov., 2007), pp.26—28.

Sutherland, Douglas, Hanson, Philip, "Structural Change in the Economies of Russia's Regions," *Europe-Asia Studies*, Vol.48, No.3(May, 1996), pp.367—392.

White, Stephen, "Contradiction and Change in State Socialism," *Soviet Studies*, Vol.26, No.1(Jan., 1974), pp.41—55.

White, Stephen, "Communism and the East: The Baku Congress, 1920," *Slavic Review*, Vol.33, No.3(Sep., 1974), pp.492—514.

White, Stephen, "Labour's Council of Action 1920," *Journal of Contemporary History*, Vol.9, No.4(Oct., 1974), pp.99—122.

White, Stephen, "Communist Systems and the 'Iron Law of Pluralism'," *British Journal of Political Science*, Vol.8, No.1(Jan., 1978), pp.101—117.

White, Stephen, "Problems of Political Propaganda in the Soviet Union," *The World Today*, Vol.36, No.4(Apr., 1980), pp.133—138.

White, Stephen, "The USSR Supreme Soviet: A Developmental Perspective," *Legislative Studies Quarterly*, Vol.5, No.2(May, 1980), pp.247—274.

White, Stephen, "The Effectiveness of Political Propaganda in the USSR," *Soviet Studies*, Vol.32, No.3(Jul., 1980), pp.323—348.

White, Stephen, "The Supreme Soviet and Budgetary Politics in the USSR," *British Journal of Political Science*, Vol.12, No.1(Jan., 1982), pp.75—94.

White, Stephen, "Political Culture in Communist States: Some Problems of Theory and Method," *Comparative Politics*, Vol.16, No.3(Apr., 1984), pp.351—365.

White, Stephen, "Soviet Russia and the Asian Revolution, 1917—1924," *Review of International Studies*, Vol.10, No.3(Jul., 1984), pp.219—232.

White, Stephen, "Economic Performance and Communist Legitimacy," *World Politics*, Vol.38, No.3(Apr., 1986), pp.462—482.

White, Stephen, "'Democratisation' in the USSR," *Soviet Studies*, Vol.42, No.1(Jan., 1990), pp.3—24.

White, Stephen, "Rethinking the CPSU," *Soviet Studies*, Vol.43, No.3 (1991), pp.405—428.

White, Stephen, Kryshtanovskaya, Ol Ga, "Public Attitudes to the KGB: A Research Note," *Europe-Asia Studies*, Vol.45, No.1(1993), pp.169—175.

White, Stephen, "British Labour in Soviet Russia, 1920," *The English Historical Review*, Vol.109, No.432(Jun., 1994), pp.621—640.

White, Stephen, "Communists and Their Party in the Late Soviet Period," *The Slavonic and East European Review*, Vol. 72, No. 4 (Oct., 1994), pp.644—663.

White, Stephen, "The Failure of CPSU Democratization," *The Slavonic and East European Review*, Vol.75, No.4(Oct., 1997), pp.681—697.

White, Stephen, McAllister, Ian, "Putin and His Supporters," *Europe-Asia Studies*, Vol.55, No.3(May, 2003), pp.383—399.

White, Stephen, "Political Disengagement in Post-Communist Russia: A Qualitative Study," *Europe-Asia Studies*, Vol. 57, No. 8 (Dec., 2005), pp.1121—1142.

(三) 书评类

Advertising and Socialism: A Study of the Nature and Extent of Consumer Advertising in the Soviet Union, Poland, Hungary and Yugoslavia by Philip Hanson, Review by: Robert H. Randolph, *Russian Review*, Vol. 33, No.4(Oct., 1974), pp.457—458.

Advertising and Socialism: A Study of the Nature and Extent of Consumer Advertising in the Soviet Union, Poland, Hungary and Yugoslavia by Philip Hanson, Review by: Otis A. Pease, *The Slavonic and East European Review*, Vol.54, No.4(Oct., 1976), pp.618—621.

A History of Twentieth-Century Russia by Robert Service, Review by: Ronald Kowalski, *Europe-Asia Studies*, Vol.50, No.6(Sep., 1998), pp.1096—1098.

A History of Twentieth-Century Russia by Robert Service, Review by: John Keep, *Slavic Review*, Vol.58, No.1(Spring, 1999), pp.233—234.

A History of Twentieth-Century Russia by Robert Service, Review by: Isabel A. Tirado, *The American Historical Review*, Vol. 104, No. 2 (Apr., 1999), pp.685—686.

A People's Tragedy: A History of the Russian Revolution by Orlando Figes, Review by: Peter Kenez, *Russian Review*, Vol.57, No.1(Jan., 1998), pp.107—109.

A People's Tragedy: A History of the Russian Revolution by Orlando Figes, Review by: Reginald E. Zelnik, *Slavic Review*, Vol. 57, No. 2

(Summer, 1998), pp.453—455.

A People's Tragedy: A History of the Russian Revolution by Orlando Figes, Review by: Ronald Grigor Suny, *The Journal of Modern History*, Vol.71, No.1(March 1999), pp.263—266.

A People's Tragedy. The Russian Revolution, 1891—1924 by Orlando Figes, Review by: Nathalie Moine, *Annales. Histoire, Sciences Sociales*, 52e Année, No.3(May-Jun., 1997), pp.645—647.

A People's Tragedy: The Russian Revolution 1891—1924 by Orlando Figes, Review by: James D. White, *Europe-Asia Studies*, Vol. 49, No. 7 (Nov., 1997), pp.1321—1323.

A People's Tragedy: The Russian Revolution, 1891—1924 by Orlando Figes, Review by: Catherine Merridale, *The Historical Journal*, Vol. 41, No.1(Mar., 1998), pp.317—318.

A People's Tragedy: The Russian Revolution, 1891—1924 by Orlando Figes Review by: John M. Thompson, *The American Historical Review*, Vol.104, No.2(Apr., 1999), pp.681—682.

Axis of Convenience: Moscow, Beijing, and the New Geopolitics by Bo-bo Lo, Review by: Sherman Garnett, *International Affairs*(Royal Institute of International Affairs 1944—   ), Vol.85, No.2(Mar., 2009), pp.425—426.

Britain and the Bolshevik Revolution: A Study in the Politics of Diplomacy, 1920—1924 by Stephen White, Review by: Norman Stone, *The Slavonic and East European Review*, Vol.59, No.1(Jan., 1981), pp.117—118.

Britain and the Bolshevik Revolution by Stephen White, Review by: J.M. Winter, *The English Historical Review*, Vol.97, No.383(Apr., 1982), pp.472—473.

Chechnya: From Past to Future by Richard Sakwa, Review by: P. Lentini, *The Slavonic and East European Review*, Vol.84, No.3(Jul., 2006), pp.581—582.

Communist and Postcommunist Political Systems: An Introduction by Stephen White, Review by: Brian Thomas, *International Affairs*(Royal Institute of International Affairs 1944—   ), Vol.68, No.1(Jan., 1992), p. 185.

Comrades! A History of World Communism by Robert Service, Review by: Donald Sassoon, *Foreign Affairs*, Vol.86, No.4(Jul.-Aug., 2007), pp.153—159.

Comrades! A History of World Communism by Robert Service, Review by: Steven Nafziger, *Journal of Economic Literature*, Vol.46, No.2(Jun., 2008), pp.446—448.

Contemporary Russian Politics: A Reader by Archie Brown, Review by: Pavel Baev, *Journal of Peace Research*, Vol.39, No.1(Jan., 2002), p.129.

Empire: The Russian Empire and Its Rivals by Dominic Lieven, Review by: Robert Legvold, *Foreign Affairs*, Vol. 79, No. 6 (Nov.-Dec., 2000), p.185.

Empire: The Russian Empire and Its Rivals by Dominic Lieven, Review by: John P. LeDonne, *The International History Review*, Vol.23, No.4(Dec., 2001), pp.902—904.

Empire: The Russian Empire and Its Rivals by Dominic Lieven, Review by: Marc Raeff, *Slavic Review*, Vol.61, No.1(Spring, 2002), pp.152—153.

Empire: The Russian Empire and Its Rivals by Dominic Lieven, Review by: Edward J.Lazzerini, *Russian Review*, Vol.61, No.2(Apr., 2002), pp.311—312.

Empire: The Russian Empire and Its Rivals by Dominic Lieven, Review by: Michael Khodarkovsky, *The Journal of Modern History*, Vol.75, No.1 (March 2003), pp.225—226.

Finland's Relations with the Soviet Union, 1944—84 by Roy Allison, Review by: Fred Singleton, *International Affairs*(Royal Institute of International Affairs 1944—), Vol.61, No.3(Summer, 1985), pp.530—531.

Gorbachev and His Reforms by Richard Sakwa, Review by: Michael Waller, *International Affairs*(Royal Institute of International Affairs 1944—), Vol.67, No.4(Oct., 1991), pp.817—818.

Gorbachev in Power by Stephen White, Review by: Tim Spence, *The Slavonic and East European Review*, Vol.69, No.4(Oct., 1991), pp.788—789.

Industrial Innovation in the Soviet Union by Ronald Amann, Julian Cooper, Review by: Martin McCauley, *The Slavonic and East European Review*, Vol.61, No.3(Jul., 1983), pp.466—467.

Industrial Innovation in the Soviet Union by Ronald Amann, Julian Cooper, Review by: Bruce Parrott, *Isis*, Vol.74, No.4(Dec., 1983), pp.600—601.

Industrial Innovation in the Soviet Union by Ronald Amann, Julian Cooper, Review by: Gur Ofer, *Journal of Economic Literature*, Vol.22, No.1(Mar., 1984), pp.138—140.

Information, Language and Cognition by Philip P. Hanson, Review by: Wayne Cowart, *Language*, Vol.69, No.2(Jun., 1993), pp.420—421.

Interpreting the Russian Revolution: The Language and Symbols of 1917 by Orlando Figes, Review by: Vladimir Buldakov, *The Journal of Modern History*, Vol.74, No.1(March 2002), pp.210—212.

Labour and Employment in the USSR by David Lane, Review by: Alec Nove, *The Economic Journal*, Vol.96, No.384(Dec., 1986), pp.1150—1152.

Lenin: A Biography by Robert Service, Review by: Philip Pomper, *Slavic Review*, Vol.61, No.1(Spring, 2002), pp.162—163.

Lenin: A Biography by Robert Service, Review by: Beryl Williams, *Russian Review*, Vol.61, No.4(Oct., 2002), pp.647—648.

Lenin: A Biography by Robert Service, Review by: Tsuyoshi Hasegawa, *Journal of Interdisciplinary History*, Vol.33, No.3(Winter, 2003), pp.482—484.

Lenin: A Political Life, Vol. 1: The Strength of Contradiction by Robert Service, Review by: Itzhak Brudny, *Slavic Review*, Vol. 45, No. 2 (Summer, 1986), pp.335—336.

Lenin: A Political Life, Vol.2: Worlds in Collision by Robert Service, Review by: John Keep, *The Slavonic and East European Review*, Vol. 70, No.1(Jan., 1992), pp.165—166.

Lenin: A Political Life, Vol.3: The Iron Ring by Robert Service, Review by: R. C. Elwood, *Slavic Review*, Vol. 54, No. 4 (Winter, 1995), pp.1094—1095.

Lenin: A Political Life, Vol.3: The Iron Ring by Robert Service, Review by: Benno Ennker, *Europe-Asia Studies*, Vol.48, No.7(Nov., 1996), pp.1229—1231.

Natasha's Dance: A Cultural History of Russia by Orlando Figes, Review by: Robert Legvold, *Foreign Affairs*, Vol.81, No.6(Nov.-Dec., 2002), p.198.

Natasha's Dance: A Cultural History of Russia by Orlando Figes, Review by: R.R.Milner-Gulland, *The English Historical Review*, Vol.118, No.477 (Jun., 2003), pp.725—728.

Natasha's Dance: A Cultural History of Russia by Orlando Figes, Review by: Andrew Wachtel, *Slavic Review*, Vol. 63, No. 4 (Winter, 2004), pp.882—883.

New Directions in Soviet History by Stephen White, Review by: Isabel A.Tirado, *Russian Review*, Vol.53, No.1(Jan., 1994), pp.145—146.

New Directions in Soviet History: Selected Papers from the Fourth World Congress for Soviet and East European Studies by Stephen White, Review by: S.A.Smith, *The Slavonic and East European Review*, Vol.72, No.4 (Oct., 1994), pp.751—752.

New Thinking in Soviet Politics by Archie Brown, Review by: David Lane, *International Affairs* (Royal Institute of International Affairs 1944—   ), Vol.68, No.4(Oct., 1992), p.767.

New Thinking in Soviet Politics by Archie Brown, Review by: Roy D. Laird, *Slavic Review*, Vol.53, No.3(Autumn, 1994), pp.876—877.

Nicholas II: Twilight of the Empire by Dominic Lieven, Review by: David A.J.Macey, *Slavic Review*, Vol.53, No.4(Winter, 1994), pp.1162—1164.

Nicholas II: Emperor of All the Russias by Dominic Lieven, Review by: Raymond Pearson, *The Slavonic and East European Review*, Vol.73, No.1 (Jan., 1995), pp.143—144.

Nicholas II. Emperor of All the Russias by Dominic Lieven, Review by: Maureen Perrie, *The English Historical Review*, Vol. 111, No. 440 (Feb., 1996), pp.249—250.

Peasant Russia, *Civil War*: *The Volga Countryside in Revolution*, *1917—1921* by Orlando Figes, Review by: Roger Munting, *The Economic History Review*, New Series, Vol.43, No.3(Aug., 1990), pp.517—518.

Peasant Russia, *Civil War*: *The Volga Countryside in Revolution*, *1917—1921* by Orlando Figes, Review by: Peter Kenez, *Soviet Studies*, Vol.42, No.4(Oct., 1990), p.815.

Peasant Russia, *Civil War*: *The Volga Countryside in Revolution*, *1917—1921* by Orlando Figes, Review by: Christopher Ward, *The Historical Journal*, Vol.34, No.1(Mar., 1991), pp.221—222.

Peasant Russia, *Civil War*: *The Volga Countryside in Revolution*, *1917—1921* by Orlando Figes, Review by: Donald J. Raleigh, *The American Historical Review*, Vol.96, No.3(Jun., 1991), pp.919—920.

Peasant Russia, *Civil War*: *The Volga Countryside in Revolution*, *1917—1921* by Orlando Figes, Review by: Ronald Grigor Suny, *Russian Review*, Vol.51, No.1(Jan., 1992), pp.128—130.

Peasant Russia, *Civil War*: *The Volga Countryside in Revolution*, *1917—1921* by Orlando Figes, Review by: Lynne Viola, *The Journal of Modern History*, Vol.64, No.1(Mar., 1992), pp.187—188.

Peasant Russia, *Civil War*: *The Volga Countryside in Revolution*, *1917—1921* by Orlando Figes, Review by: Graeme Gill, *Slavic Review*, Vol.53, No.1(Spring, 1994), pp.243—244.

Political and Economic Encyclopedia of the Soviet Union and Eastern Europe by Stephen White, Review by: J. F. Fagan, *International Affairs* (Royal Institute of International Affairs 1944—   ), Vol. 67, No. 3 (Jul., 1991), p.608.

Political Culture and Communist Studies by Archie Brown, Review by: Michael Waller, *International Affairs*(Royal Institute of International Affairs 1944—   ), Vol.62, No.1(Winter, 1985—1986), pp.105—106.

Political Culture and Communist Studies by Archie Brown, Review by: Alex Pravda, *Soviet Studies*, Vol.38, No.2(Apr., 1986), pp.271—273.

Political Culture and Communist Studies by Archie Brown, Review by: Rachel Walker, *The Slavonic and East European Review*, Vol. 64, No. 2 (Apr., 1986), pp.310—311.

Political Culture and Communist Studies by Archie Brown, Review by: Volker Gransow, *Contemporary Sociology*, Vol. 17, No. 5 (Sep., 1988), pp.632—633.

Political Culture and Soviet Politics by Stephen White, Review by: N.N. Shneidman, *Annals of the American Academy of Political and Social Science*, Vol.455, Gun Control(May, 1981), p.194.

Political Leadership in the Soviet Union by Archie Brown, Review by:

Bohdan Harasymiw, *Russian Review*, Vol.51, No.1(Jan., 1992), pp.142—143.

Postcommunism by Richard Sakwa, Review by: Leslie Holmes, *Europe-Asia Studies*, Vol.52, No.2(Mar., 2000), pp.371—372.

Putin: Russia's Choice by Richard Sakwa, Review by: Pavel Baev, *Journal of Peace Research*, Vol.42, No.1(Jan., 2005), p.118.

Putin: Russia's Choice by Richard Sakwa, Review by: Thomas F.Remington, *Russian Review*, Vol.64, No.1(Jan., 2005), pp.174—175.

Putin: Russia's Choice by Richard Sakwa, Review by: Robert Legvold, *Foreign Affairs*, Vol.84, No.1(Jan.-Feb., 2005), p.192.

Putin: Russia's Choice by Richard Sakwa, Review by: Ian McAllister, *Slavic Review*, Vol.64, No.2(Summer, 2005), pp.458—459.

Radical Reform in Soviet Defence Policy. Selected Papers from the Fourth World Congress for Soviet and East European Studies, Harrogate, 1990 by Roy Allison, Review by: James Gow, *The Slavonic and East European Review*, Vol.71, No.2(Apr., 1993), pp.370—371.

Radical Reform in Soviet Defence Policy: Selected Papers from the Fourth World Congress for Soviet and East European Studies, Harrogate, 1990 by Roy Allison, Review by: G. Paul Holman, Jr., *Slavic Review*, Vol.53, No.4(Winter, 1994), p.1188.

Reform and Change in the Czechoslovak Political System: January-August 1968 by Alex Pravda, Review by: Archie Brown, *The Slavonic and East European Review*, Vol.54, No.4(Oct., 1976), p.643.

Rural Russia under the New Regime by V. P. Danilov, Orlando Figes, Review by: R. P. Bartlett, *The Economic History Review*, New Series, Vol.42, No.2(May, 1989), pp.289—290.

Russia: Experiment with a People by Robert Service, Review by: William Moskoff, *Slavic Review*, Vol.63, No.3(Autumn, 2004), pp.667—668.

Russia Goes Dry: Alcohol, State and Society by Stephen White, Review by: Christopher Williams, *Europe-Asia Studies*, Vol.49, No.1(Jan., 1997), pp.174—176.

Russia Goes Dry: Alcohol, State and Society by Stephen White, Review by: Choi Chatterjee, *The Slavic and East European Journal*, Vol.41, No.2 (Summer, 1997), pp.382—383.

Russia in Flux: The Political and Social Consequences of Reform by David Lane, Review by: Rachel Walker, *International Affairs*(Royal Institute of International Affairs 1944—   ), Vol.69, No.3(Jul., 1993), pp.606—607.

Russia in Flux: The Political and Social Consequences of Reform by David Lane, Review by: Charles Rudkin, *The Slavonic and East European Review*, Vol.72, No.2(Apr., 1994), pp.372—374.

Russian Banking: Evolution, Problems, and Prospects by David Lane,

Review by, Delilu Gutala, *Slavic Review* Vol 63, No 1 (Spring, 2004), pp.202—203.

Russian Foreign Policy in the Post-Soviet Era: *Reality*, *Illusion and Mythmaking* by Bobo Lo; *Russia between East and West*: *Russian Foreign Policy on the Threshold of the Twenty-First Century* by Gabriel Gorodetsky, Review by: John Berryman, *International Affairs*(Royal Institute of International Affairs 1944—), Vol.80, No.1(Jan., 2004), pp.157—158.

Russian Foreign Policy in the Post-Soviet Era: *Reality*, *Illusion*, *and Mythmaking* by Bobo Lo, Review by: Peter Shearman, *Slavic Review*, Vol.63, No.3(Autumn, 2004), pp.679—680.

Russian Politics and Society by Richard Sakwa, Review by: Pavel Baev, *Journal of Peace Research*, Vol.31, No.2(May, 1994), p.237.

Russian Politics and Society by Richard Sakwa, Review by: Russell Bova, *Slavic Review*, Vol.54, No.1(Spring, 1995), pp.202—203.

Russia's New Politics: *The Management of a Postcommunist Society* by Stephen White, Review by: Nina Bachkatov, *International Affairs*(Royal Institute of International Affairs 1944—), Vol.76, No.2, Special Biodiversity Issue(Apr., 2000), pp.404—405.

Russia's New Politics: *The Management of a Postcommunist Society* by Stephen White, Review by: Richard Anderson, *Europe-Asia Studies*, Vol.52, No.4(Jun., 2000), pp.760—762.

Russia's New Politics: *The Management of a Postcommunist Society* by Stephen White, Review by: Eugene Huskey, *Russian Review*, Vol.59, No.3 (Jul., 2000), pp.478—479.

Russia's Rulers under the Old Regime by Dominic Lieven, Review by: W. Bruce Lincoln, *Russian Review*, Vol.49, No.3, Special Issue on Alexander Bogdanov(Jul., 1990), pp.343—344.

Russia's Rulers under the Old Regime by Dominic Lieven, Review by: Manfred Hildermeier, *Historische Zeitschrift*, Bd. 258, H. 1(Feb., 1994), pp.226—230.

Security Dilemmas in Russia and Eurasia by Roy Allison, Christoph Bluth, Review by: Sherman Garnett, *International Affairs*(Royal Institute of International Affairs 1944—), Vol.74, No.3(Jul., 1998), p.695.

Seven Years That Changed the World: *Perestroika in Perspective* by Archie Brown, Review by: Robert Legvold, *Foreign Affairs*, Vol. 86, No. 6 (Nov.-Dec., 2007), p.199.

Seven Years That Changed the World: *Perestroika in Perspective* by Archie Brown, Review by: Richard Sakwa, *Slavic Review*, Vol.67, No.3(Fall, 2008), pp.728—731.

Society and Politics in the Russian Revolution by Robert Service, Review by: William G.Rosenberg, *Europe-Asia Studies*, Vol.45, No.5(1993), pp.943—944.

Soviet Communism: Programme and Rules by Stephen White, Review by: Graeme Gill, *Soviet Studies*, Vol.42, No.2(Apr., 1990), p.391.

Soviet Communism: Programme and Rules by Stephen White, Review by: M.S.Sansanwal, *The Slavonic and East European Review*, Vol.69, No.1 (Jan., 1991), pp.177—178.

Soviet Communists in Power: A Study of Moscow during the Civil War, 1918—1921 by Richard Sakwa, Review by: Paul Ashin, *Russian Review*, Vol.48, No.4(Oct., 1989), pp.425—426.

Soviet Communists in Power: A Study of Moscow during the Civil War, 1918—21 by Richard Sakwa, Review by: Thomas F. Remington, *The American Historical Review*, Vol.95, No.3(Jun., 1990), pp.873—874.

Soviet Communists in Power: A Study of Moscow During the Civil War, 1918—1921 by Richard Sakwa, Review by: John Hatch, *Slavic Review*, Vol.49, No.3(Autumn, 1990), pp.454—456.

Soviet-East European Dilemmas: Coercion, Competition, and Consent by Karen Dawisha, Philip Hanson, Review by: Nish Jamgotch, Jr., *The American Political Science Review*, Vol.76, No.2(Jun., 1982), pp.448—449.

Soviet Economy and Society by David Lane; *State and Politics in the USSR* by David Lane, Review by: Peter Shearman, *International Affairs* (Royal Institute of International Affairs 1944—), Vol. 62, No. 2 (Spring, 1986), pp.320—322.

Soviet History, 1917—53: Essays in Honour of R.W.Davies by Julian Cooper, Maureen Perrie, E. A. Rees, Review by: John Keep, *Europe-Asia Studies*, Vol.48, No.3(May, 1996), pp.497—498.

Soviet Labour and the Ethic of Communism: Full Employment and the Labour Process in the USSR by David Lane, Review by: Vladimir Andrle, *International Affairs*(Royal Institute of International Affairs 1944—), Vol.64, No. 4(Autumn, 1988), p.712.

Soviet Labour Ideology and the Collapse of the State by Bobo Lo, Review by: David Mandel, *Slavic Review*, Vol. 60, No. 3 (Autumn, 2001), pp.662—663.

Soviet Labour Ideology and the Collapse of the State by Bobo Lo, Review by: Stephen Crowley, *Russian Review*, Vol. 60, No. 4 (Oct., 2001), pp.664—665.

Soviet Labour Ideology and the Collapse of the State by Bobo Lo, Review by: Evgeny Ponomarev, *Europe-Asia Studies*, Vol. 53, No. 7 (Nov., 2001), pp.1124—1125.

Soviet Policy for the 1980s by Archie Brown, Michael Kaser, Review by: Peter Frank, *The Slavonic and East European Review*, Vol. 62, No.1(Jan.,

1984), pp.147—149.

Soviet Politics: An Introduction by Richard Sakwa, Review by: Alex Reid, *Soviet Studies*, Vol.42, No.2(Apr., 1990), pp.382—383.

Soviet Politics: An Introduction by Richard Sakwa, Review by: Cathrine Merridale, *The Slavonic and East European Review*, Vol.68, No.3 (Jul., 1990), pp.588—589.

Soviet Politics in Perspective by Richard Sakwa, Review by: Tom Casier, *Europe-Asia Studies*, Vol.51, No.4(Jun., 1999), pp.710—712.

Soviet Society under Perestroika by David Lane, Review by: Ben Eklof, *Slavic Review*, Vol.52, No.1(Spring, 1993), pp.156—157.

Stalin: A Biography by Robert Service, Review by: Serhy Yekelchyk, *International Journal*, Vol. 61, No. 3, North American Security and Prosperity: Annual John W. Holmes Issue on Canadian Foreign Policy (Summer, 2006), pp.778—781.

Stalin: A Biography by Robert Service, Review by: Abbott Gleason, *Slavic Review*, Vol.65, No.3(Autumn, 2006), pp.607—608.

Stalin: A Biography by Robert Service, Review by: Michael Ellman, *The Review of Politics*, Vol.68, No.1(Winter, 2006), pp.155—158.

Superpower Competition and Crisis Prevention in the Third World by Roy Allison, Phil Williams, Review by: Linda Racioppi, *Slavic Review*, Vol.51, No.1(Spring, 1992), pp.154—155.

Technical Progress and Soviet Economic Development by Ronald Amann, Julian Cooper, Review by: Robert Campbell, *Technology and Culture*, Vol.29, No.1(Jan., 1988), pp.181—183.

The Aristocracy in Europe, 1815—1914 by Dominic Lieven, Review by: R.N.Gildea, *The English Historical Review*, Vol.110, No.439(Nov., 1995), pp.1308—1309.

The Bolshevik Party in Revolution: A Study in Organisational Change, 1917—1923 by Robert Service, Review by: George Enteen, *The American Historical Review*, Vol.85, No.4(Oct., 1980), pp.948—949.

The Bolshevik Poster by Stephen White, Review by: John Milner, *The Slavonic and East European Review*, Vol.68, No.2(Apr., 1990), pp.390—391.

The Cambridge Encyclopedia of Russia and the Former Soviet Union by Archie Brown, Review by: David Turnock, *The Geographical Journal*, Vol.162, No.2(Jul., 1996), pp.223—224.

The Cambridge History of Russia. Vol.2, Imperial Russia, 1689—1917 by Dominic Lieven, Review by: Susan Morrissey, *Slavic Review*, Vol.67, No.1 (Spring, 2008), pp.229—231.

The Consumer in the Soviet Economy by Philip Hanson, Review by: A. Nove, *Economica*, New Series, Vol.36, No.142(May, 1969), pp.222—223.

The Consumer in the Soviet Economy by Philip Hanson, Review by: Holland Hunter, *Annals of the American Academy of Political and Social Science*, Vol. 387, The Sixties: Radical Change in American Religion (Jan., 1970), pp.229—230.

The Consumer in the Soviet Economy by Philip Hanson, Review by: Lynn Turgeon, *Journal of Economic Literature*, Vol.8, No.3(Sep., 1970), pp.823—825.

The Demise of Marxism-Leninism in Russia by Archie Brown, Review by: Neil Robinson, *The Slavonic and East European Review*, Vol.84, No.1 (Jan., 2006), pp.177—179.

The Demise of Marxism-Leninism in Russia by Archie Brown, Review by: Richard Sakwa, *Europe-Asia Studies*, Vol.59, No.1(Jan., 2007), pp.169—170.

The Development of Advertising in Eastern Europe by Philip Hanson, Review by: Marshall I. Goldman, *Soviet Studies*, Vol.25, No.2(Oct., 1973), pp.311—312.

The End of Social Inequality? Class, Status and Power under State Socialism by David Lane, Review by: Robert Detweiler, *Annals of the American Academy of Political and Social Science*, Vol.472, Polling and the Democratic Consensus(Mar., 1984), p.192.

The End of Social Inequality? Class, Status and Power under State Socialism by David Lane, Review by: Basile Kerblay, *The Slavonic and East European Review*, Vol.62, No.3(Jul., 1984), pp.466—467.

The End of Social Inequality? Class, Status and Power Under State Socialism by David Lane, Review by: Donna Bahry, *Slavic Review*, Vol.43, No.2(Summer, 1984), p.327.

The Gorbachev Factor by Archie Brown, Review by: Robert Legvold, *Foreign Affairs*, Vol.75, No.6(Nov.-Dec., 1996), pp.161—162.

The Gorbachev Factor by Archie Brown, Review by: Stephen White, *International Affairs*(Royal Institute of International Affairs 1944—　), Vol.73, No.1 (Jan., 1997), pp.187—188.

The Gorbachev Factor by Archie Brown, Review by: Hillel H. Ticktin, *Europe-Asia Studies*, Vol.49, No.2(Mar., 1997), pp.317—323.

The Gorbachev Factor by Archie Brown, Review by: Bill Tompson, *Russian Review*, Vol.56, No.4(Oct., 1997), pp.617—618.

The Gorbachev Factor by Archie Brown, Review by: Kathryn Stoner-Weiss, *Political Science Quarterly*, Vol.113, No.1(Spring, 1998), pp.149—151.

The Gorbachev Factor by Archie Brown, Review by: T.H.Rigby, *Slavic Review*, Vol.58, No.2, Special Issue: Aleksandr Pushkin 1799—1999(Summer, 1999), pp.493—494.

The Gorbachev Factor by Archie Brown, Review by: John P. Willerton,

The American Political Science Review, Vol.94, No.2(Jun., 2000), pp.472—473.

The Origins of Detente: The Genoa Conference and Soviet-Western Relations, 1921—1922 by Stephen White, Review by: Hugh Ragsdale, *Slavic Review*, Vol.47, No.3(Autumn, 1988), pp.542—543.

The Political Economy of Russian Oil by David Lane, Review by: W.V. Wallace, *The Slavonic and East European Review*, Vol. 80, No. 1 (Jan., 2002), pp.191—192.

The Rise and Fall of State Socialism: Industrial Society and the Socialist State by David Lane, Review by: Leslie Holmes, *Slavic Review*, Vol.57, No.2(Summer, 1998), pp.465—466.

The Rise and Fall of the Soviet Economy: An Economic History of the USSR from 1945 by Philip Hanson, Review by: László Csaba, *Europe-Asia Studies*, Vol.55, No.6(Sep., 2003), pp.950—952.

The Roots of Russian Communism: A Social and Historical Study of Russian Social-Democracy, 1898—1907 by David Lane, Review by: David Hecht, *Annals of the American Academy of Political and Social Science*, Vol.390, A New American Posture toward Asia(Jul., 1970), pp.153—154.

The Roots of Russian Communism: A Social and Historical Study of Russian Social-Democracy, 1898—1907 by David Lane, Review by: R.C.Elwood, *Studies in Soviet Thought*, Vol.19, No.3(Apr., 1979), p.239.

The Russian Revolution 1900—1927 by Robert Service, Review by: Edward Acton, *The Slavonic and East European Review*, Vol. 65, No. 4 (Oct., 1987), pp.645—646.

The Socialist Industrial State: Towards a Political Sociology of State Socialism by David Lane, Review by: Zdenek Suda, *Slavic Review*, Vol.37, No.2(Jun., 1978), pp.309—310.

The Soviet Defence Industry: Conversion and Reform by Julian Cooper, Review by: David Scrivener, *International Affairs* (Royal Institute of International Affairs 1944—), Vol.68, No.1(Jan., 1992), pp.182—183.

The Soviet Defense Industry: Conversion and Economic Reform by Julian Cooper, Review by: Thomas J. Richardson, *Russian Review*, Vol.52, No.4 (Oct., 1993), pp.575—576.

The Soviet Union: A Biographical Dictionary by Archie Brown, Review by: Simon Tormey, *International Affairs*(Royal Institute of International Affairs 1944—), Vol.67, No.2(Apr., 1991), p.368.

The Soviet Union and the Strategy of Non-Alignment in the Third World by Roy Allison, Review by: Nigel Clive, *International Affairs*(Royal Institute of International Affairs 1944—), Vol.65, No.3(Summer, 1989), pp.565—566.

The Soviet Union and the Strategy of Non-Alignment in the Third

World by Roy Allison, Review by: Zalmay Khalilzad, *Political Science Quarterly*, Vol.105, No.3(Autumn, 1990), pp.495—496.

The Soviet Union Since the Fall of Khrushchev by Archie Brown, Michael Kaser, Review by: Stephen White, *International Affairs*(Royal Institute of International Affairs 1944—), Vol.54, No.4(Oct., 1978), pp.676—677.

The Soviet Union since the Fall of Khrushchev by Archie Brown, Michael Kaser, Review by: Alexander Yanov, *Russian Review*, Vol.38, No.2(Apr., 1979), pp.238—239.

The Struggle for Russia. Power and Change in the Democratic Revolution by Ruslan Khasbulatov, Richard Sakwa, Review by: Martin McCauley, *The Slavonic and East European Review*, Vol.73, No.1(Jan., 1995), pp.183—184.

The Technological Level of Soviet Industry by Ronald Amann, Julian Cooper, R.W.Davies, Review by: Samuel Lieberstein, *Technology and Culture*, Vol.19, No.4(Oct., 1978), pp.772—774.

The Technological Level of Soviet Industry by Ronald Amann, Julian Cooper, R.W.Davies, Hugh Jenkins, Review by: Robert Campbell, *Slavic Review*, Vol.38, No.3(Sep., 1979), pp.504—506.

The Transition from Communism to Capitalism: Ruling Elites from Gorbachev to Yeltsin by David Lane, Cameron Ross, Review by: Edwin Bacon, *International Affairs*(Royal Institute of International Affairs 1944—), Vol.75, No.4(Oct., 1999), p.868.

The Whisperers: Private Life in Stalin's Russia by Orlando Figes, Review by: Robert Legvold, *Foreign Affairs*, Vol.86, No.6 (Nov.-Dec., 2007), p.197.

The Whisperers: Private Life in Stalin's Russia by Orlando Figes, Review by: Lynne Viola, *Slavic Review*, Vol.67, No.2(Summer, 2008), pp.440—443.

Trade and Technology in Soviet-Western Relations by Philip Hanson, Review by: Franklyn D. Holzman, *Slavic Review*, Vol.41, No.2(Summer, 1982), pp.344—345.

Trade and Technology in Soviet-Western Relations by Philip Hanson, Review by: Josef C. Brada, *Soviet Studies*, Vol.34, No.4(Oct., 1982), pp.622—623.

Trade and Technology in Soviet-Western Relations by Philip Hanson, Review by: Kendall E. Bailes, *Technology and Culture*, Vol.24, No.1(Jan., 1983), pp.138—140.

Vladimir Putin and the Evolution of Russian Foreign Policy by Bobo Lo, Review by: Robert Legvold, *Foreign Affairs*, Vol.82, No.6(Nov.-Dec., 2003), p.168.

Vladimir Putin and the Evolution of Russian Foreign Policy by Bobo Lo, Review by: David W.Rivera, *Europe-Asia Studies*, Vol.56, No.4(Jun.,

2004), pp.607—628.

Western Economic Statecraft in East-West Relations: Embargoes, Sanctions, Linkages, Economic Warfare, and Detente by Philip Hanson, Review by: Alan H.Smith, International Affairs (Royal Institute of International Affairs 1944—), Vol.64, No.3(Summer, 1988), pp.467—468.

Western Economic Statecraft in East-West Relations: Embargoes, Sanctions, Linkage, Economic Warfare and Detente by Philip Hanson, Review by: David A.Dyker, The Slavonic and East European Review, Vol.67, No.3 (Jul., 1989), p.493.

(四) 其他资料

Elsworth, John, "The Current Situation in Slavic Studies in the UK," in Osamu Ieda(ed.), Where are Slavic Eurasian Studies Headed in the 21st Century?, 21st Century COE Program Occasional Papers No.7, pp.1—4, http://src-h.slav.hokudai.ac.jp/coe21/ publish/no7/contents.html.

Fletcher, Giles, Of the Russe Common Wealth. Or, Maner of Gouernement of the Russe Emperour, (commonly called the Emperour of Moskouia), at London, Printed by T. D. for Thomas Charde, 1591.

Forbes, Nevill, "The Composition of the Earlier Russian Chronicles," The Slavonic Review, Vol.1, No.1, Jun., 1922, pp.73—85.

Foreign Office, Report of the Interdepartmental Commission of Enquiry on Oriental, East European and African Studies, London: H.M. Stationery Office, 1947.

Frank, Victor S., "Soviet Studies in Western Europe: Britain," in Walter Z. Laqueur, Leopold Labedz(eds.), The State of Soviet Studies, Cambridge, Massachusetts: The M.I.T. Press.

Higher Education Funding Council, Review of Former Soviet and East European Studies, Bristol: HEFCE, 1995.

Hutchings, Stephen, "Russian Studies in UK Universities," http://www.llas.ac.uk/ resources/gpg/386/.

Jagić, V., "A Survey of Slavistic Studies," The Slavonic Review, Vol.1, No.1, Jun., 1922, pp.40—58.

Masaryk, Thomas G., The Slavs after the War, The Slavonic Review, Vol.1, No.1, Jun., 1922, pp.2—23.

Pares, Bernard, "The Objectives of Russian Study in Britain," The Slavonic Review, Vol.1, No.1, Jun., 1922, pp.59—72.

Struve, Peter, "Russia," The Slavonic Review, Vol. 1, No. 1, Jun., 1922, pp.24—39.

Universities Funding Council, Review of soviet and east European studies: 1989, London: H. M. Stationery Office, 1989.

University Grants Committee, *Report of the Sub-Committee on Oriental*, *Slavonic and African Studies*, London: H.M. Stationery Office, 1961.

中文参考文献

波波·罗:《八国集团与俄罗斯》,载《国外社会科学文摘》2005年第9期。

波波·罗:《俄罗斯、中国及中亚的权力制衡:融合还是竞争?》,载《俄罗斯研究》2009年第6期。

波波·罗:《俄罗斯与西方的关系——过去、现在及未来》,载《俄罗斯研究》2009年第4期。

波波·罗:《西方俄罗斯研究方法论》,载《俄罗斯研究》2010年第3期。

戴维·莱恩:《后社会主义国家与世界经济:全球经济危机的影响》,载《当代世界社会主义问题》2009年第3期。

戴维·莱恩:《世界体系中的后苏联国家:欧盟新成员国、独联体成员国和中国之比较》,载《俄罗斯研究》2010年第5期。

戴维·莱恩:《作为一种政治现象的"颜色革命"》,载《当代世界社会主义问题》2011年第3期。

封帅:《多米尼克·列文与俄罗斯研究中的帝国视角》,载《俄罗斯学刊》2015年第5期。

封帅:《俄罗斯研究领域的"英国学派"——历史沿革、思想谱系与时代特征》,载《俄罗斯研究》2016年第3期。

封帅:《观念、体制与领袖——阿奇·布朗视野中的俄罗斯转型》,载《俄罗斯研究》2011年第3期。

冯绍雷:《20世纪的俄罗斯》,北京:三联书店2007年版。

卡尔·马克思:《十八世纪外交史内幕》,《马克思恩格斯全集》第四十四卷,北京:人民出版社2001年版。

理查德·萨科瓦:《冷和平:解读俄罗斯与西方的关系》,载《俄罗斯研究》2010年第6期。

理查德·萨科瓦:《是"新冷战"还是"20年危机"——俄罗斯和国际政治》,载《俄罗斯研究》2008年第5期。

林军:《俄罗斯外交史稿》,北京:世界知识出版社2002年版。

罗伊·艾利森:《武力抑或外交政策工具?——评俄罗斯对格鲁吉亚战争的官方话语》,载《俄罗斯研究》2011年第2期。

孙成木、刘祖熙主编:《俄国通史简编》(上),北京:人民出版社1986年版。

孙成木、刘祖熙主编:《俄国通史简编》(下),北京:人民出版社1986年版。

徐葵:《美国的苏联地区学和培养研究人才问题——访美考察记之三》,载《苏联东欧问题》1983年第3期。

徐葵:《美国的苏联问题研究发展概况——访美考察记之一》,载《苏联东欧问题》1983年第1期。

徐黄：《图书工作在美国的苏联东欧研究中的作用——访美考察记之二》，载《苏联东欧问题》1983 年第 2 期。

杨成：《中国俄苏研究的范式重构与智识革命——基于学术史回顾和比较研究的展望》，载《俄罗斯研究》2011 年第 1 期。

后　记

这是我的第一本书,也是一段自己非常珍视的回忆。

本书的第一个字落笔于 2010 年夏,初稿问世于 2012 年夏,后经过数次增删,到今日付梓,已经过去了 7 年多的时间,真是个漫长的故事。

这是一篇命题作文,是我的博士导师冯绍雷教授所承担的教育部基地重大课题"海外俄苏研究"的子课题之一,由我承担该选题是在 2010 年 6 月确定下来的。接到这个题目之初,我几乎是一头雾水。幸好得到当时正在中国访学的波波·罗教授的悉心指点,我才摸到了这个问题研究的最初路径。波波·罗教授为我介绍了英国俄罗斯研究的总体情况,并且给我提供了他认为比较重要的学者的名单,让我能够在研究之初按图索骥,逐渐搭起研究框架。随着研究的深入,我就像一个误打误撞闯入已经隐藏在丛林中数百年的历史遗迹的年轻探险者,看着眼前宏大的文明逐渐展开而越发觉得惶恐。为了更好地完成这本书,我从不同渠道搜集了大量英国学者的研究资料。有赖于这个信息高度发达的时代,我能够有机会用比较小的成本获得大量的材料。不断阅读,不断学习,不断总结,那些陌生的名字慢慢变得熟悉,那些曾经让人感到复杂的观点逐渐变得清晰,甚至让人有了亲切之感。

2010—2012 年是我初窥学术门径的三年,这个体量相对宏大但难度适中的题目成为我踏上学术道路的第一个台阶。2012 年 6 月,借助这个课题写成的论文,我顺利地拿到了自己的博士学位,还获得了不错的评价。但是我自己也知道,虽然我已竭尽所能,但仍然只是接触到这个问题的皮毛。我能做的仅仅是将英国学者的基本观点陈列分析,与理解英国学者思想内涵和时代特征的最终目标仍相去甚远。在博士论文的写作中,我基本上秉持着不求有功但求无过的思路,对一些有争议的问题也只是浅尝辄止，未能深入。当时，我曾天真地设想用未来 1—2 年的时间，细细雕琢此文，最终达到理想的设计目标。然而，在 2012—2017 年的 5 年时间里，我先完成了历史学的博士后项目，后于 2014 年 7 月进入上海国际问题研究院工作，各种研究工作和行政事务接踵而来，我竟再也没有找到大块的时间修订文章。这期间，我仅仅是断断续续地对整个书稿进行了部分修订，修订的地方包括：补充了英国学者对乌克兰危机的研究；完善了英国学者关于俄罗斯历史研究的部分内容；重新撰写了第一章和最后一章的内容。此外，在数次国际学术会议上我有幸见到萨科瓦教授，并与其直接讨论了本书涉及他本人的内容，对涉及他的内容进行了部分调整。此外，本书的部分内容已经以单篇文章的形式在俄罗斯研究领域的学术刊物上发表。

　　总的来说，本书的研究深度与广度仍没有明显超越之前的文本，这不能不说是一个遗憾。但由于丛书的出版计划临近，更加系统的修改已经很难再进行。我也只能尽自己所能对现有文本加以改进，争取给读者提供一个更加完善的作品。我非常清楚地知道，本书仍然存在很多不足。学问之道，永无止境，越向前走越觉得自己所知甚浅，这是几年来我研究这一主题所获得的最深刻的感受。在学术研究的道路上前行日久，这种惶恐之感与日俱增，也鞭策着自己不忘初心，砥砺奋进。

　　本书的顺利完成与出版，首先要感谢我的博士导师冯绍雷教授。冯老师是我在学术道路上的引路人，也是我内心深处的目标和楷模。他既是一位渊博的学者，又是一位独立而冷静的知识分子。在学术上，他用丰富的学识和广阔的学术视野为我阐释了怎样才是合理的地区研究路径。在思想上，他所展现出的对学术与社会的深邃思考、对历史与理性的脉脉温情同样深深影响了我。高山仰止，景行行止，虽不能至，心向往之。

　　其次，要感谢上海国际问题研究院的杨洁勉教授。杨老师对我最为深刻的影响，是他以"在场"式的研究方式为我展示了学院式理论研究与外交实践的明显差异，将我从象牙塔中的玄思引入了国际政治的现实之中，让我能够更加清晰地意识到理论和现实的差异，也能够更加深刻地察觉国际政治行为的逻辑与意义。更重要的是，杨老师一心为国、鞠躬尽瘁的精神和勤勉刻苦的工作态度也深深地影响了我，这一切我都将永远铭记于心。

在本书的写作过程中,我得到了波波·罗教授的重要帮助。他是书稿写作初期最重要的指导者,不仅为我提供了很多研究资料,而且审阅了书稿提纲,提出了很多极有价值的意见和建议。理查德·萨科瓦教授在书稿修改过程中,对涉及他本人的部分给予了最权威的解释,并且将他的新书赠送给我。此外,剑桥大学的戴维·莱恩教授、美国乔治城大学的安杰拉·斯滕特教授,以及弗吉尼亚大学的艾伦·林奇教授也以各种方式对本书的写作提供了帮助,特此致谢。

在本书不同的写作阶段,范军、潘兴明、汪诗明、潘大渭、马嬑、刘军、杨成、何明、肖辉忠等很多师长都提出过重要的修改意见和建议。在我几年的学习工作中,陈东晓、吴莼思、余伟民、梁志、陈波等领导老师的悉心关照,为本书的修改和完善提供了条件。特别需要说明的是,马嬑老师在参加完我的博士论文答辩后不到一年,便因病与世长辞,未能看到本书的出版。每次想到这里,马老师的音容笑貌就宛在眼前,令人无限神伤。

我的博士同学李冠杰、刘树才、顾强、唐慧云都曾对本书的内容提出过重要的修改意见,赵隆为我提供了很多俄语翻译方面的帮助。同门师兄郭金月将他在美国获得的重要参考资料提供给我,阎德学、韩冬涛和崔珩曾与笔者就这一课题进行过多次讨论,所有这些都让我得益匪浅。感谢我的母校,这份书稿凝聚了我在丽娃河的求学岁月,是对那份青春时光的完美记忆。

本书的出版得益于冯绍雷老师和刘军老师的直接支持,肖辉忠老师和阎德学师兄也做了大量工作。同时,也要感谢上海人民出版社潘丹榕老师和史桢菁编辑的大力推动,潘老师与出版社各位同仁多年来为上海国际问题研究的出版工作尽心竭力,为推动学科发展作出了重要贡献,在此一并致谢。

感谢我的硕士研究生导师,华中师范大学的夏安凌教授,是她的宽容与鼓励将我引上了这条虽有些寂寞却也能苦中作乐的漫长道路。

最后,也是最重要的,感谢我的父母、爱人和宝贝,他们是我最为珍视的人,是我生命中最宝贵的财富,他们就是我的一切。

对于这个延续了7年的漫长故事,今天终于宣告结尾,但是对英国的俄罗斯研究的探索,我们未完待续……

图书在版编目(CIP)数据

冷战后英国的俄苏研究/封帅著.—上海:上海
人民出版社,2018
(国外俄苏研究丛书)
ISBN 978-7-208-15148-2

Ⅰ.①冷… Ⅱ.①封… Ⅲ.①俄罗斯-研究-现代
Ⅳ.①D751.2

中国版本图书馆 CIP 数据核字(2018)第 090720 号

责任编辑　潘丹榕　　史桢菁
封面设计　零创意文化

冷战后英国的俄苏研究
封　帅　著

出　　版　上海人民出版社
　　　　　（200001　上海福建中路 193 号）
发　　行　上海人民出版社发行中心
印　　刷　常熟市新骅印刷有限公司
开　　本　635×965　1/16
印　　张　23
插　　页　4
字　　数　337,000
版　　次　2018 年 7 月第 1 版
印　　次　2018 年 7 月第 1 次印刷
ISBN 978-7-208-15148-2/D・3209
定　　价　68.00 元

国外俄苏研究丛书